Ottmar Schneck

Risikomanagement

Prof. Dr. Ottmar Schneck ist Professor für Betriebswirtschaft, insbesondere Banking, Finance & Risk an der ESB Business School der Hochschule Reutlingen. Er publizierte zahlreiche Lehrbücher zur Allgemeinen Betriebswirtschaftslehre, Finanzierung und dem Spezialgebiet Rating und Alternative Finanzierungsformen. Neben seinen Lehraufträgen und zahlreichen Vorträgen im In- und Ausland erlauben ihm seine Beirats- und Aufsichtsratsmandate den Einblick in die betriebliche Praxis und die Sicht auf die Risiken eines Unternehmens. Risikomanagement ist seiner Ansicht nach die logische Konsequenz eines ratingbasierten Controllings bzw. Voraussetzung für eine effiziente Unternehmenssteuerung. Schneck ist Vorstand des Bundesverbandes der deutschen Ratinganalysten und -advisor e.V., Gründer der PSR Rating GmbH und als Referent zu aktuellen Finanzmarktthemen gefragt.

Ottmar Schneck

Risikomanagement

*Grundlagen, Instrumente,
Fallbeispiele*

WILEY-VCH Verlag GmbH & Co. KGaA

1. Auflage 2010

Alle Bücher von Wiley-VCH werden sorgfältig erarbeitet. Dennoch übernehmen Autoren, Herausgeber und Verlag in keinem Fall, einschließlich des vorliegenden Werkes, für die Richtigkeit von Angaben, Hinweisen und Ratschlägen sowie für eventuelle Druckfehler irgendeine Haftung.

Bibliografische Information der Deutschen Nationalbibliothek
Die Deutsche Nationalbibliothek verzeichnet diese Publikation in der Deutschen Nationalbibliografie; detaillierte bibliografische Daten sind im Internet über http://dnb.d-nb.de abrufbar.

© 2010 Wiley-VCH Verlag & Co. KGaA, Boschstr. 12, 69469 Weinheim, Germany

Alle Rechte, insbesondere die der Übersetzung in andere Sprachen, vorbehalten. Kein Teil dieses Buches darf ohne schriftliche Genehmigung des Verlages in irgendeiner Form – durch Photokopie, Mikroverfilmung oder irgendein anderes Verfahren – reproduziert oder in eine von Maschinen, insbesondere von Datenverarbeitungsmaschinen, verwendbare Sprache übertragen oder übersetzt werden. Die Wiedergabe von Warenbezeichnungen, Handelsnamen oder sonstigen Kennzeichen in diesem Buch berechtigt nicht zu der Annahme, dass diese von jedermann frei benutzt werden dürfen. Vielmehr kann es sich auch dann um eingetragene Warenzeichen oder sonstige gesetzlich geschützte Kennzeichen handeln, wenn sie nicht eigens als solche markiert sind.

Satz: Druckhaus »Thomas Müntzer« GmbH, Bad Langensalza
Druck und Bindung:
Umschlaggestaltung: init GmbH, Bielefeld

ISBN: 978-3-527-50543-2

Inhaltsverzeichnis

Einführung 9

Teil I Grundlagen des Risikomanagements 13

1 Einführung in das Risikomanagement 15
1.1 Veränderungen im betrieblichen Umfeld 15
1.2 Die Notwendigkeit eines Risikomanagements 18
1.3 Unsicherheit, Risiko und Ungewissheit 22
1.4 Risikokomponenten 24
1.5 Rendite und Risiko 25
1.6 Maßnahmen der Risikosteuerung 29
1.7 Zusammenfassung 31

2 Rechtliche Grundlagen des Risikomanagements 33
2.1 Vorschriften für Unternehmen 33
    2.1.1 Gesetz zur Kontrolle und Transparenz von Unternehmen (KonTraG) 33
    2.1.2 Deutsche Rechnungslegungsstandards (DRS) 38
    2.1.3 Corporate-Governance-Regeln 40
    2.1.4 Sarbanes-Oxley Act 43
2.2 Vorschriften für Banken 45
    2.2.1 Eigenkapitalstandard Basel II 45
    2.2.2 Kreditwesengesetz (KWG) 48
    2.2.3 Mindestanforderungen an das Risikomanagement (MaRisk) 49
    2.2.4 Solvabilitätsverordnung (SolvV) 51
2.3 Vorschriften für Versicherungen 53
    2.3.1 Versicherungsaufsichtsgesetz (VAG) 53
    2.3.2 Solvency II 54
2.4 Zusammenfassung 56

Risikomanagement. Ottmar Schneck
Copyright © 2010 WILEY-VCH Verlag Gmbh & Co. KGaA
ISBN 978-3-527-50543-2

3	**Typologien und Arten von Risiken** 57
3.1	Übersicht über Risikotypen 57
3.2	Risiken im Finanzbereich 59
	3.2.1 Kreditrisiken 59
	3.2.1.1 Ausfallrisiko 59
	3.2.1.2 Länderrisiko 61
	3.2.2 Marktpreisrisiken 62
	3.2.2.1 Zinsänderungsrisiko 62
	3.2.2.2 Währungsrisiko 64
	3.2.3 Liquiditätsrisiken 66
3.3	Risiken im leistungswirtschaftlichen Bereich 68
	3.3.1 Interne Betriebsrisiken 69
	3.3.1.1 Personalrisiken 69
	3.3.1.2 IT-Risiken 71
	3.3.1.3 Prozess-Risiken 72
	3.3.2 Externe Betriebsrisiken 73
	3.3.2.1 Rechtsrisiken 73
	3.3.2.2 Naturrisiken 76
	3.3.3 Absatz- und Beschaffungsrisiken 76
	3.3.3.1 Beschaffungsrisiken 76
	3.3.3.2 Absatzrisiken 79
3.4	Zusammenfassung 80
4	**Organisation eines Risikomanagements** 81
4.1	Eingliederung des Risikomanagements in die Aufbauorganisation 81
4.2	Treasury zur Erkennung von Finanzrisiken 85
4.3	Interne Revision 88
4.4	Rechtzeitige Kommunikation in der Aufbauorganisation 90
4.5	Aufbau eines Frühwarnsystems 95
4.6	Zusammenfassung 98

Teil II Risikocontrolling und -steuerung 99

1	**Grundlegende statistische Konzepte** 101
1.1	Zufallsvariable 101
1.2	Häufigkeitsverteilung 102
1.3	Mittelwert 104
1.4	Varianz und Standardabweichung 105
1.5	Lineare Regression 106

1.6　Wahrscheinlichkeit　108
1.7　Zusammenfassung　113

2　Instrumente zur Identifikation und Dokumentation von Risiken　115
2.1　Grundlegende Aspekte der Risikoidentifikation　115
2.2　Frühaufklärungssysteme　118
　　2.2.1　Anforderungen an Frühaufklärungssysteme　118
　　2.2.2　Von den Frühwarn- zu den Frühaufklärungssystemen　119
2.3　Instrumente zur Identifikation von Risiken　121
　　2.3.1　Checklisten　122
　　2.3.2　Delphi-Methode　124
　　2.3.3　Szenario-Technik　125
　　2.3.4　Balanced Scorecard　129
2.4　Instrumente zur Dokumentation von Risiken　132
　　2.4.1　Grundlegende Dokumentationsregeln　132
　　2.4.2　Risiko-Portfolio　133
　　2.4.3　Risikoinventar　134
2.5　Zusammenfassung　137

3　Quantifizierung und Beurteilung von Risiken　139
3.1　Grundlegende Aspekte der Risikomessung　139
3.2　Instrumente zur Messung von Risiken　142
　　3.2.1　Ausgewählte Risikomaße　142
　　3.2.2　Risiko-Punkte-Tafel　157
　　3.1.4　Sensitivitätsanalyse　161
　　3.2.4　Abweichungsanalyse　164
　　3.2.5　Simulationsverfahren　166
3.3　Entscheidungsmodelle zur Beurteilung von Alternativen　172
3.4　Ermittlung des Gesamtrisikos　183
3.5　Spieltheorie als ergänzendes Verfahren　187
3.6　Zusammenfassung　190

Teil III　Risikovorsorge und -abwälzung mit Derivaten　191

1　Risikoabwälzung mit Derivaten　193
1.1　Grundlagen des Termingeschäfts und Derivat-Typen　193
1.2　Optionen　197
　　1.2.1　Funktionsweise von Optionen　198
　　1.2.2　Optionsarten　202
　　1.2.3　Hedging mit Optionen　204

1.3 Swaps 213
    1.3.1 Funktionsweise 213
    1.3.2 Swap-Arten 214
    1.3.3 Hedging mit Swaps 215
1.4 Futures 222
    1.4.1 Funktionsweise 223
    1.4.2 Future-Arten 224
    1.4.3 Hedging mit Futures 226
1.5 Bewertung des Derivateinsatzes 234
1.6 Zusammenfassung 237

Teil IV Fallbeispiel: Einführung eines Risikomanagements bei der Aliseo GmbH Wolfach 239

Anhang 277

Abkürzungsverzeichnis 279

Glossar 281

Literatur und weiterführende Quellen 285

Abbildungsverzeichnis 291

Stichwortverzeichnis 293

Einführung

Angesichts der aktuellen, schwierigen Wirtschaftslage, aber auch zahlreicher Unternehmenskrisen der letzten Jahre wird deutlich, dass Risikomanagement für Unternehmen von existenzieller Bedeutung ist. Zudem haben die durch den Eintritt von Risiken verursachten Schäden in ihrer Höhe dramatisch zugenommen. Auch die nationalen und internationalen Gesetzgeber haben diese Problematik erkannt und Gesetze sowie branchenspezifische Normen bezüglich des Umgangs mit Risiken erlassen. Auch Banken und Ratingagenturen fordern zunehmend den Nachweis eines Risikomanagementsystems. Trotz dieser externen Anforderungen sollte aber vor allem das unternehmerische Eigeninteresse die Beschäftigung mit dem Thema Risikomanagement motivieren.

Wurde die Notwendigkeit des Risikomanagements erkannt, so ist die Frage zu stellen, wie ein passendes Risikomanagementsystem etabliert werden kann. Kenntnisse über gesetzliche Grundlagen, über mögliche Risikoarten und Möglichkeiten der organisatorischen Eingliederung sind hier nützlich.

In einem nächsten Schritt gilt es, die relevanten Unternehmensrisiken zu identifizieren, zu dokumentieren und zu bewerten. Hierzu stehen eine Reihe verschiedener Instrumente zur Verfügung. Die Auswahl der in diesem Teil vorgestellten Instrumente erfolgt hinsichtlich der einfachen Umsetzung und der in der Praxis beobachteten häufigen Anwendung der Methoden und Modelle. Darüber hinaus gibt es vielfältige Möglichkeiten der Prognose und Projektion künftiger Ereignisse in der Mathematik, Statistik oder Simulationsrechnung. All diese Modelle vorzustellen, würde hier den Rahmen sprengen und dem Ziel einer pragmatischen Einführung in das Risikocontrolling widersprechen. Der wichtigste, aber auch der am schwierigsten umsetzbare Schritt besteht darin, die identifizierten Risiken angemessen zu quantifizieren und zu beurteilen; die Kenntnis grundlegender statistischer Maße bzw. Konzepte ist hierbei unumgänglich. Zudem ist eine systematische und kontinuierliche Dokumentation und Kommunikation der erfassten Risiken für den Erfolg des gesamten Risikomanagements entscheidend.

Risikomanagement. Ottmar Schneck
Copyright © 2010 WILEY-VCH Verlag GmbH & Co. KGaA
ISBN 978-3-527-50543-2

Eine interessante Möglichkeit, sich gegen Risiken abzusichern bieten sogenannte derivative Finanzinstrumente. Durch den Einsatz von Options, Swaps und Futures können zukünftige Marktrisiken auf andere Marktteilnehmer abgewälzt werden. Die Chancen und Risiken, die diese Instrumente bieten, müssen aber gegeneinander abgewogen werden. In jedem Fall ist eine gründliche Auseinandersetzung mit den einzelnen Instrumenten wichtig.

Des Weiteren ist zu vermerken, dass die in den verschiedenen Phasen des Risikomanagementprozesses verwendeten Instrumente entsprechend den jeweiligen Unternehmens- und Branchenspezifika ausgewählt, kombiniert und angewendet werden müssen. Ziel ist es daher vor allem, neben der Schaffung von Grundkenntnissen auf dem Gebiet des Risikomanagements, den Transfer der vorgestellten Konzepte in die Praxis zu ermöglichen.

Der erste Teil dieses Buches vermittelt Grundlagenwissen zum Thema Risikomanagement. Im ersten Kapitel geht es darum, wie Risiko definiert werden kann und warum Risikomanagement überhaupt notwendig ist. Auch auf den Zusammenhang zwischen Risiko und Rendite wird eingegangen. Im zweiten Kapitel werden gesetzliche Grundlagen sowie nationale und internationale Normen und Standards für Unternehmen, Banken und Versicherungen vorgestellt, die sich auf das Management von Risiken beziehen. Im dritten Kapitel werden verschiedene Arten von Risiken erläutert und eine Typologie von Risiken erstellt. Hierbei werden vor allem finanzwirtschaftliche von leistungswirtschaftlichen Risiken unterschieden. Abschließend wird im vierten Kapitel auf die Möglichkeiten der organisatorischen Eingliederung des Risikomanagements in ein Unternehmen eingegangen. Es werden verschiedene organisatorische Einheiten vorgestellt, die sich besonders mit Risikomanagement befassen, wie z. B. die Treasury und die Interne Revision.

Im zweiten Teil dieses Buches geht es insbesondere um die Identifikation und die Quantifizierung von Risiken. Hierzu ist zunächst die Kenntnis grundlegender statistischer Konzepte und Maße erforderlich. Ihnen werden dabei Maße wie Standardabweichung und Varianz, aber auch der Korrelationskoeffizient zur Bestimmung der linearen Abhängigkeit zweier Zufallsvariablen sowie verschiedene Arten von Wahrscheinlichkeitsverteilungen vorgestellt. Im folgenden Kapitel wird ein Überblick über in der Praxis vielfach eingesetzten und leicht anzuwendenden Identifikationsmodelle gegeben; in diesem Rahmen werden die Checkliste, die Delphi-Befragung, die Szenariotechnik und die Balanced Scorecard genauer erläutert. Anschließend wird auf die Dokumentation der identifizierten Risiken eingegangen. Die verschiedenen Instrumente der Identifikation und Dokumentation von Risiken haben unterschiedliche Vor- und Nachteile, die es bei deren Auswahl in der Praxis zu berücksichtigen gilt. Dies gilt auch für die Methoden und Modelle der Risikomessung, die im dritten Kapitel beschrieben werden. Dieses Kapitel gibt Ihnen einen Überblick über die wichtigsten Instrumente zur Quantifizierung und Beurteilung von Risiken. Dabei werden ausgewählte Risikomaße wie der Value at Risk und Methoden wie die Risiko-Punkte-Tafel, die Sensitivitätsanalyse, die Abweichungsanalyse und Simulationsverfahren behandelt. Zudem lernen Sie Ansätze zur Ermittlung der Gesamtrisikolage des Unternehmens und als ergänzendes Verfahren die Spieltheorie kennen.

Der dritte Teil des Buches behandelt im ersten Kapitel die Abwälzung von Risiken mithilfe von in Unternehmen und Institutionen vielfach eingesetzter sogenannter. Derivate. Dies sind Finanzprodukte, die als Alternative zu einer klassischen Versicherung eine Absicherung gegen Risiken darstellen können, da sie diese auf Dritte bzw. Vertragspartner abwälzen. Die drei Grundformen von Derivaten, d. h. Optionen, Swaps und Futures werden im Hinblick auf ihre Funktionsweise, ihre Arten sowie mögliche Hedgingstrategien erklärt und durch Beispiele veranschaulicht. Zudem werden neben den Chancen des Derivateinsatzes die bestehenden Risiken erläutert. Im zweiten Kapitel werden die im gesamten Modul behandelten Aspekte in Bezug zur Praxis gesetzt. Dazu wird ein reales Fallbeispiel zur Konzeption und Einführung eines Risikomanagementsystems in einem mittelständischen Unternehmen aus dem Schwarzwald ausführlich beschrieben.

Teil I
Grundlagen des Risikomanagements

Risikomanagement in Unternehmen und Institutionen wird in einer komplexen und dynamischen Welt immer wichtiger. Die zunehmende Zahl von Gesetzen und branchenspezifischen Normen bezüglich des Umgangs mit Risiken spiegelt zum einen die zunehmende Risikosensibilität der Wirtschaftsakteure und zum anderen den Anstieg der Schadenshöhe im Risikofall wider.

Definiert man Risiko als das Produkt der Eintrittswahrscheinlichkeit eines Schaden verursachenden Ereignisses und der resultierenden Schadenshöhe, so lässt sich feststellen, dass sich im Zeitverlauf die Wahrscheinlichkeit solcher Ereignisse weniger stark verändert hat als die Höhe des eingetretenen Schadens. Während ein Tsunami in Indonesien also mit hoher Wahrscheinlichkeit alle Jahre dessen Küsten heimsucht, war der Schaden vor 100 Jahren ohne Hotels und Touristen am Strand deutlich geringer als heutzutage.

Die Identifikation von Risiken ist daher unumgänglich, um die immer höher werdenden Schäden rechtzeitig zu verhindern. Diese Schäden entstehen nicht zuletzt auch durch die verschärften Haftungsvorschriften für Risiken, die Versicherungen als klassische Schadensabdecker wegen ihrer schwierigen Kalkulierbarkeit nicht mehr tragen wollen. Unternehmen bleibt häufig daher gar nichts anderes übrig, als sich selbst mit dem Thema Risikomanagement zu beschäftigen.

Das folgende Kapitel zeigt zunächst, wie Risiko definiert werden kann und warum Risikomanagement überhaupt notwendig ist. Im zweiten Kapitel werden gesetzliche Grundlagen vorgestellt, die das Thema Risikobegrenzung in Unternehmen und in stark risikobehafteten Institutionen, wie zum Beispiel Banken und Versicherungen, betreffen. Anschließend wird eine Typologie von Risiken vorgestellt und zum Schluss organisatorische Einheiten definiert, die sich mit dem Thema Risikomanagement beschäftigen.

Danach sollten Sie in der Lage sein, die Grundbegriffe des Risikomanagements und die Gründe für dessen Notwendigkeit zu benennen. Bei den gesetzlichen Grundlagen ist darauf hinzuweisen, dass es in vielen Branchen weitere Detailvorschriften gibt und eine Abgrenzung des Themas Risiko zu anderen Themen wie z. B. Arbeitssicherheit oder Vorsorge meistens schwierig ist. Die hier vorgestellten Vorschriften betreffen daher existenzielle Unternehmensrisiken und sind im Allgemeinen von allen Unternehmen zu beachten.

1
Einführung in das Risikomanagement

1.1 Veränderungen im betrieblichen Umfeld

> **Die Subprime-Krise**
>
> Nach den Anschlägen vom 11. September 2001 wurden die Zinsen auf Kredite in den USA stark gesenkt, um den Konsum anzukurbeln. Die kontinuierlichen Wertsteigerungen im US-amerikanischen Immobilienmarkt veranlassten viele Privatinvestoren, die günstige Zinslage zu nutzen und die von den Banken auch ohne Eigenkapitalhinterlegung zur Verfügung gestellten Hypothekenkredite für Immobilien aufzunehmen, oft in der Hoffnung, durch einen späteren Verkauf der Immobilien hohe Gewinne zu machen.
>
> Als im Frühjahr 2007 die Immobilienpreise in den USA zu sinken begannen, und die Banken die Zinssätze für die Kredite erhöhten, konnten viele Kreditnehmer ihre Rückzahlungsraten nicht mehr bedienen; in vielen Fällen drohten Zwangsversteigerungen der nicht abbezahlten Häuser. Die Zahlungsausfälle fanden insbesondere im Subprimesegment statt, d. h. dem Darlehenssegment, in dem Kredite an Kreditnehmer mit geringer Bonität vergeben worden waren.
>
> Die Vergabe dieser Subprime-Kredite wurde über strukturierte Anlageformen im Kapitalmarkt refinanziert, d. h. die Rückzahlungs- und Zinszahlungsansprüche aus den Immobilienkrediten der Banken wurden verbrieft und zumeist an Hedgefonds, Investmentbanken und Versicherungen auf der ganzen Welt verkauft. Der plötzliche, durch die Zahlungsausfälle verursachte Wertverlust der auf Immobilienkrediten basierenden Wertpapiere wirkte sich somit nicht nur auf die USA aus, sondern auf Investoren weltweit.

Das beschriebene Beispiel der Subprime-Krise verdeutlicht die Komplexität und Dynamik der Wirtschaftswelt des 21. Jahrhunderts: Wirtschaftssubjekte sind weltweit miteinander vernetzt und sich ständig wandelnden wirtschaftlichen, technischen, politischen, rechtlichen und gesellschaftlichen Rahmenbedingungen ausgesetzt. Dieser Wandel eröffnet Unternehmen einerseits neue Möglichkeiten und Chancen, andererseits führt er aber auch zu einer dramatischen Verschärfung ihrer Risikolage und damit dem Bedürfnis, sich vor Risiken besser zu schützen. Um die Dynamik dieser Veränderungen im Unternehmensumfeld besser zu verstehen, werden im Folgenden einige wirtschaftliche Entwicklungen und Trends erläutert.

Abb. 1: Überblick über die Umfeldfaktoren eines Unternehmens

Durch das Phänomen der *Globalisierung* sind die Wirtschaftssubjekte auf der ganzen Welt über Ländergrenzen hinweg eng miteinander verbunden. Durch diese Vernetzung kann eine ökonomische Krise in einem Land weltweite Kettenreaktionen hervorrufen. Unternehmen sind somit direkt oder indirekt auch Risiken ausgesetzt, die im Ausland bestehen. Internationale Kooperationen führen zu einem hohen Maß an gegenseitiger Abhängigkeit zwischen den einzelnen Vertragspartnern. Durch diese Abhängigkeit können Situationen entstehen, in denen der eine Partner die Risiken des anderen, bewusst oder unbewusst, mittragen muss.

Die Deregulierung und Liberalisierung der Märkte erleichtert Wettbewerbern den Markteintritt und führt so zu einer *Verschärfung der Wettbewerbssituation*. Gleichzeitig führen Fusionen und Übernahmen zu einer Steigerung der Marktmacht von einzelnen Marktteilnehmern. Durch diese zwei Faktoren sind Unternehmen einem steigenden Preis-, Qualitäts- und

Wettbewerbsdruck ausgesetzt. Dieser zwingt sie dazu, schlechter konditionierte Aufträge anzunehmen und damit ihre Unternehmensmargen zu verringern, was für sie gleichzeitig auch ein höheres Risiko bedeutet.

Der *rasche technische Fortschritt* führt zur Entwicklung von immer leistungsfähiger und komplexer werdenden Produktionsanlagen und anderen Betriebsmitteln. Diese haben jedoch auch ihren Preis und erfordern hohe Investitionen, um im Wettbewerb Schritt zu halten. Diese erhöhen aber die Fixkosten der Unternehmen, was zur Verringerung ihrer Anpassungsfähigkeit an sich ändernde Umweltbedingungen führen kann. Zudem fallen auch eventuelle Schäden an den Betriebsmitteln (z. B. durch Brand, Erdbeben) entsprechend höher aus.

Durch neue Produktionstechniken und die internationale Aufstellung von Unternehmen steigt unter anderem auch die Komplexität der verschiedenen *Unternehmensprozesse*. Dabei steigt mit zunehmender Komplexität tendenziell auch die Störanfälligkeit dieser Prozesse.

Durch die rasante Entwicklung des Internets und den verstärkten Einsatz von *Informations- und Kommunikationstechnologien* können Daten und Informationen mit hoher Geschwindigkeit weltweit ausgetauscht werden Leistungen und Preise werden dadurch international vergleichbar. Die Transparenz von Unternehmen und Märkten nimmt weiter zu. Eine effektive und effiziente IT-Infrastruktur ist für den Erfolg heutiger Unternehmen enorm wichtig. Mit zunehmender Verwendung und Abhängigkeit von IT-Systemen erhöhen sich aber gleichzeitig auch die Risiken der Unternehmen im Bezug auf Daten- und Systemsicherheit.

Die Marktsituation von Unternehmen in Bezug auf ihre Kunden hat sich im Laufe der Zeit von der eines Verkäufermarkts hin zu der eines *Käufermarkts* entwickelt. Auf Grund verbesserter Produktionsverfahren und damit eines höheren Produktoutputs ist heute das Angebot an Produkten größer als deren Nachfrage. Der technische Fortschritt führt zudem zu verkürzten Produktlebenszyklen und zwingt Unternehmen dazu, schneller Produktinnovationen auf den Markt zu bringen. Diese Faktoren verstärken die Machtposition des Kunden und erhöhen dessen Preis-, Qualitäts- und Serviceansprüche. Unternehmen müssen deshalb aktiv auf Kundenwünsche eingehen und sich ihnen kontinuierlich anpassen, um am Markt bestehen zu können.

Außerdem besteht heutzutage bei Unternehmen die Tendenz, ihren Kunden *komplexe Systemlösungen* anzubieten. So bieten beispielsweise Industrie- und Handelsunternehmen häufig Leistungen an, die nicht zu ihren ursprünglichen Kernkompetenzen gehören, wie z. B. Finanzierungen oder industrielle Dienstleistungen. Solche »Komplettpakete« erhöhen den

Auftragswert, führen aber gleichzeitig auch zu einer sinkenden Anzahl von Aufträgen.

Naturkatastrophen und Terroranschläge ereignen sich immer häufiger und führen zu größeren Schäden in der Wirtschaft. Wie eine Studie des Schweizer Rückversicherers Swiss Re belegt, haben sich in der Zeit von 1970 bis 2002 sowohl die Anzahl von Naturkatastrophen und Anschlägen, als auch die durch sie verursachten Schadenssummen mehr als vervierfacht.

Das sich schnell verändernde Wirtschaftsumfeld erfordert auch bei Gesetzgebern und Wirtschaftsverbänden eine ebenso schnelle Anpassung von Gesetzen, Verordnungen und Richtlinien. Dabei wird es immer schwieriger, aber auch wichtiger für Unternehmen, diesen kontinuierlichen Wandel der *rechtlichen Rahmenbedingungen* zu überblicken und adäquat darauf zu reagieren.

Natürlich geben die hier genannten Aspekte kein vollständiges Bild der Trends und Entwicklungen des heutigen Wirtschaftsumfelds wieder. Anhand dieser Auswahl lässt sich zusammenfassend jedoch feststellen, dass sich die Risikolage von Unternehmen drastisch verschärft hat.

1.2 Die Notwendigkeit eines Risikomanagements

Jedes unternehmerische Handeln birgt Risiken, d. h. die Gefahr, dass durch externe oder interne Faktoren die definierten Unternehmensziele nicht, oder nicht vollständig, erreicht werden. Die sich in den letzten Jahren stark verschärfte Risikolage von Unternehmen stellt nun jedoch noch höhere Anforderungen an ihren Umgang mit Risiken. Anhand zahlreicher Unternehmenskrisen und -Insolvenzen lässt sich feststellen, dass viele Unternehmen nicht in der Lage sind, den bestehenden Risiken angemessen zu begegnen. So werden häufig Risiken nicht rechtzeitig erkannt oder Frühwarnindikatoren ignoriert.

Wie die folgende Abbildung zeigt, ist die Zahl der Unternehmensinsolvenzen in Deutschland seit den Neunzigerjahren deutlich angestiegen. In den Jahren 2003 und 2004 erreichte diese Entwicklung mit jeweils knapp mehr als 39 000 Insolvenzen einen Höhepunkt. Gerade kleine und mittlere Unternehmen (KMU) sind besonders von einer Zahlungsunfähigkeit gefährdet. Im Jahr 2006 betrug der Anteil der Unternehmen mit weniger als 100 Beschäftigen 99,6 Prozent aller bekannten Insolvenzfälle.

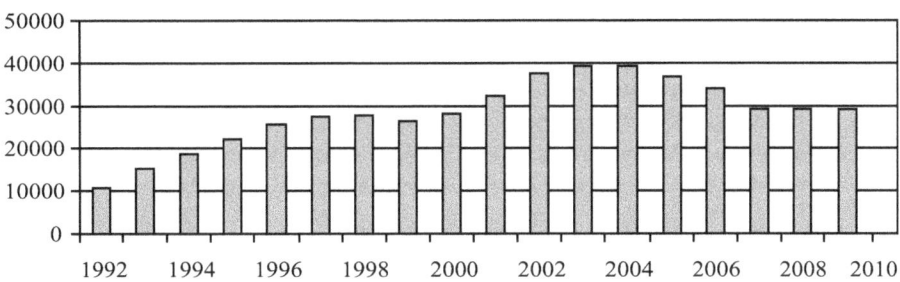

Abb. 2: Beantragte Insolvenzverfahren in Deutschland von 1992–2010
Quelle: Statistisches Bundesamt, 2010

Eine Ursache dieser hohen Anzahl an beantragten Insolvenzen sind die auffallend geringen Eigenkapitalquoten deutscher Unternehmen im internationalen Vergleich und die zudem noch wesentlich geringeren Eigenkapitalquoten der deutschen KMU im Vergleich zu den Großunternehmen. Die Eigenkapitalquote, die das Verhältnis des haftenden Eigenkapitals zur Bilanzsumme angibt, ist eine wesentliche Kennzahl zur Bewertung der Risikotragfähigkeit von Unternehmen. Eine ausreichende Eigenkapitalausstattung hilft dem Unternehmen, Risiken abzufedern. Im gegenteiligen Fall kann bei einem Kriseneintritt die Existenz des Unternehmens gefährdet sein.

Die vergleichsweise geringe Krisenfestigkeit deutscher Unternehmen und die erhöhte Risikoexposition macht eine aktive, intensive und systematische Auseinandersetzung mit dem Thema Risiko unumgänglich. Damit der Fortbestand des Unternehmens gesichert werden kann, müssen Entscheidungsträger in ihre strategischen Entscheidungen die Risikolage des Unternehmens einbeziehen. Das Ziel des Risikomanagements ist es dabei nicht, Risiken um jeden Preis zu vermeiden; vielmehr sollen Risiken frühzeitig erkannt und bewertet werden, damit ein bewusster Umgang mit ihnen möglich ist.

Die zahlreichen Krisen und Insolvenzen nationaler und internationaler Unternehmen zu Beginn der 1990er-Jahre ließen sich vor allem auf Fehler in der Unternehmensführung, mangelhafte Überwachung der Entscheidungsträger sowie ein unzureichendes Risikomanagement und -bewusstsein zurückführen und veranlassten die Gesetzgeber in Deutschland, der EU und den USA, sowohl gesetzlich zwingende Vorschriften als auch rechtlich unverbindliche Verhaltenskodizes, sogenannte »Codes of Best

Practice«, zu erlassen. Letztere stammen aus dem angelsächsischen Wirtschaftsraum und stellen internationale Standards dar, die die »Corporate Governance« in den Unternehmen verbessern und das Vertrauen von Kapitalgebern in die Unternehmensführung wieder stärken sollen. Der Begriff »Corporate Governance« bezeichnet die Qualität der Unternehmensführung eines Unternehmens im Hinblick auf ein verantwortungsvolles und ethisch einwandfreies Handeln, die sich in dessen Regelungen, Sachverhalten und Verhaltensrichtlinien manifestiert. Die in den »Codes of Practice« beschriebenen Regeln enthalten die ersten Richtlinien für ein Konzept zur Risikosteuerung und -kontrolle.

Die das Management von Risiken betreffenden gesetzlichen Anforderungen richten sich zwar vor allem an Kapitalgesellschaften, die sich über den anonymen Kapitalmarkt finanzieren, um deren Anteilseignern einen ausreichenden Schutz zu gewähren. Sie betreffen aber auch zunehmend nicht börsennotierte Unternehmen. Das 1998 durch den deutschen Gesetzgeber eingeführte Gesetz zur Kontrolle und Transparenz im Unternehmensbereich (KonTraG) verpflichtet Aktiengesellschaften zur Einrichtung eines Überwachungssystems zur Früherkennung von den Fortbestand der Gesellschaft gefährdenden Risiken (§ 91 II AktG). Darüber hinaus definiert des KonTraG Risikomanagement als Bestandteil der Sorgfaltspflichten eines jeden GmbH-Geschäftsführers (§ 43 Abs. 1 GmbHG). Diese müssen zudem genau wie die Vorstände einer Aktiengesellschaft im Fall einer Unternehmenskrise beweisen, dass sie sich objektiv und subjektiv pflichtgemäß verhalten und Maßnahmen zur Früherkennung und Abwehr der Risiken getroffen haben.

Risikomanagement ist jedoch nicht nur zur Erfüllung gesetzlicher Pflichten notwendig: Auch Banken und Ratingagenturen verlangen nach einem Risikomanagement im Unternehmen. Die 2005 vereinbarte Neuregelung der Baseler Eigenkapitalverordnung von 1988 (Basel II) soll das internationale Bankensystem stabilisieren. Dabei werden Banken verpflichtet, bei Vergabe von Krediten einen definierten Anteil der Kreditsumme durch Eigenkapital zu hinterlegen. Je höher dabei das Kreditrisiko ist, desto mehr Eigenkapital muss zur Sicherung des Kredites hinterlegt werden. Da die Banken dieses Kapital nicht für weitere Geschäfte nutzen können, entstehen ihnen Opportunitätskosten, die sie durch die Kreditkonditionen (z. B. Zinssatz und Laufzeit des Kredites) an ihre Kunden weitergeben. Je höher also das Kreditrisiko, desto ungünstiger die Kreditkonditionen. Das Kreditrisiko wird dabei durch ein Rating des kreditnehmenden Unternehmens bestimmt, das entweder extern durch eine Ratingagentur oder bankintern anhand quantitativer und qualitativer Kriterien durchgeführt wird.

Rating ist die Bewertung der künftigen Zahlungsfähigkeit eines Schuldners nach bestimmten Verfahren. Quantitative Kriterien sind hierbei Kennzahlen der Vermögens-, Ertrags- und Finanzlage des Unternehmens, qualitative Kriterien wie bspw. seine Branchen- und Marktstellung oder die Qualität des Managements. Hierbei wird auch der Umgang mit Risiken untersucht. Das Vorhandensein eines effektiven und dokumentierten Risikomanagements kann das Ratingergebnis positiv beeinflussen und zu günstigeren Kreditkonditionen führen. Die Senkung der Finanzierungskosten stellt somit einen ökonomischen Anreiz dar, sich mit dem Thema Risikomanagement zu beschäftigen und ein Risikomanagementsystem einzuführen.

Die Beschäftigung mit Risiken sollte allerdings nicht nur aufgrund des Drucks von Gesetzgebern und Banken erfolgen, sondern aus Eigeninteresse der Unternehmen. Wie bereits erläutert macht die hohe Zahl an Unternehmensinsolvenzen deutlich, dass ein vorausschauendes Risikomanagement notwendig ist, da die Reaktion auf eingetretene Schäden meistens nur noch wenig oder gar nichts gegen diese ausrichten kann. Ein Hauptgrund für die Notwendigkeit eines Risikomanagements ist also die Absicherung des Unternehmens in Krisenzeiten. Ebenfalls erläutert wurden bereits die positiven Auswirkungen eines Risikomanagements auf das Unternehmensrating und somit die Verbesserung der Kreditkonditionen und die Senkung der Fremdfinanzierungskosten.

Ein effizientes Risikomanagement führt aber zudem noch vor allem zu einer Erhöhung der Planungssicherheit und einer nachhaltigen Steigerung des Unternehmenswerts. Somit sollte Risikomanagement auch bei kleinen und mittelständischen Unternehmen (KMU) zu einem wesentlichen Bestandteil der Unternehmensplanung werden. Die Fähigkeit, bei unternehmerischen Entscheidungen Chancen und Risiken gegeneinander abzuwägen, ist ein zentraler Erfolgsfaktor für jedes Unternehmen. Diese Fähigkeit zu entwickeln und auszubauen ist das Ziel des Risikomanagements. Somit kann durch den systematischen Umgang mit Risiken die Qualität der unternehmerischen Entscheidungen erhöht und folglich die Unternehmensleistung gesteigert werden. Es ist daher wichtig, dass Unternehmen den ökonomischen Mehrwert eines Risikomanagements erkennen und Risikomanagement als Basis einer wertorientierten Unternehmenssteuerung verstehen.

Zusammenfassend machen also sowohl interne als auch externe Faktoren eine intensive Auseinandersetzung mit dem Thema Risikomanagement notwendig. Bevor jedoch die Konzeption von Risikomanagementsystemen vorgestellt wird, soll im nächsten Kapitelabschnitt geklärt werden, worum es sich bei dem Begriff »Risiko« überhaupt handelt.

1.3 Unsicherheit, Risiko und Ungewissheit

Gemäß der betriebswirtschaftlichen Entscheidungstheorie können zukünftige Ereignisse in sichere und unsichere Ereignisse unterteilt werden. Der Eintritt eines Ereignisses ist entweder mit Sicherheit vorhersagbar oder aber es besteht lediglich die Möglichkeit seines Eintritts, d. h. sein Eintreten ist unsicher.

Die Vorherbestimmbarkeit eines bestimmten Ereignisses hängt jedoch individuell vom Wissen des Voraussagenden ab. Ein solches Wissen umfasst die Kenntnisse der Ursachen des Ereignisses und Informationen über die Wirkungsweise dieser Faktoren im Zusammenhang mit dessen Eintritt.

> **Beispiel:**
> Der Abgang einer Schneelawine an einem Berghang eines Skigebiets erscheint für einen durchschnittlichen Urlauber zufällig bzw. unsicher. Für im Urlaubsort ansässige Mitarbeiter der Bergwacht ist der Abgang einer Lawine vorhersehbar, da sie über die notwendigen Kenntnisse über den Schneezustand oder den Neigungswinkel am Berg verfügen.

Durch den Zugang zu relevanten Informationen kann ein zuvor unvorhersehbares Ereignis vorhersehbar werden. Der Durchschnittsurlauber im oben angeführten Beispiel könnte so durch eine Ausbildung bei der Bergwacht lernen, das Ereignis eines Lawinenabgangs zukünftig vorherbestimmen zu können. Da das Gesamtwissen der Menschheit im Zeitverlauf zunimmt, können heute als unvorhersehbar erscheinende Ereignisse durch das Bekanntwerden neuer Informationen oder Ursache-Wirkungs-Beziehungen in der Zukunft voraussagbar sein.

Ein unsicher eintretendes Ereignis kann, muss aber nicht, gleichzeitig auch riskant sein. Als riskant kann das Ereignis nur dann bezeichnet werden, wenn der Voraussagende den Nichteintritt einem Eintritt dieses Ereignisses vorziehen würde. In diesem Fall ist der Eintritt des Ereignisses für den Beurteilenden negativ. Dies wird als einseitige Risikodefinition bezeichnet. Der Eintritt eines unsicheren, positiven Ereignisses wird dann analog als Chance bezeichnet. Im Falle eines Unternehmens sind es die definierten Unternehmensziele, die Präferenzen für zukünftige Ereignisse setzen. Alle unsicheren Ereignisse, die negative Auswirkungen auf das Erreichen der Unternehmensziele haben, sind für das Unternehmen riskant. In der Literatur wird der Begriff Risiko häufig aber auch sowohl für Chance als auch für Risiko verwendet – man spricht dann von positiven und negativen Risiken; dies ist die sogenannte zweiseitige Risikodefinition.

Die zwei bisher erläuterten Charakteristika des Risikobegriffs, die Unsicherheit des Ereigniseintritts sowie die Betroffenheit des Beurteilenden durch den Ereigniseintritt, machen seine Subjektivität deutlich. Die Wahrnehmung eines Risikos ist also von der beurteilenden Person oder Institution abhängig. Wie bereits gezeigt, hängt die Voraussagbarkeit eines Ereignisses vom Kenntnisstand des Beurteilenden ab und auch die Betroffenheit ist subjektiv: Was für den einen wichtig ist, kann einem anderen gleichgültig sein. Risiken werden aber nicht nur individuell wahrgenommen, sondern durch unterschiedliche Beurteilende auch unterschiedlich bewertet. Dabei bestimmt der Grad der Unsicherheit und der Betroffenheit die Höhe des vom Beurteilenden eingeschätzten Risikos.

> **Beispiel:**
> Zwei Jungen schwimmen immer weiter auf das offene Meer hinaus. Nachdem sie nach einiger Zeit die letzte Boje passiert haben, die den Schwimmbereich um das Ufer markiert, wird das Wasser immer dunkler und kälter, die Wellen immer höher. Schließlich schlägt einer der beiden vor, umzukehren – aus Angst, es nicht mehr zu schaffen, zurück zum Ufer zu schwimmen oder von der Küstenwache bemerkt und gemaßregelt zu werden. Der andere besteht darauf, weiter ins Meer zu schwimmen. Er schätzt die beschriebenen Risiken geringer und somit anders als sein Gefährte ein.

Die Definition des Risikobegriffes ist aber noch nicht vollständig. Die dritte wesentliche Eigenschaft von Risiken ist deren Kalkulierbarkeit. Diese Eigenschaft unterscheidet die Begriffe Risiko und Ungewissheit, in die sich die Unsicherheit bezüglich eines relevanten Zukunftszustandes unterteilen lässt. Bei einer Risikosituation ist der Eintritt des Ereignisses zwar unsicher, ihm kann jedoch objektiv eine Eintrittswahrscheinlichkeit zugeordnet werden. Bei einem unsicheren, ungewissen Zustand liegt dessen Eintrittswahrscheinlichkeit nicht vor, sein Eintritt lässt sich somit nicht mithilfe der Stochastik mathematisch erfassen. Die folgende Abbildung stellt den Zusammenhang zwischen Unsicherheit, Risiko und Ungewissheit graphisch dar.

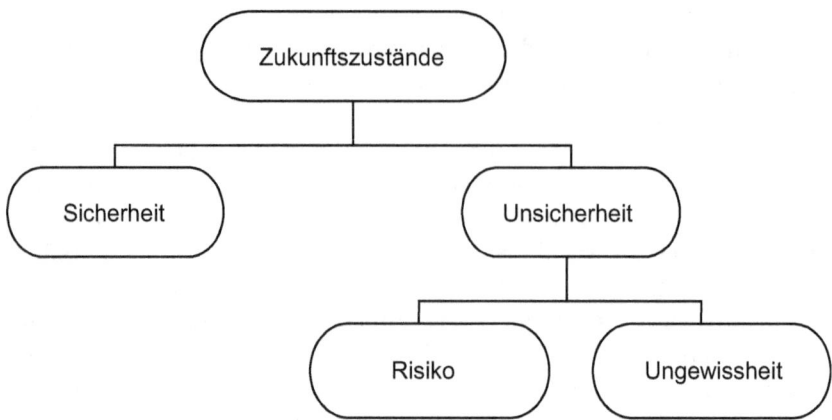

Abb. 3: Entscheidungssituationen: Unsicherheit, Risiko und Ungewissheit.
Quelle: Schneck, 1994, S. 93

Die Kalkulierbarkeit von Risiken ermöglicht Unternehmen, diese einzuschätzen und entsprechend dieser Einschätzung Entscheidungen bezüglich des Risikomanagements zu treffen. Zusammenfassend kann Risiko im Zusammenhang mit Risikomanagement also als eine kalkulierbare Größe eines möglichen, die Erreichung der Unternehmensziele hindernden Zukunftszustands definiert werden.

1.4 Risikokomponenten

Risiken können nur dann angemessen gesteuert werden, wenn ihr Ausmaß bewertet werden kann. Dieses Risikoausmaß wird durch die Berechnung des sogenannten Risikoerwartungswerts ermittelt. Die Grundformel für den Risikoerwartungswert beinhaltet zwei Komponenten: die Eintrittswahrscheinlichkeit des Risikos und seine Schadenshöhe. Er ergibt sich aus deren Produkt. Zudem kann die Schadenshäufigkeit als Risikokomponente entweder anstelle oder als eine zusätzliche Bewertungsdimension ergänzend zur Eintrittswahrscheinlichkeit herangezogen werden.

Risikoerwartungswert = Eintrittswahrscheinlichkeit × Schadenshöhe

Der Risikoerwartungswert entspricht dem statistischen Erwartungswert eines Risikos im Rahmen der Wahrscheinlichkeitsrechnung, d. h. dem gewichteten Mittelwert der Werte, die der Verlust annehmen kann.

Die Eintrittswahrscheinlichkeit gibt an, mit welcher Wahrscheinlichkeit der Eintritt eines Risikos in einem bestimmten Zeitraum zu erwarten ist. Gemäß der Wahrscheinlichkeitsrechnung kann die Eintrittswahrscheinlichkeit Werte zwischen 0 und 1 annehmen. Ein Ereignis, das nie eintreten wird, d. h. unmöglich ist, hat eine Eintrittswahrscheinlichkeit von 0. Wird ein Ereignis mit Sicherheit eintreten, so weist es eine Wahrscheinlichkeit von 1, bzw. 100 Prozent auf.

Die Schadenshöhe eines Risikos wird in der Literatur häufig auch als Risikotragweite, Risikopotenzial oder Risikodimension bezeichnet. Sie ergibt sich aus dem monetären Wert der Folgen eines Risikoeintritts. Man spricht hier auch von den finanziellen Konsequenzen, die ein Risikoeintritt auf ein Unternehmen hat. Als Maßgrößen können hier z. B. Umsatzverluste, Kostensteigerungen, Liquiditäts- bzw. Cashflow-Belastungen, Ertrags- und/oder Vermögensminderungen dienen.

Bei der Ermittlung der Schadenshäufigkeit werden Risiken unter Zeitbezug bewertet. Es wird also gemessen, wie oft sich ein Risiko innerhalb eines bestimmten Zeitraums realisiert. So besteht beispielsweise für eine Versicherung die Schadenshäufigkeit aus der Anzahl der Versicherungsfälle, die innerhalb eines Kalenderjahres auf je 1000 versicherte Risiken entfallen. Je höher der Schaden und je größer die Eintrittswahrscheinlichkeit eines Risikos, desto vorteilhafter ist es, die Schadenshäufigkeit als zusätzliche Komponente für seine Bewertung heranzuziehen.

Der große Vorteil der Formel für die Berechnung des Risikoerwartungswertes ist die Veranschaulichung der grundlegenden Risikokomponenten. Natürlich birgt ein so einfaches Risikomaß Schwächen. Auf komplexere, aber auch genauere Risikomaße durch statistische Methoden und Kennzahlen wird später genauer eingegangen.

1.5 Rendite und Risiko

Ohne ökonomischen Bezug macht die Beschäftigung mit dem Thema Risikomanagement keinen Sinn. Wie bereits erwähnt ist jegliches unternehmerische Handeln mit Risiken verbunden. Gemäß der zweiseitigen Risikodefinition können Risiken einerseits eine Verlustgefahr für das Unternehmen bedeuten, andererseits aber auch unternehmerische Chancen. Betrachtet man nun ein Unternehmen als eine reine Investition, so stellen unternehmerische Chancen Renditepotenziale dar, die in Abhängigkeit zu dem Risiko stehen, das durch das Unternehmen eingegangen wird. Renditen sind monetäre Rückflüsse von zuvor investiertem Kapital. Die Inkaufnahme höherer Risiken kann zwar höhere Schäden verursachen, dafür kann sie aber auch zu höheren Renditen führen.

Entsprechend der Markowitz'schen Portfoliotheorie stehen Rendite und Risiko in einem direkten Zusammenhang. So hängt die Gestaltung eines Portfolios, in das ein Investor investieren möchte, von seiner persönlichen Risikobereitschaft ab. Um eine höhere Rendite erzielen zu können, muss er ein höheres Risiko eines möglichen Verlustes in Kauf nehmen. Verhält er sich dagegen risikoavers, d. h. tätigt er weniger riskante Investitionen, so kann er nur mit einer geringeren Rendite rechnen. Die Abbildung 4 stellt das allgemeine Verhältnis von Risiko zu Rendite dar.

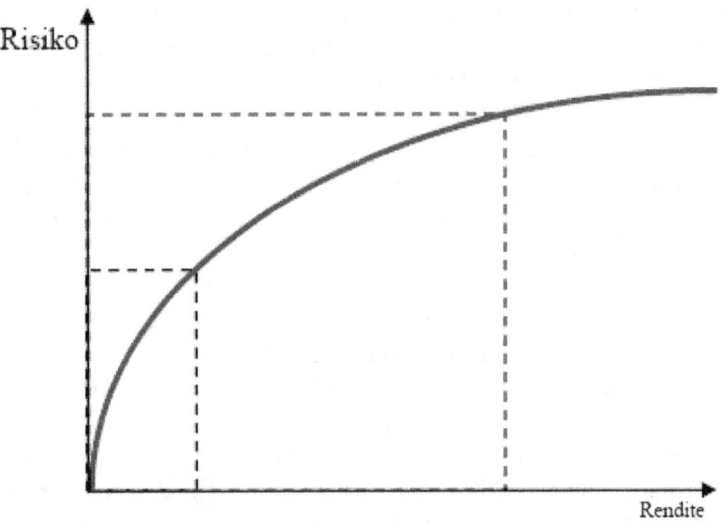

Abb. 4: Das allgemeine Verhältnis von Risiko zu Rendite

Ein klassisches Beispiel für die Risiko-Rendite-Relation sind die Kursentwicklungen von Blue Chips einerseits und von sogenannten New Economy-Wertpapieren andererseits. Als Blue Chips werden die Aktien von etablierten, substanz- und ertragsstarken Unternehmen bezeichnet, die sich durch erstklassige Bonität sowie gute Wachstumsperspektiven auszeichnen. Dagegen versteht man unter »New Economy« neue, innovative und wachstumsorientierte Unternehmen aus Zukunftsbranchen, insbesondere aus dem Technologiebereich. Dass sehr hohe Renditeerwartungen mit einem ebenso hohen Risiko einhergehen, verdeutlicht beispielsweise die im März 2000 geplatzte Spekulationsblase. Wie die folgende Abbildung zeigt, verdreifachte sich zwischen 1999 und 2000 die Marktkapitalisierung der amerikanischen Computer-Börse NASDAQ, dem weltweit größten Markt für Technologieunternehmen. Während Anleger am Technologiemarkt in den Monaten vor dem Börsenkrach extrem hohe Renditen erzielen konnten, erlitten sie nach dem Platzen der Dotcom-Blase einen hohen Wertverlust ihrer Aktien. Im gleichen Zeitraum wies der Dow Jones, der Aktienindex der größten amerikanischen Unternehmen, vergleichsweise geringe, aber auf mehr oder weniger demselben Niveau bleibende Renditen auf. Man kann also feststellen, dass die Kursschwankungen der New Economy-Aktien sehr hoch waren, diejenigen der Blue Chip-Unternehmen hingegen eher gering. Hierbei spricht man von Volatilität. Die Volatilität ist im Allgemeinen ein Maß für die Schwankungsbreite einer finanziellen Größe, z. B. eines Aktienindex. Je höher also die Volatilität, desto schwankungsfreudiger und damit auch risiko- bzw. chancenreicher ist ein Wertpapier.

Abb. 5: Vergleich der Kursverläufe von Dow Jones und Nasdaq 1998–2002.
Quelle: Yahoo Finance, 2008

Das Verhältnis zwischen Risiko und Rendite stellt also die ökonomische Grundlage für das Thema Risikomanagement dar. Um die Rendite des eingesetzten Kapitals und somit den Unternehmenswert steigern zu können, müssen Unternehmen Risiken eingehen. Durch ein systematisches

Risikomanagement können Unternehmen ihr Risiko-Rendite-Profil optimieren und dabei Kosten- und Wettbewerbsvorteile erlangen. Die vom Unternehmen getätigten Investitionen sollten stets eine höhere Rendite aufweisen als die risikoabhängigen Kapitalkosten.

Inwieweit einzelne Investoren oder Unternehmen bereit sind, für die Realisation von Renditen Risiken einzugehen, hängt von ihrer Risikoneigung ab. Es lassen sich Typen von Risikoneigung unterscheiden: Risikoaffinität, Risikoaversion und Risikoneutralität. Diese können wie folgt definiert werden:

Risikoaversion: Bei zwei sich ausschließenden Entscheidungsalternativen wählt der Entscheider die weniger riskante Variante.

Risikoaffinität: Bei zwei sich ausschließenden Entscheidungsalternativen wählt der Entscheider die riskantere Variante.

Risikoneutralität: Dem Entscheider ist die Auswahl einer Entscheidungsalternative gleichgültig.

Die Nobelpreisträger Daniel Kahneman und Amos Tversky haben durch Verhaltensexperimente die Risikoneigung verschiedener Menschen untersucht. In einer ersten Versuchsreihe wurden die Probanden gefragt, ob sie es vorziehen würden, a) mit 80 Prozent Wahrscheinlichkeit 4 000 US-Dollar zu gewinnen und mit 20 Prozent Wahrscheinlichkeit nichts zu erhalten oder b) mit Sicherheit 3 000 US-Dollar zu gewinnen. Obwohl Alternative A mit $80\% \times 4\,000\,\$ = 3\,200\,\$$ einen höheren Erwartungswert aufweist als Alternative B mit dem sicheren Gewinn von 3 000 $, entschieden sich 80 Prozent der Probanden für B. Menschen neigen also im Allgemeinen dazu, bei Gewinnentscheidungen sichere Alternativen risikoreicheren vorzuziehen, d. h. sich risikoavers zu verhalten.

In einer zweiten Versuchsreihe wurden die Probanden gebeten, zwischen a) einen mit 80-prozentiger Wahrscheinlichkeit eintretenden Verlust von 4 000 US-Dollar und b) einem mit Sicherheit eintretenden Verlust von 3 000 US-Dollar zu wählen. In diesem Experiment entschieden sich 92 Prozent aller Probanden für Alternative A, obwohl hier der Erwartungswert des Verlustes mit 3 200 US-Dollar höher ist als der von Alternative B. Damit verhielten sich die Probanden in Bezug auf das Verlustrisiko risikoaffin.

Insgesamt zeigen die Ergebnisse dieser Untersuchungen, dass Menschen dazu tendieren, irrational zu handeln und auf dieselben Wahrscheinlichkeiten eines Risikos und einer Chance unterschiedlich reagieren können – so zogen die Probanden im dargelegten Experiment einerseits einen sicheren, aber geringeren Gewinn vor, andererseits bevorzugten sie ein unsicheres, höheres Verlustrisiko. Menschen treffen also häufig irrationale Entscheidungen oder entscheiden aufgrund von fehlerhaften rationalen Analysen. Im Gegensatz dazu ist es das Ziel des Risikomanagements, Alternativen rational abzuwägen und plausible Entscheidungen zu treffen, um Risiken entsprechend den mit ihnen verbundenen Chancen zu steuern.

1.6 Maßnahmen der Risikosteuerung

Risikomanagement ist ein wichtiger Bestandteil einer wertorientierten Unternehmensführung. Nur wenn Chancen und Risiken innerhalb unternehmerischer Entscheidungen integrativ berücksichtigt werden, kann der Wert eines Unternehmens langfristig gesteigert werden. Somit kann man im Zusammenhang mit Risikomanagement auch gleichzeitig von Chancenmanagement sprechen. Ziel des Risikomanagements ist es also nicht, das Unternehmensrisiko zu minimieren, sondern das Risiko-Rendite-Profil zu optimieren. Die Abbildung 6 zeigt die möglichen Maßnahmen im Prozess der Risikosteuerung.

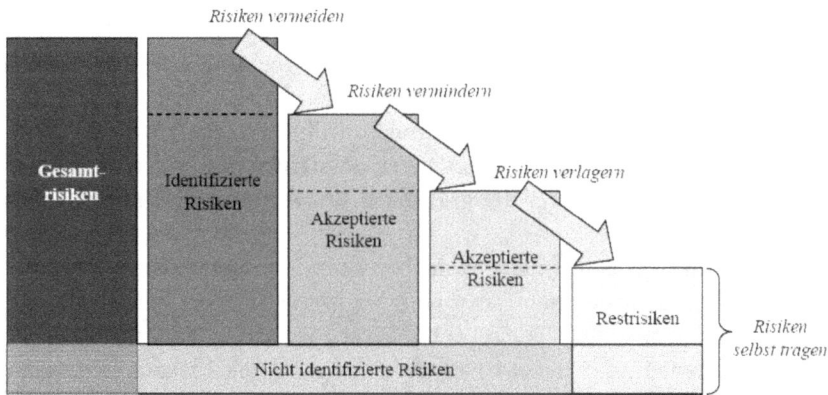

Abb. 6: Mögliche Maßnahmen der Risikosteuerung: identifizieren, vermeiden, vermindern, verlagern und selbst tragen
Quelle: Gleißner/Romeike, 2005, S. 36

Bevor angemessene Maßnahmen der Risikosteuerung ausgewählt und ergriffen werden können, müssen zunächst die bestehenden Risiken und Chancen identifiziert werden. Nach der Risikoidentifikation ist es notwendig, eine Analyse und Bewertung der erkannten Risiken im Hinblick auf ihre Auswirkung auf den Unternehmenserfolg durchzuführen. Erst danach kann die Unternehmensleitung entscheiden, welche Risikostrategie für welche Risiken am besten geeignet ist. Es bestehen mehrere Möglichkeiten im Umgang mit Risiken.

Bei der Risikovermeidung wird ein Risiko gänzlich vermieden, beispielsweise durch den Ausstieg aus einem riskanten Geschäftsfeld oder Projekt. Die Vermeidung von Risiken schließt aber gleichzeitig auch Ertragsmöglichkeiten aus. Deswegen ist es häufig sinnvoller, die bestehenden Risiken zu akzeptieren und zu versuchen, sie soweit wie möglich zu vermindern. Die Risikoverminderung kann durch eine ursachenorientierte Minderung der Eintrittswahrscheinlichkeit, z. B. die verstärkte Wartung der Produktionsanlagen, oder durch eine wirkungsorientierte Minderung der Schadenshöhe, z. B. die Reduzierung des Anteils fixer Kosten durch Outsourcing, erreicht werden. Zudem kann das Unternehmen durch Risikodiversifikation versuchen, Risiken einzelner Vermögenspositionen miteinander auszugleichen. Folglich führt dies zu einer Vermögensposition, dessen Risiko kleiner ist als die Summe der Einzelrisiken. Die Gewinn-Risiko-Relation wird positiv beeinflusst, indem das Schadensausmaß verringert wird, da ein gleichzeitiges Eintreten aller Risiken als relativ unwahrscheinlich gilt. Die Diversifikation lässt sich u. a. für Absatzregionen oder bei Produkten, Dienstleistungen und Geschäftsbereichen anwenden. In Bezug auf Letzteres nutzen Mischkonzerne wie General Electric auch das Prinzip der Diversifikation. Indem sie in mehreren Geschäftsbereichen tätig sind, wird ein möglicher Gewinneinbruch einer Sparte durch andere Unternehmensbereiche abgemildert. Eine weitere Möglichkeit der Risikobewältigung ist der Risikotransfer auf Dritte durch den Abschluss von Versicherungen oder Vertragsklauseln bei Verträgen mit Kunden und Lieferanten.

Risiken, die weder vermieden, noch vermindert oder verlagert wurden, müssen vom Unternehmen selbst getragen werden. Dabei entscheidet die Qualität der Risikoidentifikation, ob Risiken bewusst oder unbewusst getragen werden. In der Regel ist es nicht möglich, alle Risiken vollständig zu erfassen. Die nicht identifizierten Risiken werden vom Unternehmen getragen, ohne gesteuert werden zu können. Das Gesamtrisiko eines Unternehmens setzt sich somit aus den identifizierten und den nicht identifizierten Risiken zusammen. Dieses darf die Risikotragfähigkeit des Unternehmens, d. h. dessen Möglichkeit, einen eingetretenen Schaden aus Unternehmensmitteln wieder gut zu machen, nicht übersteigen, da sonst der Fortbestand des Unternehmens gefährdet ist. Entscheidend für Risikotragfähigkeit eines Unternehmens ist unter anderem dessen Eigenkapitalquote. Je höher diese ist, desto höher ist auch dessen Tragfähigkeit.

1.7 Zusammenfassung

In diesem Kapitel wurde am Beispiel der Subprime-Krise deutlich, dass die rechtzeitige Erkennung von Risiken für jedes Unternehmen und jede Institution wichtig und notwendig ist. Risikomanagement sollte nicht nur auf Grund gesetzlicher Anforderungen wie des KonTraG eingesetzt werden, sondern auch und vor allem aus Eigeninteresse des Unternehmens. Gründe dafür sind unter anderem die Erhöhung der Qualität unternehmerischer Entscheidungen, die langfristige Sicherung des Unternehmensfortbestands und die nachhaltige Steigerung des Unternehmenswerts. Als Risikokomponenten wurden die Eintrittswahrscheinlichkeit und die Schadenshöhe definiert. Der Hauptunterschied zwischen Risiko und Ungewissheit besteht in der Kalkulierbarkeit des Risikos. Nur dadurch ist es Unternehmen möglich, Risiken systematisch zu steuern. Im nächsten Kapitel werden die verschiedenen rechtlichen Vorschriften für Unternehmen, Banken und Versicherungen in Bezug auf den Umgang mit Risiken näher betrachtet.

2
Rechtliche Grundlagen des Risikomanagements

2.1 Vorschriften für Unternehmen

2.1.1 Gesetz zur Kontrolle und Transparenz von Unternehmen (KonTraG)

Wie bereits erläutert veranlasste die Vielzahl von Unternehmenskrisen Anfang der 1990er-Jahre den Gesetzgeber, zusätzliche Anforderungen an die Vorstände, Geschäftsführer und die Aufsichtsgremien eines Unternehmens sowie an die Wirtschaftsprüfer zu stellen. Das KonTraG ist im eigentlichen Sinne kein eigenständiges Gesetz, sondern ergibt sich aus vielen Änderungen an und Ergänzungen zu anderen Gesetzen. Insgesamt wurden durch das mit Wirkung vom 1. Mai 1998 in Kraft getretene Gesetz zehn Gesetze beziehungsweise Verordnungen geändert, hauptsächlich im Aktiengesetz (AktG) sowie im Handelsgesetzbuch (HGB), aber auch im Publizitätsgesetz (PublG) und im Genossenschaftsgesetz (GenG).

Mit der Einführung dieses Gesetzes wurden verschiedene Ziele verfolgt. Das KonTraG beabsichtigt, Unternehmen dazu zu bringen, ihre Risikosituation systematisch zu beobachten und somit Fehlentwicklungen in den Geschäftsprozessen frühzeitig zu erkennen und ihnen zu begegnen. In diesem Rahmen soll auch die Zusammenarbeit zwischen Aufsichtsrat, Vorstand und Wirtschaftsprüfern verbessert werden. Weiterhin sollen die Qualität der Abschlussprüfung und die Transparenz im Unternehmen erhöht sowie die Kontrolle durch die Hauptversammlung verstärkt werden. Die Gesamtheit dieser Vorschriften soll dazu beitragen, Anteilseigner besser zu schützen und ihr Vertrauen in das Unternehmen zu stärken.

Zu den wichtigsten Änderungen durch das KonTraG gehört dabei die Einführung des § 91 Abs. 2 AktG, der die Einrichtung eines Risikomanagementsystems (RMS) bei allen börsennotierten Unternehmen vorschreibt.

Risikomanagement. Ottmar Schneck
Copyright © 2010 WILEY-VCH Verlag GmbH & Co. KGaA
ISBN 978-3-527-50543-2

§ 91 Abs. 2 AktG
»Der Vorstand hat geeignete Maßnahmen zu treffen, insbesondere ein Überwachungssystem einzurichten, damit den Fortbestand der Gesellschaft gefährdende Entwicklungen früh erkannt werden.«

Dieser grundlegende Paragraph zur Organisation und Buchführung einer AG verpflichtet den Vorstand, für ein angemessenes Risikomanagement und für eine angemessene Interne Revision im Unternehmen zu sorgen. Damit werden auch interne Ablaufprozesse und Organisationsstrukturen angesprochen, die auf vorhandene Risiken hin zu überprüfen sind. Die diesbezüglich ergriffenen Maßnahmen der internen Überwachung sollen es erlauben, bestehende Risiken frühzeitig, also zu einem Zeitpunkt zu erkennen, an dem noch geeignete Gegenmaßnahmen ergriffen werden können und somit der Fortbestand des Unternehmens gesichert werden kann. Den Fortbestand gefährdende Entwicklungen sind beispielsweise risikobehaftete Geschäfte, die sich negativ auf die Finanz-, Vermögens- und Ertragslage des Unternehmens auswirken können.

Obwohl die Einrichtung eines Risikomanagementsystems (RMS) unmittelbar nur für Aktiengesellschaften gesetzlich vorgeschrieben ist, wird in der Begründung des KonTraG jedoch deutlich, dass das Gesetz Ausstrahlungswirkungen auf andere Gesellschaftsformen hat. Es sind je nach Größe, Branche und Struktur eines Unternehmens insbesondere auch die Geschäftsführer von GmbHs von diesen Regelungen betroffen. So definiert das KonTraG Risikomanagement als Bestandteil der Sorgfaltspflichten nicht nur des Vorstands einer AG (§ 93 AktG), sondern genauso eines jeden GmbH-Geschäftsführers (§ 43 Abs. 1 GmbHG). Diese müssen zudem genau wie die Vorstände einer Aktiengesellschaft im Fall einer Unternehmenskrise beweisen, dass sie sich objektiv und subjektiv pflichtgemäß verhalten und Maßnahmen zur Früherkennung und Abwehr der Risiken getroffen haben. Eine Verletzung der Sorgfaltspflicht führt zur Schadensersatzpflicht der Geschäftsleitung. Außerdem kommt hinzu, dass im Rahmen des KonTraG Vorstände von Unternehmensgruppen ihrer Verpflichtung zum Risikomanagement konzernweit nachkommen müssen. Da von Tochterunternehmen unabhängig ihrer Rechtsform bestandsgefährdende Risiken ausgehen können, müssen diese in das Risikomanagementsystem des Konzerns integriert werden.

Die Aufnahme der Beurteilung und Erläuterung wesentlicher künftiger Risiken in den Lagebericht ist in § 289 Abs. 1 Satz 4 HGB geregelt. Durch diesen Risikolagebericht sollen sowohl Vorstand als auch Aufsichtsrat frühzeitig Kenntnis über bestehende Risiken und unternehmensgefährdende Entwicklungen erlangen.

§ 289 Abs. 1 HGB
»Im Lagebericht ... der Kapitalgesellschaft ... ist auch auf die Risiken der künftigen Entwicklung einzugehen.«

Im Allgemeinen wurden durch das KonTraG die Aufgaben des Wirtschaftsprüfers erweitert und betreffen nun auch das Risikomanagement des Unternehmens. Die Umsetzung der Vorschriften bezüglich des Risikomanagements wird somit in der externen Jahresabschlussprüfung überprüft. Gemäß § 317 Abs. 4 HGB muss demnach im Rahmen der Prüfung des Jahresabschlusses untersucht werden, ob durch § 91 Abs. 2 AktG das vorgeschriebene Risikomanagementsystem vom Vorstand ordnungsgemäß eingerichtet wurde und seine Aufgaben erfüllt sind.

§ 317 Abs. 4 HGB
»Bei einer börsennotierten Aktiengesellschaft ist außerdem im Rahmen der Prüfung zu beurteilen, ob der Vorstand die ihm nach § 91 Abs. 2 des Aktiengesetzes obliegenden Maßnahmen in einer geeigneten Form getroffen hat und ob das danach einzurichtende Überwachungssystem seine Aufgaben erfüllen kann.«

Zudem schreibt § 317 Abs. 2 HGB eine Überprüfung der Darstellung der Risiken der zukünftigen Unternehmensentwicklung im Lagebericht auf ihre Plausibilität hin vor. In § 321 Abs. 1 HGB wird nochmals die Wichtigkeit der Beurteilung der zukünftigen Unternehmensentwicklung betont.

§ 317 Abs. 2 HGB
»Der Lagebericht und der Konzernlagebericht sind ... zu prüfen ... Dabei ist auch zu prüfen, ob die Risiken der künftigen Entwicklung zutreffend dargestellt sind.«

§ 321 Abs. 1 HGB
»In dem Bericht ist vorweg zu der Beurteilung der Lage des Unternehmens oder Konzerns durch die gesetzlichen Vertreter Stellung zu nehmen, wobei insbesondere auf die Beurteilung des Fortbestandes und der künftigen Entwicklung des Unternehmens ... einzugehen ist.«

Die Ergebnisse der Abschlussprüfung sind gemäß § 321 Abs. 4 HGB im Prüfungsbericht darzustellen, wobei der Abschlussprüfer gegebenenfalls auch auf Schwachstellen des Risikomanagements und erforderliche Maßnahmen zur deren Behebung einzugehen hat.

> **§ 321 Abs. 4 HGB**
> »Ist im Rahmen der Prüfung eine Beurteilung nach § 317 Abs. 4 abgegeben worden, so ist deren Ergebnis in einem besonderen Teil des Prüfungsberichts darzustellen. Es ist darauf einzugehen, ob Maßnahmen erforderlich sind, um das interne Überwachungssystem zu verbessern.«

Nicht nur die Prüfungsaufgaben der Wirtschaftsprüfer, sondern vor allem auch die Aufgabenbereiche der Gesellschaftsorgane haben durch das KonTraG eine Erweiterung erfahren. Neben der Einrichtung des Risikofrühwarnsystems hat der Vorstand noch weitere Verpflichtungen zu erfüllen. Nach § 90 Abs. 1 Nr. 1 AktG muss er den Aufsichtsrat nun so über die Geschäftspolitik und Unternehmensführung informieren, dass dieser die Möglichkeit hat, eine ex-ante-orientierte Überwachung durchzuführen. Darüber hinaus muss der Vorstand auf Grund der Änderungen des im Juli 2002 in Kraft getretenen Transparenz- und Publizitätsgesetzes (TransPuG) nun auch »Abweichungen der tatsächlichen Entwicklung von früher berichteten Zielen unter der Angabe von Gründen« (§ 90 Abs. 1 Nr. 1 AktG) darlegen.

Zudem wird der Aufsichtsrat von börsennotierten Gesellschaften durch das KonTraG dazu verpflichtet, seine Sitzungsfrequenz auf zwei Sitzungen pro Kalenderhalbjahr zu erhöhen. Ferner soll die Zusammenarbeit zwischen Abschlussprüfer und Aufsichtsrat intensiviert werden, damit der Aufsichtsrat seinem Überwachungsauftrag in vollem Umfang gerecht werden kann. Dazu erteilt nun gemäß der Änderung des § 111 Abs. 2 S. 3 AktG der Aufsichtsrat den Prüfungsauftrag und nicht mehr der Vorstand. Auch gegenüber der Hauptversammlung wurden die Pflichten des Aufsichtsrats erweitert. Nach § 171 Abs. 2 AktG müssen demnach mehr Informationen bezüglich der Art und des Umfangs der Prüfung der Geschäftsführung als bisher an die Aktionäre weitergegeben werden. Dadurch soll mehr Druck auf den Aufsichtsrat ausgeübt und die Transparenz durch Offenlegung von möglichen Risiken gegenüber den Anteilseignern erhöht werden.

Das KonTraG hat auch Auswirkungen auf das Kreditwesengesetz (KWG). Hier ist besonders § 18 Satz 1 zu beachten, der Banken dazu verpflichtet, vor der Vergabe eines Kredits, der 750 000 Euro überschreitet, die Offenlegung der wirtschaftlichen Verhältnisse und insbesondere die Vorlage der Jahresabschlüsse des kreditsuchenden Unternehmens zu verlangen.

§ 18 Satz 1 KWG
»Ein Kreditinstitut darf einen Kredit, der insgesamt 750 000 Euro oder 10 vom Hundert des haftenden Eigenkapitals des Instituts überschreitet, nur gewähren, wenn es sich von dem Kreditnehmer die wirtschaftlichen Verhältnisse, insbesondere durch Vorlage der Jahresabschlüsse, offen legen lässt.«

Somit spielt die Beurteilung des Risikomanagementsystems eines Unternehmens durch den Wirtschaftsprüfer eine wichtige Rolle bei der Kreditvergabe. Auch seitens der Kreditinstitute müssen nicht nur die momentane, sondern auch die zukünftige Entwicklung des Unternehmens bewertet werden, da das KWG die kontinuierliche Überprüfung und Analyse der wirtschaftlichen Entwicklung des Unternehmens fordert. § 18 KWG stellt also Anforderungen an die Kreditinstitute bezüglich der Beurteilung zukünftiger Risiken des Kreditnehmers. Auf weitere Anforderungen des KWG zum Risikomanagement bei Banken wird im Kapitel über die Vorschriften für Banken eingegangen.

Seit dem Inkrafttreten des KonTraG ist ein Risikomanagementsystem Pflicht für alle börsennotierten Unternehmen. Die konkrete Ausgestaltung des Systems bleibt aufgrund der Individualität der Risikosituation dem einzelnen Unternehmen überlassen, es werden im Allgemeinen jedoch drei Elemente erwartet: ein Frühwarnsystem für aktuelle und zukünftige Risiken, ein internes Überwachungssystem sowie ein Controlling. Die Implementierung eines solchen Risikomanagementsystems ist die Pflicht des Vorstands, der Aufsichtsrat muss diese Implementierung kontrollieren und bekommt dabei Unterstützung vom Abschlussprüfer. Die Haftung aller drei Parteien ist durch die Neuregelungen erweitert. Durch den erweiterten und vom Abschlussprüfer zu beurteilenden Lagebericht werden Anleger und andere Stakeholder besser informiert und mögliche Risiken werden frühzeitig erkannt und gesteuert.

2.1.2 Deutsche Rechnungslegungsstandards (DRS)

Unmittelbar nach der Verabschiedung des KonTraG wurde, ebenfalls im Jahr 1998, der eingetragene Verein »Deutsches Rechnungslegungs Standards Committee« (DRSC) als nationale Standardisierungsorganisation geschaffen. Der DRSC ist Träger des Deutschen Standardisierungsrats (DSR) und des Rechnungslegungs Interpretations Commitees (RIC). Der DSR wurde als unabhängiges Standardisierungsgremium gegründet. Er führt die zur Erreichung der Ziele des DRSC e.V. erforderlichen Aufgaben aus. Das Rechnungslegungs Interpretations Committee (RIC) hat die Aufgabe, die internationale Konvergenz von Interpretationen wesentlicher Rechnungslegungsfragen zu fördern und spezifische nationale Sachverhalte im Rahmen der gültigen IFRS und in Abstimmung mit den DRS zu beurteilen. Dies geschieht in enger Zusammenarbeit mit dem International Financial Reporting Interpretations Committee (IFRIC) des IASB sowie den entsprechenden Gremien der anderen nationalen Standardsetzer. In den Arbeitsgruppen des DRSC sind Repräsentanten verschiedener Interessengruppen im Zusammenhang mit der Rechnungslegung vertreten. Dazu gehören Abschlussprüfer, Jahresabschlussersteller und -adressaten sowie Vertreter aus der Wissenschaft.

Gemäß der Satzung des DRSC verfolgt die Arbeit des Vereins mehrere Ziele. Dazu gehört die Entwicklung von Empfehlungen, d. h. bestimmter Standards zur Anwendung der Grundsätze über die Konzernrechnungslegung. Das DRSC diskutiert deutsche und internationale Rechnungslegungsstandards bezüglich ihrer Auslegung und Anwendbarkeit in Deutschland. Die Diskussion der Umsetzung und der Konvergenz internationaler Rechnungslegungsvorschriften mit nationalen Standards geschieht durch die Zusammenarbeit des DRSC mit dem International Accounting Standards Board (IASB) und anderen Standardisierungsgremien, wie z. B. der Vertretung der gebündelten Rechnungslegungsinteressen gegenüber der International Accounting Standards Committee Foundation (IASCF). Weitere Ziele des Komitees sind die Vertretung der Bundesrepublik Deutschland in internationalen Standardisierungsgremien sowie die Beratung der Gesetzgebung auf nationaler und EU-Ebene in Fragen der Rechnungslegung und die Förderung der Forschung und Ausbildung auf diesen Gebieten. Zudem beabsichtigt der DRSC, die Qualität in Rechnungslegung und Finanzberichterstattung im öffentlichen Interesse zu erhöhen.

Durch diese Aufgaben hat der DRSC Einfluss auf das Risikomanagement von Unternehmen. So hat der deutsche Gesetzgeber beispielsweise weder im Gesetz noch in der Gesetzesbegründung konkrete Grundsätze für die Aufstellung einer Risikoberichterstattung festgelegt. Diese Lücke möchte der Deutsche Rechnungslegungsstandard 5 (DRS 5) füllen und präzisiert die Änderungen, die zuvor durch das KonTraG eingeführt worden waren. Dieser Standard regelt die Grundsätze der Risikoberichterstattung für alle Mutterunternehmen, die gemäß § 315 HGB über die Risiken der künftigen Entwicklung im Konzernlagebericht zu berichten haben und für Unternehmen, die ihren Konzernabschluss nach international anerkannten Rechnungslegungsgrundsätzen aufstellen. Zudem wird eine entsprechende Anwendung im Lagebericht gemäß § 289 HGB empfohlen. Der DRS 5 verlangt, den Lageberichtadressaten entscheidungsrelevante und zuverlässige Informationen zur Verfügung zu stellen, mit deren Hilfe sie sich ein zutreffendes Bild über die zukünftigen Risiken des Unternehmens machen können. Dabei liegt der Schwerpunkt vor allem auf unternehmensindividuellen Risiken, d. h. Risiken, die mit den spezifischen Unternehmensgegebenheiten sowie der Geschäftätigkeit des Unternehmens zu tun haben und somit die Entscheidungen der Lageberichtsadressaten beeinflussen können. Zudem fordert der DRS 5 eine Quantifizierung der vorhandenen Risiken, sofern verlässliche und anerkannte Methoden dafür verfügbar sind. Da das Ergebnis der Quantifizierung vom verwendeten Modell und den zugrundegelegten Modellannahmen abhängt, müssen diese verständlich dargestellt und erläutert werden. Die Quantifizierung wird zurzeit aber im Prinzip nur für Finanzrisiken verlangt. Weiterhin schreibt der DRS 5 die Beschreibung des im Unternehmen etablierten Risikomanagementsystems vor, bei der vor allem die Strategie, der Prozess und die Organisation des Risikomanagements dargelegt werden müssen.

Neben dem DRS 5 betrifft auch der DRS 15 aus dem Jahr 2004 das Risikomanagement in Unternehmen. In diesem Standard wird die Lageberichterstattung geregelt. Genau wie im die Risikoberichterstattung betreffenden DRS 5 hat der Lagebericht gemäß DRS 15 den Lageberichtadressaten entscheidungsrelevante und verlässliche Informationen über den Geschäftsverlauf und die Lage des Unternehmens zu vermitteln und auf die wesentlichen, die Zukunft der Geschäftätigkeit des Unternehmens bestimmenden Chancen und die Risiken einzugehen.

Neben dem Gesetzgeber, der Initiativen wie das KonTraG auf den Weg bringt, gibt es in Deutschland also einen unabhängigen Standardsetter, der sich auf die Entwicklung von Grundsätzen der Rechnungslegung konzentriert und deren Umsetzung als Selbstverwaltungsaufgabe der Unternehmen sieht und durchsetzen möchte.

2.1.3 Corporate-Governance-Regeln

Der aus dem Englischen stammende Begriff »Corporate Governance« lässt sich nur schwer ins Deutsche übersetzen. Auch wenn die deutsche Bezeichnung »Unternehmensverfassung« im Sinne aller für ein Unternehmen und dessen Mitarbeiter geltenden Verhaltensregeln der Bedeutung des Begriff »Corporate Governance« nahe kommt, gibt sie nicht alle Aspekte des Begriffs wieder. Deshalb wird auch im deutschen Sprachgebrauch von Corporate Governance gesprochen. Je nach Definition kann dieser Begriff weiter oder enger gefasst werden.

Im engeren Sinn meint Corporate Governance die Kontrollmechanismen zur Kontrolle der Unternehmensführung eines Unternehmens. Diese enge Definition basiert auf der Principal-Agent-Theorie, die davon ausgeht, dass Wirtschaftssubjekte durch eine asymmetrische Informationsverteilung in ihrer Entscheidungsfindung eingeschränkt sind und unterschiedliche Interessen verfolgen. Laut diesem Modell gibt es einen Auftraggeber (Prinzipal) und einen Auftragnehmer (Agent), der vom Auftraggeber mit einer Aufgabe betraut wird. Im Bezug auf ein Unternehmen übernehmen die Anteilseigner die Rolle des Prinzipals und die Geschäftsführung die des Agenten. Da die Geschäftsführung und die Anteilseigner unterschiedliche Ziele verfolgen, kann dies zu Konflikten führen. Der Prinzipal erwartet vom Agenten, dass sich dieser ausschließlich für die Auftragserfüllung und somit für die Erreichung der Ziele des Prinzipals einsetzt, kann jedoch die tatsächlichen Handlungen seines Agenten nur mit Einschränkungen erkennen. Der Agent hat somit einen Informationsvorsprung gegenüber dem Prinzipal und kann diese Informationsasymmetrie, zu Ungunsten des Prinzipals, zur Verfolgung seiner eigenen Ziele nutzen. Die Corporate Governance soll die mögliche Ausnutzung der Informationsasymmetrie verhindern und gegenüber den Shareholdern eine gute Geschäftsführung sicherstellen. Nach der engeren Definition werden unter Corporate Governance also alle für ein Unternehmen geltenden Gesetze und Regelwerke verstanden, die die Verantwortlichkeit gegenüber dessen Anteilseignern gewährleisten. Die weitere Definition der Corporate Governance betrifft nicht nur die Interessen der Anteilseigner, sondern die aller Stakeholder des Unternehmens. Es handelt sich in diesem Fall um sämtliche Informations- und Kontrollstrukturen eines Unternehmens, die die Verantwortlichkeit der Geschäftsleitung gegenüber allen Stakeholdern gewährleisten. Die umfassendste Definition bezieht auch die soziale, gesellschaftliche und kulturelle Verantwortung der Unternehmen mit ein.

Im Allgemeinen kann unter Corporate Governance das Setzen und Einhalten aller Verhaltensgrundsätze zusammengefasst werden, die für die Leitung und Überwachung eines Unternehmens von Bedeutung sind und das Ziel haben, die Transparenz zu erhöhen und ein ausgewogenes Verhältnis von Führung und Kontrolle herzustellen. Wer diese Richtlinien setzt, ist dabei unterschiedlich. Sie können beispielsweise durch Gesetze vorgeschrieben sein oder auch nur in einer Absichtserklärung eines Unternehmens dargelegt werden. Deshalb können manche Corporate Governance-Vorschriften verpflichtend und andere unverbindlich sein. Von »Compliance« bzw. Komplianz wird im Zusammenhang mit Corporate Governance gesprochen, um die Einhaltung der unterschiedlichen Gesetze, Richtlinien und freiwilligen Kodizes durch ein Unternehmen zu bezeichnen.

Bislang ist die konkrete Ausgestaltung der die Corporate Governance betreffenden Bestimmungen zumeist länderspezifisch, es existieren aber auch länderübergreifende Standards. Zusammenfassend kann unter Corporate Governance also die Gesamtheit aller internationalen und nationalen Grundsätze für eine gute und verantwortungsvolle Unternehmensführung verstanden werden. Corporate Governance hat für börsennotierte Unternehmen und deren Investoren die größte Bedeutung.

> **Beispiel: FTSE4Good Index Series**
> Der britische Indexanbieter FTSE Group (FTSE) hat eine Indexserie auf den Markt gebracht, die »FTSE4Good Index Series«, die die Performance von Unternehmen misst, die international anerkannte Corporate-Governance-Standards erfüllen. Um in diese Indexserie aufgenommen zu werden, müssen Unternehmen einer Reihe von definierten Standards gerecht werden. Ziel dieser Indexserie ist es, die Investition in verantwortungsvoll geführte und somit risikoärmere Unternehmen zu erleichtern. Zudem soll das Bewusstsein für die Notwendigkeit einer verantwortungsvollen Unternehmensführung geschaffen werden und Unternehmen ein Anreiz gegeben werden, sich um die Erfüllung der Standards zu bemühen.

In Deutschland forderten Experten nach der Einführung des KonTraG und der Gründung des DRSC noch eine weitere Verschärfung der Gesetzesänderungen und Initiativen zur Verbesserung des Risikomanagements in Unternehmen. Der deutsche Gesetzgeber reagierte daraufhin und setzte zunächst die Baums-Kommission, und dann auf deren Ergebnissen aufbauend die Cromme-Kommission ein. Die Letztere hatte die Aufgabe, einen Kodex zu erarbeiten, der auf die vor allem von internationalen Investoren geäußerte Kritik an der mangelhaften Corporate Governance deutscher Unternehmen eingeht. Deswegen wurde der Kommission auch der Name »Regierungskommission Deutscher Corporate Governance Kodex« gegeben. Der von dieser Regierungskommission erarbeitete Deutsche Corporate Governance Kodex (DCGK) aus dem Jahr 2002 ist nicht gesetzlich verankert, sondern basiert auf dem Prinzip der Selbstregulierung. Er wird von der Kommission jährlich überprüft und an aktuelle Entwicklungen im Bereich der Corporate Governance angepasst.

Der DCGK enthält Vorschläge für eine gute und verantwortungsvolle Unternehmensführung und beabsichtigt eine Vereinheitlichung und Standardisierung der Corporate-Governance-Regeln in Deutschland. Auf diese Weise soll die Transparenz der Unternehmensführung deutscher Unternehmen erhöht und somit das Vertrauen nationaler und internationaler Investoren gestärkt werden. Der Kodex richtet sich dabei insbesondere an alle börsennotierten Unternehmen, seine Beachtung wird aber auch anderen Unternehmen empfohlen.

Der Kodex geht also über die gesetzlichen Vorgaben in Deutschland noch hinaus und unterscheidet im Detail drei verschiedene Arten von Bestimmungen: die »Muss«-Vorschriften, die »Soll«-Formulierungen sowie die »Sollte« oder »Kann«-Formulierungen. Die erste Kategorie umfasst Bestimmungen, die geltendes Recht wiedergeben, also von den Unternehmen eingehalten werden müssen. Die zweite Kategorie enthält Empfehlungen, die auf einer freiwilligen Basis anzuwenden sind. Allerdings folgen diese Empfehlungen einer »Comply or Explain«-Regel (»befolge oder erkläre«), sodass Abweichungen von diesen Empfehlungen nach § 161 AktG jährlich von Vorstand oder Aufsichtsrat in einer »Entsprechungserklärung« begründet werden müssen. Die dritte Kategorie umfasst alle sonstigen Handlungsanregungen für Unternehmen, deren Nichtbeachtung aber nicht gerechtfertigt werden muss. Zu dieser Kategorie gehören beispielsweise Verhaltensstandards für Vorstand und Aufsichtsrat, aber auch Informationspflichten gegenüber Anteilseignern sowie eine Präzisierung der Rolle des Abschlussprüfers und Regeln, die das Risikomanagement betreffen. Der Deutsche Corporate Governance Kodex konkretisiert jedoch nicht das nach dem KonTraG zu implementierende Risikomanagementsystem.

Da der Deutsche Corporate Governance Kodex nicht gesetzlich verankert ist, kann er schneller und flexibler an neue Entwicklungen angepasst werden. Zudem versucht er, durch seine dritte Kategorie der Handlungsanregungen die Unternehmen in die Entwicklung der Corporate Governance proaktiv mit einzubeziehen. Andererseits sind die Folgen bei Nichteinhaltung der Regeln des DCGK auf Imageschäden des Unternehmens beschränkt. Sanktionen haben Unternehmen hingegen nicht zu fürchten.

2.1.4 Sarbanes-Oxley Act

Auch in den USA wurden als Folge der Insolvenzen großer Unternehmen wie beispielsweise Enron und Worldcom die Vorschriften zur Corporate Governance von Unternehmen verschärft. Im Jahr 2002 hat die US-amerikanische Wertpapieraufsichtsbehörde, die Securities and Exchange Commission (SEC), den sogenannten Sarbanes-Oxley Act (SOX) erlassen, mit dem vor allem eine Verbesserung der Unternehmensberichterstattung erreicht werden sollte.

Das Gesetz beschäftigt sich mit verschiedenen Aspekten der Corporate Governance, vor allem ihrer Durchsetzung und ist in »Sections«, d. h. verschiedene Paragraphen unterteilt. Der SOX greift viele CG-Aspekte auf und verändert bzw. erweitert die Aufgaben von Geschäftsführung, Aufsichtsorganen und Wirtschaftsprüfern. Adressaten des SOX sind dabei alle US-amerikanischen und ausländischen Unternehmen, die an der NASDAQ oder anderen US-Börsen notiert sind und darüber hinaus alle ausländischen Tochtergesellschaften amerikanischer Unternehmen. Das Ziel des SOX ist die Wiederherstellung des Vertrauens der Anleger in die Kapitalmärkte bzw. in die Richtigkeit und Verlässlichkeit der veröffentlichten Finanzdaten von Unternehmen.

Die Vorschriften des SOX können dabei mit denen des KonTraG in Deutschland verglichen werden, allerdings gehen einige Vorgaben aus dem SOX über das deutsche Gesetz hinaus. Zum Bespiel zieht der SOX die Geschäftsführung bei unvollständigen oder falschen Angaben bei der Berichterstattung noch stärker zur Verantwortung. Gemäß Section 302 des SOX müssen der CEO und der CFO des Unternehmens unter Androhung strafrechtlicher Konsequenzen die Geschäftsabschlüsse an Eides statt beglaubigen. Im Gegensatz dazu wird auch nach der Einführung des KonTraG in Deutschland lediglich die Aufstellung und Unterzeichnung des Jahresberichts gefordert, nicht aber eine zusätzliche Erklärung. Auch die Strafen für falsche oder unvollständige Angaben gehen weit über die nach deutschem Recht gültigen Strafmaße hinaus.

Des Weiteren stellt der SOX erhöhte Ansprüche an die Geschäftsleitung, die kontinuierlich darüber Rechenschaft abzulegen hat, ob das interne Kontrollsystem (IKS) wirksam ist. Nach Section 404 des SOX muss ein jährlicher Bericht darüber verfasst werden, um der Dokumentationspflicht über das Einsetzen und die Funktionsfähigkeit dieses IKS nachzukommen. Der Abschlussprüfer muss sowohl die Wirksamkeit des IKS als auch die Richtigkeit des vom Management verfassten Berichts überprüfen. Dieses IKS nach Section 404 SOX geht über das in § 91 Abs. 2 AktG geforderte Kontrollsystem hinaus, da nach dem SOX fast alle Transaktionen im Unternehmen in der EDV erfasst und verarbeitet werden müssen. In der deutschen Variante wird lediglich ein Kontrollsystem gefordert, das sich auf Risiken für den Fortbestand der Unternehmung bezieht. Section 301 SOX verlangt zudem, dass ein unternehmensinterner Kontroll- und Prüfungsausschuss, ein sogenanntes Audit Committee, die Ordnungsmäßigkeit der Finanzberichterstattung kontrolliert. Aufgabe des Audit Committee ist zudem die Beauftragung, Abfindung und Beibehaltung des Abschlussprüfers sowie die Überwachung von dessen Arbeit.

Auch die Wirtschaftsprüfer sind vom SOX betroffen. Ihre Unabhängigkeit wurde dadurch verstärkt, dass nicht prüfungsbezogene Beratungsleistungen mit Ausnahme der Steuerberatung verboten und gleichzeitig Regelungen eingeführt wurden, die die Rotation der Wirtschaftsprüfer fordern. Darüber hinaus wurde mit dem Public Company Accounting Oversight Board (PCAOB) ein Aufsichtsgremium für die Abschlussprüfer ins Leben gerufen, das unter anderem die Wirtschaftsprüfungsgesellschaften einmal im Jahr inspiziert und neue Rechnungslegungsstandards nach deren Ausarbeitung durch das Financial Accounting Standards Board (FASB) anerkennt. Dieses Gremium ist direkt der SEC unterstellt.

Der SOX will also genau wie das KonTraG eine verbesserte Berichterstattung in Unternehmen erreichen und Unternehmen durch den Einsatz von Kontrollsystemen in die Lage versetzen, Risiken frühzeitig zu erkennen und zu steuern.

Die in den vorhergehenden Abschnitten vorgestellten, nationalen und internationalen Gesetze und Standards machen deutlich, dass die Anforderungen an Unternehmen weltweit bezüglich des Einsatzes von internen Kontroll- und Risikomanagementsystemen immer weiter ansteigen. Die Gesetzgeber fordern mit Gesetzen wie dem KonTraG oder dem SOX die Implementierung von Kontrollsystemen, um Risiken frühzeitig zu erkennen und Gegenmaßnahmen einleiten zu können. Über diese gesetzlichen Anforderungen gehen Initiativen wie der Deutsche Corporate Governance Kodex oder der DRS noch hinaus. Diese zielen darauf ab, ein ausgewogenes Verhältnis zwischen Geschäftsführung und Aufsichtsorganen zu schaffen sowie mehr Transparenz und damit auch mehr Vertrauen seitens der Investoren zu erreichen. Letztendlich soll dadurch die Stabilität der Finanzmärkte nachhaltig unterstützt werden.

2.2 Vorschriften für Banken

Neben den Unternehmen sind auch die Banken gezwungen, ihr Risikomanagement den veränderten Marktbedingungen anzupassen. Die bereits mehrfach angesprochenen Insolvenzen bei Unternehmen sorgen gleichzeitig für steigende Ausfallraten von Kreditengagements bei den Banken. Somit steigen also auch die Anforderungen an Risikomanagementsysteme bei den Banken. Der folgende Abschnitt geht auf die verschiedenen rechtlichen Rahmenbedingungen für das Risikomanagement von Kreditinstituten ein.

2.2.1 Eigenkapitalstandard Basel II

Mit dem Inkrafttreten des neuen Baseler Akkords am 31.12.2006, kurz *Basel II* genannt, gelten für alle international tätigen Banken der G-10-Länder neue Eigenkapitalvorschriften in Bezug auf die Vergabe von Krediten. In Zeiten zunehmender Liberalisierung und Globalisierung der Märkte sowie des technischen Fortschritts hat sich an den Finanzmärkten in den letzten Jahren ein Prozess tief greifender Veränderungen vollzogen, der auch Auswirkungen auf die traditionellen Bankgeschäfte hatte. Angesichts der steigenden Zahl von Insolvenzen und der damit erhöhten Ausfallrisiken von Kreditengagements für Banken mussten Maßnahmen ergriffen werden, um die Stabilität der Finanzmärkte besser abzusichern. Auch die Anforderungen an das Kredit- und Risikomanagement von Banken und Unternehmen sind deutlich gestiegen.

Nach Basel II muss jede Bank für jedes Kreditgeschäft bzw. jeden Schuldner ein sogenanntes Rating erstellen. Rating ist die Bewertung der künftigen Zahlungsfähigkeit eines Schuldners nach bestimmten Verfahren. Nach den neuen Finanzrichtlinien von Basel II gibt es ohne Rating des Kreditnehmers keine Kreditvergabe mehr, da Banken verpflichtet sind, ihre Eigenkapitalhöhe an den Risiken ihrer Kunden auszurichten. Diese Risiken werden durch Ratings gemessen. Je schlechter das Rating der Kunden, umso mehr haftendes Eigenkapital muss die Bank vorhalten und umso schlechter sind die Kreditkonditionen für den Kunden und umgekehrt. Auch auf den Kapitalmärkten spielen von Banken oder Agenturen vergebene Ratingnoten bereits eine wichtige Rolle und dienen als Maßstab für Investitionen.

Bis zur Implementierung von Basel II war die erste Basler Eigenkapitalvereinbarung, Basel I, in Kraft. Durch sie war es Banken vorgeschrieben, für Risikopositionen pauschal 8 Prozent Eigenkapital zu hinterlegen. Die Regelungen von Basel I hatte sich in den Folgejahren durchaus bewährt, problematisch war jedoch der zu wenig nach den Einzelrisiken differenzierte Ansatz, der zudem von den Banken z. B. durch den Einsatz von sogenannten Kreditderivaten relativ leicht umgangen werden konnte.

Zu den Zielen von Basel II gehören die Förderung der Stabilität und Sicherheit der Finanzsysteme, die Verbesserung der Wettbewerbsfähigkeit für alle Marktteilnehmer sowie die Festlegung einer verbesserten Annäherung zur Quantifizierung von Risiken. Die Vorschriften richten sich vor allem an international tätige Banken, die zugrunde liegenden Grundregeln sollen jedoch auch für Banken mit unterschiedlicher Komplexität und Vollkommenheit geeignet sein. Konkret soll gemäß Basel II zwischen den verschiedenen Risikopositionen stärker differenziert werden, um eine angemessene Eigenkapitalausstattung der Banken zu gewährleisten. Das bedeutet, dass eine höhere Eigenkapitalhinterlegung bei höherem Risiko verlangt wird, wobei die gesamte Eigenkapitalhinterlegung der Banken durchschnittlich auf ihrem vorherigen Niveau bleiben soll. Basel II verlangt außerdem, dass die Banken intern adäquate Risikomanagementsysteme einführen. Gleichzeitig soll die Überprüfung durch die Bankenaufsicht sichergestellt werden. Darüber hinaus wird eine erhöhte Marktdisziplin gefordert, die durch erweiterte Offenlegungspflichten erreicht werden soll. Diese drei Ziele haben dazu geführt, dass die Neue Basler Eigenkapitalvereinbarung als 3-Säulen-Modell dargestellt wird, wie die Abbildung 7 zeigt.

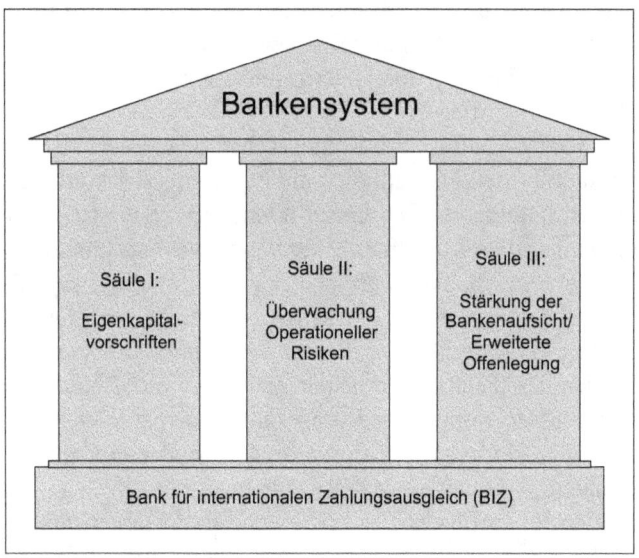

Abb. 7: 3-Säulen-Modell nach der Basel II
Quelle: Schneck, 2006, S. 172

Die erste Säule umfasst die aufsichtsrechtlichen Mindestkapitalanforderungen für Kreditrisiken, Marktrisiken des Handelsgeschäfts, Risiken aus Beteiligungen und operativen Risiken. Die zweite Säule besteht aus einer auf Qualität ausgerichteten bankaufsichtsrechtlichen Überwachung der Institute. Säule III schließlich soll für erhöhte Markttransparenz sorgen und die Marktdisziplin verstärken. Hierfür muss der regulatorische Kapitalbedarf nach Säule I sowie das vorhandene regulatorische Kapital offen gelegt werden.

Im Gegensatz zu Basel I schreiben die Eigenkapitalvorschriften gemäß der ersten Säule von Basel II also eine Eigenkaptalhinterlegung nicht mehr in Relation zum Kreditvolumen, sondern in Abhängigkeit vom Rating, d. h. der Bonitätsbeurteilung des jeweiligen Kreditengagements vor. Damit müssen nicht mehr pauschal 8 Prozent Eigenkapital hinterlegt werden, sondern ein Prozentsatz der ursprünglichen 8 Prozent, je nachdem, wie risikoreich ein Kreditengagement durch das Rating eingestuft wurde.

Die die Überwachung der operationellen Risiken betreffende, zweite Säule beinhaltet vier Grundsätze. Der erste Grundsatz fordert einen bankinternen Einschätzungsprozess, durch den die Banken sowohl ihr eigenes Risiko beurteilen als auch eine Strategie bezüglich des zur Absicherung dieses Risikos benötigten Eigenkapitalniveaus entwickeln können sollen. Der zweite Grundsatz beschreibt den bankaufsichtsrechtlichen Evaluierungsprozess, durch den sowohl die bankinternen Strategien hinsichtlich einer angemessenen Eigenkapitalausstattung als auch deren Umsetzung und Kontrolle durch die Aufsicht überprüft und bewertet werden. Im Fall einer Nichteinhaltung der aufsichtsrechtlichen Anforderungen in Bezug auf die bankinternen Risikostrategien, Bewertungen und Kontrollfunktionen, hat die Bankaufsicht aufsichtsrechtliche Maßnahmen gegenüber den Banken zu ergreifen. Der dritte Grundsatz erlaubt der Aufsichtsinstanz, die Banken zur Vorhaltung eines Eigenmittelpuffers zu zwingen. Dies bedeutet, dass die Banken eine Eigenmittelausstattung vorweisen müssen, die über die regulatorischen Mindestquoten hinausgeht. Der vierte Grundsatz legt schließlich fest, dass die Bankenaufsicht frühzeitig intervenieren und für schnelle Abhilfe sorgen muss, sollte die risikogerechte Eigenmittelausstattung der Bank gefährdet sein und das vorhandene Eigenkapitalniveau unter die geforderte Mindestausstattung fallen.

Der Basler Ausschuss hat keinerlei gesetzgeberische Kompetenzen und kann somit nur Empfehlungen herausgeben. Allerdings greift die EU bei der Gestaltung ihrer Richtlinien im Allgemeinen auf die Empfehlungen aus Basel zurück. Im Falle von Basel II folgte von Seiten der EU die sogenannte Kapitaladäquanzrichtlinie (Capital Requirements Directive, CRD). Die EU-Richtlinien haben verbindlichen Charakter für die Mitgliedsstaaten und müssen in nationales Recht umgesetzt werden. In Deutschland führte die CRD zu Änderungen des Kreditwesengesetzes (KWG), zur Ausarbeitung einer Solvabilitätsverordnung (SolvV) sowie zur Veröffentlichung der Mindestanforderungen an das Risikomanagement (MaRisk). Auf alle drei rechtlichen Rahmenbedingungen soll im Folgenden eingegangen werden.

2.2.2 Kreditwesengesetz (KWG)

Das Gesetz über das Kreditwesen (KWG) regelt die Bankenaufsicht und die Organisation der Kreditinstitute und der Finanzdienstleistungsinstitute in Deutschland. Das Gesetz beabsichtigt zum einen, die Funktionsfähigkeit der Kreditwirtschaft zu sichern und zu erhalten und zum anderen, die Gläubiger von Kreditinstituten vor dem Verlust ihrer Einlagen zu schützen. Diese beiden Ziele sollen durch Vorschriften über das Kreditgeschäft, über die Bildung eines angemessenen Eigenkapitalbestandes und die Erhaltung einer ausreichenden Liquidität sowie über die Prüfung des Jahresabschlusses der Kreditinstitute und einzelner Geschäftssparten erreicht werden.

In den vergangenen Jahren wurde das KWG mehrfach geändert, vor allem um EG-Richtlinien in deutsches Recht umzusetzen. Zu diesen gehörten unter anderem die Harmonisierung des Bankenaufsichtsrechts und die Einführung der neuen Eigenkapitalstandards von Basel II. Durch die Regelungen des § 25a KWG stellt das KWG aber auch die Ausgangsbasis für die Mindestanforderungen an das Risikomanagement (MaRisk) dar, auf die im folgenden Unterkapitel genauer eingegangen wird. Die MaRisk konkretisieren die besonderen Pflichten organisatorischer Art für Kreditinstitute, die durch § 25a KWG vorgegeben werden. Allerdings geht dieser Paragraph über den Umfang der MaRisk noch hinaus. Er wird als Zentralnorm für Kreditinstitute angesehen, die die Geschäftsleitung in die Pflicht nimmt und für besondere organisatorische Anforderungen an die Institute verantwortlich macht.

> **§ 25a Abs. 1 KWG**
> »Ein Institut muss ... über geeignete Regelungen zur Steuerung, Überwachung und Kontrolle der Risiken und der Einhaltung der gesetzlichen Bestimmungen sowie über angemessene Regelungen verfügen, anhand derer sich die finanzielle Lage des Instituts oder der Gruppe jederzeit mit hinreichender Genauigkeit bestimmen lässt ...«

Nach § 25a Abs. 1 KWG muss die ordnungsgemäße Geschäftsorganisation, für die die Geschäftsleitung verantwortlich ist, die Einhaltung gesetzlicher Bestimmungen sicherstellen. Dazu gehört im Besonderen ein angemessenes Risikomanagement. Neben der Ermittlung und Sicherstellung der Risikotragfähigkeit gehören dazu auch die Festlegung von Strategien sowie die Implementierung interner Kontrollverfahren. Letzteres setzt sich zusammen aus einem internen Kontrollsystem sowie der internen Revision. Dazu gehören aufbau- und ablauforganisatorische Regelungen mit einer klaren Trennung von Verantwortungsbereichen, sowie Prozesse, die es ermöglichen, Risiken identifizieren, beurteilen, steuern, überwachen und kommunizieren zu können. Darüber hinaus umfasst die ordnungsgemäße Geschäftsorganisation angemessene Regelungen zur Bestimmung der Finanzlage des Kreditinstituts, angemessene Sicherheitsvorkehrungen den EDV-Einsatz betreffend, ausführliche Dokumentationspflichten sowie Sicherungssysteme gegen Geldwäsche. Das Geldinstitut muss außerdem nach § 25a Abs. 2 KWG sicherstellen, dass die Ordnungsmäßigkeit und die Steuerungs- und Kontrollmöglichkeiten der Geschäftsleitung sowie die Prüfung durch die Aufsicht auch bei auf andere Unternehmen ausgelagerten Bereichen gegeben sind.

2.2.3 Mindestanforderungen an das Risikomanagement (MaRisk)

Die Mindestanforderungen an das Risikomanagement (MaRisk) sind das zentrale Regelwerk der qualitativen Bankenaufsicht. Die MaRisk stellen einen Pflichtenkatalog zu den Regeln des KWG dar und konkretisieren somit die Vorschriften des § 25a KWG. Die vor der Einführung der MaRisk geltenden qualitativen Aufsichtsnormen, die Mindestanforderungen an das Kreditgeschäft (MaK), die Mindestanforderungen an das Betreiben von Handelsgeschäften (MaH) sowie die Mindestanforderungen an die Ausgestaltung der Internen Revision (MaIR) wurden in den MaRisk konsolidiert und ergänzt. Bei der Ausarbeitung der MaRisk handelt es sich um die Umsetzung der zweiten Säule der neuen Baseler Eigenkapitalvereinbarung, dem bankaufsichtlichen Überprüfungsprozess (»Supervisory Review Process«). Dieser Überprüfungsprozess besteht aus drei Elementen: dem bankinternen Verfahren zur Beurteilung der Angemessenheit der Eigenkapitalausstattung, der Beurteilung durch die Aufsicht sowie dem von der Aufsicht zu implementierenden Risikoklassifizierungssystem. Die MaRisk machen Vorschriften bezüglich des ersten Elements, d.h. des bankinternen Bewertungsverfahrens. Nach den Vorstellungen der BaFin sollen die MaRisk den Kreditinstituten einen flexiblen und praxisnahen Rahmen geben, innerhalb dessen sie ihr Risikomanagement gestalten können. Gleichzeitig sollen die Banken gesetzlich zu einer ganzheitlichen Risikobetrachtung all ihrer Kreditgeschäfte verpflichtet werden.

Im Zuge des bankinternen Verfahrens müssen die Banken in regelmäßigen Abständen überprüfen, ob das von ihnen vorgehaltene Eigenkapital dem aktuellen Risikoprofil gerecht wird. Die MaRisk geben dabei einen Rahmen vor, wie dieses Beurteilungsverfahren auszugestalten ist. Die im KWG angesprochene Risikotragfähigkeit wird ebenfalls in den MaRisk aufgegriffen. Risikotragfähigkeit ist dann in ausreichendem Maße gegeben, wenn das Kreditinstitut jederzeit genügend haftendes Eigenkapital vorweisen kann, um die Verpflichtungen gegenüber seinen Gläubigern erfüllen zu können. Dabei muss das Gesamtrisikoprofil des Kreditinstituts als Grundlage gesehen und alle wesentlichen Risiken abgedeckt werden. Sollten dabei bestimmte Risiken keine Berücksichtigung finden, so muss dies begründet werden. Zu den Anforderungen an das Risikomanagement gemäß MaRisk gehört ferner die Konsistenz zwischen der Geschäfts- und der Risikostrategie. Das bedeutet, dass die Ziele der Geschäftsstrategie bei der Erarbeitung der Risikostrategie zu berücksichtigen sind.

Darüber hinaus ist in den MaRisk das im KWG angesprochene interne Kontrollsystem (IKS) konkretisiert. Innerhalb dieses IKS müssen demnach bestimmte Regelungen zur Aufbau- und Ablauforganisation eingehalten werden. Dazu gehört im Besonderen die Trennung unvereinbarer Tätigkeiten sowie die klare Definition und Abstimmung von Prozessen innerhalb der Bank sowie an den Schnittstellen zu ausgelagerten Prozessen. Das »Vier-Augen-Prinzip« wird als Standard vorgegeben, um Interessenskonflikte zu vermeiden und sachgerechte Entscheidungen zu gewährleisten. Zudem werden auch Anforderungen an die Risikosteuerungs- und Controllingprozesse gestellt. Diese müssen die Identifikation und Klassifizierung von Risiken gewährleisten sowie Adressenausfall-, Marktpreis-, Liquiditätsrisiken und operationelle Risiken im Einzelnen analysieren. Anschließend müssen angemessene Maßnahmen der Risikosteuerung ergriffen werden, zum Beispiel eine Risikoreduzierung.

Weiterhin gehört zu den Anforderungen an das Risikomanagement gemäß der MaRisk eine ordnungsgemäße interne Revision (IR). Die IR ist dann ordnungsgemäß, wenn sie als Instrument der Geschäftsleitung dieser unmittelbar unterstellt ist und an sie berichtet. Als Schwerpunkt dieser Berichte sind die Prüfung und Beurteilung des Risikomanagements im Allgemeinen sowie des IKS im Besonderen definiert. Die Funktionsfähigkeit und Angemessenheit der beurteilten Prozesse steht bei dieser risikoorientierten Prüfung im Vordergrund. Die IR muss dafür zu jeder Zeit ein vollständiges und uneingeschränktes Informationsrecht innehaben. Auch ist die IR über alle relevanten Beschlüsse der Geschäftsführung zu unterrichten.

Zusammenfassend machen die MaRisk also konkrete Vorgaben zum Risikomanagement von Kreditinstituten, vor allem zur Risikotragfähigkeit, zur Strategie und zum internen Kontrollsystem. Zudem definieren sie Regeln bezüglich der internen Revision, der Aufbau- und Ablauforganisation und den Dokumentationspflichten von Banken.

2.2.4 Solvabilitätsverordnung (SolvV)

Die »Verordnung über die angemessene Eigenmittelausstattung von Instituten, Institutsgruppen und Finanzholding-Gruppen« (Solvabilitätsverordnung) wurde im Dezember 2006 veröffentlicht. Zusammen mit einigen Änderungen im KWG sowie den bereits 2005 veröffentlichten Anforderungen der MaRisk wurden damit die Regelungen von Basel II sowie der korrespondierenden EU-Direktiven in nationales Recht umgesetzt. Während die im vorhergehenden Abschnitt erläuterten MaRisk die Vorgaben der zweiten Säule von Basel II umsetzen, soll die Solvabilitätsverordnung (SolvVO) die Säulen I und III der Neuen Basler Eigenkapitalvereinbarung abdecken.

Die SolvV schreibt vor allem das Vorhandensein eines angemessenen Mindesteigenkapitals bei Kreditinstituten vor. Die Eigenmittelausstattung ist nach der § 2 Abs. 1 SolvV dann angemessen, wenn ein Kreditinstitut täglich zum Geschäftsschluss in der Lage ist, sowohl seine Adressrisiken und sein operationelles Risiko, als auch seine Marktrisiken durch Eigenkapital abzudecken.

§ 2 Abs. 1 SolvV
»Ein Institut verfügt über angemessene Eigenmittel, wenn es täglich zum Geschäftsschluss sowohl die Eigenkapitalanforderungen für Adressrisiken und das operationelle Risiko ... als auch die Eigenmittelanforderungen für Marktrisiken ... erfüllt.«

Unter Adressrisiken werden alle Risiken verstanden, die durch Bonitätsveränderungen oder durch die Nichterfüllung der Leistungsverpflichtungen eines Geschäftspartners induziert werden. Im Zusammenhang mit dem Bankengeschäft handelt es sich zum größten Teil um Kreditausfallrisiken. Für die Adressrisiken sind gemäß SolvV die Adressausfallrisikopositionen nach einem definierten, entweder auf externen oder auf internen Ratings basierenden Ansatz zu berücksichtigen. Gemäß der Definition von Basel II wird unter dem operationellen Risiko die Gefahr von Verlusten verstanden, die sowohl aufgrund unangemessener oder nicht funktionierender interner Verfahren oder Systeme, aufgrund von Menschen oder durch externe Ereignisse eintreten kann. Um den Anrechnungsbetrag für das operationelle Risiko zu bestimmen, können die Institute auf einen Basisindikatoransatz, einen Standardansatz oder einen fortgeschrittenen Messansatz zurückgreifen. Als Marktrisiken werden die möglichen Verluste bezeichnet, die bei Finanztransaktionen durch Veränderungen von Zinsen, Volatilitäten, Fremdwährungs- und Aktienkursen entstehen können. Die Marktrisikopositionen werden gebildet durch die Währungsgesamtposition, die Rohwarenposition, die Optionspositionen, die Handelsbuch-Risikopositionen und die anderen Marktrisikopositionen.

Des Weiteren beinhaltet die SolvV sogenannte Offenlegungsvorschriften, die die Markttransparenz erhöhen sollen. Gemäß § 322 SolvV müssen die Institute ihr Risikomanagement in Bezug auf die einzelnen Risikoarten unter verschiedenen Aspekten beschreiben.

> **§ 322 SolvV**
> »Institute haben zu jedem einzelnen Risikobereich, einschließlich Adressenausfallrisiko, Marktrisiko, operationelles Risiko und Zinsänderungsrisiko des Anlagebuchs, im Hinblick auf Ziele und Grundsätze des Risikomanagements zu beschreiben ...«

Dazu gehört die Beschreibung der Strategien und Prozesse, der Struktur und Organisation der Risikosteuerung, der Art und des Umfangs der Risikoberichte sowie der Grundzüge der Absicherung oder Minderung von Risiken. Zu den Offenlegungspflichten gehört auch die Erläuterung der Angemessenheit der Eigenmittelausstattung. Die Offenlegung der Informationen über das Risikomanagement hat laut SolvV generell einmal jährlich, in Einzelfällen auf Anordnung der BaFin auch öfter, auf der eigenen Internetseite des Instituts oder durch ein anderes geeignetes Medium zu erfolgen. Im elektronischen Bundesanzeiger muss auf die Veröffentlichung im entsprechenden Medium hingewiesen werden.

Wie bereits erwähnt setzt die SolvV also die erste Säule von Basel II, die Mindestanforderungen bezüglich der Eigenkapitalhinterlegung, und dessen dritte Säule, die erweiterten Offenlegungspflichten, ins deutsche Recht um. Trotz der Tatsache, dass diese Verordnung erst seit dem 1. Januar 2007 in Kraft ist, wird international schon über eine Weiterentwicklung der Vorschriften für Banken bezüglich des Risikomanagements diskutiert. Von einer dritten Basler Eigenkapitalvereinbarung ist die Rede. Diese Entwicklungen zeigen, dass es gerade im Bankensektor notwendig ist, die rechtlichen Rahmenbedingungen für das Risikomanagement kontinuierlich weiterzuentwickeln und den Marktgegebenheiten anzupassen.

2.3 Vorschriften für Versicherungen

Die Versicherungsunternehmen in Deutschland unterliegen einer formellen und materiellen Staatsaufsicht. Die formelle Aufsicht reguliert vor allem den Markteintritt und -austritt der Versicherungsunternehmen, die materielle hingegen hat die Möglichkeit, in die laufenden Geschäftsprozesse des Unternehmens einzugreifen. Diese Art der Aufsicht erklärt sich durch die herausragende Stellung der Versicherungen in einer Volkswirtschaft. Die Versicherungsunternehmen sind Risikoträger und Kapitalsammelstelle, bei denen erhebliche Kapitalbeträge eingehen und häufig erst nach einer längeren Periode wieder ausgezahlt werden. Außerdem können die Versicherungsnehmer selbst die finanzielle Leistungsfähigkeit der Unternehmen im Allgemeinen nicht überprüfen, was wiederum eine staatliche Aufsicht erforderlich macht.

2.3.1 Versicherungsaufsichtsgesetz (VAG)

Die Grundlage für die Versicherungsaufsicht in Deutschland ist das *Gesetz über die Beaufsichtigung der Versicherungsunternehmen* (VAG). Die zuständige Behörde ist die Bundesanstalt für Finanzdienstleistungsaufsicht (BaFin). Laut § 1 des VAG sind Versicherungsunternehmen als Unternehmen definiert, die den Betrieb von Versicherungsgeschäften zum Gegenstand haben und nicht Träger der Sozialversicherung sind. Das VAG schreibt vor, dass die Versicherungsunternehmen rechtlich selbstständig sein müssen, um bestimmte Versicherungszweige anbieten zu können. Dies geschieht zum Schutz der Versicherten vor Verlusten. Diese Spartentrennung betrifft die Lebens-, Kranken- und Rechtsschutzversicherungen sowie die Schaden- und Unfallversicherungen im weiteren Sinne.

Die bei den Versicherungsunternehmen eingehenden Kapitalbeträge werden als Kapitalanlage der Versicherungen bezeichnet, deren Ausfall eine Gefährdung bei der Erfüllung der Verpflichtungen gegenüber Versicherungsnehmern darstellen würde. Daher muss die Kapitalanlage wesentlich im Risikomanagement einer Versicherung berücksichtigt werden und unterliegt strengen gesetzlichen Vorschriften. Nach § 54 Abs. 1 VAG muss das gebundene Vermögen, d. h. die versicherungstechnischen Rückstellungen, eines Versicherungsunternehmens so angelegt werden, dass möglichst große Sicherheit und Rentabilität bei jederzeitiger Liquidität des Versicherungsunternehmens erreicht wird. Neben diesem Kapitalanlagerisiko, dem u. a. mit den oben genannten Maßnahmen entgegen gewirkt werden soll, spielen für Versicherungsunternehmen wie für alle Unternehmen aber auch das allgemeine Unternehmensrisiko, das Betriebskostenrisiko sowie das versicherungstechnische Risiko eine Rolle.

2.3.2 Solvency II

Solvency II ist ein von der Europäischen Kommission initiiertes Projekt zur Entwicklung neuer Aufsichtsregelungen für die Versicherungswirtschaft in der EU. Seit dem 1. April 2004 ist die Solvabilitätsrichtlinie Solvency I in Kraft, die aber lediglich die bereits bestehenden Solvabilitätsanforderungen auf EU-Ebene ergänzt und aktualisiert hat. Vor dem Hintergrund eines erhöhten Wettbewerbs in der Versicherungsbranche und der Entwicklungen auf den Kapitalmärkten hat die Europäische Kommission bereits Anfang 2000 das Projekt Solvency II initiiert, um das Solvabilitätssystem in Europa weiter zu verbessern und mit den Regelungen des Bankwesens (Basel II) zu harmonisieren. Das Ziel von Solvency II ist eine grundlegende Reform der Versicherungsaufsicht. Die EU-Kommission hat dem Europäischen Parlament und Rat im Juli 2007 einen Vorschlag für eine Solvency II-Rahmenrichtlinie vorgelegt. Die Verabschiedung der Richtlinie steht aber bisher noch aus.

Das Ziel der Solvabilitätsvorschriften von Solvency II ist eine konsequent risikoorientierte Ausgestaltung der Eigenkapitalvorschriften und die Integration qualitativer Faktoren in den Aufsichtsprozess. Außerdem möchte Solvency II den Versicherungen Unterstützung bei der Durchführung und Verbesserung ihres internen Risikomanagements bieten. Des Weiteren wird mit Solvency II eine angemessene Harmonisierung der Aufsicht in Europa angestrebt. Zur Berechnung ihrer aufsichtsrechtlichen Kapitalanforderungen sollen die Versicherungen nach Solvency II ihre risikoorientierte Gesamtsolvabilität als Basis heranziehen. Die Berechnung kann durch Verwendung einer vorgegebenen Standardformel oder eines vom Unternehmen entwickelten internen Modells erfolgen.

Inhaltlich lehnt sich Solvency II an die 3-Säulen-Struktur von Basel II an. Somit handelt es sich auch hier um ein Drei-Säulen-Modell, das die Eigenmittelanforderungen, die aufsichtsrechtlichen Überprüfungsverfahren und die Anforderungen an die Marktdisziplin für Versicherungsunternehmen beinhaltet.

In der ersten Säule werden die quantitativen Eigenkapitalanforderungen definiert. Sie enthält Regelungen zur Bewertung der Aktiva und Passiva, insbesondere erfolgt die Unterscheidung zwischen dem absoluten Mindestkapital und dem ökonomischen Kapital. Letzteres ist die für die Versicherung erstrebenswerte Eigenmittelausstattung, während das Mindestkapital die regulatorische Untergrenze des zu haltenden Solvenzkapitals darstellt. Für das Versicherungsunternehmen gilt es, diese Grenze nicht zu unterschreiten, um Sanktionen, die bis hin zu einem aktiven Eingriff der BaFin in die Unternehmensführung reichen können, zu vermeiden.

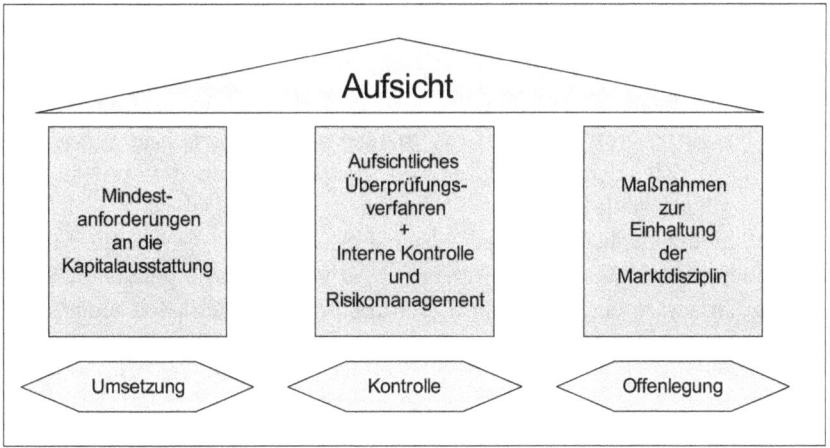

Abb. 8: 3-Säulen-Modell von Solvency II
Quelle: http://www.risknet.de/Struktur-Solvency-II.242.0.html

Die Aufsichtsbehörden sollen gemäß der zweiten Säule das Risikomanagement des Versicherungsunternehmens unter qualitativen Aspekten bewerten. Beurteilt werden dabei das Vorhandensein einer Risikostrategie, einer angemessenen Aufbau- und Ablauforganisation, sowie eines Internen Steuerungs- und Kontrollsystems und einer Internen Revision. Zudem können auch andere qualitative Aspekte, wie zum Beispiel die Qualifizierung und Kompetenz der Geschäftsführung, in die Bewertung mit einfließen. Da es sich bei Solvency II um eine EU-Initiative handelt, sind die Kriterien des aufsichtlichen Überprüfungsverfahrens für die internen Risikomodelle in allen Ländern der EU harmonisiert.

Das Ziel der dritten Säule ist die Erhöhung der Markttransparenz und -disziplin. Sie beinhaltet Berichtspflichten sowohl gegenüber der Öffentlichkeit als auch gegenüber der Aufsichtsbehörde. Verschärfte Vorschriften und Empfehlungen sollen dafür sorgen, dass die Marktteilnehmer mehr Informationen bezüglich der Erfüllung von quantitativen und qualitativen Kriterien des Risikomanagements in Versicherungsunternehmen bekommen. Dazu gehören unter anderem Informationen über die Kapitalausstattung und die Risikoübernahme sowie eine Beschreibung der Risikobewertungs- und Steuerungsprozesse.

2.4 Zusammenfassung

Dieses Kapitel hat gezeigt, dass es für Unternehmen, Banken und Versicherungen zahlreiche Vorschriften gibt, die sich auf Risikovermeidung beziehen und die diese Institutionen einzuhalten haben. Diese Vorschriften sind als Reaktion auf eine Reihe wirtschaftlicher Krisen entstanden, deren Ursachen größtenteils in der mangelhaften Wahrnehmung von Risiken lagen. Ziel der Vorschriften war stets, die durch den Eintritt von Risiken ausgelösten Schäden zu vermeiden. Dieses Ziel ist aber in der Realität niemals vollständig erreichbar, kein Gesetz der Welt kann ein bestehendes Risiko gänzlich eliminieren. Und wie im vorhergehenden Kapitel erläutert, wäre eine solche Eliminierung wirtschaftlich auch nicht sinnvoll.

3
Typologien und Arten von Risiken

3.1 Übersicht über Risikotypen

Die Systematisierung von Risiken erfolgt in der Literatur und der Wirtschaftspraxis nach unterschiedlichen Ansätzen und Kriterien. So können zum Beispiel operative von strategischen Risiken unterschieden werden. Diese lassen sich anhand von drei Kriterien unterscheiden: dem ihnen zugrunde liegenden Problemtyp, ihrem Zeitbezug sowie der Bedeutsamkeit ihrer Ziele. Operative Risiken entspringen der unternehmerischen Tätigkeit selbst, während es sich bei strategischen Risiken um Risiken handelt, die durch die strategischen Unternehmensentscheidungen entstehen. Diese sind langfristig angelegt und für die Entwicklung des gesamten Unternehmens bedeutsam. Strategische Risiken betreffen die Positionierung des Unternehmens sowohl intern als auch extern und legen die langfristigen Ziele des Unternehmens fest. Sie hängen mit den Veränderungen des wirtschaftlichen, politischen und technologischen Unternehmensumfelds sowie sozio-kulturellen Entwicklungen zusammen. Operative Risiken resultieren hingegen aus kurzfristig angelegten Entscheidungen und Handlungen und haben somit nur für einen Teilbereich des Unternehmens von Bedeutung. Es ist schwierig, alle im Zusammenhang mit der unternehmerischen Tätigkeit stehenden Risiken in verallgemeinerter Form für alle Unternehmen darzustellen. Die Relevanz der verschiedenen Risikoarten für ein Unternehmen hängt von unternehmensindividuellen Faktoren ab, beispielsweise von Branchenspezifika, der Unternehmensgröße und dem geographischen Wirkungsbereich.

Im Folgenden werden die Unternehmensrisiken in Bezug auf die potenzielle Verlustquelle systematisiert. Es kann somit eine Unterscheidung zwischen finanzwirtschaftlichen und leistungswirtschaftlichen Risiken getroffen werden. Finanzwirtschaftliche Risiken bestehen in möglichen Vermögensverlusten durch den Ausfall zukünftiger Zahlungsströme oder durch die negative Wertentwicklung einer Finanzgröße. Sie können weiterhin in Markt-, Kredit-, und Liquiditätsrisiken unterteilt werden. Lei-

Risikomanagement. Ottmar Schneck
Copyright © 2010 WILEY-VCH Verlag Gmbh & Co. KGaA
ISBN 978-3-527-50543-2

tungswirtschaftliche Risiken resultieren aus möglichen Verlusten durch den unternehmerischen Leistungserstellungsprozess und können weiterhin in Betriebsrisiken und Absatz- und Beschaffungsrisiken unterteilt werden. Betriebsrisiken ergeben sich aus Verlusten, die infolge des Versagens von betriebsinternen Personen, Prozessen und Systemen oder infolge externer Ereignisse eintreten können. Hierbei wird auch von unternehmensinternen und unternehmensexternen Risikofaktoren gesprochen. Erstere liegen im direkten Einflussbereich des Unternehmens, während dies bei Letzteren nicht der Fall ist und diese somit nicht beeinflussbar sind. Absatz- und Beschaffungsrisiken umfassen alle Verlustgefahren, die mit dem Absatz der Güter und Leistungen eines Unternehmens bzw. mit der Beschaffung der Produktionsfaktoren zusammenhängen.

Die Abbildung 9 bietet einen Überblick über die verschiedenen Arten von Unternehmensrisiken.

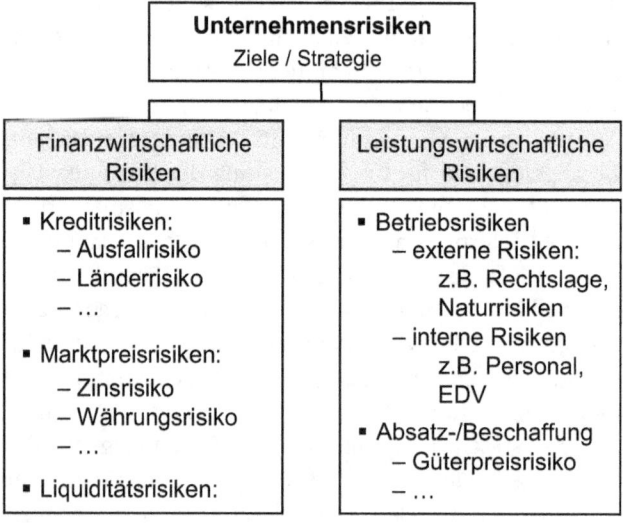

Abb. 9: Überblick über Unternehmensrisikoarten
Quelle: Eigene Darstellung in Anlehnung an Wolke, T., 2007, S. 7

Es ist sehr wichtig zu vermerken, dass zwischen den hier dargestellten Risikokategorien sowie den einzelnen Risikoarten Interdependenzen bestehen. So kann ein Kreditrisiko zu einem Liquiditätsrisiko führen und umgekehrt. Ein anderes Beispiel ist das leistungswirtschaftliche Risiko sinkender Absätze: Werden die Absatzziele nicht erreicht, führt dies gleichzeitig auch zu einer Verminderung der zukünftigen Zahlungsströme und stellt somit ein finanzwirtschaftliches Risiko dar.

3.2 Risiken im Finanzbereich

Diese Art von Risiken resultiert aus der Finanzierungstätigkeit eines Unternehmens und hat einen direkten Einfluss auf die Unternehmenskennzahlen. Die finanzwirtschaftlichen Risiken lassen sich, wie bereits erwähnt, in die drei Kategorien (Kreditrisiken, Marktpreisrisiken und Liquiditätsrisiken) unterteilen, die im Folgenden näher erläutert werden.

3.2.1 Kreditrisiken

3.2.1.1 Ausfallrisiko

Die Definition des Begriffs Ausfallrisiko erfolgt in Literatur und Praxis auf unterschiedliche Art und Weise. Oft werden dabei die Begriffe Ausfallrisiko und Kreditrisiko gleichgesetzt. Hier soll jedoch das Ausfallrisiko umfassend sowohl als der vollständige oder der teilweise Ausfall von Zins- und Tilgungsleistungen im Kreditgeschäft, als auch als insolvenzbedingter Ausfall anderer Aktiva, wie z. B. strategischer Aktienbeteiligungen oder Unternehmensanleihen, verstanden werden. Diese Definition bietet sich an, da sie auch die Ausfallrisiken von Nichtbanken berücksichtigt. Hierzu zählen vor allem die Forderungen aus Lieferungen und Leistungen an Geschäftskunden, d. h. insbesondere Warenkredite.

Definition: Ausfallrisiko
Gefahr des teilweisen oder vollständigen Ausfalls von Zins- und Tilgungsleistungen sowie anderer Aktiva.

Wie die Abbildung 10 am Beispiel eines Kreditportfolios zeigt, ist die Verlustverteilung des Ausfallsrisikos nicht symmetrisch, sondern schief verteilt. Dies bedeutet, dass bei der Kreditvergabe die Wahrscheinlichkeit hoch ist, dass der Kredit gar nicht ausfällt oder nur ein sehr geringer Betrag verloren geht. Der Verlust großer Kreditvolumen tritt hingegen nur mit geringer Wahrscheinlichkeit auf.

Der statistische Mittelwert der Verlustverteilung stellt dabei den erwarteten Verlust eines Kredites dar. Während Banken jedoch über große Kreditportfolios verfügen, besitzen Unternehmen in der Regel nur eine relativ geringe Anzahl von Schuldnern. Eine Betrachtung des gesamtgeschäftsbezogenen Risikos des Kreditportfolios macht also für ein Unternehmen wenig Sinn. Hingegen ist die Betrachtung des einzelgeschäftlichen Ausfallrisikos sinnvoll. Dieses Ausfallrisiko ergibt sich im Allgemeinen durch die Multiplikation der Ausfallwahrscheinlichkeit mit dem gefährdeten Volumen. Dabei steht die Kreditwürdigkeit des einzelnen Kreditnehmers im Mittelpunkt, da von ihr unmittelbar die Höhe der Ausfallwahrscheinlichkeit abhängt.

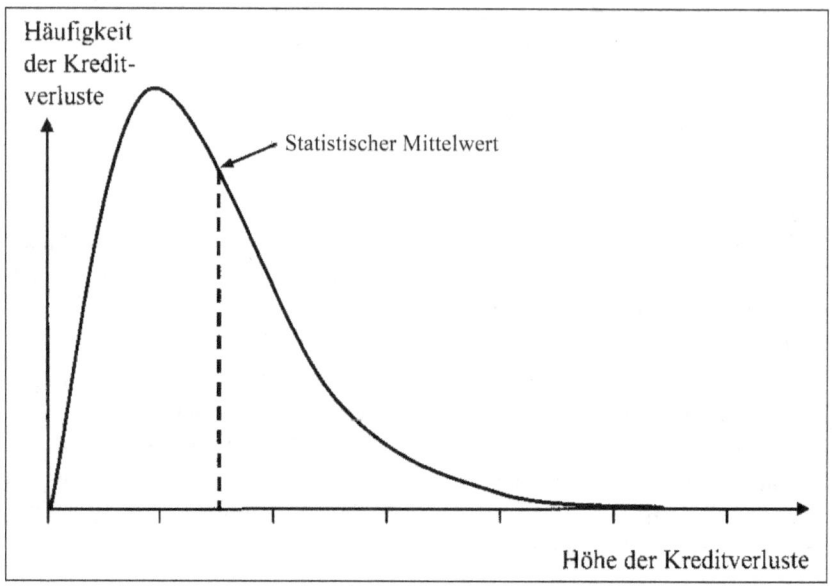

Abb. 10: Typische Verlustverteilung eines Kreditportfolios
Quelle: Wiedemann, A., 2008, S. 150

Wie bereits in Teil I, Abschnitt 2.2 erwähnt, müssen Banken im Rahmen der Vorschriften von Basel II die Kreditwürdigkeit potenzieller Kreditnehmer durch ein Rating bewerten und somit eine Risikodifferenzierung vornehmen, von der sie dann auch die Kreditkonditionen abhängig machen. Rating wird aber nicht nur von Banken als Bewertungsmethode eingesetzt. Denn nur mithilfe von Ratingverfahren ist die Berücksichtigung wichtiger unternehmensspezifischer, quantitativer und qualitativer Eigenschaften möglich. Abgesehen von der eigenen Ratingnote eines Unternehmens, an der sich die Kreditkosten für die Fremdkapitalaufnahme bei einer Bank richten, ziehen Nichtbanken bei der Vergabe von Lieferantenkrediten die am Markt üblichen Kreditkonditionen heran. Diese hängen wiederum maßgeblich vom Rating des Warenabnehmers ab.

Eine detailliertere Beschreibung der Messung und Bewertung des Kreditrisikos sowie der dazu notwendigen statistischen Grundlagen erfolgt in Teil II anhand des Themenkomplexes Risikocontrolling und -steuerung.

3.2.1.2 Länderrisiko

Das Länderrisiko kann zu den Kreditrisiken gezählt werden, da es die Bonität eines ausländischen Kreditnehmers bzw. Geschäftspartners überlagert. Ist die Bonität des ausländischen Debitors besser als die seines Landes, so wird das höhere Risiko mit einem Bonitätsabschlag bzw. einer höheren Risikoprämie diesem gegenüber berücksichtigt. Ähnlich wie beim einzelgeschäftlichen Ausfallrisiko wird das Länderrisiko durch die Einstufung des jeweiligen Landes in einem sogenannten Landesrating vorgenommen, das auf der Bewertung des vorherrschenden Länderrisikos beruht. In diesen Ratings werden sowohl makro- als auch mikroökonomische Indikatoren erfasst.

Im Allgemeinen kann das Länderrisiko als das Unternehmensrisiko definiert werden, das sich aus unsicheren politischen, wirtschaftlichen und sozialen Verhältnissen eines anderen Staates ergibt. Es handelt sich also um spezielle Verlustrisiken im Außenwirtschaftsverkehr, die die Durchsetzung von Forderungen gegenüber ausländischen Vertragspartnern bedrohen. Die Ursachen des Risikos liegen hierbei nicht beim Handelspartner selbst, sondern in seinen landesspezifischen Rahmenbedingungen, die er nicht beeinflussen kann.

Das *politische Länderrisiko* besteht darin, dass ein ausländischer Kreditnehmer seinen Zahlungsverpflichtungen aufgrund der politischen Entwicklungen in seinem Land nicht nachkommen kann. Zu den politischen Länderrisiken gehören Kriege, Revolutionen, Verbote oder Beschlagnahmungen. Zumeist handelt es sich jedoch um Entscheidungen der ausländischen Regierung, die Auswirkungen auf die wirtschaftliche Tätigkeit des Unternehmens haben. Diese Maßnahmen können verschiedener Natur sein, von Gesetzesänderungen über Werbeverbote bis zum Schutz der intellektuellen Eigentumsrechte oder durch einen Eingriff in den Wettbewerb. So können beispielsweise diskriminierende Steuern für ausländische Unternehmen, Einschränkungen bei Gewinntransfers oder Importbeschränkungen auferlegt werden.

Das *wirtschaftliche Länderrisiko* ist auf der makroökonomischen Ebene anzusiedeln, da es mit der gesamten Volkswirtschaft des Landes zusammenhängt. Es geht hier besonders um die Devisenpolitik und um die Zahlungsbereitschaft des Partnerlandes. Ein ausländischer Kreditnehmer kann beispielsweise bereit sein, seinen Zins- und Tilgungsverpflichtungen nachzukommen, diese aber deswegen nicht erfüllen können, weil sein Land sämtliche Devisenzahlungen ins Ausland einschränkt oder einstellt. In diesem Fall wird auch vom Devisentransferrisiko gesprochen. Dies kann vorkommen, wenn ein Land ein dauerhaftes Handelsdefizit hat und deswegen nicht genug Devisen besitzt, um die eigene Währung zurückzukaufen.

Zusätzlich zu den wirtschaftlichen und politischen Länderrisiken ist das sogenannte soziale Länderrisiko zu berücksichtigen. Dieses ergibt sich aus den gesellschaftlichen Verhältnissen innerhalb eines Staates. Hierzu können unter anderem die kulturellen Besonderheiten des Landes sowie die gegebenenfalls problematischen, administrativen Gegebenheiten und der Korruptionsgrad eines Partnerlandes gezählt werden. Um diese Risiken zu umgehen, bedarf es einer guten Vorbereitung. Die Antikorruptionsorganisation Transparency International ermittelt regelmäßig einen internationalen Korruptionsindex, um es Unternehmen zu ermöglichen, die Situation in den verschiedenen Ländern besser einschätzen zu können.

3.2.2 Marktpreisrisiken

Wie bereits erwähnt handelt es sich bei den Marktpreisrisiken um Risiken finanzieller Verluste, die sich aus den Marktpreisschwankungen von Finanzgrößen ergeben können. Im Folgenden werden die zwei wichtigsten Arten der Marktpreisrisiken genauer dargestellt: das Zinsänderungsrisiko und das Währungsrisiko.

3.2.2.1 Zinsänderungsrisiko

Durch die Volatilität der Finanzmärkte besteht das Risiko, dass Zinssätze wachsen oder fallen. Die Zinsentwicklung wird maßgeblich von der Geldpolitik der Zentralbank beeinflusst. Deren Handeln an den Geldmärkten bestimmt die Zinsen am Geldmarkt unter den Banken und damit auch das Zinsniveau in der Wirtschaft insgesamt. Das Zinsänderungsrisiko ist im Allgemeinen das bedeutendste Marktpreisrisiko für Unternehmen und wirkt sich auf verschiedene Bilanz- und GuV-Positionen aus. Allgemein kann das Zinsänderungsrisiko als Unterschied zwischen dem erwarteten und dem realen Zinssatz definiert werden.

Man kann verschiedene Arten von Zinsrisiken unterscheiden. Das variable Zinsänderungsrisiko betrifft Anlagen und Kredite, bei denen kein Festzins vereinbart wurde. Besitzt ein Unternehmen beispielsweise eine Anleihe, deren Verzinsung an einen Referenzzinssatz, z. B. den Euribor, gekoppelt ist, so hängt das Zinsänderungsrisiko von der Entwicklung dieses Referenzzinssatzes ab. Wenn der Euribor-Zins sich ändert, kommt es auch zu einer Veränderung der Zinszahlungen, die das Unternehmen aufbringen muss. Dabei kann es sowohl zu einer Zinsänderungschance bei fallenden Zinsen, als auch zu einem Zinsänderungsrisiko kommen, wenn der Zins steigt. Da die Kredite mit variablen Zinsen vielen Schwankungen unterworfen sind, handelt es sich zumeist um kurzfristige Kredite. Variable Zinszahlungen können somit zu einem Zahlungsstromrisiko führen. Gestiegene Fremdkapitalzinse führen zu einem höheren Zinsaufwand und haben somit unmittelbare Auswirkungen auf die Gewinn- und Verlustrechnung eines Unternehmens. Da diesem höheren Aufwand kein zusätzlicher Ertrag gegenübersteht, wird der Betriebsgewinn geschmälert. Im Rahmen des sogenannten Marktwertänderungsrisikos können festverzinsliche Wertpapiere im Anlagevermögen durch Marktzinsänderungen an Wert verlieren, da ihr Preis vom Marktzinssatz abhängt. Grundsätzlich gilt, dass bei steigenden Zinsen die Kurse der Anleihen fallen, während sie bei sinkenden Zinsen steigen. Auch die Forderungen aus Lieferungen und Leistungen eines Unternehmens im Umlaufvermögen können Zinsänderungsrisiken bergen.

In der Regel sind Unternehmen bestrebt, sich gegen Zinsänderungsrisiken abzusichern und sich einen bestimmten Zinssatz, z. B. den aktuellen Tageszinssatz, in der Zukunft sichern. Nehmen wir den Fall eines Unternehmers, der überschüssiges Geld in drei Monaten zu einem bestimmten Zinssatz für ein Jahr anlegen möchte. Befürchtet er sinkende Zinsen, so wird er versuchen, sich den gewünschten Zinssatz heute schon zu sichern. Dasselbe gilt aus Sicht eines Kreditnehmers bei der Erwartung steigender Zinsen.

Da Marktzinsen für viele Bewertungszwecke herangezogen werden, kann das Zinsänderungsrisiko auch in indirekter Form bestehen. Im Rahmen der Unternehmensbewertung können gestiegene Marktzinsen neben anderen Einflussgrößen zu einem gesunkenen Unternehmenswert und somit auch einem Vermögensverlust führen.

Eine Zinsänderung hat nicht nur Auswirkungen auf das Unternehmen selbst, sondern auch auf sein Umfeld. Zinsänderungen beeinflussen die gesamtwirtschaftliche Konjunktur, die Preise, den Wechselkurs und das Sparverhalten der Konsumenten bzw. die allgemeine Investitionsbereitschaft der Wirtschaftsakteure. Wenn es zu einer Zinssenkung kommt, werden die Zinskosten, und somit die Kredite, für die Unternehmen und für die Konsumenten günstiger und somit leichter verfügbar. Der Konsum wird angeregt und Investitionen und Käufe, die für die Zukunft geplant waren, werden vorgezogen. Es kommt also zu einem allgemeinen Nachfragezuwachs und auch die Produktion steigt an. Auch der Wechselkurs wird beeinflusst, da bei einer Zinssenkung die Einlagen in heimischer Währung uninteressanter werden als die in ausländischer Währung. Infolgedessen verliert die heimische Währung an Wert, d. h. der Wert der Landeswährung gegenüber anderen Währungen sinkt. Durch diese Abwertung werden die inländischen Produkte günstiger als importierte Güter, was wiederum zum Ansteigen der Nachfrage führt. Andererseits kann eine Währungsabwertung bei einem Unternehmen die Erhöhung des Verschuldungsgrades bewirken, wenn das Unternehmen Schulden in einer Auslandswährung hat.

Eine Zinsänderung kann also zwei verschiedene Arten von Konsequenzen auf ein Unternehmen haben. Kurzfristig gesehen hat eine Zinsänderung direkte Auswirkungen auf den Cashflow und das Betriebsergebnis. Langfristig gesehen bestimmt die Zinsentwicklung die Investitions- und somit die Risikobereitschaft des Unternehmens sowie die Nachfrage von Seiten seiner Kunden.

3.2.2.2 Währungsrisiko

Nachdem das Zinsänderungsrisiko erläutert wurde, soll auf das Währungsrisiko eingegangen werden. Das Währungsrisiko spielt insbesondere für Unternehmen mit einem hohen Exportanteil eine wichtige Rolle. Definiert werden kann das Wechselkursrisiko als die negative Abweichung einer finanziellen Unternehmenszielgröße aufgrund unsicherer zukünftiger Entwicklungen der Wechselkurse. Auch wenn die Bedeutung von Währungsrisiken in Europa seit der Einführung des Euro deutlich abgenommen hat und auch bei Transaktionen zwischen Ländern, die ihre Währungen an andere Leitwährungen oder Währungskörbe gekoppelt haben, überschaubar ist, existieren insbesondere zwischen der Triade Euro-, Dollar- und Yen-Markt noch erhebliche Währungsrisiken. Währungsschwankungen treten immer wieder auf und können volkswirtschaftlich durch ungleichgewichtige Wirtschaftsentwicklungen erklärt werden. Es werden drei Arten von Wechselkursrisiko unterschieden, die jeweils unterschiedliche Finanzkennzahlen betreffen. Das Translationsrisiko beeinflusst die Bilanz, das Transaktionsrisiko spezielle Ein- und Auszahlungspositionen und das ökonomische Wechselkursrisiko beeinflusst den Kapitalwert des Unternehmens.

Das *ökonomische Wechselkursrisiko* entsteht durch Wechselkursänderungen, die die zukünftige Wettbewerbsfähigkeit exportorientierter Unternehmen auf Dauer gefährden und Einfluss auf Marktanteile und Unternehmensergebnisse haben können. Dieses Risiko ist langfristig angelegt und umfasst zusätzlich zu den bekannten zukünftigen Fremdwährungstransaktionen auch die noch ungewissen Transaktionen. Da die genauen Zahlungsströme dabei nicht bekannt sind, ist das Risiko nur schwer kalkulierbar.

Das sogenannte *Translationsrisiko* ergibt sich aus der Währungsumrechnung internationaler Konzerne im Jahresabschluss. Es handelt sich also um buchwertbezogene Umrechnungsrisiken, die vor allem für Unternehmen eine Rolle spielen, die Beteiligungen an anderen Unternehmen im Währungsausland haben. In der obligatorischen Konzernkonsolidierung müssen die Bilanzdaten der Beteiligungen in die Konsolidierungswährung umgerechnet werden. Selbst wenn es sich hierbei um keine direkten Transaktionen handelt, können durch Währungsschwankungen relativ große bilanzielle Unterschiede entstehen. Diese haben Einfluss auf das Eigenkapital der Beteiligung. Wenn es durch eine Wechselkursänderung zu einer Steigerung der Verbindlichkeiten der Beteiligung kommt, wird entsprechend das Eigenkapital dieser Beteiligung kleiner. Das Translationsrisiko hat somit einen direkten Einfluss auf die Eigenkapitalquote des Konzerns. Der Konzern als Ganzes erleidet keinen Schaden durch Wechselkursänderungen. Innerhalb des Konzerns entstehen jedoch Veränderungen an bestimmten Positionen durch die Bewertung der veränderten Wechselkurse. Dies kann Auswirkungen auf bestimmte Finanzkennzahlen und somit auch auf die Bonitätsbewertung des Konzerns haben.

Beim *Transaktionsrisiko* handelt es sich um das Risiko, das sich aus effektiven Zahlungstransaktionen ergibt. Im Fall von Währungstransaktionen zwischen zwei Währungsgebieten ist nur die Differenz zwischen den zum selben Zeitpunkt getätigten Ein- und Auszahlungen dem Transaktionsrisiko unterworfen, da man das, was man auf einer Seite verliert, auf der anderen Seite wieder gewinnt. Das Transaktionsrisiko bezieht sich auf zukünftige Fremdwährungstransaktionen, bei denen sowohl der Transaktionswert als auch der Transaktionszeitpunkt im Voraus bekannt sind; nicht bekannt ist jedoch der zukünftige Wechselkurs. Zum Transaktionsrisiko gehören auch die Terminrisiken, die durch das zeitliche Auseinanderfallen verschiedener Devisenpositionen entstehen können. Transaktionsrisiken sind also kurzfristig angelegt und hängen von der Volatilität der Wechselkurse ab. Neben einem möglichen Wertverlust des Vermögens kann eine Änderung des Wechselkurses auch zu Zusatzkosten führen. Diese wirken sich auf den Cashflow des Unternehmens aus, wie das folgende Beispiel veranschaulicht.

> **Beispiel:**
> Ein europäisches Unternehmen kauft Rohstoffe für 10 000 US$ in Amerika ein. Der Wechselkurs zum Zeitpunkt des Einkaufs beläuft sich auf 0,65 $/€. Das Unternehmen produziert und verkauft das Endprodukt in Deutschland. Der Verkaufspreis von 25 500 € besteht aus den Rohstoffkosten (10 000 × 0,65 = 6 500 €), den Produktionskosten von € 15 000 und einer Verkaufsmarge von 4 000 €. Wenn es nun zu einer Wechselkursänderung kommt und der $/€-Wechselkurs auf 0,75 $/€ steigt, steigen die Einkaufskosten des Unternehmens um 1 000 €. Das Unternehmen hat nun zwei grundlegende Möglichkeiten, um auf diese veränderte Situation zu reagieren. Es kann entweder den Verkaufspreis um 3,9 % erhöhen, um die interne Marge auf gleichem Niveau zu halten oder, falls der Markt eine solche Preiserhöhung nicht zulässt, den Verkaufspreis stabil halten und die Verringerung der Gewinnmarge um 25 % akzeptieren.

Dieses einfache Beispiel zeigt, dass bereits eine relativ geringe Wechselkursschwankung bedeutende Auswirkungen auf das Betriebsergebnis eines Unternehmens haben kann. Da beim Transaktionsrisiko die Transaktionen im Vorhinein bekannt sind, ist es relativ einfach, sich gegen diese Art von Risiko abzusichern.

Es lässt sich zusammenfassend also feststellen, dass Wechselkursänderungen einen direkten Einfluss auf zwei bilanzielle Größen haben können, einerseits auf die Eigenkapitalquote des Konzerns durch das Translationsrisiko und andererseits auf den Cashflow des Unternehmens durch das Transaktionsrisiko.

3.2.3 Liquiditätsrisiken

Das Liquiditätsrisiko kann definiert werden als Gefahr, aufgrund eines Liquiditätsengpasses Zahlungsverpflichtungen nicht termingerecht nachkommen zu können. Es kann unterschiedliche betriebswirtschaftliche Ursachen haben, sowie bei Risikoeintritt verschiedene Ausmaße annehmen. Die Folgen verspäteter Zahlungen an die Gläubiger des Unternehmens können von Mahngebühren, Gerichtskosten und anderen Zusatzkosten bis hin zur Insolvenz reichen. Während der Schaden durch Mahngebühren und Gerichtskosten relativ einfach erfasst werden kann, da diese den Gewinn verringern, ist die Messung der möglichen Insolvenzfolgen wesentlich schwieriger. Das liegt vor allem daran, dass eine Insolvenz durch mehrere Faktoren ausgelöst werden kann. Zudem entstehen Liquiditätsrisiken zumeist nicht getrennt von anderen Risiken bzw. hängen mit anderen Risiken zusammen.

Um das Liquiditätsrisiko zu messen, ist es daher notwendig, das eine Insolvenz auslösende Gesamt-Liquiditätsrisiko in seine einzelnen Bestandteile zu zerlegen. Diese können dann je nach Möglichkeit gemessen und gesteuert werden. In Literatur und Praxis werden verschiedene Arten von Liquiditätsrisiken unterschieden, aus denen sich das Gesamtliquiditätsrisiko ergibt. Zwar ist eine Unterteilung der verschiedenen Liquiditätsrisiken bei Nichtbanken eher selten, sie kann aber gerade diesen zu einer genaueren Risikoanalyse verhelfen. An dieser Stelle ist es sinnvoll, auf die Definition von Unternehmensliquidität zurückzukommen. Unter Unternehmensliquidität wird die Fähigkeit eines Unternehmens verstanden, jederzeit seinen finanziellen Verpflichtungen nachkommen zu können. Diese Fähigkeit kann maßgeblich durch das Unternehmen selbst gesteuert werden. Die die Unternehmensliquidität gefährdenden Risiken können in aktivische und in passivische Liquiditätsrisiken unterteilt werden, je nachdem, ob sie die Aktiv- oder die Passivseite der Unternehmensbilanz betreffen.

Die aktivischen Liquiditätsrisiken umfassen Investitions- und Geschäftsrisiken, Terminrisiken und das Liquidationsrisiko von Vermögenswerten. Terminrisiken entstehen bei der Kreditvergabe eines Unternehmens und bestehen in der verspäteten Leistung von Zins- und Tilgungsleistungen. Investitions- und Geschäftsrisiken sind Risiken, die sich aus der Unsicherheit geplanter, zukünftiger Cashflows durch getätigte Investitionen und die operative Geschäftstätigkeit ergeben. Hier spielt die Unsicherheit bezüglich der Umsatzerlöse die wichtigste Rolle, denn diese hängt direkt mit dem leistungswirtschaftlichen Absatzrisiko zusammen, auf das am Ende dieses Kapitels genauer eingegangen wird. Das Liquidationsrisiko von Vermögenswerten besteht in der Gefahr, dass Vermögenswerte aufgrund mangelnder Liquidität des entsprechenden Marktes nur mit Preisabschlägen verkauft werden können und folglich zu einer geringeren Einzahlung als geplant führen.

Definition: Liquiditätsrisiko
Gefahr, aufgrund eines Liquiditätsengpasses Zahlungsverpflichtungen nicht termingerecht nachkommen zu können. Jenachdem ob die Ursache des Liquiditätsengpasses die Aktiv- oder die Passivseite der Unternehmensbilanz betrifft, wird von aktivischen bzw. passivischen Liquiditätsrisiken gesprochen.

Die sich auf die Passivpositionen beziehenden Liquiditätsrisiken können in Substitutionsrisiken, Prolongationsrisiken sowie in Finanzierungskostenrisiken unterteilt werden. Sowohl die Substitutions- als auch die Prologationsrisiken beziehen sich auf die Unsicherheit der zukünftigen Verfügbarkeit von Krediten: Beim Substitutionsrisiko geht es um die Gefahr, dass ein Unternehmen seine abgelaufenen Kredite nicht durch neue Kredite ersetzen kann. Beim Prolongationsrisiko geht es um die Gefahr einer Nichtverlängerung der benötigten Kredite. Es bezieht sich in der Regel auf durch Banken eingeräumte Kreditlinien auf Girogeschäftskonten, die für die Unternehmensliquidität eine entscheidende Rolle spielen. Eine Verringerung des Kreditlinienspielraums kann somit zu ernsthaften Liquiditätsschwierigkeiten führen. Unter dem Finanzierungskostenrisiko wird die Gefahr höherer Fremdfinanzierungskosten verstanden. Diese kann zum Beispiel aufgrund einer Bonitätsverschlechterung des Unternehmens auftreten. Die erhöhten Zinszahlungen eines Unternehmens an seine Kreditgeber beeinträchtigen dessen Liquidität.

Wie bereits erwähnt hängen die finanzwirtschaftlichen Risiken mit den Risiken im leistungswirtschaftlichen Bereich zusammen. Auf letztere wird im Folgenden genauer eingegangen.

3.3 Risiken im leistungswirtschaftlichen Bereich

Leistungswirtschaftliche Risiken entstehen durch den betrieblichen Leistungserstellungs- und Leistungsveräußerungsprozess. Diese Risiken betreffen somit fast alle Funktionsbereiche eines Unternehmens. Dabei stehen die realwirtschaftlichen Prozesse im Vordergrund. Leistungswirtschaftliche Risiken hängen oftmals eng mit finanzwirtschaftlichen und insbesondere mit Liquiditätsrisiken zusammen. Sie können einerseits in interne und externe Betriebsrisiken und andererseits in Absatz- und Beschaffungsrisiken unterteilt werden. Betriebsrisiken werden häufig auch als operationelle Risiken bezeichnet, da sie mit der konkreten Geschäftsabwicklung eines Unternehmen zu tun haben. Die verschiedenen Arten leistungswirtschaftlicher Risiken werden im Folgenden genauer erläutert.

Interne Risiken haben ihren Ursprung hauptsächlich im Unternehmen selbst, d. h. in den Personen, Prozessen und Systemen, auf denen der Geschäftsbetrieb basiert. Im Gegensatz zu den externen Betriebsrisiken können die internen Betriebsrisiken durch aufbau- und ablauforganisatorische Maßnahmen innerhalb des Unternehmens gesteuert werden.

3.3.1 Interne Betriebsrisiken

3.3.1.1 Personalrisiken

Personalrisiken umfassen alle Risiken, die durch das Personal oder das Personalmanagement eines Unternehmens verursacht werden können. Hierzu zählen mögliche Verluste durch menschliches Versagen, aber auch Verluste aufgrund mangelnder Qualifikation und Motivation des Personals. Auch ein unzureichendes Personalmanagement birgt Risiken. Zum Beispiel kann ein schlechtes Betriebsklima oder die fehlende Kommunikation zwischen Mitarbeitern und Führungskräften zu Verlusten beim Unternehmen führen. Auch der Ausfall von Personen durch Krankheit oder Unfall zählt zu den Personalrisiken. Es gibt also verschiedene mit den personenbezogenen Strukturen und Systemen eines Unternehmens zusammenhängende Risikofaktoren, die den Unternehmenserfolg gefährden können.

Die personellen Risiken können aber nicht nur vom bestehenden Personal des Unternehmens, sondern auch von dessen Umfeld ausgehen. In diesem Fall handelt es sich jedoch um externe Betriebsrisiken. Es bestehen beispielsweise auf das Personal bezogene Rechtsrisiken. Vor allem können sich neue Arbeitsgesetze zu einem Nachteil für das Unternehmen entwickeln. Im Fall der Einführung eines Mindestlohns oder zusätzlicher sozialer Abgaben können sich die Personalkosten wesentlich erhöhen. Des Weiteren sind aber auch die wirtschaftliche Situation eines Landes und das Angebot an qualifizierten Arbeitskräften von Bedeutung.

Ein weiterer Risikofaktor ist die Struktur eines Unternehmens. Wurden beispielsweise Tochterunternehmen gekauft und eingegliedert, kann die Unternehmensstruktur undurchsichtig werden. Es können überflüssige Geschäftsprozesse entstehen, wenn neue Prozesse eingeführt und gleichzeitig alte beibehalten werden und sich somit viele Mitarbeiter unnötigerweise mit administrativen Aufgaben beschäftigen. Zudem wird eine informelle Struktur begünstigt, die zu subjektiven und somit möglicherweise suboptimalen Personalentscheidungen führen kann.

Personalrisiken können erheblichen finanziellen Schaden verursachen. So sind gemäß einer Studie des österreichischen Kreditschutzverbandes rund ein Drittel der intern bedingten Insolvenzen durch das Fehlen des notwendigen kaufmännischen Weitblicks und der mangelnden Beobachtung der wirtschaftlichen Vorkommnisse entstanden. Der Mangel an sachlichen, persönlichen oder sozialen Kompetenzen des Personals ist also ein wichtiger Risikofaktor und kann sogar zu einer Insolvenz führen. Kompetente Führungskräfte und Mitarbeiter in Schlüsselpositionen sind essenziell für ein langfristiges Wachstum des Unternehmens, denn sie verfügen über wertvolles unternehmensspezifisches Wissen und die notwendige Erfahrung. Zudem sind sie verantwortlich für die grundlegenden Unternehmensentscheidungen und auch die Motivation und die Zufriedenheit der anderen Mitarbeiter hängen in der Regel von diesen Schlüsselkräften ab.

Es besteht also ein Risiko hinsichtlich der Rekrutierung von kompetentem Personal, aber auch hinsichtlich dessen ausreichend langer Bindung an das Unternehmen. Die Einstellung von nicht den Unternehmensbedürfnissen entsprechend qualifizierten Mitarbeitern erhöht die Risiken aller Geschäftsprozesse. So können beispielsweise zu Unzufriedenheit bei Kunden und Partnern des Unternehmens führen. Des Weiteren können schlecht ausgebildete Mitarbeiter, die Kunden einen unzureichenden Service bieten, einen Imageverlust des Unternehmens verursachen. Eine langfristige Bindung von qualifiziertem Personal ist also wichtig. Diese kann durch eine stark ausgeprägte Unternehmenskultur gefördert werden. Die Identifikation der Mitarbeiter mit dem Unternehmen und seinen Werten und Zielen ist von großer Bedeutung für deren Zufriedenheit und gleichzeitig auch für den Unternehmenserfolg. Ein Risiko besteht also in einer starken Fluktuation der Mitarbeiter und Führungskräfte, da es durch sie zu einem Know-how-Verlust kommen kann und auch die Umsetzung langfristiger Unternehmensstrategien erschwert wird. Langfristige Strategien brauchen eine gewisse Kontinuität in der Geschäftsleitung um erfolgreich zu sein.

Wie bereits erwähnt, entstehen Personalrisiken also sowohl durch das Personal als auch durch Personalmanagement eines Unternehmens. Ein gutes Personalmanagement kann die Risiken verringern, die das Personal betreffen. Eine gute Rekrutierungsstrategie und eine ausgewogene Personalstruktur im Unternehmen sind wichtig. Für einen langfristigen Unternehmenserfolg sollte ein Unternehmen sowohl über junge als auch erfahrene Mitarbeiter verfügen. Wichtig sind darüber hinaus der ausreichende Einsatz von Arbeitsgruppen und eine funktionierende Kommunikation zwischen den Mitarbeitern aller Ebenen und Abteilungen. Auch das Betriebsklima ist wichtig. All diese Faktoren können im Risikofall sowohl die Motivation der Mitarbeiter und somit ihre Leitung als auch wichtige Geschäftsprozesse stark beeinträchtigen.

Zudem ist es auch Aufgabe des Personalmanagements, bei allen Personalentscheidungen die Personalkosten zu berücksichtigen und darauf zu achten, dass die Arbeitsverträge und die betrieblichen Vereinbarungen den Bedürfnissen des Unternehmens entsprechen. Maßnahmen zur Verringerung von Personalrisiken sind zum Beispiel personelle Schulungsmaßnahmen, die Rekrutierung von qualifiziertem Personal und organisatorische Maßnahmen wie das Abstimmen interner Abläufe oder ein Verhaltenskodex für die Mitarbeiter.

3.3.1.2 IT-Risiken

Die Begriffe IT-Risiken und Systemrisiken werden synonym verwendet. Diese Art von Risiken umfasst alle möglichen Verluste, die mit der Verfügbarkeit von Daten, IT-Systemen (d. h. Netzwerken und Hardware) und Anwendungen (Software) zusammenhängen. Zum Beispiel können Schäden durch Datenverlust oder Manipulation entstehen. Zudem kann auch die Nichteinhaltung gesetzlicher Anforderungen bezüglich der eingesetzten IT-Systeme zu den IT-Risiken gezählt werden. Hier handelt es sich aber gleichzeitig auch um ein Rechtsrisiko. Diese Beispiele decken jedoch bei Weitem nicht alle Systemrisiken ab. Der immer weiter und immer schneller voranschreitende technische Fortschritt bringt neue Chancen, aber auch neue Risiken mit sich. Gegenwärtig spielen vor allem Risiken durch mangelnde Datensicherheit, Eingabefehler von Mitarbeitern und fehlende Kontroll- und Plausibilitätschecks bei größeren Datenbeständen eine besonders große Rolle für Unternehmen. IT-Systeme haben wesentlich dazu beigetragen, Unternehmensprozesse zu vereinfachen, zu präzisieren und zu beschleunigen. Andererseits hat die zunehmende Verwendung und Integration von IT zu einer starken Abhängigkeit von derselben geführt. Ohne elektronische Hilfe kann in fast keinem Unternehmen mehr gearbeitet werden, da die meisten Arbeitsprozesse von Computern übernommen wurden, ob in der Produktion, im Vertrieb oder in der Finanzabteilung. Diese Abhängigkeit birgt große Risiken, denn ohne IT kann das unternehmerische Tagesgeschäft nicht mehr verrichtet werden.

Da IT-Systeme im gesamten Unternehmen genutzt werden, ist die Anzahl möglicher Fehlerquellen hoch und das IT-System leicht angreifbar. Darüber hinaus ist es zumeist sehr schwierig, im Schadensfall den Verantwortlichen zu identifizieren. Zum Beispiel kann IT-Piraterie von jedem Ort aus inkognito betrieben werden. Gemäß der polizeilichen Kriminalstatistik wurden im Jahr 2006 fast 60 000 Fälle von Computerkriminalität erfasst, aber nur knapp die Hälfte aufgeklärt. Zudem kann davon ausgegangen werden, dass nur ein Teil der Verbrechen zur Anzeige gebracht wird und die Dunkelziffer noch höher ist.

Der aus IT-Risiken resultierende Schaden für ein Unternehmen kann immens sein. Wenn beispielsweise Daten verloren gehen oder Betriebsgeheimnisse gestohlen werden ist das Ausmaß der Schäden nur schwer messbar, da diese sowohl materiell als auch immateriell in Form von Imageschäden und Vertrauensverlust auftreten können. Besonders stark sind zudem Unternehmen IT-Risiken ausgesetzt, deren Geschäft auf geistigem Eigentum basiert, sogenannter Intellectual Property. Dies ist zum Beispiel der Fall bei Unternehmen, die Software entwickeln oder zur Film- und Musikindustrie gehören. Raubkopien verursachen sehr hohe Umsatzeinbußen. Hinzu kommen noch die hohen Rechtsstreitkosten. Ein weiteres Problem bildet der Verlust von sensiblen Daten wie Kundenlisten, Betriebsgeheimnissen oder Dokumenten über die internen Strategien. Diese können durch Computerspionage oder -sabotage an Konkurrenten gelangen. Dabei geht oftmals eine große Gefahr von den eigenen Mitarbeitern aus. Bei einer Kündigung ist es nicht selten, dass frustrierte Mitarbeiter Daten kopieren oder manipulieren, bevor sie das Unternehmen verlassen.

Das IT-Risiko umfasst also viele unterschiedliche Gefahren für das Unternehmen, die von unbeabsichtigten Fehlern der Mitarbeiter bis hin zur organisierten Computerkriminalität reichen. Da es kaum mehr möglich ist, das normale Tagesgeschäft ohne IT-Systeme zu tätigen, ist es von großer Bedeutung, sich mit diesen Risiken zu befassen. Eine Studie des Federal Bureau of Investigation (FBI) ergab, dass die Computerkriminalität in den USA Schäden im Umfang von 67 Milliarden US-Dollar jährlich verursachen. Diese Zahl zeigt das Ausmaß des durch das Auftreten von EDV-Risiken verursachten Schadens. Zukünftig wird die Schadenshöhe dieser Risikoart sicher noch wachsen.

3.3.1.3 Prozess-Risiken

Prozess-Risiken beziehen sich auf die Verlustgefahr durch Störungen des Geschäftsablaufs durch die mangelhafte Organisation und/oder Funktionsfähigkeit von Geschäftsprozessen. Diese umfassen beispielsweise mangelnde Kontrollen, unvollständige Ablaufbeschreibungen und Mängel in der Ablauf- und/oder Aufbauorganisation.

3.3.2 Externe Betriebsrisiken

Die externen Betriebsrisiken haben ihren Ursprung außerhalb des Unternehmens und sind deswegen nicht direkt bzw. nur in geringem Maße steuerbar. Die externen Risiken können im Wesentlichen in Rechts- und Naturrisiken unterschieden werden. Diese werden im Folgenden genauer erläutert. Auch wenn die externen Betriebsrisiken außerhalb des Unternehmenseinflusses liegen, ist es sehr wichtig, diese zu identifizieren und in den Risikosteuerungsplan zu integrieren, denn sie können große Auswirkungen auf die zukünftige Entwicklung des Unternehmens haben. Als Instrument der Risikosteuerung spielt bei den externen Betriebsrisiken vor allem die Risikoüberwälzung durch Abschluss von Versicherungen eine wesentliche Rolle.

3.3.2.1 Rechtsrisiken

Rechtsrisiken wurden bereits im Zusammenhang mit den Personal- und den IT-Risiken kurz angesprochen. Im Allgemeinen gehören zu den Rechtsrisiken vor allem die Risiken aus der Änderung von unternehmensrelevanten Gesetzen, aber auch potenzielle Verpflichtungen zur Zahlung von Bußgeldern oder Geldstrafen sowie Schadensersatzansprüche aufgrund privatrechtlicher Verträge z. B. im Rahmen der Produkthaftung. Die Änderung der Steuergesetzgebung stellt beispielsweise ein bedeutendes Risiko für Unternehmen dar. Zudem können auch Verstöße gegen rechtliche Auflagen sowie Betrug und Delikte durch Drittparteien zu den Rechtsrisiken gezählt werden. Rechtsrisiken können also aus restriktiven Gesetzen, Rechtsstreitigkeiten oder aus ungünstigen vertraglichen Vereinbarungen resultieren. Die Rechtsrisiken betreffen alle Unternehmen, egal welche Größe sie haben und in welcher Branche sie tätig sind. Die Risiken aus den gesetzlichen Regelungen können je nach Art der Geschäftstätigkeit eines Unternehmens sehr unterschiedliche Formen annehmen. Rechtliche Risiken sind auch Gegenstand des nach dem KonTraG geforderten Früherkennungs- und Überwachungssystems (§ 91 Abs. 2 AktG) und des Lageberichts (§ 289 Abs. 1 HGB), die in Kapitel 2 aus Teil I bereits erläutert wurden.

Eine Studie des Marktforschungs-Instituts Psychonomics AG belegte, dass viele Unternehmen, vor allem KMU, diese Risikoart größtenteils noch unterschätzen. Dabei verursachen gerade die Rechtsrisiken bei Eintritt sehr hohe Kosten. Die Studie hat gezeigt, dass innerhalb der letzten fünf Jahre mehr als 62 Prozent der befragten Unternehmen in mindestens einen Rechtsstreit verwickelt waren. Die daraus resultierenden Kosten beliefen sich bei knapp 10 Prozent der Fälle auf über 50 000 Euro. Eine solche Summe kann reichen, um ein mittelständisches Unternehmen in finanzielle Not zu bringen.

Die vertraglichen Rechtsrisiken resultieren aus den durch ein Unternehmen abgeschlossenen Verträgen. Es können beispielsweise Probleme bei der Durchsetzbarkeit bzw. Einklagbarkeit eines Vertrages entstehen. Es gibt viele Gründe, weshalb ein Vertrag nicht die vorgesehenen Wirkungen erzielt. Bei einer Missachtung formaler Vorgaben kann ein Vertrag, selbst wenn beide Vertragspartner zugestimmt haben, ungültig sein. Auch bei der Stellvertretung können rechtliche Schwierigkeiten auftreten. In einem Unternehmen ist grundsätzlich nur der Geschäftsführer berechtigt, Verträge im Namen des Unternehmens zu unterschreiben. Durch die Erteilung einer Vollmacht ist es möglich, diesen Kreis zu erweitern. Unterschreibt ein Mitarbeiter einen Vertrag im Namen des Unternehmens, obwohl dieser nicht die nötige Vertragsmacht besitzt, führt dies zu einer rückwirkenden Vertragsannulierung. Außerdem können rechtliche Probleme durch schlecht gewählte Formulierungen oder das Übersehen kritischer Vertragsparagraphen entstehen. In solchen Fällen handelt es sich um einen Irrtum bei der Willenserklärung einer Vertragspartei. Bei einem Rechtsstreit wird dann versucht zu ermitteln, auf was zum Zeitpunkt der Unterzeichnung des Vertrages die Willenserklärung des betroffenen Vertragspartners gerichtet war. Solche Irrtümer bei der Willenserklärung enden meistens in Rechtsstreitigkeiten, die nur schwer beizulegen sind.

Arbeitsunfälle sind ein weiteres, von Unternehmen sehr ernst zu nehmendes Rechtsrisiko. In Deutschland gibt es jährlich über 800 000 Arbeitsunfälle, von denen mehr als 600 tödlich enden. Das Thema Arbeitssicherheit spielt somit für viele Unternehmen eine wichtige Rolle. Bei Rechtsstreitigkeiten wegen Arbeitsunfällen untersuchen die Berufsgenossenschaften, die Staatsanwaltschaft und die breite Öffentlichkeit den Betriebsunfall gründlich auf mangelhafte Sicherheitsvorkehrungen auf Seiten des Unternehmens. Um das Risiko eines Schadenersatzes zu verringern, ist es deshalb umso wichtiger, alle Aktivitäten zum Schutz der Arbeitnehmer genauestens und lückenlos zu dokumentieren. Weiterhin besteht ein Rechtsrisiko im Zusammenhang mit der Produkthaftung eines Unternehmens. Durch Entwicklungs-, Konstruktions-, Fabrikations-, Instruktions- oder Produktbeobachtungsfehler kann eine Schadensersatzklage gegen das Unternehmen erhoben werden.

Wie bereits erwähnt sind Steuerrisiken ein wichtiger Bestandteil der Rechtsrisiken. Im Folgenden wird deshalb genauer auf die für ein Unternehmen bestehenden Steuerrisiken eingegangen. Kein Unternehmen kommt am Thema Steuern vorbei. Obwohl die Höhe der Körperschaftssteuer in Europa tendenziell sinkt, bleibt sie in Deutschland auf einem relativ hohen Niveau. Laut einer Studie des Statistischen Amtes der Europäischen Gemeinschaften (EUROSTAT) mussten deutsche Unternehmen 38,7 Prozent ihrer Einnahmen an den Staat abgeben, womit sie EU-weit die führende Position belegen. Da Steuern für Unternehmen also einen hohen Kostenfaktor darstellen, ist es wichtig, jeden Spielraum, den das Gesetz bietet, zu nutzen. Die Komplexität des Steuerrechts und der steuerlichen Wahlmöglichkeiten birgt jedoch Risiken. Es ist notwendig, stets auf dem Laufenden bezüglich der aktuellen Steuervorschriften zu sein, um das herrschende Steuerrecht korrekt anzuwenden. Jede Gesetzesänderung sollte somit genau beachtet und analysiert werden.

Steuerrisiken können sich somit aus der Anwendung der Rechtslage ergeben, da es aufgrund der Komplexität des Steuerrechts oftmals schwierig ist, die Rechtslage eines Unternehmens hinsichtlich der verschiedenen steuerlichen Aspekte vollständig richtig zu beurteilen. Steuerberater sind deswegen unumgänglich für ein Unternehmen. Selbst die fertig gestellten Steuerbescheide der Finanzbehörden sollten nochmals kontrolliert werden, da sich auch diese in der Rechtslage irren können. Dazu kommt die fortlaufende Entwicklung der Steuergesetzgebung, an die sich die Unternehmen anpassen müssen. Diese Umstellungen können jedoch problematisch für Unternehmen werden, da der Gesetzgeber das Recht hat, das Gesetz in Bezug auf periodische Steuern rückwirkend zu verändern. Bei der jährlichen Umsatzsteuer ist es beispielsweise möglich, dass Mitte des Jahres eine Gesetzesänderung rückwirkend auf das gesamte Fiskaljahr beschlossen wird. Eine zu Jahresbeginn getroffene Steuerentscheidung kann dem Unternehmen so durch die Entwicklung der Rechtslage nicht den erhofften Vorteil bringen. Des Weiteren ergeben sich Risiken aus der Durchsetzung von Steuern. Nachdem alle Steuerbescheide abgegeben worden sind, kann es sein, dass die Steuerbehörden den Bescheid nachträglich ändern oder sogar aufheben. In diesem Fall hat das Unternehmen die Möglichkeit, Einspruch zu erheben. Das Finanzamt hat zudem das Recht, jederzeit stichprobenartige Außenprüfungen zu tätigen, um vor Ort festzustellen, ob der Steuerbescheid der Realität entspricht. Sollten Ungereimtheiten auftreten, können gemäß § 169 der Abgabenordnung noch Nachzahlungen verlangt werden. Das Steuergesetz erschwert also durch seine Komplexität und seine fortlaufende Weiterentwicklung eine langfristige Steuerpolitik der Unternehmen. Die Unternehmen werden gezwungen, ihre Steuerpolitik nur kurzfristig auszurichten, meistens nur über ein Wirtschafts- bzw. ein Fiskaljahr.

Um alle rechtlichen Risiken im Unternehmen zu erfassen, kann eine »Legal Due Diligence« ausgearbeitet werden. Dabei wird festgestellt, ob alle Genehmigungen und Lizenzen gesetzesmäßig erteilt worden sind. Darüber hinaus werden die einzelnen Verträge analysiert, vor allem die Arbeits-, Versicherungs- und Kreditverträge. Bei den Kunden- und Lieferantenverträgen werden die allgemeinen Geschäftsbedingungen genau betrachtet. Zudem werden die Rechtsrisiken, die durch Gewährleistungen, Pachtverhältnisse, Bürgschaften und Patronatserklärungen entstehen könnten, untersucht. Das Ziel hierbei ist es, die gesamten rechtlichen Risiken identifizieren zu können, um ihren Einfluss auf das Unternehmen zu erkennen. Diese Fülle an Rechtsrisiken macht eine eigene Rechtsabteilung oder professionelle Unterstützung unabdingbar.

3.3.2.2 Naturrisiken

Zu den Naturrisiken werden potenzielle Schäden gezählt, die durch Naturgewalten entstehen können, so z. B. durch Feuer, Unwetter, Erdbeben oder Überschwemmungen. Des Weiteren kann das sogenannte Wetterrisiko den Naturrisiken zugeordnet werden. Bei wettersensitiven Unternehmen ist der Umsatz von der Wetterlage abhängig. Kommt es beispielweise zu einem heißen Sommer, werden die Eisdielen davon profitieren und ihren Umsatz erhöhen können. Andererseits können Touristen infolge einer Naturkatastrophe einem sonst beliebten Urlaubsort fernbleiben. Es gibt auch Naturrisiken, die die Verfügbarkeit bestimmter Produkte gefährden. Zerstört beispielsweise ein Sturm eine Getreideernte, müssen alle Unternehmen, die diesen Rohstoff als Produktionsgrundlage benötigen, ihre Produktion einschränken. Das wichtigste Instrument zur Steuerung von Naturrisiken sind Versicherungen.

3.3.3 Absatz- und Beschaffungsrisiken

3.3.3.1 Beschaffungsrisiken

Beschaffungsrisiken umfassen alle Verlustgefahren, die sich aus der Beschaffung der zur Leistungserstellung eines Unternehmens notwendigen materiellen und immateriellen Produktionsfaktoren ergeben. Diese Art von Risiken ist stark unternehmens- und branchenspezifisch, da sie von den Gütern abhängt, die ein Unternehmen für seine Produktion beschaffen muss. Es kann zwischen mehreren Arten von Beschaffungsrisiken unterschieden werden. Das *Bedarfsdeckungsrisiko* bezieht sich auf Verluste, die sich aus der mangelnden Verfügbarkeit der benötigten Produktionsfaktoren ergeben. Als Folge können dem Unternehmen Gewinne entgehen oder vom Kunden Schadensersatzansprüche geltend gemacht werden. Beim *Transportrisiko* handelt es sich um die möglichen Verluste durch den Transport der Produktionsfaktoren vom Lieferanten zum Unternehmen, vor allem durch den Untergang und die Beschädigung der Produktionsfaktoren. Das *Lagerrisiko* besteht im Untergang oder der Beschädigung der beschafften Produktionsfaktoren, während sie sich im Lager befinden. Unter *Lieferrisiko* wird das Risiko verstanden, das durch einen Ausfall einer Lieferung oder eine mangelhafte Lieferung erzeugt wird. In diesem Zusammenhang gewinnt die Bewertung der Zahlungsfähigkeit von Lieferanten immer mehr an Bedeutung. So haben Insolvenzen von Unternehmen aus der Zuliefererindustrie in den letzten Jahren immer wieder zu Schieflagen von großen Konzernen, sogenannten Original Equipment Manufacturers (OEM), geführt. Die Lieferfähigkeit eines Lieferanten ist also von dessen Solvabilität bzw. zukünftiger Zahlungsfähigkeit abhängig. Daher bewerten immer mehr Unternehmen die Lieferfähigkeit ihrer Zulieferer durch sogenannte Lieferanten-Ratings.

Das wichtigste Beschaffungsrisiko ist jedoch das *Güterpreisrisiko*. Unter dem Güterpreisrisiko wird die negative Abweichung von einer geplanten Zielgröße, z. B. dem Gewinn, durch das operative Geschäft aufgrund unsicherer zukünftiger Entwicklungen der Beschaffungspreise für Rohstoffe und Waren verstanden. Diese Unsicherheit ist ein wesentlicher Risikofaktor vor allem für Industrieunternehmen, da es ihren Cashflow innerhalb längerer Prognosezeiträume betrifft. Gestiegene Beschaffungspreise wirken sich negativ auf die Gewinnmarge des Unternehmens aus, sofern sie nicht in vollem Umfang durch die Erhöhung der Verkaufspreise weitergegeben werden können. Zudem stehen die zukünftigen Güterpreisänderungen und die damit verbundenen Kosten eng mit zukünftigen Wechselkursen und den Verkaufserlösen in Zusammenhang. So führt z. B. bei einer Euroaufwertung der steigende US-\$/€-Wechselkurs zu günstigeren Importpreisen von z. B. Rohöl.

Der Rohstoffmarkt ist geprägt von Spekulationen und einer starken Volatilität. Fast alle Rohstoffmärkte sind starken Preisschwankungen unterworfen, so ist der Energiesektor genauso von diesen betroffen wie Nahrungsmittel oder Metalle. Als Grund für die tendenziell steigenden Preise kann unter anderem die steigende Nachfrage Chinas, Indiens und der Vereinigten Staaten gesehen werden. Zusätzlich trägt noch die Angst vor einer immer begrenzter werdenden Verfügbarkeit von Rohstoffen zum Preisanstieg bei.

Die großen Preisschwankungen bei den Rohstoffen haben beträchtliche Auswirkungen auf die Produktionskosten der Unternehmen, vor allem auf diejenigen, bei denen Energie und Rohstoffe einen großen Anteil der Gesamtkosten ausmachen. Somit ist die Energiebranche, die industrielle Fertigung und die Chemie- und Pharmaindustrie besonders vom Rohstoffpreisrisiko betroffen.

Grundsätzlich gilt das Prinzip, dass eine Rohstoffpreiserhöhung zu höheren Kosten für Unternehmen führt. Wenn diese Kosten nicht durch einen zusätzlichen Ertrag gedeckt werden können, wird der Betriebsgewinn durch die Kostenerhöhung verringert. Um also die Kosten auszugleichen ist eine Erhöhung des Verkaufspreises notwendig. Vor allem am Beispiel der Ölkonzerne wird die Politik der Weitergabe der Kosten deutlich, diese Unternehmen haben dieses Konzept schon übernommen. Wenn der Rohölpreis steigt, steigen auch die Benzinpreise für den Verbraucher. Damit wird das Risiko einer Rohstoffpreisänderung auf den Endverbraucher abgewälzt. Dies kann aber auf lange Frist nicht funktionieren, da die Kunden die Weitergabe der Kosten nicht mehr akzeptieren werden, wenn die Transparenz des Markts steigt. Und selbst wenn das Unternehmen die Kosten auf den Endverbraucher überträgt, wird das Betriebsergebnis indirekt, durch einen sinkenden Umsatz, beeinträchtigt. Laut einer Studie des Wirtschaftsprüfungsunternehmens KPMG üben fast bei 90 Prozent der Unternehmen die Rohstoffpreise einen mittleren bis hohen Einfluss auf ihre Kosten aus. Für den Umsatz schätzen mehr als drei Viertel der Unternehmen die Auswirkungen steigender Rohstoffpreise als erheblich ein. Dazu kommt, dass das Risiko einer Rohstoffpreiserhöhung nicht nur großen Einfluss auf die Kosten der Unternehmen hat, sondern auch nur sehr schwer genau prognostiziert werden kann.

Die Rohstoffpreisschwankungen haben Auswirkungen auf mehrere Unternehmenspositionen. Die Erhöhung der Treibstoffpreise hat beispielsweise eine Fuhrparkkostenerhöhung zur Folge. Des Weiteren hat auch eine Heizkostenerhöhung Auswirkungen auf die Gemeinkosten des Unternehmens. Je wichtiger ein Rohstoff für ein Unternehmen ist, desto größer ist im Allgemeinen die Gewinnschwankung bei einer Preisänderung. Die Einkaufsfrequenz spielt ebenfalls eine Rolle um das Ausmaß des Risikos zu erfassen. Kauft ein Unternehmen täglich eine kleine Menge ein, wird es am Jahresende den Durchschnittspreis dafür bezahlt haben. Kann oder will ein Unternehmen nur ein Mal pro Quartal diesen Rohstoff kaufen, ist das Risiko einer Abweichung zum Durchschnittspreis größer. Dabei besteht natürlich sowohl die Möglichkeit, am Ende einen geringeren als auch einen höheren Preis zu bezahlen.

Die Entwicklung des Weltmarktes lässt auf weitere Preissteigerungen spekulieren und geht man von den derzeitigen Einflüssen der Rohstoffpreise auf die gesamte Volkswirtschaft aus, wird dieses Risiko in Zukunft weiter an Bedeutung gewinnen. Gemäß der Österreichischen Energieagentur ist z. B. ein Ölpreisanstieg von zehn Dollar pro Fass gleichzusetzen mit einer Minderung des Wirtschaftswachstums von 0,1 bis 0,2 Prozent.

3.3.3.2 Absatzrisiken

Absatzrisiken beziehen sich auf alle Verlustgefahren, die sich aus der Veräußerung der vom Unternehmen erstellten Produkte oder Dienstleistungen ergeben. Wie die Beschaffungsrisiken sind auch die Absatzrisiken stark unternehmens- und branchenabhängig. Es gibt mehrere Arten von Absatzrisiken. Das *Lagerrisiko* bezieht sich auf die möglichen Verluste aus dem Untergang oder der Beschädigung der erstellten Produkte im Verkaufslager. Das *Transportrisiko* umfasst mögliche Verluste durch den Untergang oder die Beschädigung der erstellten Produkte beim Transport zum Kunden. Als *Erfüllungsrisiko* werden mögliche Verluste verstanden, die entstehen können, wenn vertraglich zugesicherte Produkte nicht produziert bzw. geliefert werden können. Das *Abnahmerisiko* bezeichnet die Gefahr einer Nichterfüllung der vertraglichen Pflichten durch den Kunden. Dieser kann entweder gar nicht oder zu spät den vereinbarten Kaufpreis bezahlen oder die gekauften Produkte gar nicht erst abnehmen. Das Erfüllungsrisiko, das Lagerrisiko, das Transportrisiko und das Abnahmerisiko gehören zu den Betriebsrisiken. Das Zahlungsrisiko als eine Unterform des Abnahmenrisikos kann auch dem Liquiditätsrisiko (siehe I.3.2.3) zugeordnet werden. Das Zahlungsrisiko kann auch die Form eines Ausfallrisikos (siehe I.3.2.1.1) annehmen, wenn der Kunde die auf Ziel gekauften Produkte gar nicht bezahlt.

Das Absatzrisiko im engeren Sinne besteht darin, dass die geplanten Umsätze des Unternehmens nicht erzielt werden. Dieses Risiko wird auch als Verkaufsrisiko bezeichnet. Da sich die Umsatzerlöse als Preis pro Stück mal Verkaufsmenge definieren lassen, kann das Verkaufsrisiko gemäß der Risiken dieser beiden Komponenten weiter unterteilt werden in das Verkaufsausfall- bzw. Verkaufsmengenrisiko, d. h. das Risiko, keine Abnehmer für die Produkte zu finden bzw. nicht die geplanten Mengen absetzen zu können, und in das Verkaufspreisrisiko. Das Letztere besteht darin, die Produkte nicht zum geplanten Preis absetzen zu können.

3.4 Zusammenfassung

Dieses Kapitel soll die Vielfalt der Risikoarten aufzeigen, wobei hier lediglich eine nach der Unterscheidung in finanzwirtschaftliche und leistungswirtschaftliche Risiken eingeteilte Typologie verwendet wurde. Andere Typologien z. B. nach Branchen oder dem Umfang der Risiken bzw. deren Bedeutung für einzelne Unternehmenstypen sind ebenfalls möglich. Sie haben erfahren, dass es im finanzwirtschaftlichen Bereich Kredit-, Marktpreis- und Liquiditätsrisiken gibt. Im leistungswirtschaftlichen Bereich haben Sie die internen und externen Betriebsrisiken sowie die Absatz- und Beschaffungsrisiken kennengelernt. Wichtig ist auch zu erkennen, dass die verschiedenen Risikoarten voneinander anhängig sind und sich gegenseitig beeinflussen.

4
Organisation eines Risikomanagements

4.1 Eingliederung des Risikomanagements in die Aufbauorganisation

Für die Einrichtung einer Risikomanagementorganisation im Unternehmen stellt sich zunächst die Frage, mit welcher Integrationstiefe diese Funktion eingegliedert werden soll. Hierbei werden grundsätzlich die Konzepte der Integration und der Separation voneinander unterschieden.

Das *Integrationskonzept* ist dadurch gekennzeichnet, dass Tätigkeitsfelder bereits bestehender Organisationseinheiten um die Aufgaben des Risikomanagements erweitert werden und somit das Risikomanagement in die bestehende Organisation eingegliedert ist. Damit sind die Entscheidungsträger der einzelnen Operationseinheiten auch für die Identifikation, Bewertung und Steuerung der Risiken verantwortlich, die sich auf ihren Kompetenzbereich erstrecken. Diese Organisationsart ermöglicht ein Risikomanagement mit vergleichsweise geringem Aufwand, da hierfür keine parallele Organisationsstruktur, z. B. in Form eines Risikocontrollings, betrieben werden muss. Allerdings besteht in dem Fehlen einer unabhängigen Instanz zur Unterstützung des Risikomanagements die Gefahr des Übersehens, Überschätzens oder der Ignoranz von Risiken durch die einzelnen Manager. Ein integriertes Risikomanagementsystem eignet sich vornehmlich für kleinere Unternehmen, die nur geringe personelle und finanzielle Mittel für das Risikomanagement aufbringen können.

Bei einer Organisationsstruktur gemäß dem *Separationskonzept* werden Risikoträger, also diejenigen Einheiten, die direkt vom Risiko betroffen sind und die Entscheidungsträger der Risikosteuerung voneinander getrennt. Damit werden auch Sach- und Risikoentscheidungen voneinander separiert. Eine solche Risikoabteilung, ein sogenanntes »Risk Management Department«, entspricht somit einer Art Stabstelle und dient der Unterstützung der Entscheidungsträger in den Primärfunktionen des Unternehmens. Hierdurch können methodische Kenntnisse und Spezialwissen im Risikomanagement aufgebaut, sowie dessen Dokumentation erleichtert

Risikomanagement. Ottmar Schneck
Copyright © 2010 WILEY-VCH Verlag GmbH & Co. KGaA
ISBN 978-3-527-50543-2

werden. Darüber hinaus kann eine solche unabhängige Stabstelle das Risikomanagement im Unternehmen objektiv beurteilen und kontrollieren. Von Nachteil ist jedoch der fehlende detaillierte Einblick in die einzelnen Prozesse der verschiedenen Unternehmensbereiche. Dadurch können Risiken übersehen und falsch eingeschätzt werden. Gerade für große Unternehmen ist dieses Konzept interessant, da sie über die nötigen Ressourcen verfügen und so ein objektives Risikomanagement durch eine vom operativen Geschäft unabhängige Instanz gewährleisten können.

Ein weiterer zu definierender Aspekt ist der Zentralisationsgrad der Risikomanagementorganisation und damit die Verteilung der Aufgaben im Risikomanagement. Wie in der folgenden Abbildung dargestellt ist, können gleichartige Teilaufgaben entweder zu einem Zentrum zusammengefasst (zentrale Organisation) oder aber auf mehrere Stellen, die nicht zu diesem Zentrum gehören, verteilt werden (dezentrale Organisation).

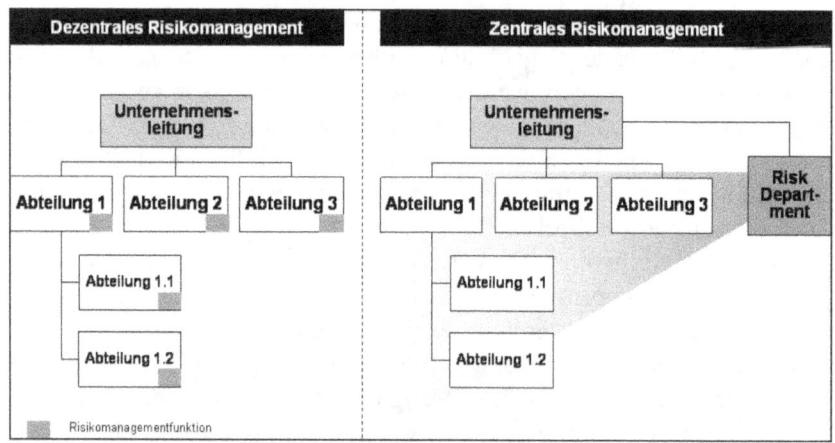

Abb. 11: Vergleich eines zentral und eines dezentral organisierten Risikomanagements
Quelle: Vgl. Ehrmann, H., 2005, S. 121

Existiert im Unternehmen eine einzige Organisationseinheit, der alle Aufgaben des Risikomanagements übertragen werden, spricht man von einer vollständigen *Zentralisation* des Systems. Mittels einer solchen Zentraleinheit kann die ineffiziente mehrfache Ausführung von Risikomanagementaufgaben vermieden werden. Außerdem konzentrieren sich der Einfluss und die Führungskompetenz ausschließlich auf das Zentralorgan, sodass Kompetenzstreitigkeiten und eine Untererfüllung von Aufgaben vermieden werden können. Auf der anderen Seite verlängern sich der Kommunikations- und Entscheidungsweg im Unternehmen, womit auch die Reaktion auf identifizierte Risiken verzögert wird. Zudem besteht in der Ausgrenzung der operativen Mitarbeiter vom Risikomanagementprozess die Gefahr, dass ihr Wissen über spezifische Risiken nicht hinreichend genutzt, und ein proaktives Management von Risiken behindert wird. Da diese Zentraleinheit nur in seltenen Fällen Einblick in alle Bereiche des Unternehmens hat, ergibt sich hieraus die Gefahr der Nichtidentifikation relevanter Risiken.

Bei einer vollständigen *Dezentralisation* des Risikomanagements werden alle Aufgaben in den einzelnen Unternehmensbereichen ausgeführt. Dadurch können das Wissen der Mitarbeiter in den einzelnen Bereichen besser genutzt und zentrale Organisationseinheiten entlastet werden. Die eigenständigen Risikoentscheidungen erhöhen die Motivation der Mitarbeiter und fördern das Entstehen einer Risikokultur im Unternehmen. Nachteilig ist allerdings die Gefahr ineffizienter Mehrfacharbeit in den einzelnen Bereichen. Zudem ist es schwer möglich, die einzelnen Aktivitäten zu koordinieren. Dabei ist insbesondere auch auf die Gefahr eines unzureichenden Kommunikationsflusses zwischen den dezentralen Einheiten und den zentralen Einheiten im Unternehmen hinzuweisen, der zu einer unvollständigen Information der Entscheidungsträger führen kann.

In der Praxis wird daher zumeist eine Mischform aus dezentralen und zentralen Risikomanagement angewandt. Wie beispielhaft in der folgenden Abbildung zu sehen ist, verantworten operative Einheiten bis zu einem bestimmten Ausmaß ihre Risiken selbst, d. h. dezentral, und werden dabei durch eine zentrale Risikomanagementinstitution koordiniert. Das zentrale Risikomanagement übernimmt hier insbesondere die Aufgaben des strategischen Risikomanagements und der Risikokontrolle. In der Praxis wird diese Zentraleinheit dann beispielsweise durch das Controlling, bzw. der Treasury oder der Geschäftsführung eines Unternehmens wahrgenommen. Das nächste Unterkapitel erläutert die Ausgestaltung einer solchen Zentraleinheit anhand einer Treasury zum Management von Finanzrisiken. Die dezentrale Funktion begleiten dann risikoverantwortliche Manager in den einzelnen Abteilungen des Unternehmens.

Abb. 12: Aufbau einer Mischform aus zentralem und dezentralem Risikomanagement
Quelle: Vgl. Kremers 2002, S. 97

Die Festlegung von Risikoverantwortlichen, sogenannten Risk-Ownern, ist eine wichtige Aufgabe der Zentraleinheit. Um ein effizientes und wirksames Risikomanagement zu gewährleisten, müssen die richtigen Mitarbeiter mit den richtigen Aufgaben beauftragt werden. Somit müssen bei der Festlegung einer Risikostrategie die Kompetenzen der Manager für einzelne Risiken bzw. Risikofelder, sowie deren Aufgaben im Rahmen des Risikomanagementprozesses klar definiert werden. Je nach Relevanz der Risiken kann die Verantwortung für die Risiken auf verschiedenen Unternehmensebenen liegen. Die Bestimmung der Relevanz ist von mehreren Faktoren abhängig, wie z. B. der Risikoart, Risikohöhe, Eintrittswahrscheinlichkeit oder des Unternehmensbereiches. So kann für die Identifikation, Bewertung und Steuerung strategischer Risiken die Unternehmensführung selbst und für operative Risiken die Leiter der Unternehmenseinheiten verantwortlich sein. Um die Effizienz der Risikomanagementorganisation zu gewährleisten, sollte bei der Festlegung der Risikoverantwortlichkeiten stets beachtet werden, welche Einheit die für das entsprechende Risiko maßgeblichen Faktoren ohnehin steuert und daher die Risikolage am besten beurteilen und managen kann.

4.2 Treasury zur Erkennung von Finanzrisiken

Die »Treasury« ist eine Institution von Unternehmen zur konzernweiten Steuerung ihrer Finanzströme, sogenannter Cashflows. Häufig findet sich die Treasury als eigenständiger Bereich oder Abteilung in großen Unternehmen, wie z. B. auch bei Siemens oder Lufthansa.

Neben der Steuerung der Cashflows ist das Ziel der Implementierung einer Treasury die Kontrolle und Eingrenzung der damit verbundenen Finanzrisiken. Finanzrisiken sind dabei z. B. Fremdwährungs-, Zins-, Liquiditäts- und Rohstoffpreisrisiken, aber auch Kreditausfall- oder Kreditkonzentrationsrisiken. Somit ist die Treasury für das Management eines Großteils der Risiken des Unternehmens verantwortlich.

Häufig wird die Treasury auch als »Inhouse Bank«, d. h. unternehmensinterne Bank bezeichnet, da sie bankenähnliche Aufgaben im Unternehmen übernimmt. Im Management der angesprochenen Finanzrisiken gehören zu den Aufgaben der Treasury die Risikoidentifikation, -quantifizierung und -steuerung.

Da Risiken sich ständig ändern und stets neue Risiken auftreten können, muss ein kontinuierliches Monitoring aller potenziellen Risiken durchgeführt werden. Im nächsten Schritt sind die identifizierten Risiken mithilfe von Kennzahlen, Systemen und verschiedenen finanzwissenschaftlichen Modellen zu quantifizieren. Zu diesen Modellen zählen z. B. der Value at Risk (VaR) und die daraus abgeleiteten Methoden Cash Flow at Risk (CFaR) und Earnings at Risk (EaR), aber auch Simulationsmodelle wie die Monte-Carlo-Simulation und analytische Modelle, wie Black-Scholes oder das binomiale Optionsbewertungsmodell.

Solche Modelle sind jedoch keine einfachen Rechnungen, mit denen man ohne größeren Aufwand verwertbare Ergebnisse erhält. Vielmehr bedürfen sie einer Vielzahl entsprechender Informationen, aus denen die Inputfaktoren und Annahmen für die Risikobewertungsmodelle abgeleitet werden können. Dies erfordert ein hohes Sachverständnis für die Methoden bei der Berechnung und Interpretation der Ergebnisse. Darüber hinaus entwickeln sich gerade im schnelllebigen Finanzsektor Methoden und Modelle kontinuierlich weiter, sodass ein »State-of-the-Art«-Risikomanagement nur gewährleistet werden kann, wenn diese Entwicklungen erkannt und im Unternehmen umgesetzt werden.

Die Kernaufgabe der Treasury liegt in der Absicherung des Unternehmens vor den identifizierten Finanzrisiken. Das Liquiditätsrisiko kann z. B. unternehmensweit überwacht und gesteuert werden. Durch Durchführung von Cash Pooling oder interner Konzernfinanzierung kann die

Treasury Über- und Unterdeckungen an liquiden Mitteln der einzelnen Bereiche ausgleichen. Der in der Summe verbleibende Überschuss bzw. Bedarf kann dann extern auf den Geld- oder Kapitalmarkt transferiert, bzw. von ihm bezogen werden. Aufgrund des höheren Kapitalvolumens können dadurch bessere Konditionen am Markt erreicht werden.

Da die internen Gesellschaften durch die Treasury mit der notwendigen Liquidität versorgt werden, ergeben sich interne Ausgleichsmöglichkeiten von Zins- und Währungsrisiken durch eventuelle positive und negative Korrelationen zwischen den einzelnen Risiken. So gleichen sich beispielsweise Fremdwährungsrisiken aus, wenn sowohl Absatz als auch Beschaffung in der gleichen Währung fakturiert werden. Damit entfällt die Notwendigkeit der Steuerung sämtlicher Einzelrisiken und die erforderliche Steuerung beschränkt sich auf die Differenz, die nach Abzug der Risiken entsteht, die bereits intern ausgeglichen werden können.

Zusammenfassend ergeben sich daraus Anforderungen an die Ausgestaltung einer Treasury, d. h. insbesondere das Vorhandensein von qualifiziertem Personal, das die komplexen Bewertungsverfahren durchführen und die Plausibilität der Ergebnisse überprüfen kann, sowie einer adäquaten technischen Infrastruktur und dem Zugang zu den notwendigen Informationen.

Die Organisation der Treasury muss die beschriebenen Anforderungen erfüllen und ein effektives und effizientes Management der konzernweiten Cashflows und der damit verbunden Finanzrisiken ermöglichen. Die Ausgestaltung der Treasury hängt stark von den Zielen ab, die die Unternehmensleitung mit der Etablierung einer solchen Instanz verfolgt. Dabei sind ein passender Zentralisierungsgrad und eine entsprechende Integration der Treasury im Unternehmen festzulegen, die die durchzuführenden Aufgaben effektiv unterstützen und zum Erreichen der gesetzten Ziele führen.

Betrachtet man den *Zentralisierungsgrad* der Treasury-Organisation, so verfolgen fast alle deutschen Unternehmen mit einer implementierten Treasury den zentralen Organisationsansatz. Damit werden von der Treasury alle Aktivitäten zur Steuerung der von ihr verantworteten Finanzrisiken wie das Management von Liquidität, externen Anlagen und Finanzierungen, sowie Zins-, Währungs-, Debitoren- und Kontrahentenrisiken für das gesamte Unternehmen geregelt und koordiniert.

Ein Vorteil der Zentralisierung der Treasury ist die Realisierung von Verbundsvorteilen, wie z. B. in der Bündelung der Kreditnachfrage. So können durch eine konzernweite Nachfrage nach Krediten und der daraus resultierenden stärkeren Verhandlungsposition bessere Konditionen bei den Banken erhalten werden. Auch der Einsatz von anderen Finanzierungsinstrumenten des Geld- und Kapitalmarktes, wie bspw. Derivate, ABS (Asset Backed Securities) oder die Durchführung eines Credit-Ratings, lohnt sich erst ab einer entsprechenden Größenordnung. Das kontinuierliche Monitoring der Finanzrisiken und die komplizierte Bewertung erfordern Ressourcen (insbesondere eine notwendige technische Infrastruktur und personelles Know-how), die durch eine zentrale Treasury besser zur Verfügung gestellt werden können.

Die Integration der Treasury in das Unternehmen und damit verbunden die Art des Risikomanagements hängen stark von den Zielen ab, die die Unternehmensleitung mit der Etablierung einer solchen Instanz verfolgt. Soll die Treasury nur passiv agieren und hauptsächlich Aufgaben im Unternehmen koordinieren, so wird sie als Cost Center eingeführt. Hier bestehen nur geringe Möglichkeiten für eine Risikosteuerung in der Treasury. Soll die Treasury hingegen bewusst Risiken unabhängig vom Kerngeschäft des Unternehmens eingehen und ein eigenes Bereichsergebnis liefern, so spricht man von einem Profit Center.

Häufig wird die Treasury als ein Service Center in das Unternehmen integriert, das die operativen Einheiten durch das aktive Management von Finanzrisiken unterstützen soll. Dabei steuert die Treasury alle Risiken, die sich in ihrem Verantwortungsbereich befinden, innerhalb von festgelegten Zielen und Richtlinien. Diese Ziele und Richtlinien müssen im Vorab von der Unternehmensleitung definiert, sowie die Treasury mit der notwendigen konzernweiten Regelungskompetenz ausgestattet werden. Mit diesen Richtlinien muss der Treasury vorgegeben werden, wie die einzelnen Risiken zu behandeln sind. So ist insbesondere festzulegen, welche Risiken auf Unternehmensebene und welche in den einzelnen Bereichen beobachtet und gesteuert werden.

Die Festlegung dieser Ziele sollte in einem Treasury-Regelwerk festgehalten werden, das die Risikopolitik des Unternehmens dokumentiert und darüber hinaus festlegt, welche Risikoarten von der Treasury gemanagt werden und welche Prozesse bzw. Aktivitäten dafür durchzuführen sind. Wie auch andere Zentraleinheiten des Risikomanagements muss die Treasury dafür Sorge tragen, dass alle relevanten Informationen und Ergebnisse aus dem Risikomanagement im Unternehmen kommuniziert werden. Hierzu ist der Aufbau eines Treasury-Berichtswesens erforderlich, das einen kontinuierlichen Informationsfluss an die relevanten Empfänger im Unternehmen, wie z.B. CFO, Gesamtvorstand und Aufsichtsrat, gewährleistet.

Insgesamt ist die Treasury also für das Management der Finanzrisiken und somit für einen Großteil der Risiken eines Unternehmens verantwortlich. Die Integration als ein zentrales Service Center in der Unternehmensorganisation ermöglicht dabei ein effektives und effizientes unternehmensweites Risikomanagement im Rahmen von festgelegten Zielen und Richtlinien. Allerdings muss für die Treasury, wie auch für alle anderen Instanzen des Risikomanagements, sichergestellt werden, dass die durchgeführten Prozesse auch zu verlässlichen Resultaten führen. Dazu ist die Implementierung eines Überwachungsorgans zwingend notwendig. Hierauf soll im folgenden Abschnitt eingegangen werden.

4.3 Interne Revision

Ohne den Erhalt objektiver und verlässlicher Ergebnisse aus dem Risikomanagement können Entscheidungen unter Risikogesichtspunkten nicht getroffen werden. Das etablierte Risikomanagementsystem und die dafür geleisteten Investitionen wären damit zwecklos. Die Funktionstüchtigkeit des Risikomanagements muss daher durch ein Überwachungsorgan gewährleistet werden. Da den direkt im Risikomanagement involvierten Personen und Einheiten im Unternehmen kaum eine objektivierte Sicht auf die von ihnen durchgeführten Aufgaben zuzutrauen ist, muss das Risikomanagement durch eine unabhängige, nicht in den Geschäftsprozess integrierte Organisationseinheit überwacht werden.

Neben dem Eigeninteresse der Unternehmen fordert auch der Gesetzgeber im Rahmen des KonTraG die Implementierung einer Prozessüberwachung im Risikomanagement. Allerdings besteht diese Anforderung nur in der Ausführung dieser Überwachungsfunktion, die beauftragte Instanz ist vom Unternehmen selbst festzulegen. Eine solche neutrale Instanz ist zum Beispiel der Aufsichtsrat, der Wirtschaftsprüfer oder die interne Revision. Gerade in großen Unternehmen eignen sich Aufsichtsrat und Wirtschaftsprüfer nur unzureichend, da ihnen zumeist die notwendige Nähe zu den einzelnen Bereichen und Prozessen im Unternehmen fehlt und sie daher die Qualität des Risikomanagements nur ungenügend beurteilen können.

Die Interne Revision als separates Kontrollorgan im Unternehmen hat die notwendige Nähe zu den Prozessen und kann als neutrale Instanz die Überwachungsfunktion ausführen. Allerdings hängt die Auswahl einer solchen Einheit nicht zuletzt von den Gegebenheiten im Unternehmen ab. Viele mittelständische Unternehmen können sich eine separate neutrale Institution nicht leisten und verlagern die Funktion der Überwachung »pro forma« auf die Geschäftsführung. Damit werden allerdings nur die theoretischen Anforderungen an ein Überwachungssystem erfüllt. Praktisch ist dieses jedoch nicht existent, da der Geschäftsleitung aufgrund ihrer Einbindung ins Risikomanagement die nötige Objektivität fehlt.

Entscheidend für die Funktionstüchtigkeit des Risikomanagements ist also nicht die Existenz einer internen Revision an sich, sondern die Erfüllung ihrer Überwachungsfunktion. Dabei müssen sämtliche Aktivitäten, Strukturen, Funktionen und Prozesse im Unternehmen unter folgender Fragestellung geprüft werden: Werden betriebliche und gesetzliche Vorschriften, Anweisungen und Prozessvorgaben eingehalten? Sind die innerbetrieblichen Prozesse und Systeme effizient, bzw. existieren im Unternehmen Kostenoptimierungspotenziale? Sind die Organisationsstrukturen und Abläufe im Unternehmen sinnvoll und zweckmäßig? In welchem Unternehmensbereich können Risiken identifiziert werden? In welchen Prozessen und Strukturen gibt es Sicherheitslücken, die eine Gefahr für das Unternehmen darstellen?

Diese Prüfung muss von der internen Revision risiko- und prozessorientiert für sämtliche Bereiche im Unternehmen durchgeführt werden. Darunter fallen sämtliche operativen Bereiche, aber auch Querschnittsfunktionen wie das Controlling, Rechnungswesen oder Treasury, und darüber hinaus auch die Qualität des Managements des Unternehmens. Darüber hinaus sollten begleitende, prozessunabhängige Prüfungen des Risikomanagements vorgenommen werden, damit dieses System kontinuierlich weiterentwickelt und verbessert werden kann.

Die Überprüfung der Managementqualität durch die interne Revision führt in der Praxis häufig zu Konflikten, da die Überwachung der Managementleistungen als nichtberechtigte Kritik der Geschäftsleitung empfunden werden kann. Daher existiert in der Praxis die Neigung, diese Funktion durch externe Berater zu ersetzen.

Damit eine interne Revision als Überwachungsorgan des Risikomanagements dienen kann, muss ihre Neutralität und Objektivität gewährleistet sein. Dazu muss diese Instanz in ihrer Kompetenz und ihrem Aufgabenfeld stets unabhängig gegenüber allen anderen Unternehmensbereichen agieren können und darüber hinaus grundsätzlich die Freiheit besitzen, Urteile eigenständig zu fällen und Kritik ausüben zu können.

Die Ausrichtung der internen Revision befindet sich gegenwärtig im Wandel. Früher untersuchte die interne Revision Fehler und Mängel in vergangenen Ergebnissen und konfrontierte damit das Management nachträglich. Die heutigen Aufgaben der Internen Revision hingegen bestehen mehr aus einer Beratungstätigkeit zur Optimierung der zukünftigen Leistungsfähigkeit des Unternehmens. Ihr Ziel ist es, Schwachstellen und Risikofaktoren aufzuzeigen und Ordnungsmäßigkeit, Wirtschaftlichkeit, Sicherheit und Zweckmäßigkeit sowohl der Risiko- als auch der gesamten Unternehmensorganisation zu gewährleisten. Die Empfehlungen der Internen Revision gewinnen in den Unternehmen immer mehr an Bedeutung.

4.4 Rechtzeitige Kommunikation in der Aufbauorganisation

Kommunikation besitzt eine zentrale Bedeutung für die Funktion des Risikomanagements. Schließlich kann eine Reaktion auf Risiken, z. B. in Form von Steuerungsmaßnahmen, nur erfolgen, wenn derjenige, der ein Risiko erkannt hat, seine Information rechtzeitig weitergibt. Somit ist die Etablierung eines Risikoreportings wichtig, in dem zielgerichtet und zeitnah verdichtete Informationen, z. B. in Form von Risikoberichten an relevante Interessensgruppen, weitergegeben werden. Dabei sind interne und externe Interessensgruppen voneinander zu unterscheiden. Intern sind diese Informationen insbesondere für die Entscheidungsträger im Unternehmen notwendig, also für die Geschäftsleitung, den Vorstand, aber auch für die Abteilungsleiter oder den Aufsichtsrat. Externe Empfänger der Risikoberichte sind insbesondere die Aktionäre des Unternehmens, aber auch andere Stakeholder wie Banken, Versicherungen, Kunden oder Lieferanten. Es versteht sich von selbst, dass der Informationsgehalt der Berichterstattung für externe Empfänger wesentlich geringer ist als im internen Risikoreporting.

Eine regelmäßige und aktuelle interne Risikoberichterstattung soll gewährleisten, dass Verantwortungsträger kontinuierlich unternehmerische Entscheidungen unter dem Einfluss von Risikogesichtspunkten treffen können. Diese Erhöhung der Entscheidungsqualität trägt zur Sicherung des Unternehmensfortbestands bei. Ein Risikoreporting dokumentiert die Ergebnisse aus der Identifikation, Analyse und Bewertung der Risiken. Es beinhaltet somit einen Überblick über alle relevanten Risiken, denen das Unternehmen ausgesetzt ist und für die dessen Manager verantwortlich sind.

Grundlage des internen Risikoreportings ist das Risikoinventar, das sämtliche identifizierten Risiken beinhaltet und detailliert hinsichtlich ihrer Ursachen und Wirkung beschreibt und somit quasi eine stetig aktualisierte Inventur der Risikolage eines Unternehmens darstellt. Da in relativ kurzer Zeit eine große Menge an Risiken in das Risikoinventar aufgenommen werden können, müssen die vielen Einzelrisiken thematisch in ein Risikoraster kategorisiert werden, damit die Übersichtlichkeit des Berichts gewahrt bleibt. Um die Kommunikation weiter zu erleichtern und zu präzisieren, sollte das Risikoinventar darüber hinaus auch die für das jeweilige Risiko verantwortlichen Personen enthalten.

Aufbauend auf dem Risikoinventar können alle identifizierten und bewerteten Risiken in Form einer Risk Map dargestellt werden, wie die folgende Abbildung zeigt. Dabei werden in einer zweidimensionalen Matrix die Eintrittswahrscheinlichkeit und die Schadenshöhe der Risiken abgebildet. Somit kann die Gesamtrisikoexposition des Unternehmens anschaulich dargestellt werden. Da im Rahmen der Risikostrategie Grenzwerte für akzeptierte Werte der Eintrittswahrscheinlichkeit und Schadenshöhe definiert wurden, kann in die Risk Map eine Akzeptanzlinie eingezeichnet werden. Dadurch kann der Betrachter schnell und eindeutig diejenigen Risiken erkennen (alle Risiken rechts der Akzeptanzlinie), für die Steuerungsmaßnahmen dringend einzuführen sind.

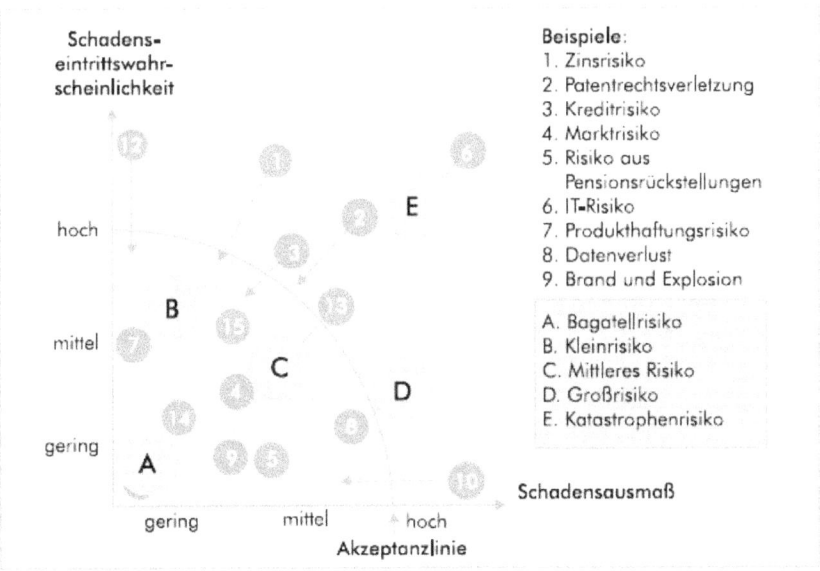

Abb. 13: Beispiel einer Risk Map
Quelle: Romeike 2003, S. 193

Von großer Bedeutung ist die Aktualität des Risikoreportings. Veraltete Informationen können zu falschen Entscheidungen seitens des Managements führen und damit die Ziele des Risikomanagements auf den Kopf stellen. Daher müssen Risikoberichte in vorher definierten Zeitabständen aktualisiert werden. Diese variieren entsprechend der Höhe des Risikos. So müssen hohe Risiken häufiger beobachtet werden als niedrigere und diese Information auch entsprechend weitergegeben werden.

Für die Weitergabe der Informationen ist es unbedingt notwendig, klare Kommunikationswege bei der Identifikation neuer Risiken oder bei einer Überschreitung von Schwellenwerten bereits bestehender Risiken zu definieren. Schließlich müssen diese Informationen den Verantwortungsträgern im Unternehmen zugänglich gemacht werden. Daher sollten Risikoberichte ein wesentlicher Bestandteil eines entscheidungsunterstützenden Informationssystems im Unternehmen sein. Der Umfang der Zugriffsrechte auf diese Informationen durch die einzelnen Manager muss durch die zentrale Organisationseinheit des Unternehmens, z. B. die Geschäftsführung oder das Controlling, koordiniert werden. Dabei kann sie ihre Erfahrungen bei der generellen unternehmensweiten Informationsversorgung anwenden. Bei der Auswahl des angesprochenen Informationssystems zur Unterstützung von Managemententscheidungen ist auf eine effektive und effiziente Unterstützung durch die IT-Abteilung zu achten.

Eine passende Risikomanagementsoftware kann dabei selbst erstellt werden (beispielsweise auf Basis eines MS Excel-Moduls) oder aber von professionellen Anbietern erworben werden. Entscheidend ist der benötigte Grad an Unterstützung für das Risikomanagement und die Zuverlässigkeit der Ergebnisse.

Ein entscheidendes Erfolgskriterium des Risikomanagements ist die Verwurzelung des Systems im gesamten Unternehmen. Risikomanagement sollte von jedem Mitarbeiter aktiv mitgestaltet werden und Risikobewusstsein Teil der Unternehmenskultur sein. Die Kommunikation der risikopolitischen Grundsatzentscheidungen ist also wichtig, um Mitarbeitern einen Rahmen zu geben, damit sie Entscheidungen in ihrer Arbeit unter Risikogesichtspunkten treffen können. Daher sollte das Risikoberichtswesen alle Mitarbeiter des Unternehmens einschließen und sie über die für sie relevanten Risiken informieren.

Um die Funktionsfähigkeit des Risikomanagements dauerhaft zu erhalten, ist eine gute Dokumentation der Risikopolitik und der organisatorischen Maßnahmen ebenfalls von zentraler Bedeutung. Diese kann zum Beispiel in einem Risikohandbuch zusammengefasst werden. Eine solche Dokumentation besteht meist zunächst aus Visionen und Zielen in Bezug auf das Risikomanagement. Dazu kommen risikopolitische Grundsätze wie die Einstellung des Unternehmens zum Risiko und die Definition einer angemessenen Risikotragfähigkeit. Weiterhin spielen Grundsätze hinsichtlich der Risikoerkennung und der Risikoanalyse sowie der Risikokommunikation eine Rolle. Begriffsdefinitionen und die Festlegung einer Risikostruktur sowie der wesentlichen unternehmensspezifischen Risikofaktoren und -kategorien beeinflussen die Qualität des Risikomanagementsystems und sind dabei genauso wichtig wie die Definition der Aufbauorganisation und die Ernennung von Risikoverantwortlichen. Zudem sind die Definition der Methoden und Instrumente sowie die Zusammenstellung der wesentlichen integrierten Kontrollen und der Aufgaben der Internen Revision von großer Bedeutung. Diese Dokumentation muss fortlaufend an die sich ändernden Risikomanagementprozesse und Voraussetzungen des Unternehmens angepasst werden.

Gesetzliche Verpflichtungen, aber auch das Eigeninteresse der Unternehmen machen eine Risikoberichterstattung an unternehmensexterne Stakeholder erforderlich. So müssen alle Kapitalgesellschaften, die im Sinne des § 267 HGB als mittel oder groß gelten, einen (Konzern-)Lagebericht erstellen und in diesem über Risiken und Chancen berichten (§§ 290 II HGB, 315 HGB). Aber auch im Rahmen von Ratings, die beispielsweise zur Bewertung der Bonität und bei der Vergabe von Fremdkapital durchgeführt werden, sind die Risikolage und die Durchführung von Risikomanagement im Unternehmen von Bedeutung. Hieraus ergibt sich somit das Eigeninteresse der Unternehmen, durch ein positives Rating bspw. bessere Konditionen auf dem Fremdkapitalmarkt zu erhalten.

Zu den Empfängern gehören insbesondere Anteilseigner, die nicht direkt ins Unternehmen involviert sind und keinen Zugang zu internen Informationen besitzen, Banken, die bei der Kreditvergabe im Rahmen eines Ratings auch die Risikolage und das Risikomanagement des Unternehmens bewerten, Versicherungen, die bei der Übernahme von Risiken risikoerhöhende oder -mindernde Effekte bestimmen und entsprechend die Kalkulation der Versicherungsprämie adjustieren müssen, der Staat, der den Erfolg von Subventionen an Unternehmen absichern möchte, Lieferanten, die die Fähigkeit des Unternehmens zur Erfüllung seiner Verbindlichkeiten überprüfen, oder Kunden, die (gerade bei langfristigen Aufträgen) die Erfüllung ihrer Aufträge gewährleistet haben wollen. Aber auch Mitarbeiter, Konkurrenten oder die Öffentlichkeit können ein allgemeines Interesse an der Risikoberichterstattung eines Unternehmens besitzen.

Wie bereits im Kapitel zu den rechtlichen Grundlagen des Risikomanagements erläutert, ist der zentrale Bestandteil der externen Risikoberichterstattung der Chancen- und Risikobericht innerhalb des Lageberichts. Unternehmen, die einen Konzernlagebericht erstellen müssen, sind verpflichtet, die Regelungen des DRS 5 für die Ausgestaltung dieses Berichts zu beachten. Zu diesen Anforderungen gehört zum Beispiel, dass bei der Beschreibung der Risikolage vorrangig auf interne Risiken eingegangen werden soll. Schließlich sind externe Risiken nicht vom Unternehmen abhängig und können allgemein erfasst werden. Risiken sollen zudem kategorisiert, z. B. mittels eines Risikorasters, dargestellt werden. Die Eintrittswahrscheinlichkeit und die Schadenshöhe der Risiken sollen angegeben werden. Darüber hinaus ist das Risikomanagement an sich zu beschreiben. Hierbei sollen Risikostrategie sowie der Prozess und die Organisation des Risikomanagements angemessen dargestellt werden. Diese Information kann z. B. auch aus dem oben beschriebenen Risikohandbuch in das externe Reporting übertragen werden. Die Berichterstattung über Chancen steht dem Unternehmen frei. Es muss somit selbst wählen, ob und inwieweit Chancen im Risikoreporting Beachtung finden. Jedoch ist dabei eine Saldierung von Chancen und Risiken nicht zulässig.

Insgesamt muss der Risiko- und Chancenbericht gemäß den Anforderungen durch die Zentraleinheit erstellt werden, da diese über alle dafür notwendigen Informationen verfügt. Unternehmen, die nicht gesetzlich verpflichtet sind, einen Konzernlagebericht zu erstellen und für die somit die Regelungen nach DRS 5 nicht gelten, sollten sich in ihrer externen Berichterstattung an diesen Vorgaben orientieren.

Insgesamt unterscheiden sich das interne und das externe Risikoreporting in ihrer Informationsdichte und der Häufigkeit ihrer Durchführung. Während das externe Reporting im Rahmen der Gesamtberichterstattung eines Unternehmens einmal im Geschäftsjahr oder innerhalb der unterjährigen Berichterstattungen (z. B. Quartalsberichte) publiziert wird, müssen intern stets aktuelle Informationen zur Verfügung stehen. Darüber hinaus wird im internen Risikoreporting ein wesentlich höherer Informationsgehalt kommuniziert als innerhalb des externen Berichtswesens.

Ein zwingendes Erfordernis für eine rechtzeitige unternehmensweite Risikokommunikation ist die frühzeitige Identifikation von Risiken, bzw. einer Änderung der Risikolage. Dieser Anforderung kann durch die Etablierung eines Risikofrühwarnsystems nachgekommen werden, auf die im nächsten Abschnitt eingegangen werden soll.

4.5 Aufbau eines Frühwarnsystems

Mit dem Aufbau eines Frühwarnsystems sollen Entwicklungen und der Einfluss daraus resultierender Risiken auf das Unternehmen rechtzeitig identifiziert werden. Mit der Integration eines solchen Systems in das Risikomanagement wird auch einer Forderung des KonTraG nachgekommen, wonach durch die Implementierung eines integrativen Systems bestandsgefährdende Risiken frühzeitig erkannt werden sollen.

Gerade im Hinblick auf die rasanten Änderungen ökonomischer, politischer, sozialer und technologischer Rahmenbedingungen im Umfeld der Unternehmen reichen vergangenheitsbezogene Informationen, wie z. B. Bilanzkennzahlen oder Performance-Daten, nicht mehr aus, da sie keine oder nur wenige Rückschlüsse auf die zukünftige Entwicklung eines Unternehmens zulassen. Daher sind sogenannte Frühwarnindikatoren notwendig, die Aufschluss über mögliche zukünftige Entwicklungen und Tendenzen geben und aus denen sich Konsequenzen für das Unternehmen ableiten lassen. Dabei sind Frühwarnindikatoren sowohl für externe als auch für interne Risiken zu entwickeln, die in einem komplexen Zusammenhang mit der Performance des Unternehmens stehen. Aus diesen Indikatoren müssen sich somit genaue Aussagen über die Entwicklung und den Fortbestand des Unternehmens treffen lassen.

Für die Erstellung eines Frühwarnsystems muss das Unternehmen zunächst Beobachtungsbereiche zur Erkennung von Gefahren und Chancen festlegen. Dabei entstehen sowohl interne Beobachtungsfelder, die sich bspw. entlang der Wertschöpfungskette des Unternehmens ermitteln lassen, als auch externe Bereiche, die beispielsweise aus den externen Risikobereichen abgeleitet werden können. Die folgende Abbildung listet externe und interne Beobachtungsbereiche auf.

Interne Beobachtungsfelder	Externe Beobachtungsfelder
- Einkauf - Produktion/Leistungserstellung - Vertrieb - Kundenservice/Marketing - Finanzen - Personal - Technologie - Unternehmensinfrastruktur	- Binnen- und außenwirtschaftliches Umfeld - Politisch-rechtliches Umfeld - Soziokulturelles Umfeld - Technologisches Umfeld - Ökologisches Umfeld

Abb. 14: Interne und externe Beobachtungsfelder
Quelle: Reichling, P. et al. 2007, S. 255

Für jedes Beobachtungsfeld müssen in einem nächsten Schritt relevante Indikatoren definiert und ausgewählt werden. Dabei können vier verschiedene Arten von Indikatoren unterschieden werden.

Die a*bsoluten Indikatoren* lassen sich direkt aus den Unternehmens- oder Marktdaten entnehmen, z. B. Preise, Stückzahlen, Auftragseingänge. Die *Verhältnisindikatoren* setzen die verschiedenen Daten miteinander ins Verhältnis. Als Bespiele für diese Art von Indikatoren können die Ausschussquote (Ausschussmenge/produzierte Menge) oder die Reklamationsquote (Anzahl Reklamationen/Absatzzahlen) genannt werden. Die *Indexindikatoren* zeigen anhand von statistischen Messwerten wirtschaftliche Veränderungen auf. Beispiele sind der Euribor oder der EZB-Leitzins, aus denen sich Auswirkungen auf die gesamte Volkswirtschaft und auf das Unternehmen ableiten lassen. Schließlich stellen die sogenannten *Benchmarkindikatoren* die gesetzten Unternehmensziele im Vergleich mit den tatsächlich erreichten Ergebnissen dar.

Damit sich diese Indikatoren als Frühwarnindikatoren für das Risikomanagement eignen, müssen sie eindeutig die Ursache für eine Änderung der Schadenshöhe oder Eintrittswahrscheinlichkeit einzelner Risiken beschreiben. Zudem müssen sie kontinuierlich messbar und rechtzeitig verfügbar sein. Sie sollten des Weiteren frühzeitig den möglichen Risikoeintritt anzeigen, d. h. ein Signal liefern, bevor eine tatsächliche Änderung der Risikolage erfolgt. Ein weiterer, wichtiger Aspekt der Indikatoren ist deren ökonomische Vertretbarkeit. Die Verwendung der Indikatoren muss in einem angemessenem Kosten-Nutzen-Verhältnis stehen.

Es ist offensichtlich, dass im Allgemeinen eine große Menge an Daten und Informationen verfügbar ist. Bei der Auswahl relevanter Indikatoren ist deswegen stets auf eine überschaubare Menge an verständlichen Informationen zu achten, sodass das Frühwarnsystem effektiv und effizient genutzt werden kann. Beispiele für Frühwarnindikatoren, deren Einsatz im Risikomanagement denkbar ist, können der folgenden Abbildung entnommen werden.

Externe Beobachtungsfelder		Frühindikatoren
Binnen- und außenwirtschaftliches Umfeld	Absatzmarkt	- Auftragseingang nach Produkten und Regionen - Preispolitik der Konkurrenz - Nachfragevolumen wichtiger Kunden
	Beschaffungsmarkt	- Entwicklung der Rohstoffpreise - Politische Lage in Ländern der Lieferanten - Entwicklung der Mieten für Büros und Werkstätten
	Arbeitsmarkt	- Ergebnisse aktueller Tarifabschlüsse - Angebot an und Nachfrage nach Fachkräften - Entwicklung der Einwanderung von Gastarbeitern
	Kapitalmarkt	- Leitzinsentwicklung - Wechselkursentwicklung
Technologisches Umfeld	Verfahrens- u. Produktionstechniken	- Patentanmeldungen - Technologische Änderungen bei Konkurrenten und Forschungsinstituten
Soziokulturelles Umfeld	Wertewandel	- Geschmacks- und Modeänderungen - Entwicklung des Kaufverhaltens - Veränderung des Lebensstils
	Bevölkerungsstruktur	- Wachstum/ Rückgang der Bevölkerung - Verfügbare Einkommen - Berufs- und Bildungsstände
Politisch- rechtl. Umfeld	Politische Faktoren	- Wahlprognosen - Parteiprogramme

Abb. 15: Beispiele für Frühwarnindikatoren in externen Beobachtungsbereichen
Quelle: Reichling et al. 2007, S. 256f.

Im nächsten Schritt werden für alle ausgewählten Indikatoren Sollwerte und Toleranzbereiche festgelegt. Innerhalb dieser Bereiche ist davon auszugehen, dass sich die Höhe der jeweiligen Risiken nicht ändert. Werden aber die Toleranzbereiche über- bzw. unterschritten, haben sich die dem Indikator zugehörigen Risiken erhöht. Um dies festzustellen, sind im Vorfeld Beobachter zu nominieren, die die jeweiligen Indikatoren in festgelegten Zeitabständen messen. Dabei kann diese Aufgabe sowohl von zentralen als auch von dezentralen Organisationseinheiten des Risikomanagements übernommen werden. Wird nun der Toleranzbereich eines Indikators über- oder unterschritten, hat sich das entsprechende Risiko in seiner Wirkung verändert. In seiner Konsequenz erfordert dies zunächst die Kommunikation im Unternehmen – der Beobachter muss unverzüglich eine Frühwarnmeldung an die entsprechenden Verantwortungsträger weiterleiten. Dadurch wird gewährleistet, dass die Verantwortungsträger rechtzeitig adäquate Risikosteuerungsmaßnahmen einleiten und Entscheidungen unter Risikogesichtspunkten frühzeitig treffen können. Darüber hinaus ist die Auswertung der Frühwarnindikatoren zu dokumentieren und in geeigneter Form in die interne Risikoberichterstattung zu integrieren.

Anzumerken ist, dass ein Frühwarnsystem ungeeignet ist, das gesamte Risikoumfeld eines Unternehmens zu überwachen, da zum einen für viele Risiken keine geeigneten Frühwarnindikatoren existieren (z. B. Indikatoren für Naturkatastrophen) und zum anderen bei der Verwendung vieler Indikatoren ein angemessenes Kosten-Nutzen-Verhältnis nicht gewährleistet werden kann. Daher ist es wichtig, Prioritäten zu setzen und vorrangig vergleichsweise höhere Risiken durch Frühwarnindikatoren zu beobachten.

Damit besteht in einem funktionierenden Frühwarnsystem ein weiteres wichtiges Instrument innerhalb des Risikomanagements für die rechtzeitige Erkennung von gefährlichen Entwicklungen. Wie das Risikomanagement insgesamt, müssen auch die Methoden und die Aussagekraft der Ergebnisse des Frühwarnsystems kontinuierlich überprüft werden.

Insgesamt bleibt festzuhalten, dass weder die Organisationsstruktur, noch der Prozess des Risikomanagements für alle Unternehmen gleich konzipiert werden kann. Sie sind vielmehr effektiv und effizient an die jeweilige Unternehmensgröße, -Situation, -Rechtsform und -Struktur anzupassen. Dies gilt auch für die Integration eines Frühwarnsystems in die Organisation des Risikomanagements. Festzuhalten bleibt, dass eine rechtzeitige Kommunikation der Ergebnisse des Risikomanagements sowie eine Instanz zur Überwachung der Prozesse zwei zwingend notwendige Komponenten sind, die im Unternehmen etabliert werden müssen, damit Risikomanagement erfolgreich durchgeführt werden kann.

4.6 Zusammenfassung

Bevor im zweiten Teil dieses Buches das Management von Risiken behandelt wird, muss klar sein, dass jeder Prozess zur Identifikation, Messung und Abwendung von Risiken auch eine Organisation benötigt, die diese Aufgabe wahrnimmt. Traditionell haben sich hier verschiedene Einheiten etabliert. Dies ist zum einen der Bereich Treasury, wenn es um finanzielle Risiken geht, aber auch die Interne Revision, die in vielen Unternehmen und Institutionen grundlegende Risikofelder beobachten soll. Wichtig für die organisatorische Einordnung eines Risikomanagements ist zudem auch die Gewährleistung einer rechtzeitigen Kommunikation von erkannten Risiken. Denn auch ein exzellent in ein Unternehmen eingebundenes Frühwarnsystem wird kaum funktionieren, wenn die Informationen nicht oder zu spät an die relevanten Stellen weitergegeben werden.

Teil II
Risikocontrolling und -steuerung

Risikomanagement ist, wie dem ersten Teil zu entnehmen war, angesichts der Umfeldveränderungen von Unternehmen notwendig und wird immer wichtiger. Risiken als Produkt von Eintrittswahrscheinlichkeit eines schädigenden Ereignisses und der Höhe des verursachten Schadens sind nun zu identifizieren, zu messen und zu dokumentieren. Dies setzt zunächst grundlegende statistische Kenntnisse voraus, wie sie in jedem betriebswirtschaftlichen Studium zu Beginn erlernt werden. Damit diese Grundlagen aufgefrischt und so die im Folgenden dargestellten Modelle verstanden werden können, werden im ersten Kapitel von Teil B die wesentlichen statistischen Begriffe erläutert.

Nach dieser Einführung werden im zweiten und dritten Kapitel ausgewählte Instrumente zur Identifikation, Dokumentation und Messung von Risiken vorgestellt. Die Auswahl erfolgte dabei hinsichtlich der einfachen Umsetzung und der in der Praxis beobachteten häufigen Anwendung der Methoden und Modelle. Darüber hinaus gibt es vielfältige Möglichkeiten der Prognose und Projektion künftiger Ereignisse in der Mathematik, Statistik oder Simulationsrechnung. All diese Modelle vorzustellen, würde hier den Rahmen sprengen und dem Ziel einer pragmatischen Einführung in das Risikocontrolling widersprechen. Wichtig ist zudem zu vermerken, dass die Instrumente entsprechend den jeweiligen Unternehmens- und Branchenspezifika ausgewählt und angewendet werden müssen. So wird eine Versicherungsgesellschaft, deren Geschäftszweck die Absicherung gegen Risiken ist, eine Dokumentation von Lebens-, Schadens-, oder Unfallrisiken in deutlich höherer Komplexität vornehmen müssen, als ein mittelständisches Unternehmen, dem ein einfaches Risikoinventar genügt.

Neben den im zweiten Kapitel zunächst beschriebenen und in der Praxis vielfach eingesetzten Instrumenten zur Erfassung von Risiken, wie z. B. Checklisten oder Szenarien, werden im letzten Abschnitt des Kapitels Möglichkeiten der Dokumentation von Risiken vorgestellt. Auch Risikoinventare oder -portfolios sind in der Praxis weit verbreitet und wurden daher aus der Vielzahl möglicher Dokumentationsinstrumente ausgewählt. Die Identifikation möglicher Unternehmensrisiken allein ist jedoch noch nicht ausreichend, um geeignete Risikosteuerungsmaßnahmen zu ergreifen. Der wichtigste, aber auch der am schwierigsten umsetzbare Schritt besteht darin, die identifizierten Risiken angemessen zu quantifizieren und zu beurteilen. Das dritte Kapitel beschäftigt sich daher mit Methoden zur Messung von Risiken und stellt verschiedene Risikomaße und Analyseverfahren vor.

1
Grundlegende statistische Konzepte

1.1 Zufallsvariable

Unter Zufallsvariable, auch Zufallsgröße genannt, versteht man zunächst eine Zuordnungsvorschrift X: $\Omega \mapsto \Re$, die jedem Ergebnis ω eines Zufallsexperimentes einen Wert $X(\omega) \in \Re$ aus dem Ergebnisraum Ω zuteilt. Handelt es sich bereits um eine reelle Zahl mit $\omega \in \Re$, ist keine Zuordnungsvorschrift erforderlich – das Ergebnis ist mit der zu verwendeten Zufallsvariablen identisch, es gilt $X = \omega$.

> **Beispiel:**
> Ein Marktforschungsinstitut befragt potenzielle Käufer von Elektrogeräten, wie wichtig ihnen ein adäquater Service für die tatsächliche Kaufentscheidung ist. Die Befragten können zwischen den folgenden Antwortmöglichkeiten (Ergebnisraum Ω) frei wählen: sehr wichtig, wichtig, weniger wichtig, eher unwichtig, unwichtig. Es handelt sich somit um ein Zufallsexperiment, die Antwort der Kunden definiert das Ergebnis ω.
> Da das Kundenurteil per se noch keine reelle Zahl ist, ist im nächsten Schritt eine Zuordnungsvorschrift zu definieren:
>
> $$X(\omega) = \begin{cases} 4: & \omega = \text{sehr wichtig} \\ 3: & \omega = \text{wichtig} \\ 2: & \omega = \text{weniger wichtig} \\ 1: & \omega = \text{eher unwichtig} \\ 0: & \omega = \text{unwichtig} \end{cases}.$$

Eine Zufallsvariable kann diskret oder stetig (kontinuierlich) sein. Sind die Werte, die die Zufallsvariable theoretisch annehmen kann, abzählbar, liegt eine diskrete Zufallsvariable vor. Dagegen liegt eine stetige Zufallsvariable vor, wenn die potenziellen Werte überabzählbar bzw. unendlich sind.

Risikomanagement. Ottmar Schneck
Copyright © 2010 WILEY-VCH Verlag GmbH & Co. KGaA
ISBN 978-3-527-50543-2

Eine **Zufallsvariable** wird als *diskret* bezeichnet, wenn ihr Wertebereich abzählbar bzw. endlich ist. Ist der Wertebereich einer Zufallsvariablen hingegen überabzählbar bzw. unendlich, wird sie als *stetig* bezeichnet. Unter *quasi-stetigen* Zufallsvariablen versteht man diskrete Zufallsvariablen mit einer sehr großen Zahl von theoretisch annehmbaren Werten mit nahezu identischer Eintrittswahrscheinlichkeit. Anhand der Charakteristika der Zufallsvariablen wird zwischen diskreten und stetigen Wahrscheinlichkeits-Verteilungen unterschieden.

Die Unterscheidung zwischen diskreten und stetigen Zufallsvariablen ist in der Praxis nicht immer eindeutig gegeben, denn sie wird stark durch die Analysefragestellung beeinflusst. Diskrete Zufallsvariablen erscheinen durch eine hohe Anzahl theoretisch möglicher Werte oftmals stetig, stetige Zufallsvariablen durch limitierte Messgenauigkeiten häufig diskret.

1.2 Häufigkeitsverteilung

Die Häufigkeitsverteilung ist eine Methode der deskriptiven Statistik und beschreibt die absolute Häufigkeit h, mit der ein bestimmter Wert einer Variablen y_i bei n-maliger Wiederholung eines Zufallsexperimentes unter identischen Bedingungen eingetreten ist, d. h. $h(y_i)$,

wobei $\sum_i h(y_i) = n$ (1-1)

Wird der Zufallsversuch n-mal durchgeführt, spricht man von einer Stichprobe des Umfangs n. Aus Repräsentativitätsgründen sollte diese stets merklich größer sein als die Anzahl der Werte, die die Zufallsvariable theoretisch annehmen kann.

Die relative Häufigkeitsverteilung entspricht dem Quotienten aus absoluter Häufigkeit und Stichprobengröße, d. h. $h^{rel}(y_i) = \dfrac{h(y_i)}{n}$,

wobei $\sum_i h^{rel}(y_i) = 1$ (1-2)

Durch Häufigkeitsverteilungen lassen sich diskrete Zufallsvariablen darstellen. Die folgende Tabelle zeigt diejenigen Werte (Ausprägungen), die bei 30-maligem Ziehen einer Kugel (mit Zurücklegen) aus einer Urne mit insgesamt acht Kugeln eingetreten sind. Ferner werden die absolute und relative Häufigkeit der jeweiligen Ausprägung dargestellt.

Ausprägung	Absolute Häufigkeit h(y_i)	Relative Häufigkeit $h^{rel}(y_i)$
1	2	0,067
2	3	0,100
3	7	0,233
4	1	0,033
5	8	0,267
6	4	0,133
7	2	0,067
8	3	0,100
Summe	30	1,000

Abb. 16: Absolute und relative Häufigkeit bei 30-maligem Ziehen einer Kugel (mit Zurücklegen)

Häufigkeitsverteilungen lassen sich entweder durch Stabdiagramme oder Histogramme darstellen. Liegt eine Vielzahl unterschiedlicher Merkmalsausprägungen vor, ist es ratsam, die Werte zunächst in Intervalle zu klassifizieren und dann mittels eines Histogramms darzustellen. Der Zugewinn an Anschaulichkeit ist gegen den Informationsverlust abzuwiegen. Abbildung 17 zeigt das zur Tabelle in Abbildung 16 gehörende Histogramm und Stabdiagramm.

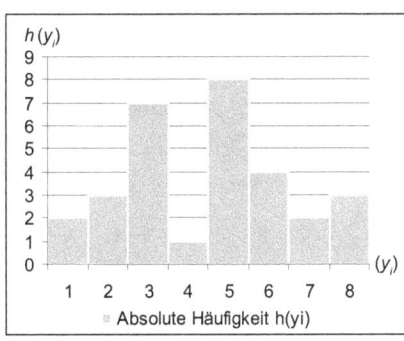
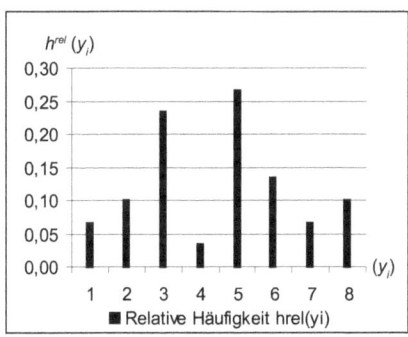

Abb. 17: Gegenüberstellung Histogramm (absolute Häufigkeit) und Stabdiagramm (relative Häufigkeit)

1.3 Mittelwert

Der arithmetische Mittelwert $\bar{x}$ eines Zufallsexperimentes ist definiert als Quotient aus der Summe aller Zufallszahlen und der Stichprobengröße n.

$$\bar{x} = \frac{1}{n} \sum_{i=1}^{n} x_i \tag{1-3}$$

Ist die Merkmalsausprägung eine Zahl und somit diskret, lässt sich der Mittelwert außerdem unter Verwendung von Häufigkeiten berechnen.

$$\bar{x} = \frac{1}{n} \sum_{i=1}^{m} h(y_i) y_i = \sum_{i=1}^{m} h^{rel}(y_i) y_i \tag{1-4}$$

Wobei $h(y_i)$ die Häufigkeitsverteilung der Zufallsauswahl $\{x_1, x_2, x_3, ..., x_n\}$ angibt, und der Ergebnisraum $Omega = \{y_1, y_2, y_3, ..., y_m\}$ entspricht. Der Mittelwert bezieht sich auf die Vergangenheit, denn er basiert auf einer aus Stichproben stammenden Information. Führt man eine hinreichend lange Versuchsreihe durch, kann man – unter Verwendung der relativen Häufigkeiten und somit der Eintrittswahrscheinlichkeit eines Ergebnisses – den Erwartungswert E(X) einer Zufallsvariablen X bestimmen. Dieser bezieht sich auf die Zukunft und gibt Auskunft über denjenigen Wert, mit dem auf lange Sicht zu rechnen ist.

> **Beispiel**
> Es wird zehnmal (mit Zurücklegen) eine Kugel aus einer Urne entnommen, die acht Kugeln mit jeweils einer Nummer von eins bis acht enthält. Als Ergebnis erhalten wir: $\{1, 5, 7, 2, 1, 7, 4, 8, 5, 1\}$.
> Unter Verwendung von (1-3), ergibt sich:
>
> $$\bar{x} = \frac{1}{n} \sum_{i=1}^{n} x_i = \tfrac{1}{10} \cdot (1 + 5 + 7 + 2 + 1 + 7 + 4 + 8 + 5 + 1) = 4{,}1$$
>
> Da es sich um diskrete Zufallszahlen handelt, lässt sich der Mittelwert auch nach Gleichung (1-4) berechnen:
>
> $$\bar{x} = \frac{1}{n} \sum_{i=1}^{m} h(y_i) y_i$$
> $$= \frac{[h(1)\cdot 1 + h(2)\cdot 2 + h(3)\cdot 3 + h(4)\cdot 4 + h(5)\cdot 5 + h(6)\cdot 6 + h(7)\cdot 7 + h(8)\cdot 8]}{10}$$
> $$= 4{,}1$$

y_i	1	2	3	4	5	6	7	8	**Summe**
$h(y_i)$	3	1	0	1	2	0	2	1	10

Abb. 18: Beispiel: Häufigkeitsverteilung von Kugelwürfen

1.4 Varianz und Standardabweichung

Um Häufigkeitsverteilungen hinlänglich zu charakterisieren, ist neben dem Mittelwert auch die Varianz σ^2 der Stichprobe zu betrachten. Sie ist ein Maß der Volatilität und beschreibt die mittlere quadratische Abweichung der risikobehafteten Größe zum Mittelwert $\bar{x}$, der mittleren Entwicklung. Die Varianz ist eng verbunden mit der Standardabweichung σ, welche die (positive) Wurzel der Ersteren ist. Für diskrete Zufallsvariablen gilt:

$$\sigma^2 = \frac{1}{n}\sum_{i=1}^{n}(x_i - \bar{x})^2 \qquad \sigma = \sqrt{\frac{1}{n}\sum_{i=1}^{n}(x_i - \bar{x})^2} \tag{1-5}$$

außerdem gilt: $p_i = \frac{1}{n}$.

Ist die gewählte Stichprobe verglichen mit der Grundgesamtheit verhältnismäßig klein, wird eine erwartungstreuere Schätzung dadurch erreicht, dass nicht wie ursprünglich durch n sondern durch (n – 1) dividiert wird. Ähnlich wie der Mittelwert kann auch die Varianz unter Verwendung der Häufigkeiten berechnet werden. Dann gilt:

$$\sigma^2 = \frac{1}{n}\sum_{i=1}^{m}h(y_i)(y_i - \bar{x})^2 = \frac{1}{n}\sum_{i=1}^{m}h^{rel}(y_i)(y_i - \bar{x})^2 \tag{1-6}$$

Liegt eine stetige Zufallsvariable vor, dann gilt entsprechend:

$$\sigma^2 = \int_{-\infty}^{\infty}(x-\mu)^2 f(x)dx \quad \text{bzw.} \quad \sigma = \sqrt{\int_{-\infty}^{\infty}(x-\mu)^2 f(x)dx} \tag{1-7}$$

Soll der Risikoumfang einer normalverteilten risikobehafteten Größe bestimmt werden, ist die Standardabweichung zur eindeutigen Beschreibung ausreichend.

Beispiel:
Wendet man obige Gleichungen (1-5) auf das Urnenbeispiel an, ergeben sich folgende Werte:

$$\sigma^2 = \frac{1}{n}\sum_{i=1}^{n}(x_i - \bar{x})^2$$

$$= \frac{(1-4{,}1)^2 + (5-4{,}1)^2 + (7-4{,}1)^2 + \ldots + (1-4{,}1)^2}{10} = 6{,}69$$

$$\sigma = \sqrt{\frac{1}{n}\sum_{i=1}^{n}(x_i - \bar{x})^2}$$

$$= \sqrt{\frac{(1-4{,}1)^2 + (5-4{,}1)^2 + (7-4{,}1)^2 + \ldots + (1-4{,}1)^2}{10}} = 2{,}59$$

Wird n durch (n − 1) ersetzt, erhalt man für Varianz und Standardabweichung 7,43 bzw. 2,73.

1.5 Lineare Regression

Im Risikomanagement sind neben eindimensionalen Zufallsvariablen insbesondere mehrdimensionale Zufallsvariablen von Bedeutung. Ein zufälliges Ergebnis kann nämlich häufig auch durch mehrere, voneinander abhängige Zufallsvariablen beschrieben werden.

Wird eine Stichprobe mit Umfang n der Zufallsvariablen X und Y und den Ergebnissen $\{x_1, x_2, \ldots, x_n\}$ respektive $\{y_1, y_2, \ldots, y_n\}$ analysiert, können deren Ergebnisse als Punkte in einem Diagramm abgetragen werden. Häufig ist eine bestimmte Verteilungstendenz dieser Punkte erkennbar. Kann eine Modellgerade der Gleichung $y = \alpha + \beta x$ **(1-8)** durch die Punktewolke gezogen werden, bedeutet dies, dass die Variablen miteinander korrelieren. Man spricht hierbei von linearer Regression, da der Zusammenhang zwischen den Variablen durch eine lineare Funktion beschrieben wird. In der Praxis wird diese »optimale Gerade«, die Regressionsgerade, definiert als diejenige Gerade, bei der die quadrierte Summe der Abstände zwischen den Punkten und der Geraden minimiert wird. Man spricht von der Methode der kleinsten Quadrate.

Eine Gerade ist eindeutig durch ihren y-Achsenabschnitt und ihre Steigung definiert. Diese Parameter lassen sich durch die Mittelwerte, Varianzen und die Kovarianz der beiden Zufallsvariablen beschreiben. Gemäß **(1-3)** und **(1-5)** gilt:

Mittelwerte: $\bar{x} = \frac{1}{n}\sum_{i=1}^{n} x_i$ und $\bar{y} = \frac{1}{n}\sum_{i=1}^{n} y_i$

Varianzen: $\sigma_x^2 = \frac{1}{n}\sum_{i=1}^{n}(x_i - \bar{x})^2$ und $\sigma_y^2 = \frac{1}{n}\sum_{i=1}^{n}(y_i - \bar{y})^2$

Je nach Stichprobengröße ist n durch $(n-1)$ zu ersetzen. Somit lässt sich auch die fünfte Kennziffer ermitteln, die Kovarianz. Die Kovarianz ist eine nicht standardisierte Maßzahl für den Zusammenhang zweier Variablen. Sie gibt an, ob ein Zusammenhang zwischen den Variablen besteht und welche Richtung dieser Zusammenhang gegebenenfalls hat. Sie ist definiert als:

$$\text{Kovarianz: } \sigma_{x,y} = \frac{1}{n} \sum_{i=1}^{n} (x_i - \bar{x})(y_i - \bar{y}) \tag{1-9}$$

Folglich ergibt sich für den Regressionskoeffizient β, die Steigung der Regressionsgeraden:

$$\beta = \frac{\sigma_{x,y}}{\sigma_x^2} \tag{1-10}$$

und für den y-Achsenabschnitt

$$\alpha = \bar{y} - \beta \bar{x} \tag{1-11}$$

Die Kovarianz zeigt jedoch nicht die Stärke des Zusammenhangs und ist deshalb als Maßzahl für den stochastischen Zusammenhang nur wenig anschaulich und zudem schwer vergleichbar. Aus diesem Grund wird der Grad der statistischen Abhängigkeit beider Variablen durch den Korrelationskoeffizient ρ gemessen.

Es gilt: $\rho = \dfrac{\sigma_{x,y}}{\sigma_x \sigma_y}$, wobei $-1 \leq \rho \leq 1$.

Man unterscheidet zwischen folgenden drei Fällen:

$\rho = +/-1$: Vollständige positive/negative Korrelation; die Punkte der Stichprobe liegen genau auf der Regressionsgeraden (positive/negative Steigung).

$\rho > 0$ bzw. $\rho < 0$: Positive/negative Korrelation; die Punkte der Stichprobe liegen je nach Wert mehr oder weniger nah an der Regressionsgeraden (positive/negative Steigung).

$\rho = 0$: Keine Korrelation; die Punkte der Stichprobe liegen verstreut, sie lassen sich nicht durch eine Gerade beschreiben.

Je größer der absolute Wert des Korrelationskoeffizienten, desto größer die Korrelation zwischen den beiden Variablen. Da der Korrelationskoeffizient jedoch nur *lineare* Zusammenhänge misst, können die Variablen in einem nicht-linearen Zusammenhang stehen, auch wenn der Korrelationskoeffizient gleich 0 ist.

Von besonderem Interesse ist das Vorzeichen des Korrelationskoeffizienten, das anzeigt, ob ein positiver oder ein negativer Zusammenhang zwischen den Variablen besteht. Das Quadrat von r, r^2, wird als *Bestimmtheitsmaß* bezeichnet und gibt den Anteil an der Gesamtvarianz an, der durch das Regressionsmodell erklärt wird.

1.6 Wahrscheinlichkeit

Die Wahrscheinlichkeit P eines Ereignisses A, $P(A)$, gibt an, wie groß die Chance ist, dass ein bestimmtes Ereignis eintritt. Je größer letztere ist, desto häufiger tritt das Ereignis in der Zukunft ein. Die statistische Wahrscheinlichkeit ist definiert als Grenzwert $\lim_{n \to \infty}$ der relativen Häufigkeit eines Ergebnisses E.

Gemäß der mathematischen Definition gilt:

> a) $0 \leq P(A) \leq 1$: Wahrscheinlichkeiten sind positiv (inkl. null), jedoch maximal eins.
> b) $P(\Omega) = 1$: Ω tritt sicher ein, denn Ω beinhaltet sämtliche realisierbare Ergebnisse.
> c) $P\left(\bigcup_{i=1}^{\infty} A_i\right) = \sum_{i=1}^{\infty} P(A_i)$ für $A_i \cap A_j = \emptyset$ und $i \neq j$

Die Wahrscheinlichkeit, dass mehrere, sich einander ausschließende Ergebnisse A_i eintreten, entspricht der Summe ihrer Wahrscheinlichkeiten. Wächst der Stichprobenumfang, nähert sich die relative Häufigkeit eines festgelegten Ereignisses $h_{rel}(A)$ seiner Wahrscheinlichkeit an. Es gilt:

$$\lim_{n \to \infty} h_{rel}(A) = \lim_{n \to \infty} \frac{h(A)}{n} = P(A) \tag{1-12}$$

Die Wahrscheinlichkeit, dass aus der Urne eine gerade Zahl gezogen wird, dass also das Ereignis $A = \{2, 4, 6, 8\}$ eintritt, ist demnach $P(A) = \frac{4}{8} = 0{,}5$.

In diesem Beispiel konnte die Wahrscheinlichkeit deduktiv berechnet werden. In der Praxis erschwert die Komplexität der Wirklichkeit diesen Prozess merklich; Wahrscheinlichkeiten lassen sich oftmals nur aus der näherungsweise beschriebenen Realität ableiten. Anhand der Charakteristika der Zufallsvariablen wird zwischen diskreten und stetigen Wahrscheinlichkeitsverteilungen unterschieden.

Eine *diskrete Wahrscheinlichkeitsverteilung* $P(x_i)$ einer Zufallsvariable X lässt sich mittels einer Vielzahl von Parametern beschreiben und darstellen. Sie ist ein Maßstab dafür, wie wahrscheinlich die Zufallsvariable X die Werte x_i annimmt. Die *Verteilungsfunktion F* sagt aus, wie wahrscheinlich die Zufallsvariable X einen Wert von maximal x_x annimmt. Es gilt:

$$F(x) = P(X \leq x) = \sum_{x_i \leq x} P(x_i) \qquad (1\text{-}13)$$

Der *Erwartungswert* μ ist, ähnlich dem Mittelwert $\bar{x}$, ein arithmetisches Mittel. Im Gegensatz zu Letzterem werden die Zufallszahlen x_i mit ihren respektiven Wahrscheinlichkeiten $P(x_i)$ (und nicht Häufigkeiten) gewogen. Es gilt:

$$\mu = \sum_i P(X = x_i)\, x_i\,. \qquad (1\text{-}14)$$

Die *Varianz* (σ^2) kann hier definiert werden als mittlere quadratische Abweichung jeglicher Zufallszahlen x_i vom Erwartungswert μ. Analog können auch die anderen statischen Maßzahlen berechnet werden. Der einzige Unterschied besteht darin, dass stets durch n zu dividieren ist, niemals durch $(n-1)$. Es gilt also:

$$\sigma^2 = \sum_i P(X = x_i)(x_i - \mu) \quad \text{resp.} \quad \sigma = \sqrt{\sum_i P(X = x_i)(x_i - \mu)} \qquad (1\text{-}15)$$

Das *Quantil* $Q(\alpha)$ gibt denjenigen Wert x der Zufallsvariablen X wieder, bei dem die kumulierte Wahrscheinlichkeit einen bestimmten, gegebenen Wert α nicht überschreitet. Wächst die Verteilungsfunktion $F(x)$ streng monoton, ist davon auszugehen, dass das Quantil durch die Umkehrfunktion von $F(x)$ abbildbar ist. Es gilt:

$$F(Q(\alpha)) = \alpha \Leftrightarrow Q(F(x)) = x \qquad (1\text{-}16)$$

Da $F(x)$ an den Treppenstufen jedoch nur monoton wächst, ist $Q(\alpha)$ an jenen nicht eindeutig. Per Definition wird für diese Punkte ein Wert festgesetzt.

Es existieren verschiedene Arten der diskreten Wahrscheinlichkeitsverteilung. Um die damit ausgedrückten Risiken quantifizieren zu können, ist eine Verteilungsfunktion erforderlich. Bei der *Gleichverteilung* treten alle Werte x_i eines Zufallsexperimentes mit n unabhängigen Wiederholungen, mit der gleichen Wahrscheinlichkeit ein. Es gilt:

$$P(x_1) = P(x_2) = \ldots = P(x_n) \quad \text{bzw.} \quad P(x_i) = \frac{1}{n}, \quad \text{für} \quad i = 1, 2, \ldots, n \qquad (1\text{-}17)$$

Bei der *Binomialverteilung* tritt das Ereignis A (»Erfolg«) bei einem Zufallsexperiment mit zwei möglichen Ausgängen exakt k-mal ein. Es gilt:

$$P(X = k) = \binom{n}{k} p^k (1-p)^{n-k}$$
$$= \frac{n!}{(n-k)!k!} p^k (1-p)^{n-k}, \quad \text{mit} \quad p = P(A)$$
(1-18)

Mit Erwartungswert $\mu = n \cdot p$, und Varianz $\sigma^2 = np(1-p)$.

Überall dort, wo Risiken als »Erfolg« (A) bzw. »Misserfolg« ($\bar{A}$) interpretiert werden können, mit $P(A) = p$, bzw. $P(\bar{A}) = 1 - p$ unverändert eintreten und sich die einzelnen Ereignisse außerdem gegenseitig nicht beeinflussen, können Risiken gemäß der Binomialverteilung dargestellt werden. Beispielhaft sei der Produktionsausschuss zu nennen.

Die *Poissonverteilung* stellt die Binomialverteilung für Zufallsexperimente mit vielen unabhängigen Wiederholungen n und gleichzeitig kleiner Erfolgswahrscheinlichkeit p näherungsweise dar. Als ausreichend groß gilt hierbei ein Zufallsexperiment mit $n \geq 50$ und $p \leq 0{,}1$. Für $n \rightarrow \infty$ und hoher Erfolgswahrscheinlichkeit p ergeben sich große Häufigkeiten k und somit eine große Zufallsvariable. Große Zufallsvariablen können als kontinuierlich betrachtet werden, eine Darstellung gemäß der Normalverteilung wäre vorzuziehen. Es gilt:

$$P(X = k) \approx \frac{(np)^k}{k!} \cdot e^{-np},$$
(1-19)

bzw. $\mu = n \cdot p$ für den Erwartungswert mit $\mu \mapsto cte$ und $\sigma^2 = n \cdot p$ für die Varianz. Sie ist somit durch Angabe des Parameters μ exakt bestimmt und erfüllt die Reproduktivitätseigenschaft. Risiken, über die lediglich Aussagen hinsichtlich der (durchschnittlichen) Häufigkeit des Eintritts, nicht aber des Nicht-Eintretens, innerhalb eines bestimmten Zeitraumes getroffen werden können, lassen sich durch die Poissonverteilung beschreiben (z. B. jährliche Schadensausfälle von Versicherungen).

Gemäß der Wahrscheinlichkeitstheorie gibt eine Wahrscheinlichkeitsverteilung an, wie sich die Wahrscheinlichkeiten auf die möglichen Werte einer Zufallsvariablen bei einem Zufallsexperiment verteilen. Es werden *diskrete Verteilungen*, die sich auf Variablen mit einem abzählbaren Wertebereich beziehen, von *stetigen Verteilungen* unterschieden, die die Verteilung von Variablen mit einem sehr großen Wertebereich wiedergeben.

Die *stetige Wahrscheinlichkeitsverteilung* dient zur Darstellung stetiger und quasi-stetiger Zufallsvariablen. Bei Letzteren handelt es sich um diskrete Zufallsvariablen, die aufgrund ihrer großen Zahl von theoretisch annehmbaren Werten mit nahezu identischer Eintrittswahrscheinlichkeit als quasi-stetig definiert werden. Die Eintrittswahrscheinlichkeit singulärer Werte wird durch diejenige definierter Intervalle ersetzt.

Eine Funktion ist dann *Wahrscheinlichkeitsdichtefunktion* $f(x)$ einer stetigen Zufallsvariable X, wenn sie erstens nur positive Werte annimmt (es gilt: $f(x) \geq 0$, für $x \in \Re$) und zweitens die Fläche unterhalb der Kurve stets eins beträgt (d. h. $\int_{-\infty}^{\infty} f(x)\,dx = 1$). Die Wahrscheinlichkeit, dass sich die Zufallsvariable X unter- bzw. oberhalb einer definierten Grenze befindet, kann angegeben werden. Es gilt:

$$P(X \leq a) = \int_{-\infty}^{a} f(x)\,dx \tag{1-20}$$

bzw. $P(b \leq X) = \int_{b}^{\infty} f(x)\,dx$. Mit $P(a \leq X \leq b) = \int_{a}^{b} f(x)\,dx$, liegt X innerhalb des Intervalls (a, b). Analog zur diskreten Verteilungsfunktion, gibt jene stetiger Zufallsvariablen die Wahrscheinlichkeit an, mit der die Zufallsvariable X höchstens den Wert x annimmt. Es gilt:

$$F(x) = P(X \leq x) = \int_{-\infty}^{x} f(\xi)\,d\xi. \tag{1-21}$$

Dabei ist die Dichtefunktion definiert als erste Ableitung der Verteilungsfunktion, es gilt:

$$F'(x) = f(x) \tag{1-22}.$$

Der Erwartungswert μ entspricht dem arithmetischen Mittel aller stetigen Werte x (abgebildet durch ihr Integral), gewogen mit ihrer respektiven Dichtefunktion $f(x)$. Es gilt:

$$\mu = \int_{-\infty}^{\infty} x f(x)\,dx. \tag{1-23}$$

Auch die Kenngrößen Varianz und Standardabweichung einer stetigen Zufallsvariable werden analog berechnet. Es gilt:

$$\sigma^2 = \int_{-\infty}^{\infty} (x - \mu)^2 f(x)\,dx \quad \text{bzw.} \quad \sigma = \sqrt{\int_{-\infty}^{\infty} (x - \mu)^2 f(x)\,dx}. \tag{1-24}$$

Das Quantil wird definiert als Umkehrfunktion der Verteilungsfunktion, vorausgesetzt letztere wächst streng monoton. Es gilt:

$$Q(F(x)) = x \Leftrightarrow F(Q(\alpha)) = \alpha \qquad (1\text{-}25).$$

Wächst F jedoch nur monoton, ist Q nicht eindeutig bestimmt. Um die Eindeutigkeit der Funktion zu gewährleisten, wird Q für diejenigen Intervalle mit konstantem $F(x)$ als Intervallmitte definiert.

Die Arten der stetigen Wahrscheinlichkeitsverteilung weisen die folgenden Charakteristika auf. Bei Gleichverteilung ist die Eintrittswahrscheinlichkeit einzelner Werte x der Zufallsvariable X ist für das Intervall (a, b) gleich. Für die Dichtefunktion ergibt sich:

$$f(x) = \begin{cases} \dfrac{1}{b-a} & : a \leq x \leq b \\ 0 & : x < a; x > b \end{cases}.$$

Durch Integrieren enthält man folgende Verteilungsfunktion als Stammfunktion:

$$F(x) = \begin{cases} 0 & : x < a \\ \dfrac{x-a}{b-a} & : a \leq x \leq b \\ 1 & : x > b \end{cases}. \quad \text{Mit Erwartungswert} \quad \mu = \frac{b+a}{2} \quad \text{und}$$

Varianz $\sigma^2 = \dfrac{(b-a)^2}{12}$.

Für das Quantil Q ergibt sich für (a, b):

$$F(Q(\alpha)) = \alpha Rightarrow \frac{Q(\alpha) - a}{b - a} = \alpha \Rightarrow Q(\alpha) = \alpha(b - a) + a.$$

Die *Normalverteilung* ist die wichtigste Art der stetigen Wahrscheinlichkeitsverteilung und eindeutig durch Erwartungswert μ und Varianz σ^2 definiert. Gemäß dem »Zentralen Grenzwertsatz« ist eine Zufallsvariable dann annähernd normalverteilt, wenn sie aus einer großen Zahl voneinander unabhängigen Zufallsvariablen X_i besteht, die jeweils einen unwesentlichen Beitrag zur Summe leisten. Sie hat die Form einer Gauß'schen Glocke und erfüllt die Reproduktivitätseigenschaft. Die in Abschnitt II.1.2 beschriebenen Momente lassen sich ebenfalls spezifisch für die Normalverteilung definieren. Hier soll die Dichtefunktion, die definiert ist als

$$f(x) = \frac{1}{\sigma\sqrt{2\pi}} \, e^{-\frac{(x-\mu)^2}{2\sigma^2}}, \qquad (1\text{-}26)$$

jedoch genügen.

Hat ein Unternehmen bspw. viele Zulieferer, die jeweils einen verschwindend geringen Beitrag zum globalen Einkaufsvolumen liefern, wäre das Ausfallsrisiko annähernd normalverteilt.

Weitere Verteilungsfunktionen sind die Log-Normalverteilung, die die Lebensdauer bestimmter Vorgänge geeignet darstellt, die Dreiecksverteilung, die durch drei Werte einer Zufallsvariablen ohne der dazugehörenden Eintrittswahrscheinlichkeit ausreichend bestimmt ist, sowie die Exponentialverteilung, die z. B. die Lebensdauerverteilung von Elektrogeräten beschreibt.

1.7 Zusammenfassung

In diesem Abschnitt haben Sie sieben verschiedene Risikovariablen kennen gelernt, die für spätere Berechnungen z. B. eines Value at Risk oder einer Risiko-Schadensmatrix wichtig sind. Nicht alle Risiken lassen sich mit diesen Maßen erfassen: Wie wahrscheinlich es ist, bei einer Klausur durchzufallen, ist sicher nicht leicht kalkulierbar bzw. mit einer mathematischen Formel nicht eindeutig ermittelbar. Wer von Risiko spricht, meint den Eintritt von schädigenden Ereignissen in der Zukunft und eben diese Zukunftsvariable ist das Problem jeglicher Kalkulation von Risiken. Es sind hier eben niemals sichere Vorhersagen möglich, sondern nur wahrscheinliche Ergebnisse mit evtl. berechenbaren Abweichungen.

2
Instrumente zur Identifikation und Dokumentation von Risiken

Wenn die Notwendigkeit der Identifikation von Risiken erkannt wurde, ist die Frage zu stellen, mit welchen Instrumenten und Modellen diese Risiken zu erkennen sind. Dabei ist die Auswahl passender Modelle für die relevanten Risiken eines Unternehmens entscheidend. Die falsche Auswahl kann ein Modell nutzlos machen. Zudem ist neben der Identifikation von Risiken auch deren systematische Dokumentation notwendig. Diese ist die Grundlage für eine kontinuierliche Analyse von Risiken und deren Steuerung. Aus diesen Gründen wird in diesem Kapitel zunächst ein Überblick über in der Praxis vielfach eingesetzten und leicht anzuwendenden Identifikationsmodelle gegeben. Danach wird auf grundlegende Dokumentationsregeln und auf Risiko bezogene Dokumentationsarten eingegangen.

2.1 Grundlegende Aspekte der Risikoidentifikation

Bestehende und potenzielle Gefahrenquellen und Störpotenziale frühzeitig, prozessorientiert und auf systematische Weise erfassen zu können ist essenziell für die Effizienz des gesamten Risikomanagementprozesses. Allerdings sind die Risiken eines Unternehmens zumeist nur schwer erkennbar, geschweige denn quantitativ exakt bewertbar. Selbst wenn einige Risiken, wie z. B. Schwankungen des Aktien- oder Wechselkurses oder auch Zinsschwankungen relativ eindeutig erfassbar scheinen, werden Unternehmen trotzdem immer wieder von ihren negativen Auswirkungen überrascht. Begründet ist dies oftmals in Risikoquellen, die ein Unternehmen nur indirekt beeinflussen. Denn selbst diese können durch gegenseitige Wechselwirkungen verheerende Auswirkungen haben.

Um zeitnah einen umfassenden Überblick über sämtliche bestandsgefährdenden Risiken zu erhalten, ist ein strukturiertes Vorgehen nötig. Sowohl eine klare Risikodefinition als auch Risikokategorisierung bilden hierbei den Ausgangspunkt. Weil nur eine geeignete Klassifizierung eine möglichst vollständige Erfassung der Risiken gewährleistet, ist diese unternehmensspezifisch vorzunehmen. Zweckmäßig erscheint eine Klassifizierung entlang der Planungs- und Berichtstrukturen des Unternehmens. Eine Konzentration auf etwaige äußerst risikoträchtige Bereiche bzw. Risikofelder ist dabei sinnvoll.

Da ein Risiko die unerwartete Abweichung des eingetretenen vom geplanten Zielwert darstellt, ist der eigentlichen Risikoidentifikation die Analyse des internen (Ziele, Strategie, Soll-Funktionen) und des externen Unternehmensumfeldes (gesetzliche Rahmenbedingungen, Best Practices etc.) vorzuschalten. Damit der Risikoumfang objektiviert vorliegt, sollte Übereinstimmung hinsichtlich des geplanten Wertes der Zielgröße herrschen. Als geeignet erscheint der Erwartungswert, der bei Vorliegen einer Verteilungsfunktion ermittelt werden kann.

Für die nachfolgende Suche nach risikorelevanten Aspekten kann auf Konzepte wie bspw. die PEST-Analyse für die Makroumwelt oder Porter's 5 Forces für das unmittelbare Wettbewerbsumfeld zurückgegriffen werden. Auf Unternehmensebene hingegen ist eine Aufspaltung in Risikobereiche z. B. gemäß den Funktionen oder in primäre und unterstützende Prozesse denkbar. Zumeist erfolgt eine Aufspaltung in leistungswirtschaftliche (Betriebs-, Absatzrisiken), finanzwirtschaftliche (Marktpreis-, Kredit- und Liquiditätsrisiken) und strategische Risiken als auch in Risiken aus Corporate Governance/Management. Um potenzielle Interdependenzen berücksichtigen zu können, sind ferner Risikomodule zu bilden, die aus externen und internen Risiken bestehen.

Im Rahmen der Risikoerfassung ist eine systematische Suche nach möglichen Risikoursachen sinnvoll, wobei stets zwischen beeinflussbaren und nicht-beeinflussbaren Risiken differenziert werden sollte. Auch ist eine explizite Trennung der Chancen und Risiken aus Entscheidungen (Aktionsrisiken) und aus Ereignissen (Bedingungsrisiken) denkbar. Zur geordneten Risikoidentifikation gehören auch das Beseitigen von Mehrfachnennungen und das Zusammenfassen mancher Risiken. Sowohl sich gegenseitig verstärkende als auch kompensierende Effekte der Einzelrisiken sind ebenfalls zu berücksichtigen. Die Einzelrisiken sind nun gemäß ihrer Bedeutung für das betrachtete Unternehmen zu analysieren und anschließend zu selektieren. Allgemein lassen sich dabei diejenigen Risiken als »relevant« für ein Unternehmen bewerten, die sich maßgeblich auf zentrale Unternehmensziele, insbesondere seinen Wert, auswirken. So sind Schadenshöhe, Eintrittswahrscheinlichkeit, Diversifikationseffekte, ebenso wie die Wirkungsdauer als typische Kenngrößen zu bestimmen. Da nur eine selektive vertiefende Analyse und quantitative Bewertung das

Erreichen eines effizienten Risikomanagementprozess ermöglicht, sind ferner geeignete Abbruchkriterien schon frühzeitig zu definieren. Bereits in dieser Phase können Rückschlüsse für mögliche Steuerungsmaßnahmen gezogen werden. Hierbei sollten Risiken losgelöst von ihren bereits initiierten gegensteuernden Maßnahmen betrachtet werden.

Um spätere Komplikationen zu vermeiden, sind bereits in der Prozessphase der Risikoidentifikation klare Verantwortungsbereiche festzulegen. Ferner ist eine verständliche, systematische und umfassende Dokumentation zu erarbeiten (z. B. Risikoinventar, siehe II.2.4), denn Entscheidungsfindung und Risikoerhebung liegen zumeist nicht im Aufgabenbereich einer Person. Diese sollte u. a. die zur Bewertung notwendigen Informationen spezifizieren und auch in nachfolgenden Arbeitsschritten fortgeführt werden.

Da die Identifikation relevanter Risiken die Grundlage eines funktionierenden Risikomanagementsystems bildet, ist neben dem objektiven Risiko insbesondere auch die subjektive Risikowahrnehmung entscheidend. Werden relevante Risiken nicht erkannt, können diese weder quantifiziert noch entsprechend adressiert werden. Hierbei ist eine bewusste Vernachlässigung einzelner Risiken aufgrund festgelegter Selektionskriterien von Unvollständigkeitsproblemen zwingend zu unterscheiden. Auch ist die Risikoidentifikation ein unternehmens- und branchenspezifischer Prozess, der zusätzlich stark von der jeweiligen Risikoposition des Unternehmens abhängt. Für eine nachhaltige Risikoidentifikation ist eine kontinuierliche Überprüfung und gegebenenfalls Berichtigung der Erfassungskriterien unerlässlich. Da Risiken zumeist äußerst komplex, vielfältig und nur bedingt strukturiert sind, werden Erfassungsinstrumente benötigt, die diese systematisch erfassen.

In der Literatur wird eine Vielzahl unterschiedlicher Methoden zur Risikoidentifikation diskutiert. Neben technischen oder organisatorischen Hilfsmitteln (z. B. Checklisten) erscheint eine Unterteilung in Analyse- und Prognosetechniken sinnvoll. Während Analysen Informationen generieren, die als Grundlage für Prognosen und Planungen dienen und primär auf bereits erfolgte Ereignisse fokussiert sind, versuchen Prognosen vorherzusagen, wie sich bestimmte Variablen in einem zeitlich und sachlich begrenzten Bereich, ausgehend von den gegebenen Bedingungen, entwickeln werden. Eine Mischform dieser beiden Methoden sind Frühwarnsysteme, eine besondere Form von Informationssystemen.

Instrumente zur Risikoerkennung				
Technische, organisatorische Hilfsmittel	Unternehmens-analysen	Umweltanalysen	Prognose-techniken	Analysemodelle
• Checklisten • Statistiken • Baupläne • Flowcharts, Netzpläne • Betriebsinspektion • Mitarbeiter-schulungen u. -motivation	• Organisations-analyse • Potenzialanalyse • Stärken-/ Schwächen-analyse • (Balanced Scorecard)	• Produktlebens-zyklus- u. Portfolioanalyse • Impact-Matrix • Konkurrenz-analyse • Diskontinuitäten-matrix	• Gap-Analyse • Szenarien • Delphi-Methode • Relevanzbaum • Historische Analogie	• Simulations-modelle • Sensitivitäts-analyse • Input-Output-Analyse • Operative Frühwarnung

Abb. 19: Mögliche Instrumente zur Risikoerkennung
Quelle: in Anlehnung an Martin/Bär 2002, S. 93

2.2 Frühaufklärungssysteme

Das frühzeitige und systematische Erfassen von Information sowohl über die zukünftige Entwicklung des Unternehmens als auch die seiner Umwelt und das Einbeziehen von Frühwarnindikatoren ist für eine zielgerichtete Unternehmenssteuerung unentbehrlich. Dies bezeugt eine Vielzahl von Unternehmenszusammenbrüchen, die auf ein nicht rechtzeitiges Erkennen unternehmensgefährdender Probleme zurückzuführen sind. Wenn überhaupt reagiert wurde, dann erst, als das Desaster bereits eingetreten war. Nicht umsonst verlangt das Gesetz zur Kontrolle und Transparenz im Unternehmensbereich (KonTraG) die Einrichtung von Frühwarnsystemen.

2.2.1 Anforderungen an Frühaufklärungssysteme

Die Idee, Risiken frühzeitig erkennen zu können, wurde im Laufe der Zeit und bedingt durch ein sich wandelndes Verständnis der Planung immer weiter spezifiziert. Heute wird von drei Generationen von Frühaufklärungssystemen gesprochen: der Frühwarnung, der Früherkennung und der Frühaufklärung. Allen gemein ist das Bestreben nach rechtzeitiger Identifikation sich anbahnender Veränderungen und der Versuch, der vorherrschenden Art der Unternehmensplanung gerecht zu werden. Sie eignen sich dabei zunehmend für die Identifizierung strategischer und nicht nur rein operativer Risiken und müssen einerseits Qualitäts-, andererseits auch Aktualitätsanforderungen erfüllen. Während erstere möglichst eindeutige Ursache-Wirkungs-Beziehungen zwischen Zielgrößenentwicklung und Messwert (Indikator, Kennzahl) voraussetzen, soll der Aktualitätsaspekt gewährleisten, dass die Zeitspanne zwischen kritischem Messgrößenwert und Risikoeintritt zur Einleitung gegensteuernder Maßnahmen ausreicht. Abbildung 20 verdeutlicht die zeitliche Entwicklung, die behandelten inhaltlichen Aspekte und den Führungsansatz der jeweiligen Generation.

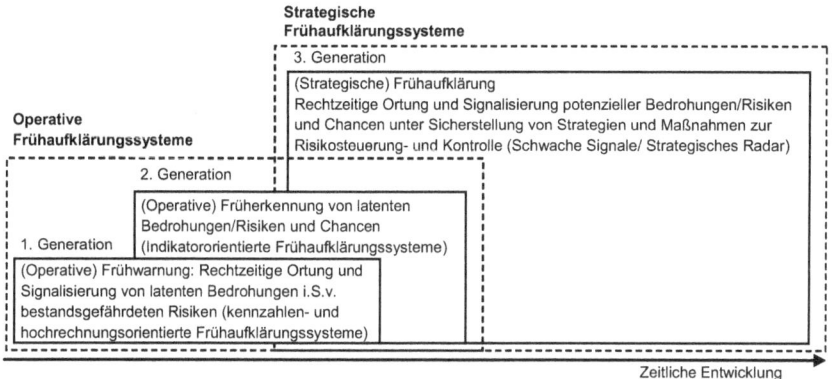

Abb. 20: Generation von Frühaufklärungssystemen
Quelle: Diedrichs, 2004, S. 125

Ihre grundlegenden Konzepte werden nun näher beschrieben. Das Konzept der »Schwachen Signale« (3. Generation) von Igor Ansoff wird dabei primär behandelt.

2.2.2 Von den Frühwarn- zu den Frühaufklärungssystemen

Die Frühwarnsysteme der ersten Generation sind operativer Natur und bemühen sich um die Erfassung von Abweichungen. Aufbauend auf Zahlen des traditionellen (internen/externen) Rechnungswesens beruhen kennzahlen- und hochrechnungsorientierte, operative Frühwarnsysteme in erster Linie auf einem periodischen Vergleich liquiditäts- und ertragsorientierter Kenngrößen. Auch werden bestehende Jahrespläne (Budgets) durch Soll-/Ist- bzw. Soll-/Wird-Abweichungsanalysen näher analysiert. Ausgangspunkt ist stets die Definition eines internen bzw. externen Beobachtungsbereiches, als auch entsprechende Indikatoren. Durch eine Unter- oder Überschreitung einer zuvor festgelegten Toleranzgrenze oder eines Schwellenwertes werden Warnmeldungen ausgelöst.

Die zweite Generation, die Früherkennung, erweitert die erste, indem sie unternehmensexterne Bereiche einbezieht und latente Chancen aufspürt. Eine reine Kennzahlenbetrachtung weicht einem Indikatoransatz, der mittels sogenannter Frühwarnindikatoren (»lead indicators«, »strong signals«), bereits latent vorhandene interne und externe, existenzgefährdende Veränderungen aufdeckt. Jene Indikatoren signalisieren Entwicklungen mit zeitlichem Vorlauf. Dabei ist sowohl das Erfassen (stringenter) Kausalketten als auch das Erstellen eines vollständigen und aussagekräftigen Indikatorenkatalogs nicht einfach. Indikatoren müssen eindeutig und effizient sein. Darüber hinaus sollen sie den Bereich des Risikos komplett abdecken und rechtzeitig verfügbar sein. Noch ist das Entdecken einer Diskontinuität prinzipiell der exakten Bestimmung des Eintrittszeitpunktes übergeordnet. Außerdem sind sie weitgehend operativ ausgerichtet.

Die zunehmend dynamische Unternehmensumwelt brachte im Folgenden eine »erfolgspotenzial-orientierte«, strategische Generation hervor. Diese erweitert die operativ-orientierten Varianten um eine Initiierung von Gegensteuerungsmaßnahmen. Auch verbessert sie die qualitative Entscheidungsgrundlage; Neuplanungen bzw. Plananpassungen können so frühzeitiger vorgenommen werden. Den Ansatzpunkt bilden das von *Ansoff* geprägte Konzept der »schwachen Signale«, ein Vorläufer von Diskontinuitäten, und die Diffusionstheorie. Diesen zufolge ereignen sich tief greifende exogene Strukturbrüche nicht plötzlich und überraschend, sondern werden durch vage, unscharfe Informationen (»weak signals«) angekündigt. Diese Informationsrudimente sind zunächst hinsichtlich Herkunft und Wirkung nicht eindeutig kategorisierbar, verdichten sich jedoch allmählich durch weitere, durchaus auch kontradiktorische Signale. Typische Beispiele schwacher Signale sind das Auftreten neuer Gedankenströmungen, die Ablehnung traditioneller Gewohnheiten und die Veränderung von Grundeinstellungen. Demnach steht hier das frühzeitige Erfassen strategisch wichtiger Risiken im Mittelpunkt; eine exakte Bewertung dieser Risiken ist zunächst zweitrangig. Die Diffusionstheorie befasst sich mit der Verbreitung neuer Erkenntnisse, Auffassungen und Verhaltensweisen und trägt somit wesentlich zur Erklärung der Verbreitung schwacher Signale, die zumeist qualitativer Natur sind, bei.

Anstelle der indikatorgestützten Systeme tritt nun ein offenes, ungerichtetes Ortungssystem der »strategischen Radare« oder auch 360°-Suche. Durch sogenanntes Scanning, d. h. dem ungerichteten, gänzlichen Abtasten des Unternehmensumfeldes, sind alle Signale, die strategisch relevante Umweltveränderungen andeuten könnten, zu ermitteln. Diese Suche gestaltet sich äußerst schwierig und erfordert Sensitivität, Expertise und eine gewisse Unvoreingenommenheit gegenüber Veränderungen. Das unternehmensweite Miteinbeziehen und Sensibilisieren sämtlicher Mitarbeiter, das Heranziehen sowohl externer Experten als auch Datenquellen ist somit für ein schnelles Erkennen erfolgskritisch. Die nun aufgespürten Informationen werden als Trend interpretiert sowie bei oftmaligem Eintreten zu Trendlandschaften aggregiert. Im Anschluss werden diese gezielt analysiert und laufend kontrolliert (Monitoring). So sind ihr Verhaltens- bzw. Ausbreitungsmuster, aber auch ihre Ursachen sowie mögliche Auswirkungen auf und ihre Bedeutung für das Unternehmen zu ermitteln.

Die Notwendigkeit der rechtzeitigen Erfassung sich anbahnender, existenzbedrohender Veränderungen der Umwelt ist für ein effektives Risikomanagement unabdingbar. Nur durch die rechtzeitige Erkennung von Risiken bleibt ausreichend Zeit, um präventive, risikopolitische Reaktionsstrategien zu entwickeln und zu implementieren. Zudem ist eine Risikobehebung in einer frühen Entwicklungsstufe mit einem niedrigeren Aufwand verbunden. Unternehmen können besser gesteuert werden, die Entwicklung des Unternehmenswertes kann nachhaltig gefestigt und erhöht werden. Eine Reduzierung des künftigen Unternehmensrisikos ist möglich. Das gezielte Agieren soll das Reagieren unter erhöhtem Zeitdruck ersetzen. Aufgabe des folgenden Kapitels ist es daher, ausgewählte Instrumente und Methoden zur Identifikation von Risiken (und Chancen) in ihren Grundzügen vorzustellen.

2.3 Instrumente zur Identifikation von Risiken

Neben der bereits dargestellten Untergliederung in Analyse- und Prognosetechniken ist ferner zwischen Kollektions- (z. B. anhand einer Checkliste) und Suchmethoden zu differenzieren. Dabei eignen sich letztere insbesondere zum Erfassen künftiger, noch unbekannter Gefahrenpotenziale. Innerhalb dieser unterscheidet man weiter zwischen analytischen (z. B. in Form einer Baumanalyse) und Kreativitätsmethoden (z. B. die sogenannte Delphi-Methode). Im Folgenden wird zunächst auf die Verwendung von Checklisten eingegangen, anschließend werden die Delphi-Methode und die Szenario-Technik als qualitative Prognose- und Suchmethoden näher erläutert. Zu erwähnen bleibt, dass die hier vorgestellten Verfahren nur eine allgemeine Auswahl möglicher Instrumente darstellen. Eine Abstimmung dieser Auswahl mit unternehmens- und branchenspezifischen Gegebenheiten ist in der Praxis unumgänglich.

2.3.1 Checklisten

Auch einfache Checklisten sind ein häufig verwendetes Instrument. Sie eignen sich insbesondere zur Identifikation offensichtlicher Risiken und möglicher Risikoquellen. Potenzielle Fehlentwicklungen, z. B. eines ausgewählten Geschäftsbereiches, können so gezielt und systematisch erschlossen werden. Als strukturiertes Erfassungsraster dient dabei ein eigens konzipierter, standardisierter Fragenkatalog in Form einer Checkliste. Dieser kann sowohl offene als auch geschlossene Fragestellungen enthalten, sollte jedoch eine möglichst lückenlose und homogene Risikoerfassung ermöglichen. Ziel ist das Erstellen eines möglichst einheitlichen, flexiblen und unternehmensindividuellen Analyserasters, welches als Entscheidungsgrundlage in sämtlichen strategischen und operativen Unternehmensbereichen dient. Denkbar wäre bspw. eine Systematisierung gemäß den unternehmerischen Wertschöpfungsprozessen, der Risikoherkunft, ihrer Wirkungsbereiche, Ursachen, Merkmale oder auch Risikoarten. Abschließend lässt sich sagen, dass Checklisten eine äußerst funktionale Kollektionsmethode sind und zur Identifikation nahezu aller Risikoarten verwendet werden können. Sie sind insbesondere für ein kontinuierliches Erfassen und Vervollständigen der Risiken geeignet, doch sollte das erstellte Analyseraster im Zeitablauf regelmäßig angepasst und verbessert werden. Selbst wenn vordergründig qualitative Aspekte erfasst werden, können diese in einem zweiten Schritt auch quantifiziert werden. Hierfür dienen entweder numerische (z. B. Punkteskala) oder nominale Skalierungen als Bewertungskriterien. Weiterhin können Gewichtungsfaktoren eingesetzt werden. Nachfolgende Abbildung zeigt eine Checkliste. Mögliche Fragen werden denkbaren Antworten gegenübergestellt. Auch werden Aussagen hinsichtlich potenzieller Chancen/Risiken getroffen.

Produktbezogener Marketingbericht		
Frage	Bewertung	Chancen/Risiken
Wird Produktforschung betrieben?	• Ja, regelmäßig • Ja, gelegentlich • Nein	Mangelnde Produktvariation und Produktinnovation können zu Kundenverlusten führen
Wird das Sortiment regelmäßig geprüft?	• Ja, regelmäßig • Ja, gelegentlich • Nein	Ein großes Sortiment kann zu einer kostenintensiven Lagerhaltung führen und ebenfalls kostenungünstige Kleinaufträge provozieren. Standardprodukte sind besser absetzbar als Spezialprodukte. Ein kleines Sortiment kann zu Kundenverlusten führen
Wie ist die Produktqualität im Vergleich mit den wichtigsten Konkurrenten zu beurteilen?	• Wesentlich höher • Etwas höher • Gleich • Wesentlich geringer • Etwas geringer	Eine geringe Produktqualität kann zu Kundenverlusten führen und lässt sich ggf. durch niedrigere Preise und temporär durch erhöhten Werbeaufwand kompensieren
Haben in den letzten Jahren Änderungen der Produktgestaltung stattgefunden?	• Ja, regelmäßig • Ja, gelegentlich • Nein	Zu späte Anpassung an Kundenwünsche ist mit erhöhten Kosten verbunden und kann zu Kundenverlusten führen.
Wie ist die Altersstruktur der Produkte zu beurteilen, in welcher Produktlebenszyklus-phase befinden sich die Hauptprodukte?	• Einführungsphase • Wachstumsphase • Reifephase • Sättigungsphase • Rückgangsphase	Auf ausgeglichenes Portfolio achten. Bei Überwiegen von Produkten in der Sättigungsphase drohen Ertragskrisen.
Wie sind die Preise im Vergleich mit den wichtigsten Konkurrenten zu beurteilen?	• Wesentlich höher • Etwas höher • Gleich • Wesentlich niedriger • Etwas niedriger	Bei höheren Preisen und Nachfragerück-gang Kostensenkungspotenziale ermitteln. Auf Korrelation der Preise mit der Qualität achten.
Wird Lager- oder Kundenfertigung betrieben?	• Überwiegend Lagerfertigung • Annähernd ausgeglichen • Überwiegend Kundenfertigung	Lagerfertigung verursacht höhere Kosten und erhöht das Absatzrisiko. Kundenfertigung kann Kapazitätsprobleme verursachen und das Ausfallrisiko erhöhen.
...	• ...	...

Abb. 21: Auszug aus einer produktbezogenen Checkliste
Quelle: Ehrmann, 2005, S. 64

2.3.2 Delphi-Methode

Diese kreative Suchmethode dient zur Darstellung komplexer Probleme mit großem Zeithorizont und zur Identifikation neuartiger Entwicklungen. Ihr Anwendungsbereich ist sehr breit, sie wird als eine Exklusivbefragung durchgeführt. Typischerweise eingesetzt bei unstrukturierten und mehrdeutigen Problemstellungen, erfasst sie, indem sie Expertenmeinungen kombiniert, fundierte, quantitative aber auch qualitative Erkenntnisse über potenzielle Entwicklungen. Da sie das divergierende Denken fördert, werden neuartige Ideen, die meist zu innovativen Ergebnissen führen, aufgespürt. Schließlich wird ein Konsens der Expertenprognosen angestrebt. Mittels eines standardisierten Fragebogens werden sich gegenseitig nicht bekannte Experten mit spezifischem Fachwissen und Sachkompetenz über den zu analysierenden Sachverhalt wiederholt und stufenweise schriftlich befragt. Dabei kann die Expertengruppe beliebig groß sein (zumeist zwischen 50 und 100), sollte jedoch je nach Aufgabenstellung und zur Verfügung stehendem Budget individuell gewählt werden. Die folgende Abbildung zeigt den Ablauf der Anwendung der Delphi-Methode.

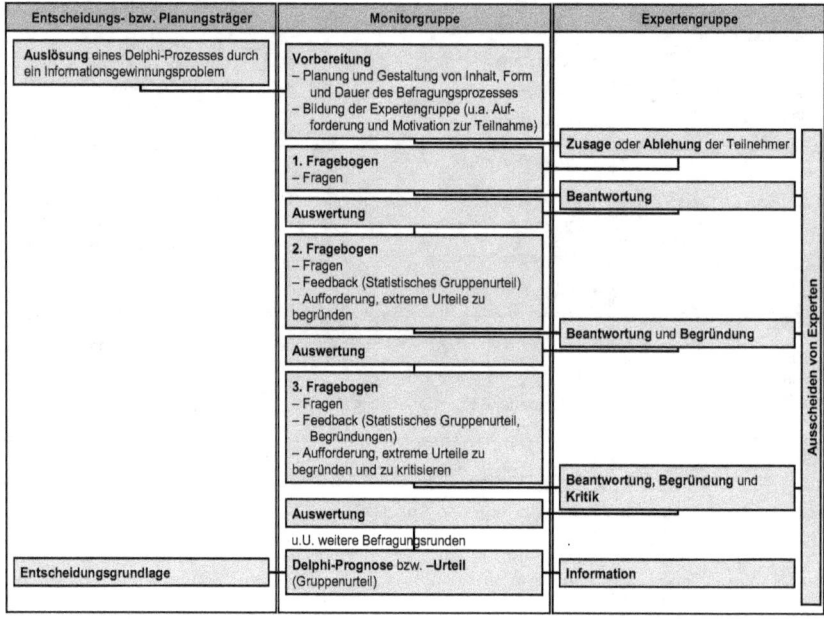

Abb. 22: Ablaufschema der Anwendung der Delphi-Methode
Quelle: Götze, 1991, S. 245

Die Grundstruktur der Delphi-Methode gliedert sich in vier Arbeitsschritte: Nach einer Ermittlung geeigneter Experten und anschließend kurzen Einführung in das Prognosegebiet der Befragung werden die teilnehmenden Experten aufgefordert, spontan und unbeeinflusst Prognosen zu den befragten Entwicklungstendenzen abzugeben (Phase 1). Da das Beantworten des Fragebogens anonym erfolgt, bleibt eine Gruppendynamisierung aus.

In Phase 2 erfolgt eine statistische Auswertung (z. B. Mittelwerte, Varianzen, Standardabweichungen, etc.) und Dokumentation der ersten Befragungsrunde durch eine Leitungsgruppe. Ziel ist es, sowohl einen Mittelwert sämtlicher Einzelurteile zu bilden, als auch extreme Urteile zu erkennen. Die Ergebnisse werden den Teilnehmern aus Phase eins zugespielt (kontrollierte Rückkopplung). Diese sollen die Ergebnisse kritisch hinterfragen und gegebenenfalls, unter Berücksichtigung des Informationszugangs, ein korrigiertes Urteil abgeben. Auch sind Aussagen hinsichtlich Eintrittswahrscheinlichkeit und -zeitpunkt zu treffen.

Nach einer erneuten Datenanalyse sind in Phase 3 die getroffenen Einschätzungen abermals kritisch zu beleuchten. Stark von der Gruppeneinschätzung abweichende Antworten sind zu begründen. Phase 4 besteht darin, dass Phase 3 nun solange wiederholt wird, bis eine Annäherung der Einzelantworten an die Gruppenprognose erfolgt (Konvergenz). Diese Tendenz ist auf einen Lernprozess zurückzuführen, der sich durch das erneute Zuspielen von Information als auch das wiederholte Beschäftigen mit derselben Problemstellung ergibt. Der nun bestimmte Median der Ergebnisse repräsentiert den Prognosewert. Der Interquartilbereich gibt Auskunft über die Übereinstimmung der Einzelurteile.

Die Delphi-Methode ist insbesondere zur Erfassung und Beurteilung von Einflussfaktoren, aber auch für die Annahmenbildung wesentlicher Deskriptoren sowie zur Ermittlung von Eingabedaten für weitere Analysen geeignet. Ferner findet sie Anwendung im Bereich der Frühaufklärung und eignet sich zudem für diejenigen Problemstellungen, die durch den Einsatz wissenschaftlich fundierter Verfahren nicht gelöst werden können. Dabei wird die Prognose einzelner Verlustgefahren vordergründig verfolgt. Die Darstellung der Gesamtrisikoposition ist nicht ihre Zielsetzung.

2.3.3 Szenario-Technik

Neben der Prognose und Erfassung einzelner Risiken sollte auch die Gesamtrisikoposition prognostiziert werden. Hierzu dient die Szenario-

Technik. Sie ist eine expertenbasierte, systematische Planungstechnik, deren Zielsetzung in erster Linie in der Vorhersage und Projektion verschiedener Prämissen in die Zukunft und eher weniger in der Prognose möglicher bzw. denkbarer alternativer Zukunftsbilder begründet ist. Anders als die bereits vorgestellten Verfahren werden keine Signale wahrgenommen. Vielmehr werden auf Basis vergangenheits- und gegenwartsbezogener Information Annahmen über zukünftige Ereignisse getroffen, welche dann, unter Verwendung eines zeitunabhängigen Logikkalküls, in die Zukunft projiziert werden. So werden schrittweise verschiedene, plausible Entwicklungsrichtungen und mögliche Störereignisse (z. B. politische Unruhen, gesetzgeberische Maßnahmen) aufgezeigt. Durch die zunächst nicht trendmäßig erkennbaren Störereignisse nehmen die Entwicklungspfade einen anderen Verlauf. Wir erhalten eine Zielmenge möglicher Zukunftsbilder (Szenarien). Externe Einflussgrößen werden mit internen in Beziehung gesetzt, auch Reaktionen und gegensteuernde Maßnahmen des Unternehmens sind bereits berücksichtigt.

Gewöhnlich werden, u. a. aufgrund einer Kosten-Nutzen-Betrachtung, nicht unendlich viele Szenarien betrachtet, sondern nur drei: zwei Extremszenarien (best/worst case) und ein Trendszenario (normal case). Bei der Auswahl von Szenarien ist zu beachten, dass erstens ein Szenario weitestgehend in sich stimmig, konsistent und widerspruchsfrei ist, dass es zweitens sehr stabil ist, d. h. minimale Veränderungen ohne merkliche Auswirkung bleiben, und dass drittens die gewählten Szenarien überaus unterschiedlich sind. Die beiden ersten Szenarien legen die Bandbreite möglicher Entwicklungen fest und bilden die günstigste respektive ungünstigste Entwicklung ab. Ihre Verwirklichung ist zwar unwahrscheinlich, aber nicht unmöglich. Im Gegensatz dazu reflektiert das Trendszenario diejenige Situation, die unter der Prämisse stabiler Umweltbedingungen, sozusagen als fortgeschriebene Gegenwart, zu erwarten ist. Abbildung 23 zeigt einen sogenannten Szenario-Trichter. Er symbolisiert die Mehrwertigkeit der Zukunft. Je weiter wir uns in die Zukunft bewegen, desto komplexer, vielfältiger und unsicherer ist sie. Dabei stellt jeder Punkt innerhalb dieses Trichters eine für einen bestimmten Zeitpunkt t potenzielle, denkbare Zukunftssituation dar.

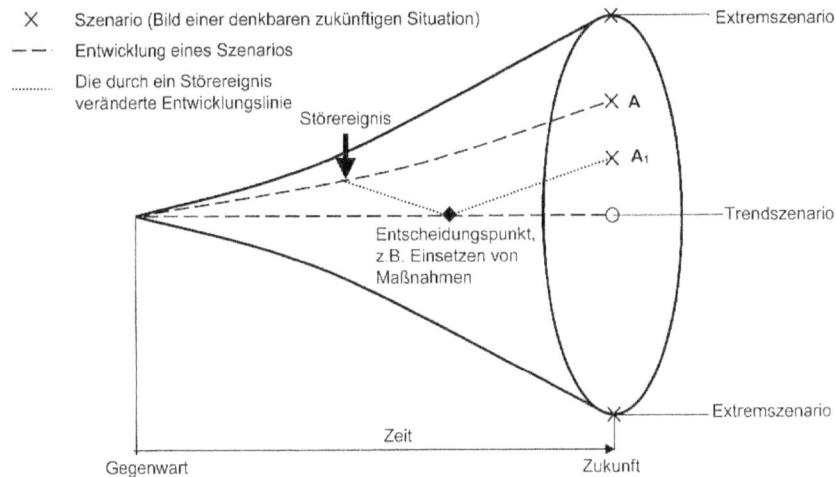

Abb. 23: Denkmodell zur Darstellung von Szenarien
Quelle: Geschka/Hammer, 1997, S. 468

In der Literatur werden unterschiedliche Vorgehensweisen zur Modellbildung besprochen; nachfolgend ist ein Ansatz in acht Schritten nach *Reibnitz* vorgestellt. Abbildung 24 veranschaulicht ihn graphisch.

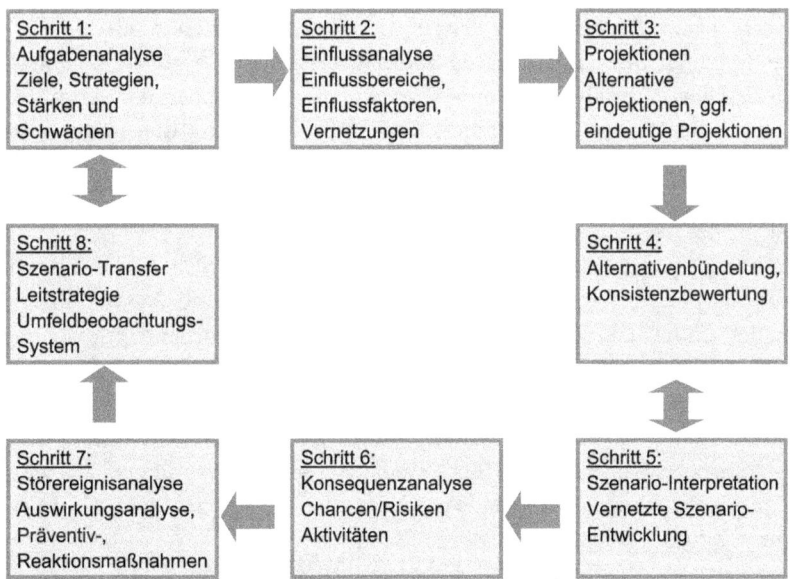

Abb. 24: Vorgehensweise der Szenarien-Bildung in acht Schritten
Quelle: Gausemeier, 2000, S. 69

In einer ersten Aufgaben-Analyse wird zunächst das Untersuchungsobjekt bestimmt (z. B. Unternehmen, Unternehmensbereich), es folgt eine kritische Analyse und Strukturierung der gegenwärtigen Situation. Hierbei sind grundlegende Eigenschaften sowie Schlüsselfaktoren herauszuarbeiten. Auch ist der Zeithorizont der Szenarioanalyse zu definieren. Darauf folgt die Identifikation möglicher, externer Einflussbereiche und -faktoren (z. B. Absatz- und Beschaffungsmarkt, Technologie, Wettbewerb), die sich auf das Untersuchungsfeld auswirken (Einfluss-Analyse). Ferner findet eine Wirkungs- und Interdependenzanalyse statt. Während erstere die Einflussfaktoren und das Untersuchungsumfeld in Beziehung setzen, analysiert letztere Einflussfaktoren auf gegenseitige Wechselwirkungen. So kann das Zielsystem, bestehend aus Untersuchungsobjekt und Einflussgröße, strukturiert werden.

Im dritten Schritt finden Trend-Projektionen (Entwicklungstendenzen) der Schlüsselfaktoren statt. Sind diese Einflussgrößen selbst komplex, ist das Heranziehen von wertneutralen Parametern (Deskriptoren) zur Veranschaulichung ratsam (»Wertneutral« meint, dass der gewählte Parameter Alternativen zulässt. Die Analyse soll nicht unbewusst in eine bestimmte Richtung gelenkt werden. So wäre »Marktentwicklung« dem Begriff »Marktwachstum« vorzuziehen.). Auch diese sind in die Zukunft zu projizieren, sodass sich als Ergebnis ein mögliches, plausibles Zukunftsbild ergibt. Da Deskriptoren sich in der Zukunft selten eindeutig entwickeln, sollten ihrer Entwicklung alternative Annahmen zugrunde gelegt werden. Diese Annahmen werden anschließend miteinander verknüpft und auf Konsistenz, Kompatibilität und Logik bewertet (Alternativenbündelung). Darauf aufbauend erfolgt die Szenario-Interpretation. Die gewählten Umfeldszenarien sind zu modellieren (d. h. in sogenannte Zukunftsbilder zu überführen) und zu deuten.

Im sechsten Schritt der Konsequenz-Analyse, die äußerst kritisch für den Erfolg der Szenarioanalyse ist, folgt das Ableiten und Auswerten potenzieller Chancen und Risiken. Geeignete Maßnahmen sind gegebenenfalls zu identifizieren und zeitnah zu implementieren. Darauf folgt das Erfassen, Bewerten und Einarbeiten potenzieller, sowohl positiver als auch negativer Störereignisse. Im letzten Schritt, dem Szenario-Transfer, werden Unternehmensstrategien (Leit- und evtl. Alternativstrategie) aus den Erkenntnissen herausgearbeitet. Außerdem ist ein Umfeldbeobachtungssystem einzuführen.

Der Kern der Szenariotechnik liegt also im Identifizieren und Beschreiben signifikanter Einflussfaktoren und Wirkungszusammenhänge. Dabei ist Signifikanz definiert als Auswirkungsstärke und nicht, im Gegensatz zu vielen (quantitativen) Prognosen, als Eintrittswahrscheinlichkeit. Um neu auftretende Risiken erfassen zu können, ist das regelmäßige Fortführen bestehender Szenarien und ihr Überprüfen auf Validität kritisch. Nicht plötzlich auftretende Veränderungen lassen sich durch sie aggregiert, flexibel und nahezu vollständig ermitteln.

2.3.4 Balanced Scorecard

Während die bisher vorgestellten Methoden der Risikoidentifizierung eher als »rein« qualitative Verfahren zur Risikoidentifikation zu definieren sind, ist die Balanced Scorecard (BSC) ein integriertes Kennzahlen- und Managementinformationssystem zur strategischen Führung. Ihre Aufgabe besteht u. a. in der Visualisierung untereinander heterogener Ziele, in der Ausrichtung sämtlicher Organisationseinheiten auf die Geschäftsstrategie und in der multikriteriellen Erfassung von Leistungen und Leistungspotenzialen eines Unternehmens.

Als Bindeglied zwischen Strategiekonzeption und Strategieimplementierung liegt ihre wesentliche Aufgabe in der adäquaten und »vollkommenen« Darstellung des gesamten Planungs-, Kontroll- und Steuerungsprozesses eines Unternehmens. Auf visionären Unternehmensleitzielen und einer nach außen kommunizierten Mission basierend wird in einem ersten Schritt eine realitätsnahe, verständliche Unternehmensstrategie entwickelt. Diese wird anschließend in strategisch relevante, konkrete Einzelziele für die betrachteten Perspektiven gefasst. Um eine Verknüpfung zwischen strategischer und operativer Ebene herzustellen, sind außerdem sowohl relevante Messgrößen und Zielwerte als auch strategische Maßnahmen (inkl. Budgetierung) zu bestimmen. Nun sollte, wird eine strategische Kompetenz angestrebt, die BSC anhand eines strategischen Feedbackprozesses stetig verbessert werden. Auch die transparente und verständliche Kommunikation an alle Mitarbeiter ist, aufgrund ihrer Top-down-Betrachtung, für einen langfristigen Erfolg unverzichtbar.

Kaplan und Norton, die Begründer der BSC, definieren vier paritätische, sowohl externe als auch interne Anforderungen berücksichtigende Unternehmensperspektiven: die Finanzperspektive, die Kundenperspektive, die interne bzw. die Prozessperspektive und die Lern- bzw. Entwicklungsperspektive, die untereinander in einem Ursache-Wirkungs-Verhältnis stehen. Die Kausalbeziehungen zwischen diese vier Perspektiven, die graphisch durch sogenannte »Strategy Maps« (strategische Landkarten) dargestellt werden können, verdeutlichen, inwieweit das Umsetzen eines strategischen Ziels zur Erfüllung eines anderen beiträgt. Etwaige Zielkonflikte zwischen gleichzeitig verfolgten strategischen Zielen sind ebenfalls ermittelbar. Ferner kann eine hierarchische Rangfolge der einzelnen Perspektiven etabliert werden. So kann beispielsweise die Finanzperspektive als Hauptziel definiert werden; die Neuerung durch das Konzept der BSC bestand jedoch ursprünglich darin, nicht ausschließlich nur finanzielle Aspekte und Ziele zu betrachten, sondern einen ganzheitlichen Ansatz für die Unternehmenssteuerung zu liefern. Das Erkennen und vor allem das Quantifizieren der Beziehungen zwischen den verschiedenen Perspektiven ist entscheidend; dabei sollten sowohl Aussagen hinsichtlich des Vorzeichens als auch des Wirkungsgrades getroffen werden.

Die erwähnten vier Perspektiven bedürfen einer unternehmensindividuellen Gestaltung, da nur so das Erfassen sämtlicher zentraler Leistungsfaktoren gewährleistet ist. Für jede Perspektive sind die langfristigen Ziele, deren Messgrößen und Zielwerte sowie Maßnahmen zur Zielerreichung festzulegen. Diese werden schließlich in einer Zielkarte (scorecard) übersichtlich zusammengefasst (vgl. Abbildung 25).

Abbildung 25 zeigt ein Bespiel einer Balanced Scorecard. Pro Perspektive werden strategische Ziele, relevante Messgrößen, Zielwerte sowie strategische Aktionen festgelegt. Alternativ kann eine Spalte, die die Ist-Werte der jeweiligen Kennzahlen wiedergibt, hinzugefügt werden.

Aufgrund der fehlenden theoretischen Fundierung, der Betrachtung von lediglich vier Perspektiven als auch der teilweise nicht erfassten Ursache-Wirkungs-Beziehungen bleiben Risiken und Chancen bei Anwendung des traditionellen BSC-Konzeptes diffus. Weder Auslöser für Planabweichungen, noch Frühwarnindikatoren oder der Einfluss unternehmerischer Maßnahmen können ausreichend bestimmt werden.

Um Chancen und Risiken und deren Einflussgrößen und gegebenenfalls Steuerungsmaßnahmen aufzuzeigen, kann das klassische Konzept gezielt durch diese erweitert werden. Einerseits ist das Aufnehmen entsprechender Risikokennzahlen in die bereits vorhandenen Balanced Scorecard-Perspektiven (auch ›Balanced Scorecard^{Plus}‹ genannt) oder sogar das Einführen einer weiteren, eigenständigen Risikoperspektive denkbar (›Risk Adjusted Balanced Scorecard‹). Darüber hinaus ist das Entwickeln einer »Balanced Chance- and Risk-Card« (BCR-Card), die der Risiko- und der Chancendimension eine eigene Scorecard zuteilt, oder aber das Erweitern der strategischen Ziele durch Risikoaspekte möglich.

	Strategische Ziele	Messgrößen	Zielwerte	Strategische Aktionen
Finanzielle Perspektive: Was für Zielsetzungen leiten sich aus den finanziellen Erwartungen unserer Kapitalgeber ab?	CFROI deutlich steigern	CFROI	18%	In den folgenden Perspektiven definiert
	Konkurrenzfähige Kostenstruktur aufbauen	% Gesamtkosten vom Umsatz % Vertriebs- und Verwaltungskosten	80% 7%	In den folgenden Perspektiven definiert
	Internationales Wachstum vorantreiben	Gesamtumsatz % Umsatz nicht EU/nicht USA	2 Mrd. € 900 Mio. €	Marktstudie "Mittel-Ost Europa" Task Force "Pacific"
Kundenperspektive: Welche Ziele sind hinsichtlich Struktur und Anforderungen unserer Kunden zu setzen, um unsere finanziellen Ziele zu erreichen?	Affordable but good: Einfachgeräte am Markt positionieren	Marktanteil im Massensegment Bewertungsindex Händler	12% 75 Indexpunkte	Marketingoffensive Einrichtung Händlerforum
	Excellence in copying im Hochpreissegment	Marktanteil im Hochpreissegment Imagewerte Zielkunden	16% 88 Indexpunkte	Designstudie Überarbeitung Marketingmaterial
	Funktionssicherheit erhöhen	Anzahl Störfälle	-45%	Technikumstellung RCP Projektgruppe „No excuses"
	Kundenbetreuung aktiver gestalten	Wiederverkaufsquote Besuche/Zielkunde	75% 2 p.a.	Key Account Management Ausrichtung Vertriebsmeeting
Prozessperspektive: Welche Ziele sind hinsichtlich unserer Prozesse zu setzen, um die Ziele der Finanz- und Kundenperspektive erfüllen zu können?	Produkte standardisieren	Gleichteilkosten in Relation zu den gesamten Materialkosten	65%	Benchmarking mit Hyoto Baukastenanalyse
	Synergien nutzen	Personalkosten in % vom Umsatz Energiebericht	8,5% Kein Zielwert	Synergieleitfaden erarbeiten Synergiezirkel initiieren
	Fertigungstiefe an Kernkompetenzen anpassen	Kerntechnologiequote	80%	Definition der Kernkompetenzen Anpassung Fertigungslayout
	Interne Kundenorientierung erhoben	Schnittstellenbefragungsindex	75 Indexpunkte	Synergiezirkel initiieren (w.o.) Einführung Prozessmanagement
Potenzialperspektive: Welche Ziele sind hinsichtlich unserer Potenziale zu setzen um den aktuellen und zukünftigen Herausforderungen gewachsen zu sein?	Entwicklungskompetenz steigern	Assessmentwerte (durch F&E, Vertrieb, Produktion, Management)	80 Indexpunkte	Rekrutierungsoffensive Partnerschaft mit Universität
	Neue Medien nutzen	Bestellvorgänge über Internet	+125%	Neugestaltung Homepage Web Auftritt offensiv bewerben
	Mitarbeitermotivation erhöhen	Austritte von Key Employees Mitarbeiterbefragungswerte	3% 85% Indexwerte	Einführung Mitarbeiterbefragung Feedbacksysteme überarbeiten

Abb. 25: Auszug aus einer Balanced Scorecard
Quelle: Horváth & Partners, 2004, S. 5

Im Bezug auf die in den vorangegangenen Abschnitten vorgestellten Verfahren zur Risikoidentifikation lässt sich zusammenfassend sagen, dass diese einen systematischen Prozess der Risikoidentifikation vorsehen und darauf abzielen, ein möglichst vollständiges Bild der bestehenden bzw. zukünftigen Risiken zu liefern. Dabei steht zunächst die qualitative Risikoerkennung im Vordergrund. Kreativitätstechniken wie die Delphi-Methode oder die Szenario-Technik sind zudem weitgehend langfristig ausgerichtet und eignen sich insbesondre für Zukunftsprognosen, für die es keine oder nicht ausreichend quantitative Daten gibt. Die Balanced Scorecard liefert einen allgemeinen Ansatz, bei dem neben der Risikoidentifikation vor allem der Versuch der Risikoquantifizierung durch die Festlegung von Risikomaßen und Zielwerten eine wichtige Rolle spielt. Ferner wird eine Vielzahl dieser Instrumente in weiteren Bereichen des Risikomanagementprozesses angewendet.

Ein Manko jedoch ist, das keines von ihnen eine vollständige Ermittlung der Risiken sicherstellt. Zwar ist die Kombination mehrerer Verfahren zur Ausschöpfung der jeweiligen Vorzüge denkbar, jedoch unter Kosten-Nutzen-Aspekten nicht immer sinnvoll. Auch die Tatsache, dass Risiken und ihre Relevanz im Zeitverlauf Schwankungen unterliegen, erschwert eine vollständige Erfassung. Eine hundertprozentige Entdeckungswahrscheinlichkeit erscheint somit nahezu unmöglich. Ferner hemmen Aspekte wie etwa psychologische Barrieren, eine starre Unternehmensstruktur oder auch eine schwache Unternehmenskultur die Risikoidentifikation im Unternehmen bzw. eine wirksame Kommunikation aufgedeckter Risiken.

Die Güte der gewonnenen Ergebnisse in der Bewertungsphase hängt im Wesentlichen von der Qualität der Erfassungsphase und der Datenverfügbarkeit ab. Diese sollten daher weitestgehend objektiv nachvollziehbar bzw. fundiert sein, wenn möglich die Analyse empirischer Daten einbeziehen und möglichst zuverlässig sein. Werden Daten subjektiv bspw. mittels Experteneinschätzungen erhoben, kann eine angemessene Datenqualität durch Diskussionen, detaillierte Begründungen oder nachträgliche Plausibilisierungen erlangt werden.

2.4 Instrumente zur Dokumentation von Risiken

2.4.1 Grundlegende Dokumentationsregeln

Nachdem relevante Risiken erkannt, quantifiziert und priorisiert wurden, gilt es, die gewonnenen Erkenntnisse und Informationen nachvollziehbar, hierarchieübergreifend transparent und in aufbereiteter und qualitativ hochwertiger Form zusammenzuführen. Dabei sollen die aus vorherigen Prozessschritten erhaltenen Erkenntnisse und Informationen kritisch überprüft werden. Auch ist ein entscheidungsorientierter Aufbau, der die für ein Unternehmen wesentlichen Risiken empfängerorientiert skizziert, zu verfolgen. Denn soll die unternehmerische Risikoposition überwacht und gesteuert werden, ist eine kontinuierliche, risikoadjustierte Informationsbereitstellung und das Verständnis der verschiedenen risikobehafteten Positionen essenziell. Nur wenn dies gewährleistet ist, sind die Entscheidungsträger im Unternehmen imstande, rational, zuverlässig und objektiv zu entscheiden.

Als geeignete Dokumentationsmethoden haben sich die im folgenden Kapitel dargestellte Risiko-Punkte-Tafel aber auch das Risiko-Portfolio (auch Risikolandkarte, Probability Severity Matrix) und das Risikoinventar etabliert. Sie ermöglichen es, die ermittelten Risikopositionen erneut zu diskutieren, auf Plausibilität zu überprüfen und gegebenenfalls gegensteuernde Risikomanagementmaßnahmen nach ihrem Nutzen zu bewerten.

2.4.2 Risiko-Portfolio

Das Risiko-Portfolio ist, ähnlich der Risiko-Punkte-Tafel, kein reines Medium der Dokumentation, sondern dient ebenfalls der Erfassung und Bewertung von Einzelrisiken. Es legt die Grundlage zur Ermittlung aggregierter Risiken. Risiko-Portfolios bzw. -Matrizen visualisieren die aktuelle Risikoposition auf Gesamtunternehmensebene, aber auch von Unternehmensteilbereichen, Geschäftsfeldern sowie Risikoarten. Basierend auf dem Prinzip der Portfolio-Analyse stellen sie, unter Verwendung eines Koordinatensystems, bspw. die zentralen Risikoparameter Schadenshöhe und Eintrittswahrscheinlichkeit gegenüber. Die Abschätzung letzterer kann dabei unter Verwendung verschiedener Bewertungsmethoden (z. B. Fragebögen, Interviews) erfolgen. Je nach Art der zugrunde liegenden Datenbasis ist zwischen quantitativen und qualitativen Risiko-Portfolios zu differenzieren. Abbildung 26 zeigt ein quantitatives Risiko-Portfolio. Auch veranschaulichen Risiko-Portfolios die Zusammensetzung der Gesamtrisikoposition, d. h. ob letztere durch viele kleine oder wenige große Einzelrisikopositionen determiniert wird.

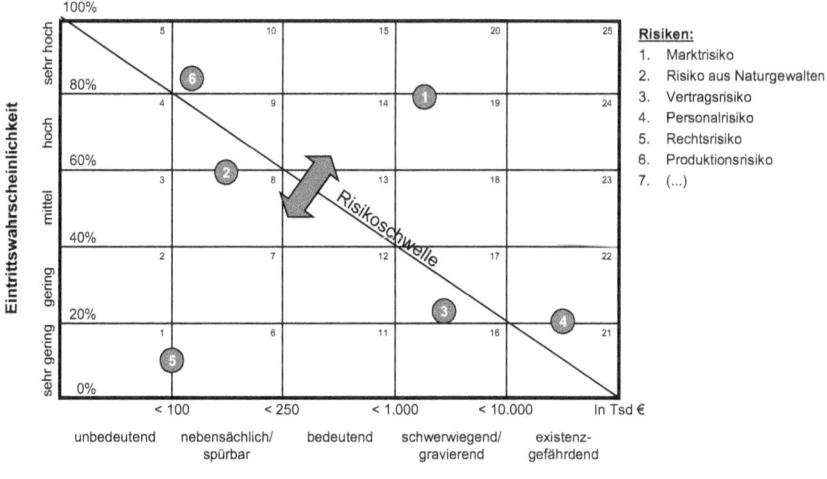

Abb. 26: Quantitatives Risiko-Portfolio
Quelle: Diederichs, 2004, S. 144

Ihre übersichtliche Darstellung ermöglicht das unmittelbare Ableiten grundlegender Handlungsmaßnahmen. Konkrete gegensteuernde Maßnahmen bedürfen jedoch einer Konkretisierung der Einzelrisikopositionen. Demnach wären die dargestellten sechs Risiken wie folgt zu adressieren: Während Risiko 5 aufgrund seines geringen Einflusses auf die Gesamtrisikoposition keinerlei Aufmerksamkeit bedarf, sollte für Risiko 2 und insbesondere Risiko 6 über Maßnahmen zur Reduktion der Anzahl der Risikoarten als auch der Eintrittswahrscheinlichkeit diskutiert werden. Denn auch eine Kumulation vieler kleiner Schäden mit hoher Eintrittswahrscheinlichkeiten kann ein Unternehmen maßgeblich bedrohen. Dagegen sind für Risiko 3 und 4 vordergründig Ansätze zur Minderung der Schadensintensität zu verfolgen. Unverzüglich sollte bei Risiko 1 gehandelt werden. Sowohl Schadensausmaß als auch Eintrittswahrscheinlichkeit sind verhältnismäßig schwerwiegend bzw. hoch; Maßnahmen zur Reduktion beider Risikoparameter sind angebracht. Ist eine aktive Steuerung dieser Risiken nicht möglich, sollten diese doch zumindest in regelmäßigen Abständen überprüft werden.

Abbildung 27 zeigt des Weiteren eine Risiko- oder Toleranzschwelle. Diese symbolisiert die Grenze der Risikotragfähigkeit: Liegt ein Einzelrisiko jenseits dieser Grenze, besteht aufgrund der schwerwiegenden Auswirkungen Handlungsbedarf. Eine Priorisierung und Selektion der Einzelrisiken für weiterführende Informationszwecke ist möglich.

Da durch Risiko-Matrizen die Einzelrisiken letztendlich nur punktuell und ohne Berücksichtigung möglicher Risikointerdependenzen dargestellt werden, sollte ihre Aussagekraft nicht überbewertet werden. Durch eine isolierte Betrachtung ist nicht ersichtlich, ob zunächst als »vernachlässigbar« klassifizierte Risiken durch Kumulation bestandsgefährdend werden könnten. Eine ähnliche Problematik ergibt sich bei der Zusammenführung einzelner Risiko-Matrizen. Auch hier gilt es zu differenzieren, Schadenserwartungswerte dürfen nicht ohne weiteres addiert werden; etwaige Korrelationseffekte sind auch hier zu berücksichtigen.

2.4.3 Risikoinventar

Das Risikoinventar als ausführlicher quantitativer Risikobericht (auch Risikoregister oder Risikokatalog genannt) stellt ein weiteres Verfahren zur komprimierten, entscheidungsunterstützenden Darstellung der unternehmerischen Risikoposition dar. Während Risiko-Matrizen Risiken nach ihrem Gefährdungspotenzial priorisieren, erstellen Risikoinventare eine Vorhersage der zeitlichen Dimension der verschiedenen Risikokategorien und beschränken sich auf das Beschreiben aggregierter Risiken. Ziel ist es, einzelne, bestandsgefährdende Risiken, deren Bewertung sowie die Beurteilung und Priorisierung sämtlicher gegensteuernder Maßnahmen und Anregungen zur Verbesserung des gegenwärtigen Standes übersichtlich und komprimiert darzustellen. Hierzu müssen die auf operativer Ebene erfassten, risikorelevanten Informationen systematisch und funktionsbereichsspezifisch aufbereitet. Dabei müssen die Risiken erst einmal von etwaigen Überschneidungen und Mehrfacherfassungen bereinigt werden. Dann müssen bestehende Beziehungsmuster analysiert und zusammenhängende Risiken aggregiert werden. Zudem ist es wichtig, Risiken und deren Beziehungen auf Plausibilität und Konsistenz zu überprüfen und mögliche Instrumente unter dem Aspekt der künftigen Verarbeitung und Quantifizierung systematisch einzuordnen und zu kodieren.

Risikoinventare sind in ihrer Struktur eng an die Schritte des Risikomanagementprozesses angelehnt, ihre Vorgehensweise soll deswegen nur grob skizziert werden. Vielmehr liegt das Augenmerk auf ihren Besonderheiten. So ist bspw. eine klare Zuordnung der erfassten, qualitativ beurteilten Risiken zu sowohl spezifischen Risikofeldern (z. B. Technologie, Kapitalbeschaffung), Risikokategorien als auch beeinträchtigten strategischen Geschäftseinheiten unabdingbar.

Im Rahmen der Risikobewertung ist u.a. das Schadensausmaß zu berücksichtigen. Dieses kann bspw. durch das sogenannte Absicherungsprofil (vgl. Abbildung 27) erfolgen. Es stellt das Risikopotenzial eines Risikofaktors dar, vor bzw. nach den eingeleiteten Risikomanagementmaßnahmen. So sind das Beeinflussungspotenzial sowie der Umfang bereits initiierter risikopolitischer Gegenmaßnahmen unmittelbar ersichtlich. Neben dem Schadensausmaß ist für eine objektive Vergleichbarkeit der Einzelrisiken auch die jeweilige Eintrittswahrscheinlichkeiten von Bedeutung. Dabei eignet sich zur Veranschaulichung dieser Kenngröße die bereits beschriebene Risiko-Matrix. Den Schadenserwartungswert als Risikomaß erhält man wie bereits erwähnt dadurch, dass man die potenzielle Eintrittswahrscheinlichkeit mit der entsprechenden Schadenshöhe multipliziert, sodass Risiken mit demselben Schadenserwartungswert gleich riskant sind.

Nachdem mögliche Wechselbeziehungen zwischen Einzelrisiken identifiziert wurden, wird das Risiko einer Risikoklasse (z. B. unbedeutend bis bedrohlich) zugeordnet. Es lassen sich diverse Rückschlüsse ziehen. So ist bspw. für besonders existenzbedrohende Risiken zusätzlich zur Standardberichterstattung eine Ad-hoc-Auswertung empfehlenswert.

Im Anschluss wird die erhobene Information mittels einer Risk-Card (Risikokarte), einem aggregierten, hochwertigen Management-Risikobericht, dargestellt. Existenzbedrohende sowie erstmalig erkannte Risiken, aber auch unternehmenspolitische Entwicklungen oder potenzielle Großschäden, wie dies bspw. der Wegfall eines Key Accounts wäre, sollten verbal dargelegt werden. Abbildung 27 zeigt beispielhaft eine solche Risikokarte.

Risikokarte für marktbezogene Risiken
Toprisiko: Veränderung im Wettbewerb (direktes Konkurrenzunternehmen plant vertikale Integration)

Risikoidentifikation			Risikobewertung		Risikosteuerung			Risikoüberwachung		
Risiko-bereich	Risiko	SGE	VaR	Risiko-klasse	Maß-nahmen	Um-setzung	Zeit-raum	Verant-wortlich	Berichts-periode	Priorität

Absicherungsprofil

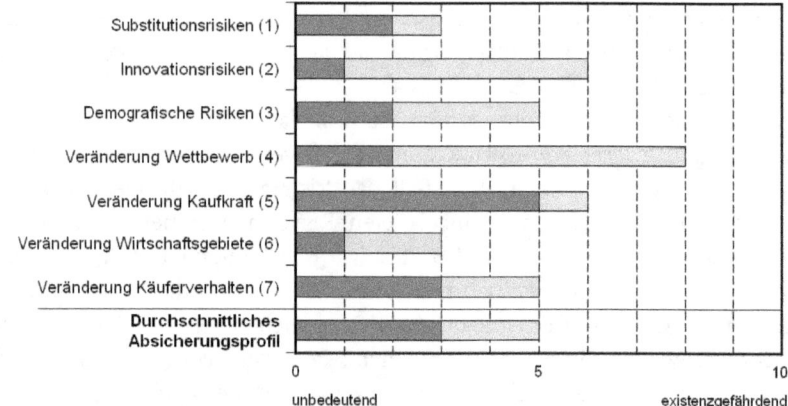

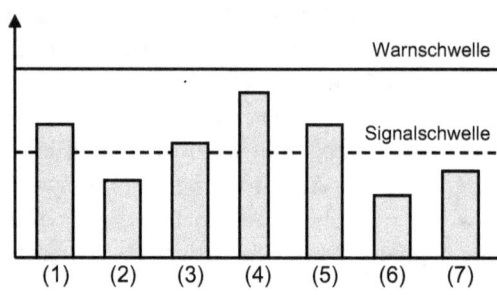

Abb. 27: Risikokarte für marktbezogene Risiken
Quelle: Reichling/Bietke/Henne, 2007, S. 240

Um als adäquate Entscheidungsgrundlage der Risikosteuerung zu dienen, ist eine Erstellung separater Risikoinventare auf strategischer Geschäftsfeldebene ratsam. Diese sind in einem zweiten Schritt – unter Berücksichtigung möglicher Interdependenzen der Einzelrisiken – auf Gesamtunternehmensebene zu aggregieren. Risikoinventare dienen aufgrund ihrer einheitlichen Einsatzfähigkeit als homogene Entscheidungsgrundlage.

Neben der kontinuierlichen Dokumentation mittels der dargestellten Methoden ist eine hierarchieebenenbezogene Risikoberichterstattung (Risiko-Reporting) aufzubauen. So kann die Risikoposition auf Unternehmens- als auch Geschäftsebene kontinuierlich überprüft werden um so gegebenenfalls zeitnah und adäquat handeln zu können. Ferner sollte diese bereichsübergreifend in das bereits bestehende Berichtswesen eingebunden werden. Denn nur so sind das Berücksichtigen bereichsübergreifender Risiken sowie die uneingeschränkte Miteinbeziehung jener Information in den laufenden Entscheidungsprozess sichergestellt.

Informationsübermittlungsprozesse sind elementar, da die Ermittlung risikoadjustierter Informationen und ihre spätere Verwendung auf temporärer, sachlicher und organisatorischer Ebene abweichen (können). Nur durch eine effiziente Berichterstattung ist der Risikomanagementprozess beständig und personenunabhängig funktionsfähig.

2.5 Zusammenfassung

In diesem Kapitel wurden Ihnen nach einer Einführung in grundlegende Aspekte zur Identifikation und Erfassung von Risiken die Entwicklungsstufen von Frühwarn- zu Frühaufklärungssystemen vorgestellt. Die dann beschriebenen Instrumente, wie die Checkliste, Delphi-Befragung, Szenariotechnik oder Balanced Scorecard, sind zur Identifikation von Risiken vielfach in der Praxis im Einsatz. Darüber hinaus existieren noch viele Beschreibungen von Modellen und Instrumenten in der Literatur, die abhängig von einer Branchenorientierung oder einem speziellen Risikoumfeld eines Unternehmens einsetzbar sind Anschließend wurde auf die Dokumentation der identifizierten Risiken eingegangen. Nur durch die kontinuierliche Informationsbereitstellung bezüglich der gewonnenen Erkenntnisse ist ein kohärentes Risikomanagement möglich. Der Einsatz der beschriebenen Instrumente zur Identifikation und Dokumentation von Risiken ist jeweils unter Berücksichtigung der spezifischen Unternehmensposition zu wählen. Eine universell gültige Empfehlung ist deshalb nicht möglich; die in diesem Kapitel durchgeführte Bewertung der Verfahren soll aber Vor- und Nachteile der jeweiligen Instrumente aufzeigen und somit eine Hilfestellung bieten.

3
Quantifizierung und Beurteilung von Risiken

3.1 Grundlegende Aspekte der Risikomessung

Aufgabe der Beurteilungs- und Bewertungsphase ist die Abgrenzung bereits erfasster, zielgefährdender Risiken mit hoher Eintrittswahrscheinlichkeit und signifikantem Schadensausmaß von weniger relevanten. Sie dient ferner als notwendige Vorbedingung für die spätere Risikosteuerung und gegebenenfalls Risikobewältigung und ist für die Ermittlung der individuellen Risikoposition eines Unternehmens von Bedeutung. Werden in der Identifikationsphase primär Einzelrisiken auf operativer Ebene erfasst, so ist ein wesentlicher Bestandteil der Risikobewertung das Aggregieren derselben. Denn auch das Überprüfen, ob ein tragbares Verhältnis zwischen zur Verfügung stehendem Haftungskapital und gegenwärtig übernommenen Risiken vorliegt oder ob eventuell eine Gefährdung der zukünftigen Zahlungsfähigkeit des Unternehmens besteht, ist Aufgabe der Risikoquantifizierung. Auch deuten sich durch das konsequente Messen von Risiken, zumeist ganz beiläufig, neue Möglichkeiten bzw. Chancen an, die durch eine zeitnahe Verfolgung in einen Wettbewerbsvorteil resultieren können.

Bevor Risiken quantitativ bewertet werden können, ist eine Risikoanalyse durchzuführen. Diese analysiert, inwieweit bestimmte Faktoren die bereits identifizierten Risiken beeinflussen und ermittelt Ursachen und Wirkungen der erfassten Risiken. Dabei können neben empirisch-statistischen Techniken auch kasuistisch-analytische Methoden Anwendung finden. Während sich erstere auf Statistiken über Verlustgefahren stützen, welche in identischen oder vergleichbaren Situationen bereits eingetreten sind, stellen letztere Ursache-Wirkungs-Beziehungen dar. Dies kann einerseits retrograd oder aber progressiv erfolgen, ausgehend von der Wirkung der Verlustgefahr respektive den nicht weiter differenzierbaren Faktoren.

Erst im Anschluss erfolgt die konkrete Risikobewertung, die durch die quantitative und qualitative Bestimmung der Risikoauswirkungen Einzelrisiken operationalisiert und die Gesamtrisikolage ermittelt. Das Verstehen, Dokumentieren und Kommunizieren des Risikoausmaßes, definiert als Produkt aus erwartetem Schadenswert und Eintrittswahrscheinlichkeit, ist hierbei entscheidend. So sind Vorhersehbarkeit, Schadenshöhe und Häufigkeit, als Komponente des Risikos, zu schätzen. Auch Korrelationen und Kombinationen der Risiken sind zu ermitteln.

Die Vorhersehbarkeit als intensitätsmäßige Komponente spiegelt einerseits die Eintrittswahrscheinlichkeit eines bestimmten Ereignisses wider, aber auch die Wahrscheinlichkeitsverteilung des verfolgten Gesamtrisikos. Aufgrund der in der Praxis nur schwer ermittelbaren objektiven Wahrscheinlichkeit, die zumeist durch extrapolatives Fortschreiben von Vergangenheitshäufigkeiten bestimmt wird und somit für das Risikomanagement unzureichend ist, sind auch subjektive Wahrscheinlichkeiten als psychologische Einschätzungen der Situation einzubinden. Hierfür kann bspw. die Delphi-Methode oder die Ermittlung einer Standardnormalverteilung mittels dem »Drei-Werte-Verfahren« in Erwägung gezogen werden. Dabei gilt es, zwischen verteilungs- und ereignisabhängigen Risiken zu differenzieren.

Auch die materielle Komponente, die Schadenshöhe, kann sowohl objektiv als auch subjektiv ermittelt werden. Für ihre Ermittlung sind bestimmte, vom Risiko beeinflussbare Unternehmensziele (Inhalt, Ausmaß, Zeitbezug) als sogenannte »Sollzustände« zu definieren. Das Ausmaß der Zielverfehlung als unerwartete Komponente sowie der sich hieraus ergebende Verlust (bei Risikoeintritt) ist dann berechen- bzw. abschätzbar. Neben Quellen wie bspw. historischen Schadensdaten aus der Buchführung oder Benchmark-Zahlen kommt oftmals auch hier die Frage auf, wie das Heranziehen von Expertenschätzungen zu handhaben ist. Die Häufigkeit, als dritter Bestandteil und zeitliche Komponente, drückt aus, wie oft eine Risikoart pro Zeiteinheit eintritt. Sie ist insbesondere im Rahmen der Sensitivitätsanalyse relevant, wird ansonsten eher als sekundär – aufgrund bestehender Interdependenzen zu den weiteren Größen – betrachtet.

Mit der Ermittlung der Schadenshöhe und der Eintrittswahrscheinlichkeit ist das Risiko zwar bestimmt, dennoch gilt es eine Reihe weitere Aspekte zu beachten. So sollten, um gegenseitige Kompensation und die hierdurch hervorgerufene Vernachlässigung des Sachverhaltes zu vermeiden, Risiken weitestgehend getrennt von den mit ihnen einhergehenden Chancen beurteilt werden. Da das Risikoausmaß durch »brutto«-quantifizierte Risiken besser einzuschätzen ist, ist jenes zudem losgelöst von bereits initiierten Steuerungsmaßnahmen zu betrachten. Auch sind mögliche Risikokumulationen zu berücksichtigen, die bei zeitgleichem Eintritt mehrerer, für sich nicht existenzbedrohender Einzelrisiken in ein bestandsgefährdendes Gesamtrisiko resultieren könnten. Erfolgskritisch ist weiterhin das richtige Abgrenzen und Aufteilen des analysierten Risikos.

Eine Untergliederung in mehrere Risiken ist insbesondere dann vorzunehmen, wenn unterschiedliche Verteilungsannahmen (z. B. Normal-, Binomialverteilung) für die Risikokomponenten zu treffen sind.

Um eine Informationsflut auf Führungsebene zu vermeiden und ferner eine Handlungsstrategie deduzieren zu können, ist die Definition einer Wesentlichkeitsgrenze hilfreich. Diese Wertgrenze kann sich bspw. an der mittelfristigen Ergebnis- und Finanzplanung und der Eigenkapitalausstattung orientieren. So kann bereits im Voraus festgelegt werden, bei welcher Verlusthöhe welche Unternehmensebene zu unterrichten ist bzw. ob womöglich der betroffene Unternehmensbereich sogar eigenhändig effektive Abhilfemaßnahmen erarbeiten kann.

Ob ein Risiko messbar, d. h. Eintrittswahrscheinlichkeit und Schadensausmaß bestimmbar sind oder nicht, hängt wesentlich von a) der Datenlage, b) der Existenz eines geeigneten Verfahrens und c) geeigneter Sachkenntnis, um aus den Befunden Rückschlüsse schließen zu können, ab. Sobald eine dieser Voraussetzungen nicht gegeben ist, ist das Risiko zunächst nicht quantitativ erfassbar. Da es daher selten möglich ist – nicht zuletzt aufgrund des Einmalcharakters vieler Entscheidungen –, alle auf ein Unternehmen wirkende Risiken exakt zu berechnen, sollte zumindest eine qualitative Bewertung bspw. mittels einer Klassifizierung der Risiken erfolgen. Prinzipiell ist jedoch auf eine subjektive Ermittlung der Risikoparameter zu verzichten. Sie ist allerdings bei einer vagen, inadäquaten Informationslage über die benötigten Risikoparameter durchaus vertretbar. Sollte das Risiko nicht quantitativ bestimmt werden, nimmt es faktisch den Wert null an. Dies ist zweifellos eine ungenaue Schätzung.

Auf ein Unternehmen wirken verschiedenartige Risiken, die teils über unterschiedliche Charakteristika verfügen. So ist zunächst eine Reihe verschiedener Bewertungsansätze zu deren Messung erforderlich, wobei grundsätzlich für gleichartige Risiken unternehmensweit derselbe Bewertungsmaßstab angesetzt werden sollte. Doch auch für einen quantitativen Vergleich verschiedener Risikokategorien wäre ein einheitlicher Bewertungsmaßstab hilfreich.

Liegen keine objektiven Wahrscheinlichkeiten vor und ist somit keine exakte Ermittlung des Schadenspotenzials möglich, ist bspw. das Erstellen einer Reihenfolge (ordinale Bewertungsmethode) oder einer Probability Severity Matrix bzw. Risikolandkarte, die Risiken gemäß ihrer Eintrittswahrscheinlichkeit und ihrem Schadensausmaß einander gegenüberstellt, möglich. Daneben sind auch kardinale Bewertungsverfahren denkbar. Diese wurden in den letzten Jahren immer ausgefeilter und können zunehmend mehr Risiken durch eine vergleichbare Messgröße quantifizieren. Sie greifen zumeist auf mathematische, statistische sowie spieltheoretischer Konzepte zurück, welche nachfolgend vordergründig behandelt werden.

In der Literatur wird bei operationellen Risiken des Öfteren eine Einteilung gemäß der Vorgehensweise in Top-down- (›verfeinernde‹) und Bottom-up- (›aufbauende‹) Ansätze vorgenommen. Während erstere vordergründig die Folgen des Risikos betrachten, bilden für die komplexere Bottom-up-Analyse die Risikoursachen den Ausgangspunkt. Nachfolgende Graphik zeigt die Zuordnung ausgewählter Bewertungsmodelle zu den eben erwähnten Ansätzen.

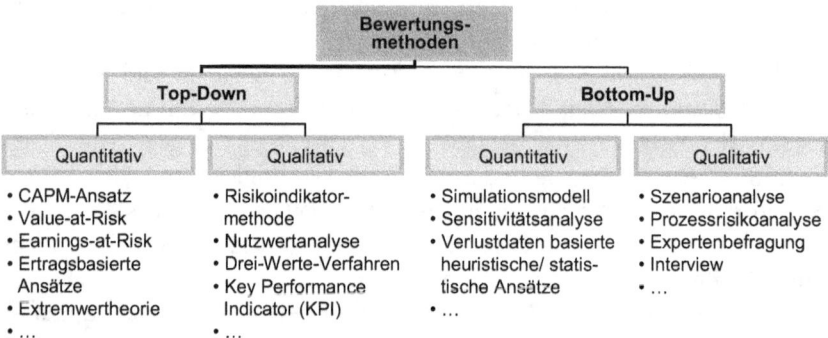

Abb. 28: Quantifizierungsmethoden aus der Praxis
Quelle: Romeike/Finke, 2003, S. 185

Dieses Kapitel konzentriert sich auf die wesentlichen quantitativen Bewertungsmethoden von Risiken. Die bereits im Rahmen der Risikoidentifikation beschriebene Delphi-Methode, die Szenarioanalyse und die Balanced Scorecard stellen trotz eines gewissen Einbezugs quantitativer Maße und Daten qualitative Aspekte in den Vordergrund und werden daher nachfolgend nicht erneut diskutiert.

3.2 Instrumente zur Messung von Risiken

3.2.1 Ausgewählte Risikomaße

Eine Möglichkeit, quantitativ erfassbare Risiken systematisch und nachvollziehbar zu bewerten, bieten sogenannte Risikomaße. Neben einfachen Verlustmaßen, wie bspw. der Maximalverlust als größtmöglicher Verlust einer Vermögensposition oder dem erwarteten Verlust (Summe der denkbaren Verluste multipliziert mit der Wahrscheinlichkeit ihres Eintretens), die die tatsächliche Risikoposition zumeist unzureichend abbilden, existieren komplexere Risikomaße wie bspw. der Value-at-Risk, ein verlustorientiertes Risikomaß (Down-Risk-Maß). Diese quantifizieren das Risiko nicht, wie dies traditionell erfolgt, mittels des Produktes aus Schadenshöhe und Eintrittswahrscheinlichkeit. Vielmehr werden verschiedene Unternehmensgrößen wie bspw. Kosten, Erträge aber auch das Betriebsergebnis auf ihr volatiles Verhalten hin analysiert. Ausgangspunkt bilden dabei bereits aggregierte interne oder externe Datenhistorien.

Risikomaße und -kennziffern ermöglichen ein schnelles und konzeptionell einfaches Erfassen strategisch wichtiger Risiken. Allerdings besteht bei Indikatoransätzen im Allgemeinen die Gefahr, dass der Fokus primär auf Symptomen bzw. Kennzahlen liegt und eher weniger auf deren eigentlichen Ursachen. Eine Auswahl dieser ist nachfolgend beschrieben.

Einst ausschließlich etabliert im Bankensektor zur Überwachung und Bewertung von Markt- bzw. Preisrisiken, gilt der Value-at-Risk (VaR) heute als das Risikomaß per se und findet mittlerweile aufgrund seiner methodischen Offenheit auch in anderen Branchen und zahlreichen Risikoarten Anwendung. Grundsätzlich wird der VaR-Ansatz dann angewandt, wenn objektive Aussagen hinsichtlich Eintrittswahrscheinlichkeit und Schadenshöhe vorliegen. Dies trifft insbesondere für diejenigen Risiken zu, die entweder auf einem (effizienten) Kapitalmarkt gehandelt werden oder prinzipiell versicherbar sind. Die dahinter stehende Grundidee beläuft sich auf das Verknüpfen von Ergebnis und Risiko in einer einzigen Kennzahl. Auf einem quantitativen Prognosemodell fußend ist der VaR ein Maßstab für die zu erwartende wertmäßige Verlustobergrenze einer Risikoposition, die unter gewöhnlichen Marktbedingungen und innerhalb einer festgelegten Zeitspanne (Halteperiode) mit einer vorgegebenen Wahrscheinlichkeit (Konfidenz) nicht überschritten wird. In die Betrachtung fließt also ein wahrscheinlicher Höchstschaden (Probable Maximum Loss, PML) nicht jedoch ein äußerst unwahrscheinlicher Maximalschaden (Maximum Possible Loss, MPL) ein. Über den Wert des zukünftigen Verlustes wird allerdings nichts ausgesagt. Der Value-at-Risk wird primär zur Messung von Markt- und Preisrisiken eingesetzt.

Der **Value at Risk (VaR)** ist ein Risikomaß, das den absoluten Wert des Höchstverlusts einer bestimmten Risikoposition mit einer definierten Wahrscheinlichkeit innerhalb einer definierten Zeitspanne angibt.

Die Ermittlung des Value-at-Risk erfolgt in mehreren Schritten. Zunächst wird die Wertschwankungen unterliegende Risikoposition (z. B. Vermögensposition, Verbindlichkeit, Wertpapiere mit hoher Volatilität) ermittelt und bestmöglich zu aktuellen Marktwerten bewertet. Gegebenenfalls ist ein Zerlegen der Risikopositionen in ihre Cashflow-Elemente ratsam, da so einerseits die Komplexität reduziert wird, andererseits eine präzisere Zuordnung der Risikoparameter auf die jeweiligen Volumengrößen erfolgen kann. Dann sind relevante, den Marktwert bestimmende Faktoren (Risikofaktoren) zu identifizieren, die den (Markt-)Wert der Risikoposition entscheidend beeinflussen, wie beispielsweise Zinssätze, Aktien- und Wechselkurse. Anschließend ist eine Bewertungsfunktion aufzustellen, die die zugrunde liegende Beziehung zwischen Risikofaktor und Risikoposition veranschaulicht. Dies kann beispielsweise mittels Sensitivitätsanalyse (II.3.2.3) oder spezieller Bewertungsmodelle (z. B. Barwert- oder Optionspreismodell) erfolgen.

Im nächsten Schritt sind unter Verwendung spezifischer Berechnungsmethoden (z. B. Monte-Carlo-Simulation) potenzielle Entwicklungsszenarien der Risikofaktoren zu untersuchen. Hierbei ist die Betrachtung der Volatilität, als Wahrscheinlichkeitsverteilung der zu erwartenden wertmäßigen Veränderungen des Risikoparameters, wesentlich. Im Anschluss ist die Wahrscheinlichkeitsverteilung der künftigen Marktwertentwicklung der Risikoposition zu ermitteln. Ferner sind sowohl der Zeithorizont der Risikomessung als auch ein spezifiziertes Konfidenzniveau $(1 - \alpha)$, das im Allgemeinen zwischen 95 und 99 Prozent liegt, zu definieren.

Die Graphik in Abbildung 29 veranschaulicht den ermittelten Value-at-Risk. Dabei wurde eine Normalverteilung der Risikoparameter unterstellt. Während der Erwartungswert bei 1,5 Millionen Euro liegt, wird mit 95 Prozent Wahrscheinlichkeit der Verlust nicht größer als 0,5 Millionen Euro sein.

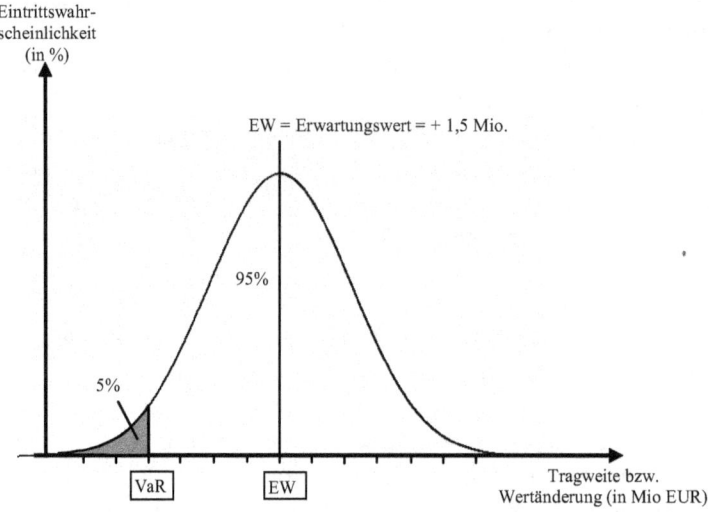

Abb. 29: Value-at-Risk
Quelle: Gleißner/Romeike, 2005, S. 38

Für ein besseres Verständnis des Value-at-Risks wird dieser vereinfacht für eine einzelne Vermögensposition (Risikoposition) veranschaulicht. Dabei soll nur ein einziger Risikofaktor Einfluss auf deren Wert haben. Auch unterliegen die beobachteten Renditen einer Normalverteilung (»Gauß'sche Glockenkurve«). Diese beschreibt die Häufigkeitsverteilung bestimmter Ausprägungen (Realisationen) einer Variablen und ist eindeutig durch den Erwartungswert µ und die Standardabweichung σ (Volatilität) bestimmt.

> **Beispiel: Value at Risk**
> Zunächst ist der gegenwärtige Marktwert der Risikoposition, z. B. eine ausgewählte Aktie, in lokaler Währung zu bestimmen. Da der Investor (Anleger) zum Stichtag 10 Aktien à 35 € besitzt, beläuft sich die Risikoposition auf $V = 350$ €. Der beeinflussende Risikofaktor sei der Kursverlauf der beobachteten Aktie.
>
> Nun gilt es, die Verteilung der Marktwerte der Aktie auf Basis des Varianz-Kovarianz Ansatzes zu ermitteln. Auch die Verteilung der Marktwertänderungen mit dem gegenwärtigen Marktwert als Referenzwert ist zu bestimmen. Dabei soll die *Volatilität* bezogen auf einem Kalenderjahr berechnet werden. Da die tägliche Volatilität 1,2 % beträgt, und die täglichen Schwankungen nicht miteinander korrelieren (Annahme), sie folglich zeitlich unabhängig voneinander sind, ergibt sich für die Volatilität hinsichtlich einer Liquidationsperiode von 10 Tagen: $\sigma_{t=10\,\text{Tage}} = \sigma_{1\,\text{Tag}} \cdot \sqrt{t} = 1,2\,\% \cdot \sqrt{10} = 3,79\,\%$. Die Volatilität σ_{10d} beläuft sich demnach auf 3,79 %. Im vorliegenden Fall wurde die Volatilität anhand einer historischen Datenreihe berechnet, eine Abschätzung der Volatilität ist jedoch auch denkbar (Approximationsverfahren).
>
> Weiterhin soll das Konfidenzniveau 97,5 % betragen, dies entspricht 1,96 Standardabweichungen. Diese Berechnungsmethode legt eine Standardnormalverteilung (mit $\mu = 0$; $\sigma = 1$) zugrunde. Ein Erwartungswert von $\mu = 0$ ist allerdings in der Realität häufig nicht gegeben. Trotzdem wird dies zur Vereinfachung des Rechenbeispiels angenommen. Somit ergibt sich für den Value-at-Risk-Wert:
>
> $VaR^{10}_{0,975} = V \cdot (z_\alpha \cdot \sigma_{10} - \mu_r) = 350\,\text{€} \cdot (1,96 \cdot 3,79\,\% - 0,04\,\%) = 25,90\,\text{€}$
>
> z_α ist dabei das α-Quantil der Standardnormalverteilung.
>
> Das Ergebnis bedeutet, dass mit 97,5-prozentiger Wahrscheinlichkeit der wertmäßige Verlust der betrachteten Risikoposition (Aktie) in den nächsten 10 Börsentagen geringer ist als 25,90 €.

Da der Value-at-Risk in Methodik und Handhabung äußerst flexibel ist, die Darstellung verschiedenartiger Risiken durch nur eine einzige Kennzahl in absoluten Geldeinheiten ermöglicht und zudem auf eine Vielzahl von Risikosituationen angewandt werden kann, stellt er eines der wichtigsten Risikobewertungsinstrumente dar. Auch kann je nach Risikoart und Datenverfügbarkeit eine geeignete Berechnungsmethode zur Herleitung der Wertänderung des Risikoparameters gewählt werden. Zur Wahl stehen einerseits analytische Verfahren (Varianz-Kovarianz-Ansatz), Simulationsverfahren (Historische bzw. Monte-Carlo-Simulation) andererseits auch Benchmark-Szenarien und Indikatormodelle. So ermittelt die Varianz-Kovarianz-Methode als analytische Methode den VaR ausgehend von der zu bewertenden Risikoposition, seiner maßgeblichen Einflussgrößen als auch deren gegenseitigen Wechselbeziehungen. Es wird unterstellt, dass die Wahrscheinlichkeitsverteilung der Risikofaktoren einer Normalverteilung folgt. Die Wahrscheinlichkeitsverteilung der Risikoposition ist somit ebenfalls normalverteilt. Hingegen bildet die Szenarioanalyse keine Wahrscheinlichkeitsverteilungen der risikobehafteten Einflussgrößen, sondern »Szenarien«, indem sie verschiedene Ausprägungen der Risikoparameter miteinander kombiniert. Dies führt zu einer diskreten Wahrscheinlichkeitsverteilung (Punktschätzung). Die Historische und die Monte-Carlo-Simulation werden in Abschnitt II.3.2.6 näher beschrieben.

Neben objektiven Kenntnissen über Schadenshöhe und Eintrittswahrscheinlichkeit kann der Value-at-Risk zur Risikobewertung dann herangezogen werden, wenn zum einen fixierte, marktgehandelte Kontrakte vorliegen und zum anderen der zugrunde liegende Beobachtungs- bzw. Prognosezeitraum verhältnismäßig kurzfristig ist. Durch die teils unzureichende statistische Modellierung ist der VaR für Kredit- als auch Betriebsrisiken nur bedingt einsetzbar.

Das *Capital Asset Pricing Model* (kurz CAPM) ist ein auf der Portfolio-Theorie beruhendes Erklärungsmodell des Kapitalmarktes, welches den Preis respektive Marktwert einzelner Wertpapiere als wesentliches Kriterium für die Zusammenstellung eines Wertpapierportfolios auffasst. Es kann zur Bestimmung des erforderlichen Risikozuschlages bzw. der Risikoprämie verwendet werden, den risikoaverse Aktionäre »fordern«, um eine Investition in eine risikobehaftete Anlage (und nicht in eine risikolose, festverzinsliche) zu tätigen. Unter expliziter Verwendung von Kapitalmarktdaten gilt es, die vom Markt erwartete Rendite einer einzelnen, riskanten Kapitalanlage mit dem systematischen, beobachteten Risiko in Relation zu setzen.

Unter der Annahme rational handelnder Kapitalanleger, die zudem homogene Erwartungen hinsichtlich der erwarteten Renditen, Volatilitäten und Korrelationen der risikobehafteten Anlagen besitzen, ist »Risiko« im Rahmen des CAPM in systematisches und unsystematisches zu spezifizieren. Risikomanagement setzt dabei ausschließlich bei der Reduktion des Letzteren an. Unsystematische Risiken sind unternehmensspezifisch und intern (z. B. Management- oder Produktprogrammfehler). Sie können durch entsprechende Portfoliogestaltung diversifiziert werden und werden dementsprechend auch nicht durch einen Risikoaufschlag vergütet.

Im Rahmen des **CAPM** setzt sich das Risiko einer Kapitalanlage auf dem Finanzmarkt aus dem systematischen und dem unsystematischen Risiko zusammen. Das *systematische Risiko* bzw. allgemeine Marktrisiko ist portfoliounabhängig und kann somit nicht durch Diversifikation eliminiert werden. Es wird durch eine Risikoprämie vergütet. Das *unsystematische Risiko* einzelner Wertpapiere kann hingegen durch Portfoliobildung diversifiziert werden.

Dies gilt nicht für konjunkturell bedingte, sogenannte systematische Risiken (Marktrisiken). Jene werden am Markt entgolten und durch den sogenannten Beta-Faktor quantifiziert. Sie umfassen die Volatilität des zukünftigen Wertzuwachses der Kapitalanlage (Renditeschwankung). In anderen Worten, der β-Faktor gibt die Sensitivität der untersuchten, einzelnen Kapitalanlage bei Marktschwankungen um einen Prozentpunkt wieder. Die Rendite des Marktportfolios (r_M) erschließt sich aus den Einzelrenditen sämtlicher am Markt gehandelter Wertpapiere. Vereinfacht kann diese auch näherungsweise durch einen repräsentativen, breiten Aktienindex (z. B. DAX-100, S&P-500) dargestellt werden. Da das Marktportfolio äußerst diversifiziert ist, umfasst es ausschließlich das systematische Risiko.

Um eine gewisse Vergleichbarkeit des β-Faktors zu gewährleisten, ist die Kovarianz $\sigma_{i,M}$ aus Wertpapier- (r_i) und Marktportfoliorendite (r_M) durch die Varianz des Marktportfolios (σ^2_M) zu teilen. Für den β-Faktor eines Wertpapiers i gilt folglich:

$$\beta_i = \frac{\sigma_{i,M}}{\sigma^2_M} \tag{3-1}$$

Besitzt eine Kapitalanlage einen β-Faktor kleiner (größer) als eins, also $\beta_i < 1$ ($\beta_i > 1$), entwickelt diese sich unter-(über-)proportional bei sich verändernder Marktrendite, mit $\beta_i = 0$ ist das Wertpapier i unkorreliert. Je höher der β-Faktor, desto größer das systematische Risiko und riskanter das Wertpapier, desto höher folglich auch die Renditeerwartung der Anleger. Für das Marktportfolio gilt stets $\beta_M = 1$. Da β-Faktoren unternehmensspezifisch sind, sollten sie individuell ermittelt werden. Anhaltspunkte bieten hierfür Branchen-Betas. Außerdem existieren β-Datenbanken für börsennotierte Unternehmen.

Wie bereits erwähnt, ist im Rahmen des CAPM diejenige Risikoprämie zu bestimmen, die als Entschädigungszahlung für das übernommene Marktrisiko dient. Die erwartete Rendite r_i eines Wertpapiers i setzt sich dabei aus zwei Elementen zusammen:

$$r_i = i + \beta_i (r_M - i),\qquad(3\text{-}2)$$

mit

i: Rendite für risikolose Kapitalanlagen

β_i: Beta-Faktor, systematisches Risiko eines Wertpapiers (Wertpapier risikolos mit $\beta_i = 0$)

r_M: Zu erwartende Rendite des Marktportfolios

Die Rendite des Wertpapiers r_i entspricht dem risikolosen Zinssatz i zuzüglich einer Risikoprämie. Letztere ist das β_i-fache der Marktrisikoprämie, die der Markt selbst festlegt und als Differenz aus der Rendite des Marktportfolios (r_M) und derjenigen einer risikofreien Kapitalanlagen (r_i) definiert ist. Sie wird folglich nicht durch ein Risikomaß bestimmt, welches sich ausschließlich auf das betrachtete Wertpapier bezieht, sondern vielmehr durch die stochastische Beziehung mit der Marktportfoliorendite. Ferner zeigt (3-2), dass der β-Faktor positiv mit der zu erwarteten Aktienrendite r_i korreliert.

Beispiel: Capital Asset Pricing Model (CAPM)

Gegeben seien zwei Wertpapiere A und B mit ihren Volatilitäten $\sigma_A = 1{,}031$ und $\sigma_B = 1{,}386$. Für die durchschnittliche Rendite des Marktportfolios gilt näherungsweise: $r_{DAX} = 0{,}093\,\%$, mit einer Varianz von $\sigma^2_{DAX} = 0{,}000058$.

Für die Kovarianzen zwischen den jeweiligen Aktien- und DAX-Renditen gilt: $\sigma_{A,DAX} = 0{,}000045$ respektive $\sigma_{B,DAX} = 0{,}000062$. Der risikofreie Zinssatz i beträgt 4 % p.a. Damit der Letztere und die DAX-Rendite verglichen werden können, müssen sich diese auf dieselbe Zeitspanne, beispielsweise ein Jahr (folglich 256 Handelstage), beziehen. Für die jährliche DAX-Rendite ergibt sich folglich $r_{DAX} = 23{,}81\,\%$.

In einem ersten Schritt sind die entsprechenden Beta-Faktoren zu bestimmen. Für Wertpapier A und B ergeben sich demnach:

$$\beta_{A,DAX} = \frac{\sigma_{A,DAX}}{\sigma_{DAX}^2} = \frac{0{,}000045}{0{,}000058} = 0{,}776 \quad \text{bzw.}$$

$$\beta_{B,DAX} = \frac{\sigma_{B,DAX}}{\sigma_{DAX}^2} = \frac{0{,}000062}{0{,}000058} = 1{,}069\,.$$

Im Anschluss sind die Aktienrenditen zu berechnen.

Wertpapier A:

$$r_A = i + \beta_{A,DAX}(r_{DAX} - i) = 4\,\% + 0{,}776\,(23{,}81\,\% - 4\,\%)$$
$$= 4\,\% + 15{,}37\,\% = \underline{19{,}37\,\%}\ \text{p.a.}$$

Wertpapier B:

$$r_B = i + \beta_{B,DAX}(r_{DAX} - i) = 4\,\% + 1{,}069\,(23{,}81\,\% - 4\,\%)$$
$$= 4\,\% + 21{,}17\,\% = \underline{25{,}17\,\%}\ \text{p.a.}$$

Traditionell wird das CAPM zur Bewertung von Wertpapieren verwendet, es kann jedoch auch auf eine aktive Risikosteuerung ausgeweitet werden. Anleger können durch den jeweiligen Beta-Faktor das konjunkturelle Risikopotenzial des Aktienportfolios bewerten. In abgewandelter Form dient es auch zur Bewertung von risikobehafteten (einperiodischen) Investitionen bzw. Investitionsprojekten. Ziel eines Unternehmens sollte dabei stets die Reduktion des unsystematischen Risikos sein.

Kapitalkosten sind, neben der Unternehmensbewertung, auch für die Unternehmensführung relevant. So bilden sie im Shareholder-Value-Ansatz das Bindeglied zwischen den Renditeforderungen des Marktes und der Unternehmensführung. Dabei wird zunehmend verlangt, dass die Geschäftsfelder des Unternehmens die ihnen zugerechneten risikoadäquate Kapitalkosten selbst erwirtschaften. Zwar werden diese primär durch den Kapitalmarkt festgelegt, können jedoch durch Risiko reduzierende Strategien und geeignete Kommunikation aktiv von der Unternehmensleitung mitgestaltet werden. Die Kapitalkosten eines Unternehmens lassen sich durch unterschiedliche Ansätze ermitteln. Ihnen gemein ist das Betrachten der Kapitalstruktur, d. h. das Verhältnis von Fremd- und Eigenkapitalfinanzierung.

Der *Weighted Average Cost of Capital (WACC)*-Ansatz ist eine der bekanntesten dieser Methoden. Er berechnet die Kapitalkosten, die sich aus einem gewichteten Durchschnitt der Eigen- und Fremdkapitalkosten ergeben. Als Gewichtungsfaktor dient dabei der jeweilige Anteil des Eigen-

bzw. Fremdkapitals zu Marktwerten am unternehmerischen Gesamtkapital. Da ersteres für den eigentlichen Risikoumfang aufkommen muss, ist das Risikodeckungspotenzial durch den Eigenkapitalanteil gegeben.

Ist der WACC, d. h. der gewichtete Kapitalkostensatz zu berechnen, müssen sowohl die Fremdkapital- als auch die Eigenkapitalkosten näher betrachtet werden. Da das Fremdkapital in der Regel vertraglich fixiert ist, kann die Ermittlung der Fremdkapitalkosten ohne weitere Schwierigkeiten geschehen. So werden diese beispielsweise durch die Gewichtung der einzelnen Fremdfinanzierungskontrakte gemäß ihrem Anteil am gesamten Fremdkapital des Unternehmens bestimmt. Als schwieriger stellt sich die Ermittlung der Residualverzinsung des Eigenkapitals heraus. Dabei wird zunächst unterstellt, dass lediglich die Eigenkapitalgeber für sämtliche Risiken des Unternehmens aufkommen. Denn die Risikoprämie des Fremdkapitals wird bereits in den Zinsen erfasst. Die Ermittlung der Risikoposition eines Unternehmens kann dabei durch unternehmensexternorientierte bzw. -internorientierte Ansätze erfolgen.

Die unternehmensexterne Ermittlungsvariante der Eigenkapitalkosten basiert im Wesentlichen auf den Grundsätzen der Kapitalmarkttheorie, im Speziellen auf dem CAP-Modell. Demnach sind diese definiert als Summe aus der Verzinsung einer risikolosen Kapitalanlage zuzüglich einer Risikoprämie. Es gilt: $r_{EK} = i + \beta (r_M - i)$.

Sie spiegelt die Renditeerwartungen der Eigenkapitalgeber wider. Die gewichteten, risikoadäquaten Gesamtkapitalkosten c_{WACC} ergeben sich, indem die jeweiligen Kapitalkosten für Eigen- und Fremdkapital (r_{EK} bzw. r_{FK}) entsprechend ihrer Kapitalrelation addiert werden. Da nur der zahlungswirksame Fremdkapitalzinssatz nach Steuern in die Rechnung eingeht, ist der Steuervorteil des Fremdkapitals zu berücksichtigen. So sind die Fremdkapitalkostensatz mit dem sogenannten »tax-shield« $(1-s)$ zu multiplizieren. Der gewichtete Kapitalkostensatz c_{WACC} wird wie folgt berechnet:

$$c_{WACC} = r_{EK} \cdot \frac{EK^{MW}}{GK^{MW}} + r_{FK} \cdot (1-s) \cdot \frac{FK^{MW}}{GK^{MW}},$$

mit $\quad r_{EK} = i + \beta (r_M - i)$ (3-3)

r_{EK}/r_{FK}: Renditeforderung der Eigen- bzw. Fremdkapitalgeber,
EK^{MW}: Eigenkapitalwert (zu Marktpreisen),
FK^{MW}: Fremdkapitalwert (zu Marktpreisen),
GK^{MW}: Gesamtkapitalwert (zu Marktpreisen),
s: \quad Ertragssteuersatz

Diese Renditeforderung der Eigenkapitalgeber bezieht sich zunächst auf unverschuldete Unternehmen. Wie obige Formel zeigt, besteht eine direkte Beziehung zwischen dem systematischen Risiko eines Unternehmens und ihres WACC. Ist das systematische Risiko groß, wirkt sich dies negativ auf die Eigenkapitalkosten (Renditeerwartungen der Eigenkapitalgeber r_{EK}) aus, diese wiederum beeinflussen den WACC. Allerdings ist eine unternehmensexterne Beurteilung der Kapitalkosten bestenfalls als Orientierungsgröße zu sehen.

Der WACC sollte neben der Unternehmenswertbestimmung, auch bei unternehmenstypischen Investitionsentscheidungen angewendet werden, deren Wirtschaftlichkeit unter Berücksichtigung ihres Gesamtrisikos zu bestimmen ist. Dies zeigt auch folgendes Beispiel.

> **Beispiel: Weighted Average Cost of Capital (WACC)**
> Gegeben sei ein Unternehmen, das zu 40 % eigenfinanziert ist. Es reagiert 1,2-mal stärker auf Marktschwankungen als das Marktportfolio. Sein Gesamtkapital zu Marktpreisen beträgt 1 000 000 €.
>
> Als risikoloser Zinssatz dienen Bundesanleihen, mit $i = 4,5\,\%$ p.a.; die durchschnittlichen Fremdkapitalkosten betragen 4 %; die Marktrisikoprämie beträgt 5,5 %, und der Ertragssteuerzinssatz beläuft sich auf 40 % p.a. Eingesetzt in Gleichung (3-2) ergibt sich für den Kapitalkostensatz 5,88 %:
>
> 1. Eigenkapitalrendite:
>
> $$r_{EK} = i + \beta\,(r_M - i) = 4,5\,\% + 1{,}2^*(10\,\% - 4,5\,\%) = 11{,}10\,\%$$
>
> 2. Kapitalkostensatz:
>
> $$c_{WACC} = r_{EK} \cdot \frac{EK^{MW}}{GK^{MW}} + r_{FK} \cdot (1-s) \cdot \frac{FK^{MW}}{GK^{MW}}$$
>
> $$quad c_{WACC} = 11{,}10\,\% \cdot \frac{400\,000}{1\,000\,000} + 4\,\% \cdot (1-0{,}4) \cdot \frac{600\,000}{1\,000\,000} = 5{,}88\,\%$$
>
> Ein unternehmenstypisches Projekt ist mit einer Anfangsinvestition von 10 000 € verbunden. Nach fünf Jahren ist mit einem konjunkturabhängigen Rückfluss von 25 000 € bzw. 15 000 € mit jeweils 50-prozentiger Wahrscheinlichkeit zu rechnen. Da der Erfolg dieses Projektes von der konjunkturellen Lage abhängig ist und es sich somit um ein systematisches Risiko handelt, kann die WACC als Kapitalkostensatz zur Diskontierung herangezogen werden. Es gilt:

$$\text{Kapitalwert}_{\text{Erfolg}} = \sum_{t=1}^{5} \frac{CF_5}{(1+c_{WACC})^5} - I_0^{MW}$$

$$= \sum_{t=1}^{5} \frac{25\,000}{(1+0{,}0588)^5} - 10\,000\,\text{€} = 8\,787{,}56\,\text{€}$$

$$\text{Kapitalwert}_{\text{Misserfolg}} = \sum_{t=1}^{5} \frac{CF_5}{(1+c_{WACC})^5} - I_0^{MW}$$

$$= \sum_{t=1}^{5} \frac{25\,000}{(1+0{,}0588)^5} - 15\,000\,\text{€} = 1\,272{,}54\,\text{€}$$

So beläuft sich der Erwartungswert auf (0,5 · 8 787,56 €) + (0,5 · 1 272,54 €) = 5 030,05 €. Es ist demnach empfehlenswert, das Projekt durchzuführen.

Da das Risiko verschiedener Unternehmensteilbereiche stark abweichen kann, sind die entsprechenden Kapitalkosten separat zu ermitteln. Dabei kann beispielsweise der Beta-Faktor eines vergleichbaren, an der Börse geführten Unternehmens herangezogen werden. Dieses zu finden gestaltet sich allerdings schwierig.

Neben dieser marktorientierten Methode ist das Ermitteln teilbereichsspezifischer Kapitalkosten auch durch eine Innenorientierung möglich. Hierbei findet eine Risikoadjustierung der Kapitalkosten je nach Konjunkturabhängigkeit des betrachteten Bereiches statt; eine lückenlose Erfassung, Aggregation und Bewertung der zugrunde liegenden Risiken ist dabei in jedem Fall erforderlich. So wird das Bereichsrisiko RW_i ins Verhältnis zum Risiko des Gesamtunternehmens RW_U gesetzt. Der WACC des Unternehmensbereiches i berechnet sich demnach wie folgt:

$$c_{WACC_i} = c_{WACC_U} \cdot \frac{RW_i}{RW_U} \tag{3-4}$$

Wird nun auch die Kapitalstruktur der Unternehmensbereiche in das Kalkül aufgenommen, sind Geschäfts- und Finanzierungsrisiken gesondert, anhand spezifischer Risikoparameter, auszudrücken. So ist das Geschäftsrisiko β_G dem Eigenkapitalanteil und das Finanzierungsrisiko β_F dem Fremdkapitalanteil zuzuschreiben. Dabei wird dem Anreiz, den Verschuldungsgrad stetig zu erhöhen, durch eine angemessene Risikoadjustierung entgegengewirkt.

$$c_{WACC_U} = (i + \beta_G(r_M - i)) \cdot \frac{EK^{MW}}{GK^{MW}} + r_{FK} \cdot (1-s) \cdot \frac{FK^{MW}}{GK^{MW}}(1+\beta_F) \tag{3-5}$$

Die Ermittlung der risikoadjustierten Kapitalkosten auf Bereichsebene kann dann entweder anhand der Pure-Play-Technik erfolgen oder aber durch Multiplikation des Gesamtgeschäftsrisikos mit dem gewichteten Risiko des Teilbereiches.

Da durch den WACC die unternehmensspezifische Risikoposition hinreichend gut abgebildet wird, dient er vielfach als Kalkulationszinsfuß bei der Diskontierung erwarteter Zahlungen im Rahmen der Discounted-Cashflow-Methode. Über den Diskontierungssatz wirken sich Risiken folglich unmittelbar auf den Unternehmenswert aus.

Im Kontext eines wertorientierten Risikomanagements ist der WACC für die aktive Steuerung des Unternehmenswertes relevant. Ziel eines Unternehmens sollte demnach sein, den WACC auf lange Sicht zu optimieren, d. h. das systematische Risiko zu reduzieren.

Die *Duration* ist eine Kennzahl zur Bewertung des Zinsänderungsrisikos, also desjenigen Risikos, welches auf veränderte Zinsniveaus während der Laufzeit zurückzuführen ist (Wiederanlage- und Kursrisiko). Sie bezeichnet auch die durchschnittliche, barwertgewichtete Kapitalbindungsdauer einer zinssensitiven, festverzinslichen Kapitalanlage (bzw. eines Portfolios). Dabei bezieht sie, anders als das Konzept der Restlaufzeit, die zeitliche Struktur der Zahlungsströme mit ein. Ein von der Duration abgeleitetes Risikomaß, die Modified Duration, erfasst bzw. schätzt die Sensitivität des Barwertes festverzinslicher Wertpapieren im Hinblick auf minimale Zinssatzänderungen. Sie ermöglicht auch einen volumenunabhängigen Vergleich von Zinspapieren. Bei der Betrachtung der Duration sind nachfolgende Modellprämissen zu beachten: Erstens muss eine flache Zinsstrukturkurve vorliegen, d. h. der unterstellte Diskontzinssatz verändert sich nicht, und zweitens müssen Zinsänderungen einmalig sein, sie finden zudem unmittelbar nach der Zinspositionsbewertung statt.

Ausgangspunkt der Bestimmung der Duration bildet die Betrachtung der Barwertfunktion BW, die den Zusammenhang zwischen aktuellem Kapitalmarktzins und daraus resultierendem Barwert der Zinsposition symbolisiert. So werden zunächst die Barwerte sämtlicher Zins- und Tilgungszahlungen Z_t zu den verschiedenen Zeitpunkten t gemäß ihrem wertmäßigen Anteil am Barwert der Anleihe BW sowie ihrer Restlaufzeit (in Jahren) aufsummiert. Wir erhalten den gewogenen Mittelwert der Zahlungszeitpunkte und demnach die mittlere Fälligkeit (oder auch den »zeitlichen Schwerpunkt«) des Zahlungsstromes. Diese wird durch die Duration D (gemessen in Jahren) repräsentiert, die sich wie folgt errechnen lässt:

$$D = \frac{1}{BW} \cdot \sum_{t=1}^{T} \frac{t \cdot Z_t}{(1+i_t)^t}, \quad \text{mit:} \quad BW = \sum_{t=1}^{T} \frac{Z_t}{(1+i_t)^t} \qquad (3\text{-}6)$$

BW: Barwert des Rückzahlungsstromes,
Z_t: (Rück-) Zahlungsstrom zum Zeitpunkt/Jahr t,
i_t: Kapitalmarktzins für die Laufzeit t,
T: Laufzeit der Zinsposition.

Sollen jedoch mögliche Auswirkungen einer marginalen Zinssatzänderung auf den Barwert der Zinsposition quantifiziert werden, ist eine Sensitivitätsbetrachtung der Barwertfunktion notwendig. Dies kann mithilfe der Modified Duration (D_{mod}) erfolgen, die sich durch Diskontierung der Maclaulay-Duration (Formel 3-6) ergibt. Es gilt:

$$D_{mod} = \frac{1}{(1+i_t)} \cdot D = \frac{1}{(1+i_t)} \cdot \frac{\sum_{t=1}^{T} t \cdot Z_t \cdot (1+i_t)^{-t}}{\sum_{t=1}^{T} Z_t \cdot (1+i_t)^{-t}} \qquad (3\text{-}7)$$

Die Modified Duration quantifiziert den prozentualen Kursgewinn bzw. -verlust bei einer Zinsschwankung von 100 Basispunkten (BP) (das entspricht 1 %). Dabei nimmt die anteilige Kursveränderung stets Bezug auf den sogenannten Dirty Price, also den derzeitigen Kurs einschließlich der aufgelaufenen Stückzinsen.

Soll jedoch für beliebige, geringfügige Zinsniveauänderungen Δi eine Schätzung der absoluten bzw. relativen Barwertänderung ΔBW getroffen werden, kann diese unter Verwendung der *Taylor*-Formel linear angenähert werden:

$$\Delta BW \approx -BW \cdot \frac{1}{(1+i_t)} \cdot D \cdot \Delta i \approx -BW \cdot D_{mod} \cdot \Delta i \qquad \text{bzw.}$$

$$\frac{\Delta BW}{BW} \approx -D^{mod} \cdot \Delta i. \qquad (3\text{-}8)$$

Da zunächst eine lineare (und nicht konvexe) Barwertfunktion unterstellt wurde, weichen die ermittelten Schätzungen (minimal) von der exakten Barwertänderung ab. Dabei gilt: je höher die Zinsänderung und je konvexer die Barwertfunktion, desto größer die Ungenauigkeit der Schätzung. Abbildung 30 veranschaulicht diesen Schätzfehler graphisch.

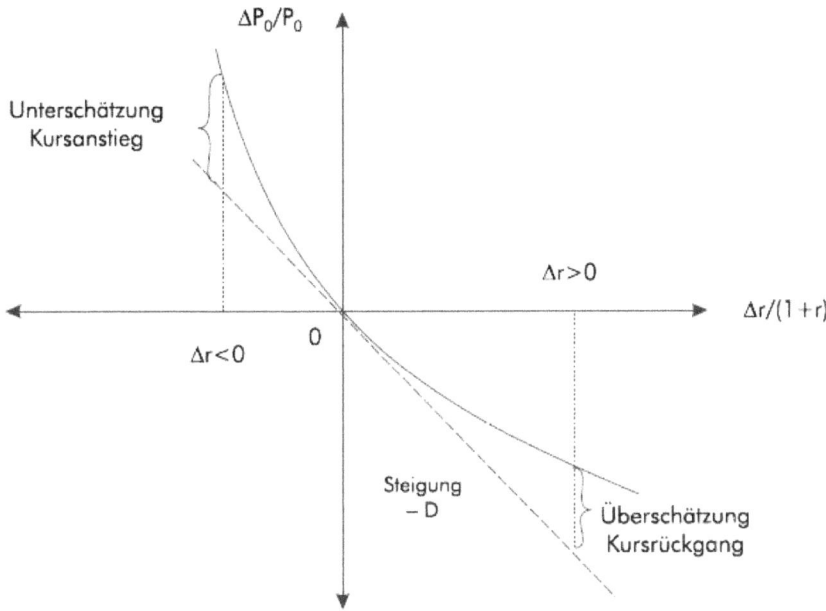

Abb. 30: Schätzfehler der Duration
Quelle: Oehler/Unser, 2002, S. 138

Die Modified Duration ist als konservativer Schätzwert anzusehen. Denn wie Abbildung 30 zeigt, wird tendenziell eine Preiserhöhung unterschätzt, und eine Preissenkung überschätzt. So kann sie durchaus als Sensitivitätsmaß für das Zinsänderungsrisiko eingesetzt werden.

Ein zentraler Kritikpunkt der Modified Duration ist ihre Ungenauigkeit, insbesondere was hohe Zinsänderungen betrifft. Wird eine die Konvexität beachtende Kennzahl (Convexity, $Conv$) aufgenommen, kann der Schätzwert verbessert werden. Mathematisch ist sie definiert als die zweite Ableitung der Barwertfunktion nach Zinsen an der Stelle der aktuellen Kapitalmarktzinsen dividiert durch den aktuellen Barwert dieser Zinsposition. Damit gilt:

$$Conv = \frac{1}{(1+i_t)^2 \cdot BW} \cdot \sum_{t=1}^{T} \frac{(t^2+t) \cdot Z_t}{(1+i_t)^t}$$
$$= \frac{1}{(1+i_t)^2 \cdot BW} \cdot \sum_{t=1}^{T} (t^2+t) \cdot BW\{Z_t\} \quad (3\text{-}9)$$

wobei $BW\{Z_t\}$ den Barwert des Zahlungsstroms zum Zeitpunkt t darstellt. Die Convexity dient demnach zur exakteren Abschätzung der Barwertänderung, und wird wie folgt berechnet:

$$\Delta BW \approx -BW \cdot D_{mod} \cdot \Delta i + \frac{1}{2} \cdot BW \cdot Conv \cdot (\Delta i)^2 \qquad (3\text{-}10)$$

> **Beispiel: Berechnung der Duration**
>
> Gegeben sei eine Bundesanleihe mit Nennwert 1 000 €, die in $t = 5$ Jahren fällig ist. Die Zinszahlungen finden jährlich mit einem Kuponsatz von $i = 7\%$ p.a. statt. Dabei soll die Zinsstruktur flach sein.
>
> Zunächst sind die Barwerte der einzelnen Zins- wie auch Tilgungszahlungen zu bestimmen. Dabei ist im Marktgleichgewicht der Wert der Bundesanleihe mit dem Barwert der jährlichen Rückzahlungen identisch, sodass gilt:
>
> $$BW = \sum_{t=1}^{T} \frac{Z_t}{(1+i_t)^t} = \frac{70}{1{,}07^1} + \frac{70}{1{,}07^2} + \frac{70}{1{,}07^3} + \frac{70}{1{,}07^4} + \frac{70}{1{,}07^5} = 1\,000\,€.$$
>
> Als Diskontierungsfaktor dient dabei der Kuponsatz. Für die Duration D ergibt sich:
>
> $$\begin{aligned}D &= \frac{1}{BW} \cdot \sum_{t=1}^{T} \frac{t \cdot Z_t}{(1+i_t)^t} \\ &= \frac{1 \cdot 65{,}42 + 2 \cdot 61{,}14 + 3 \cdot 57{,}14 + 4 \cdot 53{,}40 + 5 \cdot 762{,}90}{1\,000\,€} = \underline{4{,}39\,\text{Jahre}}\end{aligned}$$
>
> Die durchschnittliche Fälligkeit der Zahlungen beträgt folglich 4,39 Jahre. Für die *Modified Duration* D_{mod} erhalten wir:
>
> $$D_{mod} = \frac{1}{(1+i_t)} \cdot D = \frac{1}{(1+1{,}07)} \cdot 4{,}39 = \underline{4{,}10\,\%}.$$
>
> Sinkt der Marktzins von 7,0 % auf 6,0 % – also um 100 Basispunkte, dann gewinnt die Anleihe etwa 4,1 % an Wert. Dem hingegen wirkt sich eine Zinssteigerung von 0,7 % auf 7,7 % mit einem Barwertverlust der Bundesanleihe von ungefähr 28,70 € (bzw. 2,87 %) aus. Es gilt:
>
> $$\begin{aligned}\Delta BW &\approx -BW \cdot D_{mod} \cdot \Delta i = -1\,000\,€ \cdot 4{,}10 \cdot 0{,}007 \\ &= \underline{-28{,}70\,€}\end{aligned}$$
>
> bzw. $\dfrac{\Delta BW}{BW} \approx \underline{-2{,}87\,\%}$

Für die Konvexität *Conv* (Krümmung der Barwertfunktion) ergibt sich schließlich:

$$Conv = \frac{1}{(1+i_t)^2 \cdot BW} \cdot \sum_{t=1}^{T} \frac{(t^2+t) \cdot Z_t}{(1+i_t)^t}$$

$$= \frac{2 \cdot 65{,}42 + 6 \cdot 61{,}14 + 12 \cdot 57{,}14 + 20 \cdot 53{,}40 + 30 \cdot 762{,}90}{1{,}07^2 \cdot 1\,000\,€}$$

$$= 21{,}96$$

Daraus folgt eine exaktere Näherung des Barwertverlustes von 28,16 € (2,82 %):

$$\Delta BW \approx -BW \cdot D_{mod} \cdot \Delta i + \frac{1}{2} \cdot BW \cdot Conv \cdot (\Delta i)^2$$

$$= -1\,000\,€ \cdot 4{,}10 \cdot 0{,}007 + \frac{1}{2} \cdot 1\,000\,€ \cdot 21{,}96 \cdot 0{,}007^2$$

$$= -28{,}16\,€$$

Neben der Abschätzung von Barwertänderungen und der vergleichenden Beurteilung verschiedener festverzinslicher Wertpapiere kann die Duration auch für Immunisierungsstrategien festverzinslicher Wertpapieren eingesetzt werden. Zudem ist sie im Rahmen der Value-at-Risk Bestimmung sowie bei semiaktiven Anlagestrategien einsetzbar.

3.2.2 Risiko-Punkte-Tafel

Im Gegensatz zu Finanzmarktrisiken, die täglich auf einem (effizienten) Kapitalmarkt gehandelt und somit bewertet werden oder grundsätzlich versicherbaren Risiken, gibt es eine Vielzahl von Risiken, die aus betriebswirtschaftlicher Sicht bestandsgefährdend und somit wichtig, jedoch nicht unmittelbar messbar sind. Hierunter fallen insbesondere strategische Risiken, aber beispielsweise auch Auswirkungen nicht getätigter F&E-Aktivitäten oder Imageschäden. Auch diese qualitativen Risiken sollten in der Risikobewertung berücksichtigt werden.

Unter dem Aspekt des einheitlichen Maßstabes zur Risikomessung quantitativer als auch qualitativer Einflussfaktoren eignen sich Risiko-Punkte-Tafeln, als Variante der Scoring-Modelle. Durch sie können sowohl qualitative als auch quantitative Risiken erfasst und quantifiziert werden. Selbst heterogene Einflussgrößen sind so mittels der Vergabe von Wertungspunkten, z. B. gemäß ihrer Eintrittswahrscheinlichkeit, Schadenshöhe sowie Dringlichkeit, qualitativ bewertbar. Ihre Erstellung erfolgt zumeist in vier Phasen, die nachfolgend dargestellt werden. Dabei veranschaulicht das beschriebene Beispiel die Ermittlung der unternehmerischen Gesamtrisikoposition. Da sich Scoring-Modelle und somit Risiko-Punkte-Tafeln – in minimal abgewandelter Form – zur Darstellung qualitativer Risiken eignen, werden sie im Anschluss und nicht im Rahmen der Risikoaggregation vorgestellt.

In einem ersten Schritt sind die durch Fragebögen und Interviews erfassten Einzelrisiken spezifischen Risikokategorien zuzuordnen. Dabei ist die Anzahl der Risikokategorien zu beschränken; beispielhaft wird eine Untergliederung in Prozess-, EDV-/IT-Risiken, sowie Risiken mit Einfluss auf Belegschaft, Kundenbereich oder Geschäftsbeständigkeit vorgenommen. Daraufhin werden pro Risikokategorie aussagekräftige Risikoeinflussgrößen (Indikatoren) ermittelt. Für das Kundensegment wären u. a. Anzahl der Anfragen, der Reklamationen oder auch die Bearbeitungszeit pro Kunde denkbare Größen. Es folgt eine prozentuale Gewichtung der untersuchten Risikokategorien, die den Einfluss der jeweiligen Risikokategorie auf die unternehmerische Gesamtrisikoposition darstellt.

Anschließend sind die Risikoindikatoren zu präzisieren. Außerdem ist eine Untergliederung ihrer Ausprägungen in z. B. sechs Stufen vorzunehmen. Für die Festlegung dieser Intervalle kann auf vergangenheits- oder gegenwartsbasierte Daten aber auch auf Benchmarks oder Branchenmittelwerte zurückgegriffen werden. Durch die Intervalle wird jedem betrachteten Risikoindikator eine Risiko-Punktewertung zugeordnet (Risikoeinstufung), dabei spiegelt eine hohe Risikopunktezahl eine schlechte Risikolage wieder. Drei Risikopunkte stehen für eine mittlere Risikoposition. Die folgende Abbildung 31 veranschaulicht die gerade beschriebene Einteilung.

Vergangenheit (geschätzt) oder Ist-Zustand	Künftige Eintrittswahrscheinlichkeit (angenommen)	Risiko-einstufung	Risiko-punkte
sehr oft	höchst wahrscheinlich	kritisch	6
oft	sehr wahrscheinlich	sehr hoch	5
regelmäßig	wahrscheinlich	hoch	4
manchmal	möglich	mittel	3
selten	unwahrscheinlich	gering	2
unbedeutend	fast unmöglich	unbedeutend	1

Abb. 31: Die 6 Risikopunkte
Quelle: Keitsch, 2004, S. 148

Nun werden die zuvor identifizierten und beschriebenen Risikoindikatoren für jeden Unternehmensbereich gemäß ihrem dortigen Stellenwert und ihrer Zielsetzung prozentual gewichtet. Die Gewichtung derselben Risikoeinflussgröße kann somit stark je nach Geschäftseinheit schwanken. Darüber hinaus sind Risikopunkte zur Verdeutlichung des jeweiligen Risikopotenzials zu vergeben. Im Anschluss sind die Risikopunkte zu gewichten (eine Gewichtung erfolgt dabei durch Multiplikation des ermittelten Risikogewichtes mit der erhaltenen Risikopunktezahl des jeweiligen Risikoindikators) und anschließend zunächst auf Risikokategorieebene und nach erneuter Gewichtung auch auf Unternehmensebene zu addieren. Wir erhalten einen Zielwert, den sogenannten »Score«. Abbildung 32 veranschaulicht die eben beschriebene Vorgehensweise.

Risikokategorie	Risiko-gewicht	Risikopunkte-Wertung						Gewichtete Risikopunkte je Indikator	Gewichtete Risikopunkte je Kategorie	Summe der Risikopunkte je Kategorie
		1	2	3	4	5	6			
Prozesse	25%									
Durchlaufzeit	0,5				X			2,00		
Kontrollen	0,3					X		1,50		
Fehlerquote	0,2			X				0,60		
	100%							Summe 4,10	4,10 x 25% →	Summe 1,025
EDV/IT	30%									
Verfügbarkeit	0,5			X				1,50		
Datensicherheit	0,5				X			2,00		
	100%							Summe 3,50		
Kunden	15%							Gesamtsumme der Risikopunkte der Unternehmenseinheit:		
Anfragen	0,3				v					

Indikatoren innerhalb der Risikokategorie | Vorgaben (Top-Down) | Individuelle Gewichtung durch die Unternehmenseinheiten in % | Vorgabe Risikopunk | Risikogewicht x Risikopunkte (Indikator) | Absolute Risikopunkte je Kategorie

Abb. 32: Risiko-Punkte-Tafel
Quelle: Keitsch, 2004, S. 149

Nachdem die Risikosituation der verschiedenen Geschäftseinheiten einzeln analysiert wurde, folgt das Einarbeiten letzterer in eine übersichtliche, aggregierte Risiko-Punkte-Tafel (vgl. Abbildung 33).

		Vorgaben für alle Unternehmensbereiche	Summe der Indikator Risikopunkte je Kategorie			Vorgabe (Soll) der Risikopunkte je Unternehmensbereich		
Risikokategorie	Risikoge-wichtung		Unternehmens-einheit A		Anteil 70%	Unternehmenseinheit B		Anteil 30%
		Soll	Ist absolut	Ist gewichtet je Kategorie		Soll	Ist absolut	Ist gewichtet je Kategorie
Prozessrisiken	25%	3	4,10	1,025		2	3,300	0,825
EDV-Risiken	30%	3	3,50	1,050		2	1,500	0,450
Risiken im Kundensegment	15%	2	3,30	0,495		2	2,500	0,375
Risiken im Personalbereich	10%	2	3,55	0,355		1	1,250	0,125 0,375
Risiken in der Geschäftskontinuität	20%	1	3,25	0,650		1	1,875	
	100%	2,35	–	3,575	2,5025	1,70	–	2,150	0,645

Gewichtetes Soll Risikopunkte-Durchschnitt 2,155

Gewichtetes Ist Risikopunkte-Durchschnitt 3,1475

Abb. 33: Aggregierte Risiko-Punkte-Tafel
Quelle: Keitsch, 2004, S. 150

Auch auf dieser Ebene werden Gewichtungen vorgenommen. So findet erstens eine Risikogewichtung je Risikokategorie und zweitens eine je prozentualem Anteil der betrachteten Unternehmenseinheit am Gesamtunternehmen statt. Diese veranschaulicht die Gesamtrisikoposition des Unternehmens. Hilfreich ist, wenn dem Ist-Wert ein Soll-Wert gegenübergestellt wird, der die anvisierte Risikopunktezahl symbolisiert.

Sollen Scoring-Modelle allgemein oder Risiko-Punkte-Tafeln im Besonderen auf die Risikobewertung übertragen werden, sind gewisse risikoadäquate, überschneidungsfreie Kriterien zu definieren. Diese Kriterien können beispielsweise durch Checklisten erfasst und durch Expertengespräche auf ihre Bedeutung hin untersucht werden. Da die Risiko-Punkte-Tafel zunächst die Risikosituation kleinster Bereiche darstellt und diese daraufhin schrittweise aggregiert, sollte die zunehmende »Verwässerung« der Aussagen nicht vernachlässigt werden. Kritische Bereiche werden mit weniger kritischen zusammengefasst, eindeutige Aussagen über erstere sind nicht mehr möglich. Deswegen erscheint eine nähere Beleuchtung des Endergebnisses unabdingbar.

Neben den im vorangegangenen Abschnitt vorgestellten spezifischen Risikomaßen und -kennziffern können eine Reihe statistischer Analysetechniken für die richtige Bewertung der einzelnen Risikokategorien angewendet werden. Zwei der wichtigsten dieser Techniken werden im Folgenden vorgestellt: Es handelt sich dabei um die Sensitivitäts- und Abweichungsanalyse. Diese kommen zunächst ohne ausdrückliche Kenntnis der Wahrscheinlichkeitsverteilung der Risikofaktoren aus und analysieren den Einfluss einzelner Risikofaktoren auf eine zuvor gewählte Unternehmenszielgröße. Im Gegensatz zur Sensitivitätsanalyse steht bei der Abweichungsanalyse die absolute Wertabweichung und nicht die Sensitivität der Zielgröße bei schwankenden Eingangsdaten im Vordergrund.

3.1.4 Sensitivitätsanalyse

Sensitivitätsanalysen untersuchen, wie empfindlich eine ökonomische Größe auf Schwankungen der risikobehafteten Ausgangsdaten (z. B. Absatzpreis, -menge) reagiert. Für ihre Ermittlung ist das Vorliegen der Wahrscheinlichkeitsverteilung des Risikoparameters keine notwendige Voraussetzung. Im Rahmen der Risikobewertung werden sie insbesondere für die Ermittlung des (isolierten) Einflusses eines stark schwankenden Risikofaktors auf eine Unternehmensgröße eingesetzt. Dabei sind die weiteren Wert bestimmenden Risikoparameter vergleichsweise genau bestimmbar; im Modell werden diese auf ihren gegenwärtigen bzw. erwarteten zukünftigen Wert fixiert. So stehen entweder das Aufzeigen eines Wirkungszusammenhangs zwischen den Eingangsdaten und dem Zielfunktionswert und/oder die Vorteilhaftigkeit einzelner Alternativprojekte im Mittelpunkt der Analyse.

Die Sensitivität einer unternehmerischen Zielgröße ist dabei definiert als Quotient aus unerwarteter relativer Änderung der Risikoposition durch jene des Risikofaktors. Ihre Ermittlung kann durch eine lokale oder globale Variante erfolgen. So analysiert die lokale Sensitivitätsanalyse oder Kritische-Werte-Rechnung, in welchem Maße Eingangsdaten schwanken bzw. welche Ausprägungen sie annehmen dürfen, damit die Zielgröße einen zuvor festgelegten Wert oder Wertebereich nicht über- bzw. unterschreitet. Die globale Sensitivitätsanalyse oder Ergebnis-Änderungs-Rechnung analysiert die Auswirkungen potenzieller Abweichungen einer oder mehrerer Eingangsgrößen auf die Zielgröße. Entscheidend ist also, ob und in welchem Ausmaß unsichere Eingangsdaten das Erreichen eines gewissen Erfolgsniveaus beeinflussen. Je nach Fragestellung ist der eine Ansatzpunkt dem anderen vorzuziehen.

Ein Vorteil der globalen Sensitivitätsanalyse gegenüber der lokalen ist die explizite Berücksichtigung der Unsicherheit. Denn sie gründet nicht, wie letztere, das Entscheidungskalkül auf bereits quasi-sichere Erwartungen. Die Unsicherheit, die hinsichtlich des Erzielens des Ergebnisses besteht, kann so für jede Alternative zwar bestimmt, eindeutige Rückschlüsse auf die optimale Alternative können trotzdem nicht gezogen werden. Aus dieser Motivation heraus wird im Folgenden primär die globale Sensitivitätsanalyse behandelt.

Globale Sensitivitätsanalysen untersuchen, ausgehend von einer Menge potenzieller Alternativen, wie sensitiv die Zielgröße einer bereits gewählten Alternative auf das Eintreten verschiedener Zustände reagiert. Es erfolgt demnach eine Ermittlung szenariobezogener Zielwerte, wobei nicht analysierte Größen als konstant vorausgesetzt werden. Unter der Annahme, dass sich jeder einzelnen Alternative bei jedem Szenario ein Endwert explizit zuordnen lässt, existiert Unsicherheit lediglich hinsichtlich des Eintretens des Szenarios. So ist es möglich zu bestimmen, inwieweit die bestehende Unsicherheit bzgl. des Zustandes diejenige des Ergebnisses beeinflusst.

Besteht eine funktionale Beziehung zwischen kritischem Risikoparameter P und unsicherer Risikoposition (Zielgröße Z), dann ist eine exakte Bewertung der Sensitivität möglich. Die Zielgröße lässt sich folglich durch $Z = Z(P_1, P_2, \ldots, P_n)$ beschreiben, dabei bilden $P_1, P_2, \ldots P_n$ die jeweiligen Risikoparameterwerte. Das durch variierende Risikoparameter entstehende Einzelrisiko kann wie folgt abgebildet werden:

$$\Delta Z_1 = Z(P_1 + \Delta P_1, P_2, \ldots, P_n) - Z(P_1, P_2, \ldots, P_n)$$

$$\Delta Z_2 = Z(P_1, P_2 + \Delta P_2, \ldots, P_n) - Z(P_1, P_2, \ldots, P_n)$$

$$\ldots$$

$$\Delta Z_3 = Z(P_1, P_2, \ldots, P_n + \Delta P_n) - Z(P_1, P_2, \ldots, P_n). \tag{3-11}$$

Anschließend ist in Abhängigkeit des eintretenden Szenarios der Zielfunktionswert zu bestimmen. Dies kann entweder unter Betrachtung der Menge aller Szenarien oder aber einzelner Szenarien (szenariospezifisch) geschehen. Letztere ermöglicht eine differenziertere, aussagekräftigere, jedoch auch kostspieligere Analyse: es gilt die Eingangswerte der jeweils variablen Einflussgröße c.p. systematisch zu verändern und die sich daraus ergebenden Zielfunktionswerte zu ermitteln. Sind zudem weitere Umweltzustände zu erschließen, können die Resultate der Szenario-Technik angewandt werden.

Werden nun Szenarien der Einzelrisiken gebildet, können bestimmte Werteabweichungen der jeweiligen Risikoparameter miteinander verknüpft werden. Folglich ist das Gesamtrisiko ermittelbar durch:

$$quad \begin{aligned}\Delta Z = &Z(P_1 + \Delta P_1, P_2, P_3, P_4 + \Delta P_4, \ldots, P_{n-1} + \Delta P_{n-1}, P_n) \\ &- Z(P_1, P_2, \ldots, P_n)\end{aligned} \tag{3-12}$$

Für die Bestimmung der unternehmerischen Gesamtrisikoposition sind ferner kompensatorische und kumulative Effekte der Einzelrisiken zu beachten. Abbildung 34 zeigt mögliche Kapitalwertverläufe in Form einer »Spinne«. Sie ermöglicht eine anschauliche Darstellung sämtlicher aus der Sensitivitätsanalyse gewonnener Erkenntnisse.

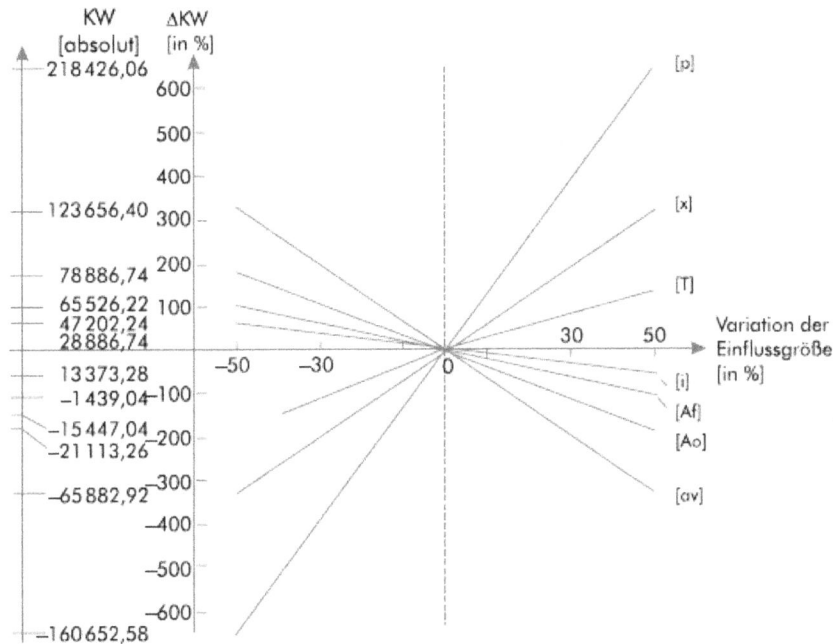

Abb. 34: Kapitalwertverläufe in Abhängigkeit von Wertveränderungen einzelner Inputgrößen
Quelle: Götze, 1991, S. 311

So kann, erstens auf die erwarteten Abweichungen (x-Koordinaten der Einflussgröße), zweitens auf die Sensitivität des Ergebnisses hinsichtlich der prozentualen Abweichungen der Einflussgröße (Geradesteigung), drittens auf die Einflussgröße mit dem größten Ergebnisrisikopotenzial (y-Koordinaten der Einflussgröße) und schließlich auch darauf geschlossen werden, ob die Zielgröße »Kapitalwert« positiv bzw. negativ auf Variationen der Einflussgrößenwerte reagiert (Vorzeichen der Geradensteigung). Folglich vermittelt diese Darstellung anschaulich, inwiefern einzelne Größen bei einer Entscheidungsfindung relevant sind. Der Einfluss der jeweiligen Risikopositionen kann weiter durch die erste Ableitung der Zielfunktion Z_t nach der risikobehafteten Variable V_t ermittelt werden.

$$Z_t = \alpha + \beta V_t \quad \frac{\delta Z_t}{\delta V_t} = \beta \quad \quad (3\text{-}13)$$

Da sich Risiken, insbesondere finanzwirtschaftliche, durch äußerst komplexe Wirkungsbeziehungen zwischen einer Vielzahl von Risikoparametern charakterisieren, ist das Aufstellen eines funktionalen Zusammenhanges nur erschwert möglich, ihre Auswirkungen können günstigstenfalls geschätzt werden. Diese näherungsweise Bestimmung kann beispielsweise mittels einer Regressionsanalyse erfolgen, die sich jedoch eher zur unternehmensexternen und kurzfristigen Analyse der unternehmerischen Risikolage eignet.

Auch die im Rahmen der Risikoidentifikation angewandte und bereits beschriebene Szenario-Technik lässt sich zur Ermittlung des Einflusses einzelner Risikofaktoren auf eine Zielgröße heranziehen. Im Gegensatz zur Sensitivitätsanalyse führt sie jedoch Analysen durch, bei denen die Variationsbreite des Risikofaktors größer ist.

3.2.4 Abweichungsanalyse

Abweichungsanalysen sind zentrale, ursachenbezogene Modelle, die eingetretene Planabweichungen bestimmter unternehmerischer Kennzahlen auf mögliche Ursachen überprüfen. Dabei spalten sie den Gesamtabweichungsbetrag in verursachungsgerechte, disjunkte Teilabweichungen auf. Gegensteuernde Maßnahmen können so zielgerichteter eingeleitet werden. Ihr Augenmerk liegt auf dem Vergleich realisierter Werte eines Sachverhaltes (»Ist-Zustand«) mit den jeweils geplanten (»Soll-Zustand«). Dabei unterscheidet man drei Arten. Der temporäre Vergleich (auch Periodenvergleich), vergleicht gemessene Zahlenwerte einer Plan-Variablen mit Ergebnissen früherer Messungen derselben Variablen. Er dient zur Identifikation u. a. von Entwicklungstendenzen. Beim Branchenvergleich werden unternehmenseigene Variablen mit dem Mittelwert der jeweiligen Branche verglichen. In der dritten Variante, dem Plan-/Ist-Vergleich, werden den realisierten Ist-Werten die Plan-/Soll-Werte gegenübergestellt. Die Differenz ist ein Maßstab für nicht erwartete Schwankungen. Auch quantifiziert sie, wie gut ein Unternehmen über einwirkende Risiken sowie deren Auswirkungen Bescheid weiß.

Modelle zur Abweichungsanalyse untergliedern sich weiter in traditionelle und funktionale. Während erstere von einer gegenseitigen Unabhängigkeit der Einflussgrößen ausgehen, berücksichtigen letztere funktionale Abhängigkeiten explizit. Im Anschluss wird eine Erlösabweichungsanalyse (Plan-/Ist-Vergleich) kurz geschildert.

Eine Möglichkeit der Ermittlung des Abweichungsbetrages ist die simple Subtraktion der Plan- von den Istwerten. Beispielhaft ist die Gesamterlösabweichung ΔE dargestellt:

$$\Delta E = p_{ist} \cdot x_{ist} - p_{plan} \cdot x_{plan} \qquad (3\text{-}14)$$

p_{ist}/p_{plan}: Ist-/Plan-Stückerlös in Geldeinheit/Menge
xi_{st}/x_{plan}: Ist-/Plan-Absatzmenge in Menge-/Planungs-Zeiteinheit

Weitere Aufspaltungen sind je nach betrachteter Kennzahl erforderlich. Findet beispielsweise eine Kostenanalyse statt, ist eine Aufteilung in beschäftigungsfixen u. -variablen Faktorverbrauch denkbar.

In einem nächsten Schritt gilt es, den ermittelten Gesamtabweichungsbetrag zu konkretisieren, ihn verursachungsgerecht aufzuteilen (Dekomposition, z. B. in Absatzmengen- und Absatzpreisverantwortliche). Die Gesamterlösabweichung kann wie folgt aufgespalten werden:

$$\Delta E = (p_{ist}-p_{plan})\cdot x_{plan} + p_{plan}\cdot(x_{ist}-x_{plan}) + (p_{ist}-p_{plan})\cdot(x_{ist}-x_{plan}) \qquad (3\text{-}15)$$

Eine verantwortungsgerechte Zuordnung der Abweichungen ist nun möglich. Dies bedeutet, dass der erste Summand demjenigen Personenkreis zuzuschreiben ist, der über den Absatzpreis entscheidet, der zweite jedoch dem Absatzmengenverantwortlichen. Allerdings ist erfahrungsgemäß ein großer Anteil nicht eindeutig zuordenbar; dies äußert sich auch durch den letzten Summand. Zwar erscheint diese Vorgehensweise plausibel, doch bleiben potenzielle Abhängigkeiten der Einflussgrößen weitgehend unberücksichtigt. Diese realitätsferne Annahme wird durch die funktionale Herangehensweise behoben.

Das funktionale Konzept stellt gegenseitige Wechselwirkungen der Einflussfaktoren (Preis, Absatz) anhand der sogenannten Preis-Absatz-Funktion (PAF) dar. Diese ist streng monoton fallend, da bei höherem Absatzpreis die Absatzmenge prinzipiell geringer ist. Für die Dekomposition der Gesamterlösabweichung unter Berücksichtigung der funktionalen Abhängigkeit der Absatzmenge x_{PAF} vom Ist-Absatzpreis p_{ist}, ergibt sich:

$$\begin{aligned}\Delta E = &(p_{ist} - p_{plan}) \cdot x_{PAF} + p_{plan} \cdot (x_{PAF} - x_{plan}) \\ &+ p_{plan} \cdot (x_{ist} - x_{PAF}) \\ &+ (p_{ist} - p_{plan}) \cdot (x_{ist} - x_{PAF})\end{aligned} \qquad (3\text{-}16)$$

Das funktionale Konzept ermöglicht also das ausdrückliche Berücksichtigen funktionaler Abhängigkeiten der Einflussgrößen; ferner ist der Bestandteil der Abweichung geringer, der sich nicht eindeutig zuordnen lässt. Allerdings ist diese Vorgehensweise auch zeit- und kostenintensiver.

3.2.5 Simulationsverfahren

Auch Simulationsverfahren spielen im Rahmen der Risikobewertung eine entscheidende Rolle. Einerseits finden sie innerhalb der Risikoaggregation Anwendung, andererseits stellen sie ein adäquates Instrument zur Berechnung des Value-at-Risk dar. Sowohl die Historische als auch die Monte-Carlo-Simulation und die im zweiten Kapitel bereits erläuterte Szenario-Technik zählen zu den heuristischen Methoden. Im Folgenden werden die Historische Simulation und die Monte-Carlo-Simulation als Beispiele in der Praxis angewendeter Simulationsverfahren in ihren Grundzügen beschrieben.

Die *Historische Simulation*, eine nicht-parametrische Schätzung, gehört neben der Monte-Carlo-Simulation zu den Verfahren, die die Entwicklung der Risikofaktoren anhand von Szenarien analysiert. Dabei gilt sie als die konzeptionell einfachste Methode. Trotz ihres Namens wird nicht im Sinne anderer Simulationsverfahren simuliert. Vielmehr werden historische Zeitreihen analysiert, um so tatsächlich stattgefundene Marktszenarien zu erfassen. Sie basiert auf ausgewählten historischen Beobachtungen (z. B. Marktpreisänderungen), die unverändert extrapoliert werden. Da eine stabile Verteilung des Risikofaktors im Zeitverlauf (verglichen mit der Referenzperiode) angenommen wird, kann auf explizite Modellannahmen stochastischer Art verzichtet werden. Mögliche Korrelationen der Risikoparameter können nur dann erfasst werden, wenn diese implizit in der Datenhistorie enthalten sind.

Die *Historische Simulation* kann anhand verschiedener Ansätze erfolgen, welche die Wertänderungen unterschiedlich definieren und ermitteln. So wird zum einen zwischen dem Faktor- und dem Portfolioansatz, aber auch hinsichtlich der Berechnung absoluter (Differenzen-Simulation) und relativer Wertänderungen (Quotienten- bzw. Raten-Simulation) der Risikoparameter differenziert. Sowohl Portfolio- als auch Faktoransatz können sich beider Varianten bedienen, wobei letzterer auch eine Mischung beider verfolgen kann. Ihnen gemein ist ein Vorgehen in drei Stufen, welches nachfolgend exemplarisch für den Faktoransatz skizziert ist.

Bevor die eigentliche Berechnung beginnt, sind relevante Risikofaktoren (z. B. Wechsel-, Aktienkurs), die Zielgröße, aber auch weitere Aspekte (z. B. Beobachtungszeitraum T) zu definieren bzw. zu identifizieren. Auch ist eine Bewertungsfunktion der Zielgröße $g(z)$ zu bestimmen. Dabei ist die Wahl eines optimalen Zeitfensters wichtig. So ist zwischen der Aussagekraft weit zurückliegender Beobachtungen und der Notwendigkeit einer breiten Datenbasis abzuwiegen. In der Literatur werden Ausweichmöglichkeiten gegeben, wie beispielsweise das exponentielle Gewichten historischer Werte.

Während der *Portfolioansatz* den Portfoliowert neu berechnet, greift der *Faktoransatz* auf historische absolute bzw. relative Änderungen der Risikoparameter zurück. Auf Basis jener werden die künftigen Wertänderungen zunächst isoliert simuliert. Dann wird eine Verteilung der Risikoparameter bestimmt, die zu möglichen Wertänderungen des Portfolios führt. So sind in einem ersten Schritt jeweils n historische Änderungen pro Risikoparameter j für den Beobachtungszeitraum T zu bestimmen. Diese berechnen sich entweder durch:

$$\Delta_k z_{t,j} = z_{t,j} - z_{t-k,j} \tag{3-17}$$

(Differenzen-) bzw.

$$R_k w_{t,j} = \frac{z_{t,j} - z_{t-k,j}}{z_{t-k,j}} \tag{3-18}$$

(Ratensimulation), mit

$t = -(n-1), \ldots -1, 0$.

Da zum Zeitpunkt $t = 0$, an dem die Risikomessung stattfindet, die Änderung des Risikoparameter j nicht vorliegt, wird diese auf Basis der historischen Veränderungen geschätzt. Durch Addition bzw. Multiplikation mit dem heutigen Wert, erhalten wir n potenzielle künftige Risikoparameter, es gilt:

$$z^i_{k,j} = z_{0,j} + \Delta_k z_{-(n-i),j} \tag{3-19}$$

bzw.

$$z^i_{k,j} = (1 + R_k z_{-(n-i),j}) z_{0,j}, \tag{3-20}$$

mit $i = 1, \ldots n$.

Zusammen bilden sie den Vektor möglicher Szenarien z^i_k. Nun kann sowohl der potenzielle Portfoliowert $g_k(z^i_k)$ als auch dessen potenzielle Wertänderung

$$\pi^i_{0,k} = g_k(z^i_k) - w_0, \tag{3-21}$$

mit $i = 1, \ldots n$ berechnet werden. Mit dem heutigen Portfoliowert w_0 als Referenzwert, bilden zum Zeitpunkt $t = 0$ die n möglichen Wertänderungen $(\pi^1_{0,k}, \pi^2_{0,k}, \ldots, \pi^n_{0,k})$ die Prognoseverteilung künftiger Änderungen ab, es gilt:

$$\Pi_{0,k} = W_k - w_0 = g_k(Z_k) - w_0. \tag{3-22}$$

Die ermittelten, potenziellen Wertänderungen der Zielgröße (Portfoliowert) sind nun aufsteigend zu sortieren. Die dazugehörende Wahrscheinlichkeitsverteilung kann skizziert werden, Gewinne bzw. Verluste lassen sich berechnen. Auch kann, angenommen dieser Vektor stellt bereits eine Verteilungsfunktion dar, der Value-at-Risk der Zielgröße durch simples Auszählen und anschließende Quantil-Bildung ermittelt werden. Da der Ablauf der Historischen Simulation demjenigen der Monte-Carlo-Simulation sehr ähnelt, wird auf eine beispielhafte Verdeutlichung ersterer verzichtet und auf diese verwiesen.

Die *Monte-Carlo-Simulation* gehört, neben der analytischen Varianz-Kovarianz-Methode, zu den parametrischen Verfahren, die auf die Kovarianzen der Risikoparameter zurückgreifen. Im Gegensatz zur Historischen Simulation modelliert sie potenzielle, zukünftige Entwicklungen der Einflussgrößen (Risikoparameter) durch stochastische Prozesse. Dabei unterstellt sie, dass sich diese gemäß einem »random walk« (= Zufallspfad) verhalten. Ihr Herzstück liegt in der computergestützten Modellierung der Zufallsexperimente begründet. Unter Verwendung eines Zufallszahlengenerators werden stetige, gleichverteilte, zwischen null und eins liegende Zufallszahlen generiert. Sie werden anschließend an der Verteilungsfunktion der Inputgrößen gespiegelt. Wir erhalten zufällige Inputwerte, welche in die zugrunde liegende Bewertungsfunktion einzusetzen sind. Dieser hier grob skizzierte Ablauf ist solange durchzuführen, bis sich eine repräsentative Stichprobe herauskristallisiert (etwa 10 000- bis 20 000-mal). Wie dieser Prozess im Einzelnen abläuft, ist nachfolgend beschrieben.

In einem ersten Schritt werden sämtliche n Risikoparameter (Einflussgrößen) $P_i, i = 1, \ldots, n$ definiert, die die zu analysierende Zielgröße Z (z. B. Portfoliowert) beeinflussen. Des Weiteren wird der Einfluss möglicher Schwankungen der Risikoparameter auf die Zielgröße Z bestimmt. Dies erfolgt zumeist anhand einer Bewertungsfunktion $Z = Z(P_1, P_2, \ldots)$. Dann ist für sämtliche P_i eine Wahrscheinlichkeitsverteilung $F(P_i)$ näherungsweise zu bestimmen; zumeist wird eine Normalverteilung angenommen, aber auch andere Verteilungstypen wie die Binomial- oder Poissonverteilung sind denkbar. Dies kann beispielsweise durch das Betrachten historischer Zeitreihen oder anhand subjektiver Einschätzungen geschehen. Es sei angemerkt, dass der Verteilungsparameter Erwartungswert μ_i und die Standardabweichung σ_i für eine eindeutige Definition der Verteilung ausreichen.

Nun sind die Risikofaktoren auf potenzielle Korrelation untereinander als auch auf temporärer Sicht zu überprüfen. Sollten sie korrelieren, ist zusätzlich die Kovarianz zur eindeutigen Bestimmung der Verteilungsfunktion erforderlich.

Die Voraussetzungen für eine Simulation sind nun gegeben. Ausgehend von den Wahrscheinlichkeitsverteilungen der Einflussgrößen ist diejenige der Zielwerte Z zu bestimmen. Hierzu werden zunächst pro Risikoparameter P_i eine standardnormalverteilte, zwischen null und eins liegende Zufallszahl x_i mithilfe eines Zufallsgenerators erzeugt, es gilt:

$$\left(x_1^{(1)}, x_2^{(1)}, x_3^{(1)}, \ldots\right), \left(x_1^{(2)}, x_2^{(2)}, x_3^{(2)}, \ldots\right), \ldots, \left(x_1^{(n)}, x_2^{(n)}, x_3^{(n)}, \ldots\right).$$

Da der Computer gewöhnlich rechteckverteilte Werte liefert, d. h. Werte, die für alle Zufallszahlen eine identische Wahrscheinlichkeit aufweisen, sind diese in die zuvor festgelegte Verteilungsform der Risikoparameter zu transformieren. So werden die zufällig generierten Zahlen, wie Abbildung 35 zeigt, an der jeweiligen Verteilungsfunktion des Risikoparameters gespiegelt. Wir erhalten eine zufällige Ausprägung sämtlicher Risikoparameter. Diese entsprechen, bei einem hinreichend großen Stichprobenumfang n, näherungsweise der zuvor festgelegten Verteilungsfunktion.

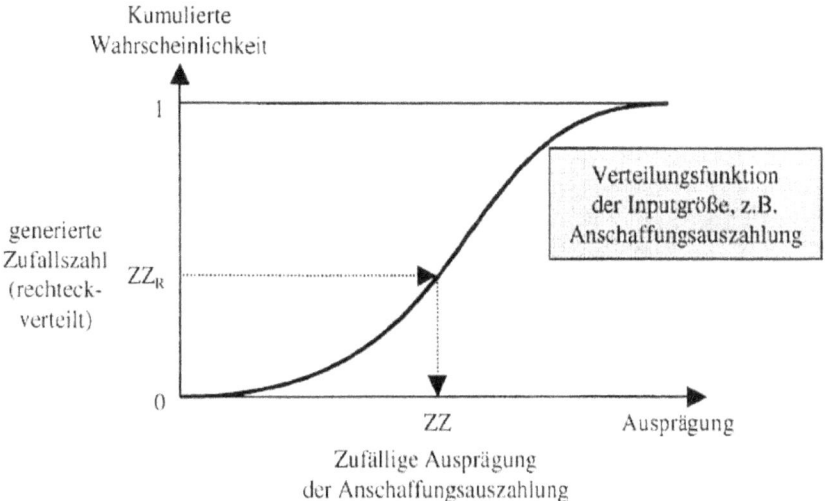

Abb. 35: Transformation der rechteckverteilten Zufallszahlen in zufällige Ausprägungen der Inputgrößen
Quelle: Kremers, 2002, S. 286

Anschließend wird durch Einsetzen der simulierten Werte(-kombinationen) in die zuvor bestimmte Bewertungsfunktion der neue Wert der Zielgröße bestimmt. Pro Satz (Szenario) erhalten wir demnach einen Wert der Zielgröße Z:

$$z^{(i)} = z^{(i)}(p_1^{(i)}, p_2^{(i)}, p_3^{(i)}, \ldots, p_n^{(i)}).$$

Werden sämtliche Portfoliowerte berechnet, findet eine »Full Valuation« statt. Vielfach wird jedoch bloß ein einziger, zufällig ausgewählter Wert in die Funktion der Zielgröße eingefügt.

Ein Szenario ist nun modelliert, die Zielgröße (Portfolio) folglich einmal neu bewertet. Nun ist der oben beschriebene Ablauf etliche Male (n-mal) zu repetieren. Ziel ist es, eine repräsentative Wahrscheinlichkeitsverteilung des Zielgrößenwertes zu erhalten. Dieser liegt letztendlich in n-maliger Ausprägung vor (Stichprobengröße n): $z^{(1)}, z^{(2)}, z^{(3)}, \ldots, z^{(n)}$.

Abbildung 36 zeigt die simulierte normalverteilte Häufigkeitsverteilung der Zielwerte, hier der Kapitalwerte. Basierend auf 10 000 Simulationsdurchläufen und 22 Risikoparametern wurden die simulierten Kapitalwerte in Intervalle der Größe 25 000 Geldeinheiten (GE) eingeteilt. Der niedrigste Kapitalwert beträgt dabei −1 171 127,01 GE, der höchste 2 804 639,54 GE.

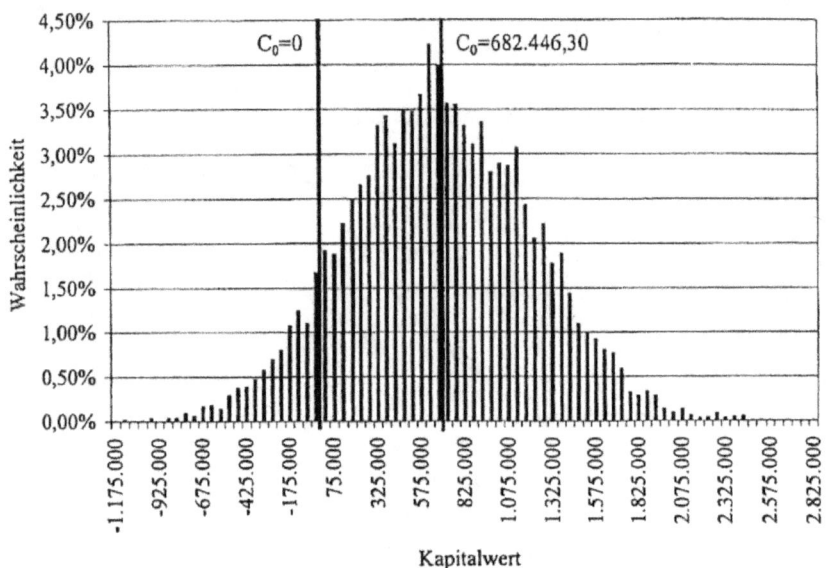

Abb. 36: Simulierte Wahrscheinlichkeitsdichte der Kapitalwerte
Quelle: Kremers, 2002, S. 287

Bei der nun folgenden Auswertung sind nicht nur Kennzahlen statistischer sondern auch »riskanter« Art (z. B. Value-at-Risk) Untersuchungsgegenstand. Auch graphische Darstellungen, z. B. ein Histogramm, sind denkbar. Das folgende Beispiel soll ein besseres Verständnis des Monte-Carlo-Modells ermöglichen.

> **Beispiel: Monte-Carlo-Simulation**
> Ausgangspunkt sei die Zielgröße Z, die durch zwei voneinander unabhängigen Risiken (R_1, R_2) beeinflusst wird. Es gilt $Z = Z(R_1, R_2)$. Dabei können R_1 und R_2 jeweils die Werte (Ausprägungen) (–4; –2; 0; 2; 4) annehmen. Diese sind gleichverteilt, d. h. jeder Wert tritt mit 20-prozentiger Wahrscheinlichkeit ein.
>
> | R_1 / R_2 | -4 | -2 | 0 | 2 | 4 |
> |---|---|---|---|---|---|
> | -4 | -8 | -6 | -4 | -2 | 0 |
> | -2 | -6 | -4 | -2 | 0 | 2 |
> | 0 | -4 | -2 | 0 | 2 | 4 |
> | 2 | -2 | 0 | 2 | 4 | 6 |
> | 4 | 0 | 2 | 4 | 6 | 8 |
>
> **Abb. 37:** Mögliche Szenarien für das Gesamtrisiko
> Quelle: Gleißner, 2005, S. 32
>
> Abbildung 37 zeigt potenzielle Zustände bzw. Szenarien für das Gesamtrisiko. So liegt der Gesamtrisikoumfang (Schadenswert) dabei zwischen –8 und 8, deren Eintrittswahrscheinlichkeit unterscheidet sich (teilweise) voneinander. Beispielsweise ist ein Gesamtrisiko R von 0 wesentlich wahrscheinlicher als die Extremwerte –8 bzw. 8.

Gesamtrisiko R	-8	-6	-4	-2	0	2	4	6	8
Absolute Häufigkeit $h(R)$	1	2	3	4	5	4	3	2	1
Wahrscheinlichkeit $p(R)$	4%	8%	12%	16%	20%	16%	12%	8%	4%

Abb. 38: Eintrittswahrscheinlichkeiten der möglichen Ausprägungen von R
Quelle: Gleißner, 2005, S. 33

Anschließend erfolgt die eigentliche Monte-Carlo-Simulation. Für jedes identifizierte Risiko (R_1, R_2) wird pro Simulationsdurchlauf eine Zufallszahlen (Z_1 bzw. Z_2) erzeugt. Diese können (gemäß Definition) Werte im Intervall [0; 1] annehmen. Um aus den Zufallszahlen einen zufällig realisierten Wert des Risikoparameters bestimmen zu können, muss dieser an einer Verteilungsfunktion gespiegelt werden. Nachfolgende Tabelle zeigt die verwendete Zuordnungsvorschrift für Z_1 nach R_1.

Z_1	$0 \leq Z_1 \leq 0{,}2$	$0{,}2 \leq Z_1 \leq 0{,}4$	$0{,}4 \leq Z_1 \leq 0{,}6$	$0{,}6 \leq Z_1 \leq 0{,}8$	$0{,}8 \leq Z_1 \leq 1$
Wert (R_1)	-4	-2	0	2	4

Abb. 39: Zuweisung von Wahrscheinlichkeiten zu den Ereignissen R
Quelle: Gleißner, 2005, S. 33

Wird für Z_1 die Zufallszahl 0,529, für Z_2 0,1782 generiert, realisiert R_1 den Wert 0, R_2 hingegen –4. Das Gesamtrisiko R beläuft sich somit auf –4 ($R = R_1 + R_2 = 0 + (-4) = -4$).

Nun gilt es, den Simulationsprozess n-mal zu wiederholen. Wir erhalten je n Zufallszahlen, und folglich auch jeweils n Werte für R_1 und R_2. Im Anschluss kann die Berechnung und graphische Darstellung statistischer Kennzahlen (z. B. Erwartungswert von R) erfolgen.

Auch bekannt als stochastische Simulation, ermöglicht die Monte-Carlo-Simulation sowohl komplexe Problemstellungen stochastischer (z. B. Lagerhaltungsprobleme) als auch deterministischer (z. B. Ermittlung bestimmter Integrale) Art näherungsweise zu lösen, die sich nicht unbedingt mit Zufall befassen. Neben der Simulation von Wertänderungen bestimmter Risikofaktoren kann sie auch unmittelbar die Simulation einer Risikoposition durchführen. Dabei ist die Stichprobengröße n entscheidend für die Qualität und damit spätere Repräsentativität der Simulation. Ziel ist stets, stabile Verteilungsfunktionen und statistische Kennzahlen herleiten zu können.

3.3 Entscheidungsmodelle zur Beurteilung von Alternativen

Selbst wenn »Entscheidungen unter Unsicherheit« eigentlich nicht Gegenstand des Risikomanagements sind, sollen diese im Anschluss kurz diskutiert werden. Denn sie stellen eine Ergänzung des traditionellen Ansatzes dar und dienen insbesondere zur risikoadjustierten Kapitalallokation. Anstehende Investitionen können so gemäß ihrem inhärenten Risiko beurteilt werden.

Hierzu eignen sich, neben der auf dem WACC-Ansatz basierenden Barwertmethode (Discounted Cashflow, DCF), insbesondere die Entscheidungsbaum- sowie die Realoptionsanalyse. Dabei definiert die projektbasierte bzw. marktbasierte Unsicherheit in gewisser Weise die zu verwendende Methode. Ist die Realoptionsanalyse bei großer markt- und geringer projektbasierter Unsicherheit anzuwenden, sollte die Entscheidungsbaumanalyse bei hoher projektbasierter jedoch geringer marktbasierter Unsicherheit zum Einsatz kommen. Die beiden letzteren Konzepte werden im Folgenden näher erläutert.

Die *Entscheidungsbaumanalyse* (decision tree analysis, DTA) ermöglicht die Bewertung mehrstufiger, flexibler Entscheidungssituationen bei geringer Markt- und großer Projektunsicherheit. Ziel ist das Vorhersagen eines Entwicklungspfades, beispielsweise das Bestimmen einer optimalen (Investitions-)Entscheidung bereits bei Planungsbeginn. So werden gegenwärtige Entscheidungen systematisch zusammen mit ihren zeitlichen Folgen analysiert bzw. aufgezeigt. Dies können einerseits potenzielle Umweltzustände sowie andererseits mögliche, zustandsbezogene Folgeentscheidungen sein. Dabei ist insbesondere die Eintrittswahrscheinlichkeit der dargelegten, zukünftigen Situationen und Zustände bei der gegenwärtigen Entscheidungsfindung zu beachten.

Ein Entscheidungsbaum ist durch Knoten (E, Z) und Kanten (e, z) charakterisiert. Je nachdem, ob das Unternehmen selbst eine Entscheidung trifft, oder mit einer Entscheidung Dritter konfrontiert wird (Zufallsereignis), unterscheidet man zwischen »Entscheidungsknoten« (E) respektive »Ereignisknoten« (Z). Kanten stellen Entscheidungsalternativen (e) bzw. Umweltzustände (z) dar. R ist ein Ergebnisknoten, er bezeichnet ein aus Entscheidungsalternativen und Umweltzuständen resultiertes Ergebnis. Dahingegen symbolisiert R/E das Vorhandensein eines Ergebnisses und fordert zur Entscheidungsfindung auf. Abbildung 40 stellt einen Entscheidungsbaum, einen ungerichteten Graphen, dar. Mögliche Interferenzen des Entscheidungsträgers auf exogene Gegebenheiten sind ausdrücklich erfasst.

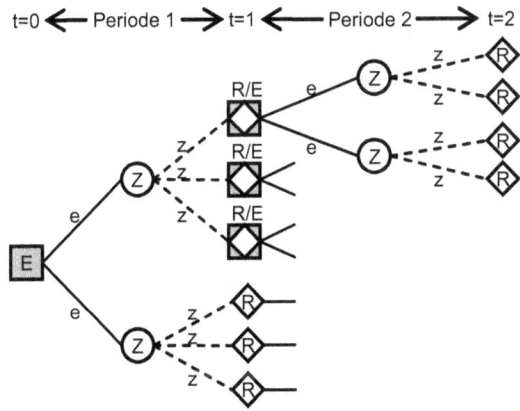

Abb. 40: Formalstruktur eines Entscheidungsbaumes
Quelle: Götze, 1991, S. 329

Damit eine optimale Lösungsstrategie ermittelt bzw. das Chancen- und Risikopotenzial einzelner Handlungsalternativen konkretisiert werden kann, sind die Ereignisse (die Kanten z) mit ihrer jeweiligen Eintrittswahrscheinlichkeit zu dokumentieren. Als Informationsquelle können z. B. Statistiken dienen, auch Szenario-Techniken eignen sich hierfür. Den Ausgangspunkt stellt stets die Strukturierung eines Entscheidungsbaumes mit den oben beschriebenen Elementen dar, d. h. u. a. die Ermittlung des Planungszeitraumes und der Entscheidungsalternativen. Im Anschluss erfolgt die Datengewinnung. Diese umfasst das Ermitteln von z. B. Anschaffungsauszahlungen, Absatz- bzw. Produktionsmengen etc. sämtlicher Entscheidungsalternativen als auch Umweltzustände. Ferner sind die Eintrittswahrscheinlichkeiten und der Kalkulationszinssatz zu bestimmen. Zur Ermittlung der zustandsabhängigen Entscheidungsfolge, die den Erwartungswert der betrachteten Zielgröße (zumeist Kapitalwert) optimiert, kann auf das sogenannte Roll-Back-Verfahren zurückgegriffen werden. Ausgehend vom spätesten Moment, zu dem Entscheidungen zu treffen sind, wird retrograd nach der erwartungswertmaximalen Handlungsalternative gesucht. Ziel ist es, durch dieses stufenweise Vorgehen denjenigen Handlungsstrang zu identifizieren, der zu jedem beliebigen Zeitpunkt des Planungszeitraumes, und somit auch zu Beginn, die noch zu verbleibende Entscheidungsfolge optimiert. Inwieweit sich ein Entscheidungsproblem durch einen Entscheidungsbaum abbilden lässt, soll das folgende Beispiel veranschaulichen.

> **Beispiel: Entscheidungsbaumanalyse**
> Ein Unternehmen möchte zwei Jahre lang ein neues Produkt in sein Sortiment aufnehmen (Planungszeitraum $t = 2$). Die für die Produktion notwendigen Produktionsanlagen kann es entweder für einen Kaufpreis von 240 000 € erwerben (Alternative A) oder aber für 132 000 € bzw. 120 000 € (Periode 2) mieten (Alternative B). Je nach Absatzlage (gut/schlecht) ist die eine Alternative der anderen vorzuziehen. Mit einer Wahrscheinlichkeit von 60 % sind die Verkaufszahlen gut (mit 40 % schlecht). Außerdem ist mit 80-prozentiger Wahrscheinlichkeit die Absatzlage der Perioden identisch. Es soll die Alternative mit dem größten erwarteten Kapitalwert bestimmt werden, wobei die abgezinsten Zahlungsüberschüsse bei guter Absatzlage sich auf 220 000€ (Periode 1) bzw. 200 000 € (Periode 2) beziffern. Bei schlechter Absatzlage ist der Zahlungsüberschuss beider Perioden gleich null. Nachfolgende Tabelle in Abbildung 41 veranschaulicht dies.

Zustandsentwicklung (Absatzlage) t=1	t=2	Wahrscheinlichkeit	Kapitalwert d. Zahlungsüberschüsse	Kapitalwert bei Kauf der Anlage	Kapitalwert bei Miete der Anlage
Gut	Gut	48 %	420.000 €	180.000 €	168.000 €
	Schlecht	12 %	220.000 €	-20.000 €	-32.000 €
Schlecht	Gut	8 %	200.000 €	-40.000 €	-52.000 €
	Schlecht	32 %	0 €	-240.000 €	-252.000 €
		Erwarteter Kapitalwert:		**4.000 €**	**-8.000 €**

Abb. 41: Erwartungswerte des Kapitalwertes bei Kauf bzw. Miete der Anlage

Summiert man nun die zustandsbedingten Kapitalwerte, ergibt sich ein auf den Planungsbeginn ($t=0$) bezogener erwarteter Kapitalwert von 4 000 € gegenüber -8 000 €. Somit ist die Kaufoption die optimale Strategie, sie ist der Mietvariante vorzuziehen.

Die folgende Abbildung 42 zeigt einen Entscheidungsbaum zur Entscheidung zwischen Kauf bzw. Miete einer Produktionsanlage.

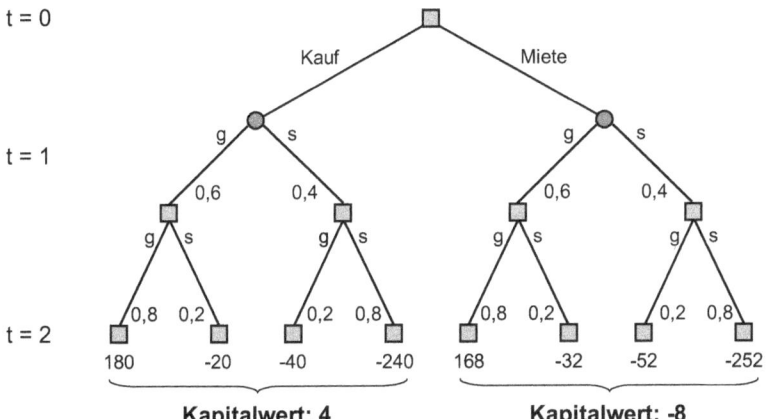

Abb. 42: Entscheidungsbaum zur Entscheidung zwischen Kauf und Miete

Denkbar wäre nun, die Entscheidungssituation zu erweitern, beispielsweise durch Ermöglichen des frühzeitigen Abbrechens des Projektes. Wird dies gestattet, ist die Handlungsoption der Miete unter einem neuen Blickwinkel zu sehen.

Wie auch die Szenario-Technik berücksichtigt die Entscheidungsbaumanalyse mehrere mögliche Umweltzustände. So lässt dies bereits die Modellstruktur der jeweiligen Methode erahnen (Baum vs. Trichter). Auch kann sie für die Ermittlung der Eintrittswahrscheinlichkeit der Szenarien herangezogen werden. Durch die sequenzielle Risikobetrachtung, die neben den Risikoursachen und zustandsabhängigen Folgeentscheidungen auch die jeweilige Eintrittswahrscheinlichkeit erfasst, können Risiken durch die Entscheidungsbaumanalyse hinreichend gut identifiziert werden.

Ein weiteres Entscheidungsmodell ist die sogenannte *Realoptionsanalyse*. Eine Realoption stellt die Möglichkeit, nicht jedoch die Verpflichtung dar, zu einem künftigen Zeitpunkt (europäische Option) bzw. innerhalb eines festgelegten Zeitraumes (amerikanische Option) zu zuvor vereinbarten Kosten (Ausübungspreis) in determinierter Weise zu handeln. Dieses Handeln kann sich dabei durch eine Vielzahl an Möglichkeiten auszeichnen. So kann, beispielsweise mittels einer Option zu verzögern, zusätzlicher Handlungsspielraum für das Durchführen einer güterwirtschaftlichen Investition gewonnen werden. Die Erweiterungs- und Einschränkungsoptionen ermöglichen es, Kapazitäten, z. B. Produktionsanlagen aus einer Anfangsinvestition, auszubauen bzw. zu reduzieren. Realoptionen verschaffen folglich Flexibilität; vorteilhaften bzw. unvorteilhaften Marktentwicklungen kann durch operative Anpassungen adäquat begegnet werden. Sie erhöhen so c.p. die Attraktivität von Investitionsprojekten. Denn mögliche Verlustgefahren werden eingeschränkt, mögliche Chancen können dennoch genutzt werden. Neben der soeben illustrierten Flexibilität bilden die vorliegende Unsicherheit sowie die Irreversibilität der Handlung zwei weitere konstituierende Merkmale der (Real-)Option. Während letztere sich auf die Ausübung bzw. die Überschreitung der Ausübungsfrist bezieht, durch die die Option vernichtet wird, spiegelt sich Unsicherheit in der unsicheren Entwicklung des Optionswertes wider, durch die zukünftige Handlungsspielräume erst an Wert gewinnen.

Es gibt eine Vielzahl von Kriterien, Realoptionen bestimmten Kategorien zuzuordnen. Dies kann beispielsweise in Bezug auf den Wirkungszusammenhang in Lern-, Wachstums- oder Versicherungsoptionen, gemäß der zugrunde liegenden Interdependenz (einfach/verbunden) oder dem Grad an Exklusivität (allgemein/exklusiv) geschehen. Wichtig ist, dass diese stets einer Finanzoption zugeordnet werden, da nur so eine optionspreistheoretische Bewertung möglich ist. Grundsätzlich sind Kaufoptionen (Call) von Verkaufsoptionen (Put) zu differenzieren. Optionspreistheoretische Bewertungsverfahren basieren entweder auf zeitstetigen oder zeitdiskreten Zufallsprozessen. Zeitdiskrete unterstellen eine endliche Zahl von Zuständen pro Entscheidungszeitpunkt; bei zeitstetigen hingegen sind »überabzählbar« viele Entscheidungen innerhalb eines Zeitintervalls möglich. Für die Wertbestimmung von Realoptionen erscheint dabei besonders das zeitdiskrete Binomialmodell als geeignet, es ist nachfolgend skizziert.

Um den Wert von Realoptionen zu bestimmen, sind zunächst, analog zu den Finanzoptionen, fünf Grundparameter relevant. Dies sind (1) der Wert des zu analysierenden, risikobehafteten Objektes, (2) der Basis- oder Ausübungspreis, (3) die Optionslaufzeit, die, da ein zeitdiskreter Zufallsprozess zugrunde liegt, in n gleich große Zeitintervalle zu unterteilen ist, (4) die wertmäßige Standardabweichung der risikobehafteten Position und zuletzt (5) der risikolose Zinssatz für die Laufzeit der betrachteten Option. Nachfolgende Tabelle vermittelt einen Überblick über diese fünf Basiseinflussgrößen. Auch wird die jeweilige Korrelationstendenz angegeben. Es könnte ein sechster Parameter, der aus dem Basisobjekt hervorgehende Barauszahlungen bzw. -einnahmen (z. B. Dividenden) darstellt, hinzugefügt werden.

	Variable		Investitionsprojekt	Korrelation
	Finanzoption	*Realoption*		
Basiswert des risikobehafteten Objektes	S	B	Barwert der Einzahlungsüberschüsse des Investitionsprojektes	Positiv
Ausübungspreis	K	A	Anschaffungsauszahlung (Investitionsbetrag)	Negativ
Laufzeit	t		Verzögerungszeit (Zeit, bis die Investitionsmöglichkeit verfällt)	Positiv
Volatilität	$\sigma\,(u,d)$		Projektrisiko; historische Volatilität des Gegenwartswertes des Investitionsobjektes	Positiv
Zinssatz	r_f		Risikoloser Kapitalmarktzinssatz	Positiv

Abb. 43: Variablen einer Realoption mit Korrelation des Wertes mit der Variablen
Quelle: Von Campenhausen, 2006, S. 231; Schäfer, 2005, S. 400

Um den gegenwärtigen Optionswert C_0 einer einperiodigen, europäischen Kaufoption (Restlaufzeit: $n=1$) zu ermitteln, ist zunächst der Kapitalwert S_0 des analysierten Objektes zu bestimmen. Er unterliegt aufgrund der unsicheren Zukunft Schwankungen, die jeweils am Periodenende t_1 erfolgen. Mit einer Wahrscheinlichkeit von $p([1-p])$ erfolgt eine günstige (ungünstige) Kursentwicklung, sodass der Kapitalwert in t_1 durch $\tilde{S}_{1u} = u \cdot S_0$ (bzw. $\tilde{S}_{1d} = d \cdot S_0$, mit $u > d \geq 0$) ermittelbar ist.

Unter der Annahme eines vollkommenen, arbitragefreien Kapitalmarktes, wird unterstellt, dass Δ Anteile eines Referenzpapiers (Referenzaktie) und B der risikofreien Anleihe sich gemäß dem »Gesetz des einheitlichen Preises« so zu einer Position zusammenstellen lassen, dass die Zahlungsströme (Payoffs) des äquivalenten Portfolios (Duplikationsportfolio) mit denen der Option übereinstimmen. Somit gilt:

$$\Delta \cdot u \cdot S_0 + r_f \cdot B = C_u \quad \text{bzw.} \quad \Delta \cdot d \cdot S_0 + r_f \cdot B = C_d \tag{3-23}$$

Der Optionswert lässt sich also aus den einzelnen Wertpapierpreisen des Duplikationsportfolios herleiten (»pricing by duplication«). Die erwarteten Zahlungsströme sind nun zu einem risikobereinigten Zinssatz r_f abzuzinsen, sodass für den Barwert des Duplikationsportfolios und somit den Kapitalwert des Projektes Folgendes gilt:

$$C = \Delta \cdot S_0 + B_0 \tag{3-24}$$

und somit

$$C = \frac{C_u - C_d}{(u-d)} + \frac{u \cdot C_d - d \cdot C_u}{(u-d) \cdot r_f}. \tag{3-25}$$

Nach einer Umformung und Einsetzen der jeweiligen »Pseudowahrscheinlichkeiten« p bzw. $(1-p)$ ergibt sich als Bewertungsformel für eine einperiodige Option:

$$C = \frac{p \cdot C_u + (1-p) \cdot C_d}{r_f}. \tag{3-26}$$

Zahlt nun der Inhaber der Option den Ausübungspreis K (auch Basispreis), so kann er, muss jedoch nicht, zum Laufzeitende die Aktie erstehen. Ob er die Option wahrnimmt, hängt von der Beziehung Aktienkurs – Ausübungspreis ab. Nur wenn der Aktienkurs in t_1 größer als der Ausübungspreis K ist, also $\tilde{S}_1 > K$, wird er die Kaufoption wahrnehmen, andernfalls verfallen lassen. Somit ergibt sich für den Optionswert in t_1 entweder der Differenzbetrag von Aktienkurs und Ausübungspreis (für $\tilde{S}_1 > K$), oder er beläuft sich auf null. Folglich gilt:

$$\tilde{C}_1 = \begin{cases} C_u = max\,(S_{ou} - K, 0) \\ C_d = max\,(S_{od} - K, 0) \end{cases}. \tag{3-27}$$

Werden die gewonnenen Erkenntnisse auf die Bewertung von Realoptionen übertragen, sind bewertungsrelevante Daten zu ermitteln, die sich teilweise von denen der Finanzoption unterscheiden. So entspricht beispielsweise der Nettobarwert des Projektes B dem Aktienkurs S.

Beispiel

Ein Unternehmen steht vor einer Investitionszeitpunktentscheidung: es kann eine Investition entweder unmittelbar ($t=0$) oder zu Beginn der Folgeperioden ($t=1$, bzw. $t=2$) tätigen. Weiter ist die Nutzung einer Warteoption möglich. Dabei handelt es sich um eine Investition mit einer zeitpunktunabhängigen Anschaffungsauszahlung in t_0 in Höhe von $a_0 = 110\,000$ €. Die Rückflüsse belaufen sich in $t=1$ auf entweder $B_{u1} = 15\,000$ € oder $B_{d1} = 10\,000$ €, eine Periode später in $t=2$ sind diese entweder um 35 % gestiegen oder aber um 10 % gefallen (mit dem Vorjahreswert ($t=1$) als Referenz). Weiter ist ab dem Zeitpunkt $t=3$ mit einer ewigen Rente zu rechnen, deren Wert mit demjenigen des Rückflusses in $t=2$ übereinstimmt. Ferner beträgt der risikofreie Zinssatz 10 % p.a. (Kalkulationszinsfuß).

Nachfolgende Abbildung stellt die potenziellen Zustände (in eckigen Klammern), die dazugehörenden Zahlungsströme wie auch die zustandsspezifischen Barwerte der ewigen Renten zum Zeitpunkt $t=2$ in Form eines Zustandsbaumes dar.

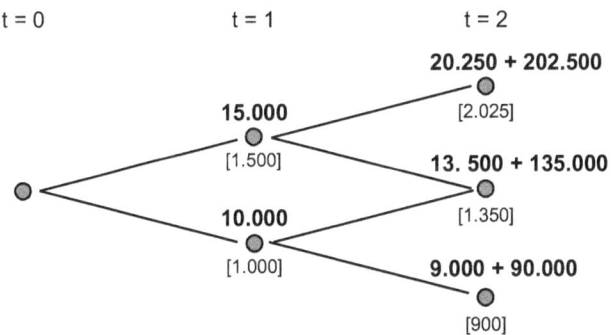

Abb. 44: Rückflüsse und Kurse zu den Investitionszeitpunkten

Nun folgt eine retrograde Bewertung, welche zum Zeitpunkt t_2 einsetzt. So können sich drei verschiedene Optionswerte ergeben: Entwickelt sich der Aktienkurs zweimal positiv (negativ) dann gilt C_{uu2} (C_{dd2}). Entwickelt sich der Kurs hingegen einmal positiv und negativ, gilt C_{ud2} bzw. C_{du2}. Folglich erhalten wir:

$$C_{uu2} = max\left\{-110\,000\,€ + \frac{20\,250\,€}{0{,}1}; 0\,€\right\} = 92\,500\,€$$

$$C_{ud2} = C_{du2} = max\left\{-110\,000\,€ + \frac{13\,500\,€}{0{,}1}; 0\,€\right\} = 25\,000\,€$$

$$C_{dd2} = max\left\{-110\,000,\unicode{x20AC} + \frac{9\,000\,\unicode{x20AC}}{0{,}1}; 0\,\unicode{x20AC}\right\} = 0\,\unicode{x20AC}$$

In $t=2$ würde die Investitionsoption folglich bei positiv/positiver (C_{uu2}) und positiv/negativer (C_{ud2}) bzw. negativ/positiver (C_{du2}) Entwicklung ausgeübt werden, nicht jedoch nach einer doppelt negativen Entwicklung (C_{dd2}).

Bewerten wir nun die Option, erst zum Zeitpunkt $t=1$ eine Entscheidung über das Investieren treffen zu müssen. Dies geschieht unter der Berücksichtigung der Pseudowahrscheinlichkeit p, mit $u=1{,}35$, $d=0{,}9$ und $r=1{,}1$. Wir erhalten: $p = \dfrac{r-d}{u-d} = \dfrac{1{,}1-0{,}9}{1{,}35-0{,}9} = 0{,}44$.

Sodass sich in $t=1$ bei günstiger (C_{u2}) bzw. ungünstiger (C_{d2}) Entwicklung für den Wert einer Option mit Ausübungszeitpunkt $t=2$ Folgendes ergibt.

$$C_{u2} = \frac{p \cdot C_u + (1-p) \cdot C_d}{r} = \frac{0{,}44 \cdot 92\,500\,\unicode{x20AC} + 0{,}56 \cdot 25\,000\,\unicode{x20AC}}{1{,}1} = 50\,000{,}00\,\unicode{x20AC}$$

$$C_{d2} = \frac{p \cdot C_u + (1-p) \cdot C_d}{r} = \frac{0{,}44 \cdot 25\,500\,\unicode{x20AC} + 0{,}56 \cdot 0\,\unicode{x20AC}}{1{,}1} = 10\,101{,}01\,\unicode{x20AC}$$

Ferner können diese Werte über eine Duplikation bestimmt werden, diese Möglichkeit soll jedoch nicht näher erläutert werden.

Unter Verwendung der künftigen Optionswerte kann der derzeitige Wert C_2 einer Option, die es ermöglicht, erst zum Zeitpunkt $t=2$ zu investieren, wie folgt berechnet werden:

$$C_2 = \frac{p \cdot C_u + (1-p) \cdot C_d}{r} = \frac{0{,}44 \cdot 50\,000{,}00\,\unicode{x20AC} + 0{,}56 \cdot 10\,101{,}01\,\unicode{x20AC}}{1{,}!1}$$
$$= 25\,303{,}54\,\unicode{x20AC}.$$

Somit ergibt sich ihr Wert aus denjenigen Zahlungsüberschüssen, die bei zweimal günstiger und bei je einmal günstiger und ungünstiger Entwicklung zurückfließen werden. Des Weiteren ist die Möglichkeit des Investitionsverzichtes bei stets negativer Aktienkursentwicklung berücksichtigt.

Da die Aufgabenstellung es erlaubt, die Investition zu verschiedenen Zeitpunkten zu tätigen, ist ferner die zustandsbedingte Vorteilhaftigkeit zu überprüfen. Welche Schritte hierbei zu beachten sind, wird im Anschluss nur grob skizziert. Entwickelt sich die Nachfrage im ersten Zeitintervall positiv, dann beläuft sich der Optionswert C_{u1} in t_1 auf 55 000 €.

$$C_{u1} = max\left\{-110\,000 + \dfrac{\begin{pmatrix}0,44 \cdot \left(\dfrac{20\,250\,€}{0,1} + 20\,250\,€\right)\\ +0,56 \cdot \left(\dfrac{13\,500\,€}{0,1} + 13\,500\,€\right)\end{pmatrix}}{1,1}; 0\right\} = 55\,000\,€$$

Dieser ist durch den Ausübungspreis, den zustandsbezogenen Barwert der ewigen Rente wie auch dem erwarteten Zahlungsstrom bestimmt. Da bei günstiger Entwicklung der Optionswert C_{u1} größer C_{uu2} ist ($C_{u1} > C_{uu2}$), sollte die Option bereits in t_1 ausgeübt werden.

Analog ist der Optionswert C_{d1} bei negativer Zustandsentwicklung zu ermitteln. Es gilt:

$$C_{d1} = max\left\{-110\,000 + \dfrac{\begin{pmatrix}0,44 \cdot \left(\dfrac{13\,500\,€}{0,1} + 13\,500\,€\right)\\ +0,56 \cdot \left(\dfrac{9\,000\,€}{0,1} + 9\,000\,€\right)\end{pmatrix}}{1,1}; 0\right\} = 0\,€$$

Bei unvorteilhafter Entwicklung hingegen sollte die Option in t_1 nicht genutzt werden, denn es gilt: $C_{d1} = C_{dd2} < C_{du2}$. Für den Wert der Investitionsgelegenheit (Warteoption) in $t=0$ erhalten wir demnach:

$$C_{1/2} = \dfrac{0,44 \cdot 55\,000\,€ + 0,56 \cdot 10\,101,01\,€}{1,1} = 27\,323,74\,€$$

Weiterhin gilt es den Erwartungswert einer unmittelbaren Investition C_0 zu bestimmen. Wir erhalten:

$$C_0 = -110\,000 + \frac{0{,}44 \cdot 15\,000\,€ + 0{,}56 \cdot 10\,000\,€}{1{,}1}$$

$$+ 0{,}44 \cdot \left(\frac{0{,}44 \cdot \left(\frac{20\,250\,€}{0{,}1} + 20\,250\,€ \right) + 0{,}56 \cdot \left(\frac{13\,500\,€}{0{,}1} + 13\,500\,€ \right)}{1{,}1^2} \right)$$

$$+ 0{,}56 \cdot \left(\frac{0{,}44 \cdot \left(\frac{13\,500\,€}{0{,}1} + 13\,500\,€ \right) + 0{,}56 \cdot \left(\frac{9\,000\,€}{0{,}1} + 9\,000\,€ \right)}{1{,}1^2} \right) = 23\,333{,}33\,€$$

Vergleicht man nun den derzeitigen Marktwert der Option mit demjenigen der Warteoption, erscheint letztere vorteilhafter. Folglich sollte in t_0 nicht investiert werden. Weiter ist die Investition in t_1 nur bei günstiger, und schließlich in t_2 nur bei ungünstig/günstiger Entwicklung durchzuführen. Bei ungünstigen Entwicklungen ist auf eine Investition zu verzichten. Dies wäre somit die optimale Handlungsfolge. Die Option zu warten verkörpert einen Flexibilitätsgewinn.

Die Realoptionsanalyse ist ein hilfreiches und geeignetes Verfahren zur Vorabbestimmung möglicher Ereignisse und Handlungsoptionen. Im Gegensatz zu Bewertungsverfahren, wie beispielsweise dem CAP-Modell, trägt insbesondere die Miteinbeziehung quantifizierter Handlungsspielräume und -alternativen in das rationale Investitionskalkül zu einem verbesserten Entscheidungsprozesses unter Unsicherheit bei. Entscheidungen werden nicht nach dem »Alles-oder-Nichts«-Prinzip getroffen; vielmehr besteht die Möglichkeit, auf bestimmte Umfeldveränderungen zu reagieren. Ein einzelnes, komplexes Investitionsprojekt lässt sich so in Unterprojekte untergliedern, die stückweise realisiert werden. Dies ermöglicht den Vergleich zwischen dem gegenwärtigen und dem geplanten Projektstand; bereits getroffene Entscheidungen können, die eingetretenen Umfeldveränderungen berücksichtigend, bestätigt bzw. revidiert werden. Strategische Unternehmensentscheidungen sind hierbei insbesondere in der Flexibilität zu sehen, die der operativen Ebene gewährt wird. Diese ermöglicht, sich langfristig an Risiken anzupassen und hierdurch den Unternehmenswert zu maximieren.

3.4 Ermittlung des Gesamtrisikos

Die auf ein Unternehmen einwirkenden, relevanten Risiken wurden nun identifiziert und weitestgehend quantitativ bewertet. In einem nächsten Schritt gilt es nun zu überprüfen, ob ein tragbares Verhältnis zwischen zur Verfügung stehendem Haftungskapital und gegenwärtig übernommenen Risiken vorliegt oder ob evtl. eine Gefährdung der zukünftigen Zahlungsfähigkeit des Unternehmens besteht. Diese Überprüfung kann allerdings nur dann zuverlässig erfolgen, wenn die (netto) Gesamtrisikoposition des Unternehmens, das sogenannte Risk Exposure, so genau wie möglich abgeschätzt bzw. bestimmt worden ist. Hierfür bedarf es jedoch eines weiteren Schrittes: das Aggregieren der bereits quantitativ bewerteten Einzelrisiken. Denn schließlich belasten alle auf das Unternehmen wirkenden Risiken seine Risikotragfähigkeit gemeinsam.

Die Durchführung der Risikoaggregation ist zumeist herausfordernd, denn das simple Addieren der Schadensausmaße einzelner Risiken führt zu einer äußerst ungenauen Bestimmung der unternehmerischen Gesamtrisikoposition. Tritt ein bestimmtes Risikoereignis ein bzw. verändert sich dessen Eintrittswahrscheinlichkeit, so kann dies Auswirkung auf die Eintrittswahrscheinlichkeit eines anderen, noch nicht eingetretenen Risikoereignisses haben. Werden Einzelrisiken also auf Gesamtunternehmensebene aggregiert, sind mögliche mindernde bzw. verstärkende Wirkungen (Diversifikationseffekte) zu beachten. Das Erkennen und Quantifizieren des Beziehungsmusters ist unabdingbar. Während die Risikoaggregation derselben Risikofaktoren über mehrere Berichtseinheiten zumeist problemlos erfolgt, da sie vollständig positiv korrelieren, treten insbesondere bei der Aggregation verschiedener Risikoarten Probleme auf.

Sollen Risiken auf gegenseitige Abhängigkeit untersucht werden, erweist sich die Korrelationsanalyse als ein hilfreiches Analyseinstrument. Sie untersucht die statistische Abhängigkeit zweier Zufallsvariablen X und Y (oder auch Risiken) auf ihren linearen Zusammenhang sowie gegebenenfalls auf die Stärke und Richtung dieses Zusammenhangs. Auf den Begriff der Korrelation wurde im Rahmen der linearen Regressionsanalyse bereits eingegangen.

Es sind prinzipiell folgende vier Formen der Abhängigkeit denkbar: Risikoantinomie, -konkurrenz, -komplementarität und Risikoindifferenz. Bei der Risikoantinomie kann sich nur eines der beiden Risikoereignisse ereignen. So bewirkt das Eintreten des Risikoereignisses A (z. B. Lagerhausbrand) das Ausbleiben des Risikoereignisses B (Diebstahl der Ware). Seine Eintrittswahrscheinlichkeit ist demnach Null. Wird jedoch durch das Eintreten eines bestimmten Risikos A, die Eintrittswahrscheinlichkeit des Risikoereignisses B reduziert, so spricht man von einer Risikokonkurrenz. Auch konkurrieren zwei Risiken dann, wenn sich eine Erhöhung der Eintrittswahrscheinlichkeit eines Risikos negativ auf diejenige des zweiten auswirkt. Bei der Risikokomplementarität hingegen, beeinflussen Risiken sich »positiv«. So steigert die Realisation des Risikos A bzw. eine Erhöhung seiner Eintrittswahrscheinlichkeit die Eintrittswahrscheinlichkeit des Risikos B (und vice versa). Letztendlich können Risiken auch voneinander unabhängig sein (Risikoindifferenz).

Um die Stärke dieser Wechselwirkungen hinsichtlich Eintrittswahrscheinlichkeit als auch Auswirkung quantitativ ermitteln zu können, bedient man sich eines Korrelationskoeffizienten, beispielsweise dem Pearson'schen Korrelationskoeffizient ρ_{xy}. Er dient als Maß zur Bestimmung der linearen Abhängigkeit zweier intervallskalierter und normalverteilter Zufallsvariablen bzw. Risikoparameter X und Y. Definiert als Quotient aus Kovarianz und Wurzel des Produktes der Varianzen aus X und Y, kann er wie folgt berechnet werden:

$$\rho_{xy} = \frac{\sigma_{xy}}{\sqrt{\sigma_x^2 \cdot \sigma_y^2}} = \frac{\sum_{i=1}^{n}(x_i - \bar{x})(y_i - \bar{y})}{\sqrt{\sum_{i=1}^{n}(x_i - \bar{x})^2 \cdot \sum_{i=1}^{n}(y_i - \bar{y})^2}} \qquad (3\text{-}28)$$

Dabei obliegt dem Zähler, als Summe der jeweiligen Abweichungsprodukte (Kovarianz), besondere Bedeutung. Relevant für die spätere folgerichtige Interpretation des Korrelationskoeffizienten ist jedoch zunächst, dass jener lediglich Werte im Intervall minus eins, plus eins ($-1 \leq \rho xy \leq 1$) annehmen kann. Ist er dabei größer (kleiner) Null ($\rho xy > 0$ bzw. $\rho xy < 0$), spricht man von einer positiven (negativen) Korrelation der Zufallsvariablen X und Y. Für $\rho xy = 0$ korrelieren die Zufallsvariablen X und Y nicht, sie sind unabhängig. Im folgenden Kasten sind die theoretisch möglichen Abhängigkeiten dargestellt.

$\rho_{xy} = -1$: Vollständige, lineare Abhängigkeit; negative Korrelation (*Risikoantinomie*).

$-1 < \rho_{xy} < 0$: Negative Korrelation (*Risikokonkurrenz*). Es besteht ein negativer, linearer Zusammenhang, der umso größer ist je näher ρ_{xy} an -1 ($\rho_{xy} \mapsto -1$).

$\rho_{xy} = 0$: Stochastische Unabhängigkeit (*Risikoindifferenz*).

$0 < \rho_{xy} < 1$:	Positive Korrelation (Risikokomplementarität). Es besteht ein positiver, linearer Zusammenhang, der umso größer ist je näher ρ_{xy} an 1 ($\rho_{xy} \mapsto 1$).
$\rho_{xy} = 1$:	Vollständige, lineare Abhängigkeit; positive Korrelation.

Die gegenseitige Abhängigkeit zweier Zufallsvariablen ist umso größer, je höher der absolute Wert des Korrelationskoeffizienten ist. Sind gegenseitige Wechselwirkungen mehrerer Risiken zu analysieren, kann dies übersichtlich durch eine Korrelationstabelle erfolgen. Abbildung 45 zeigt, wie stark die verschiedenen Risiken voneinander abhängen. Da das Szenario 2 mit Szenario 3 vollständig korreliert, ist ihnen eine große Bedeutung zuzuweisen.

	Szenario 1	Szenario 2	Szenario 3	Szenario 4	Szenario n
Szenario 1		-0,5	unkorreliert	-0,5	+0,3
Szenario 2	-0,5		+1,0	+0,3	unkorreliert
Szenario 3	unkorreliert	+1,0		unkorreliert	unkorreliert
Szenario 4	-0,5	+0,3	unkorreliert		
Szenario n	+0,3	unkorreliert	unkorreliert		

Abb. 45: Korrelationstabelle zur Ermittlung gegenseitiger Abhängigkeit
Quelle: Brühwiler, 2007, S. 99

Die beschriebene Korrelationsanalyse verdeutlicht, welche negativen Auswirkungen eine Nichtberücksichtigung bestehender Interdependenzen der Einzelrisiken auf die Genauigkeit der ermittelten Gesamtrisikolage eines Unternehmens haben kann. Der Aspekt der gegenseitigen Abhängigkeit ist insbesondere dann kritisch, wenn Risiken in einer isolierten Betrachtung als »nicht relevant« erscheinen, durch ihre kumulative Wirkung jedoch äußerst relevant, ja sogar »existenzbedrohend« sind. Dabei sind insbesondere positiv korrelierende, und somit einander verstärkende Risiken entscheidend. Negativ korrelierende Risiken hingegen bewirken eine Diversifikation, und wirken Risiko mindernd. Da in manchen Fällen der Korrelationskoeffizient aufgrund fehlender vergleichbarer historischer Daten bzw. unterschiedlicher Einheiten nur schwer empirisch berechnet werden kann, ist dort eine Schätzung unausweichlich.

Sind wechselseitige Beziehungen der Einzelrisiken definiert, kann die Ermittlung des Gesamtrisikoumfangs erfolgen. Ist letzterer beispielsweise definiert als die Varianz der Eigenkapitalrendite, dann ergibt sich das Gesamtrisiko durch Addition sämtlicher anteilsgewichteter Einzelrisiken mit allen aufgespürten, anteilsgewichteten Kovarianzen. Folglich gilt für die Varianz der Eigenkapitalrendite:

$$\sigma^2 = \sum_{i=1}^{N} x_i^2 \cdot \sigma_i^2 + \sum_{i=1}^{N} \sum_{\substack{j=1 \\ j \neq i}}^{N} x_i \cdot x_j \cdot \sigma_{i,j}, \qquad (3\text{-}29)$$

mit

σ_i^2: Varianz der Eigenkapitalbeeinflussung des Risikofaktors i
$\sigma_{i,j} = \sigma_i \cdot \sigma_j \cdot \sigma_{i,j}$: Kovarianz der Eigenkapitalbeeinflussung der Risikofaktoren i und j
$\rho_{i,j}$: Korrelation der Eigenkapitalbeeinflussung der Risikofaktoren i und j
x_i: Anteil der Eigenkapitalbeeinflussung des Risikofaktors i

Die Berechnung dieser Kenngröße ist jedoch mit weiteren Problemen verbunden. So mangelt es u. a. an historischen Daten hinsichtlich der Beeinflussung einzelner Risikofaktoren, der Varianz der Eigenkapitalrendite oder den Korrelationskoeffizienten. Auch die Ermittlung des prozentualen Beitrags einzelner Risikofaktoren zur unternehmerischen Eigenkapitalrendite ist nicht einfach. Wird bereits in der Bewertungsphase auf eine »optimale Bewertungsmethode« zurückgegriffen, die bereits bestehende Korrelationen berücksichtigt, kann eine spätere Risikoaggregation wesentlich erleichtert werden.

Eine Vereinfachung der Risikoaggregation erfolgt durch die Untergliederung der Unternehmensrisiken in verteilungs- und ereignisorientierte Risiken. Verteilungsorientierte Risiken werden durch eine große Anzahl unabhängiger Einzelstörungen charakterisiert. Die Summe solcher Einzelstörungen ist in der Regel normalverteilt; die Gesamtrisikoposition lässt sich dann durch den bereits besprochenen Value-at-Risk ermitteln. Wirken auf ein Unternehmen viele Risikofaktoren mit größtenteils unterschiedlichen Schadensverteilungen ein (ereignisorientierte Risiken), ist die Ermittlung des Gesamtrisikos weitaus komplexer. Kreditrisikomodelle der Banken differenzieren hierbei weiter zwischen einem erwarteten und einem unerwarteten Verlust. Dabei sind Korrelationen nur bei letzteren zu beachten.

Eine weitere Möglichkeit der Risikoaggregation bieten Simulationsverfahren. So findet eine Zuordnung der Wirkungen der Einzelrisiken zu den jeweiligen Positionen eines Unternehmensmodells (z. B. Plan-GuV, Bilanz) statt. Kausalbeziehungen bilden dabei das Bindeglied zwischen dem Unternehmensmodell und den bewerteten Risiken. Die Schwierigkeit, Einzelrisiken analytisch zu aggregieren, wird mittels eines numerischen Ansatzes gelöst.

Auch die in zuvor beschriebene Risiko-Punkte-Tafel eignet sich zur Risikoaggregation. Ausgehend von der Darstellung der Risikosituation kleinster Bereiche, aggregiert sie letztere schrittweise, um so letztendlich die Gesamtrisikosituation des Unternehmens (mehr oder weniger) präzise darstellen zu können. Obwohl sie zunächst als geeignet erscheint ist die zunehmende »Verwässerung« der Aussagen nicht zu vernachlässigen.

Ist die Gesamtrisikoposition nun definiert, kann diese pro-aktiv gesteuert werden. Zielorientierte Risikobewältigungsmaßen können, aufbauend auf der ermittelten Informationsbasis, eingeleitet werden. Um die relative Bedeutung einzelner Risiken zu bestimmen, kann beispielsweise eine Sensitivitätsbetrachtung erfolgen. Zielsetzung ist dabei stets, die Risikoposition des Unternehmens zu optimieren.

3.5 Spieltheorie als ergänzendes Verfahren

Traditionelle, rein mathematische Verfahren der Risikobewertung scheinen an Effizienz verloren zu haben, denn Risiken sind mittels herkömmlicher Bewertungsmethoden nur noch unzureichend vorhersehbar – sowohl im Hinblick auf ihre Auswirkungen als auch auf ihre Ursachen. So werden soziale Prozesse sowie das Verhalten einzelner Individuen häufig erst gar nicht betrachtet oder stark in ihrer Bedeutung unterschätzt. Individuen und Unternehmen verfolgen Strategien, die nicht selten entgegengesetzt bzw. konfligierend zu den Zielen ihrer Mitstreiter sind. So entstehen Risiken oftmals durch das nur schwer antizipierbare, unerwartete Verhalten Einzelner. Als ein geeignetes Instrument zur Identifikation und Analyse dieser auf den Entscheidungen einzelner Akteure basierenden Risiken hat sich die Spieltheorie bewährt. Im Gegensatz zu den bisher besprochenen Modellen setzt sie sich somit mit sogenannten Verhaltensrisiken und nicht mit Zustandsrisiken auseinander. Die Spieltheorie ergänzt die bisher dargestellten Verfahren. Diese haben sich hauptsächlich auf »harte«, statistisch messbarer Risikofaktoren beschränkt; die Spieltheorie analysiert nun die »weichen«, nicht quantifizierbaren Risikofaktoren. Eine vollständige Risikobetrachtung sollte beide Arten von Faktoren in Betracht ziehen und analysieren.

Anders als die meisten unternehmerischen Risikopolitiken befasst sich die Spieltheorie primär mit für die Stochastik »zu schwachen Signalen« –

den sogenannten Verhaltensrisiken, die sich eben nicht mittels Wahrscheinlichkeitsverteilungen messen lassen. Um diese zu analysieren, greift sie auf strategische Entscheidungssituationen zurück. Diese werden durch eine adäquate Kontextstrukturierung auf »simple«, leicht verständliche Spiele zurückgeführt. Verhaltensrisiken sind so facettenreich darstellbar; Handlungen Dritter, die den Spielausgang »verfälschen« könnten, finden ebenfalls Beachtung.

Ein Spiel beginnt stets mit seiner adäquaten Formulierung, so sind zunächst folgende fünf Elemente (»Bausteine«) zu beschreiben: (1) Spieler, als Entscheidungsträger des Spiels, agieren rational, differenzieren folglich stets zwischen einem Besser und Schlechter. Dabei bestimmen (2) Spielregeln die zeitliche Abfolge ihrer Entscheidungsfindung(en), welche ferner das regulatorische Umfeld (z. B. Gesetze) darstellen können. Sodann wird (3) Strategie, als die bestmögliche Handlungsabfolge für das situationsbezogene Wissen, definiert. Auch wird sich ein Spieler stets für diejenige Strategie entscheiden, die seinen erwarteten Nutzen maximiert. (4) Auszahlungen beschreiben den erwarteten Nutzen eines Ereignisses (Spielausgang) für jeden Akteur; und schließlich bilden (5) Informationen das Wissen ab, welches dem Spieler zu einem bestimmten Zeitpunkt zur Verfügung steht. Die Darstellung des Spiels kann entweder strategisch (Matrixform) oder sequenziell (Spielbaum) erfolgen. Während erstere unterstellt, dass sämtliche Spieler ihre Handlungsschritte (Strategien) bereits zu Spielbeginn kennen, eignet sich letztere zur Veranschaulichung des Spielverlaufes in strategischen Schritten (strategische Zeit).

Die anschließende Spiel-Lösung der Risikosituation erfolgt, disziplinübergreifend, mathematisch. Je nach Modellierung der Erwartungsbildung lassen sich mehrere Konzepte voneinander unterscheiden. Allgemein ist eine Spielsituation dann gelöst (sogenanntes Gleichgewicht), wenn kein Spieler einen Anreiz hat, seine getroffene Entscheidung zu revidieren. Neben dem Gleichgewicht in dominanten Strategien und der Maximinlösung, bildet das Nash-Gleichgewicht das »Herzstück« der Spieltheorie. Auch bekannt als strategisches Gleichgewicht, stellt es diejenige Strategiekombination s* dar, bei der jeder Spieler sich für (s)eine optimale Handlungsalternative (Strategie) entscheidet. Im Nash-Gleichgewicht maximiert sich der Nutzen eines jeden Spielers – kein Spieler hat somit einen Anreiz, sich *alleine* für eine andere als die bereits gewählte zu entscheiden. Die Spiellösung ist eine Problemlösung, da kein Akteur an ihr zweifelt. Dabei reflektiert sie einerseits das rationale Verhalten der Spieler, andererseits das Ergebnis eines dynamischen Anpassungsprozesses.

Die Spieltheorie geht im Rahmen des Risikomanagements disziplinübergreifende Schritte. Sie ist zukunftsorientiert, trifft eine (optimale) Entscheidung erst nach detaillierter Betrachtung aus der Entscheidung resultierender, potenzieller Folgen und betrachtet Unsicherheit als eine konstitutive Eigenschaft. So wird die Pluralität von Risiko zunächst in strategische Risiken überführt und schließlich dafür eingegrenzt, um jene Risiken mittels einer interaktiven Risikoanalyse quantitativ zu ermitteln. Selbst wenn Kritiker die Spieltheorie als »Modelling by example« bezeichnen, gelingt es ihr, die Entscheidungsfindung der involvierten Parteien zu veranschaulichen und zu bewerten. Außerdem überprüft sie gleichzeitig, wie Akteure auf Entscheidungen anderer reagieren. Selbst wenn ihr Hauptinteresse im subjektiven Risikomanagement begründet ist, bereichert sie traditionelle, zumeist mathematische Verfahren insbesondere durch ihr frühzeitiges Eingreifen in das Spielgeschehen. Bereits die Köpfe der Akteure, namentlich ihre Denkleistungen und -welten sind Analysegegenstand. Risiken können so bereits vor den eigentlichen Handlungen erahnt werden, eine schnellere Handlungsreaktion ist die Folge. Die Spieltheorie, als strategischer Analysekörper, ist nicht bemüht, das Unquantifizierbare quantitativ zu ermitteln. Schrittweise wird ein spezifischer Fragenkatalog abgearbeitet. Denn wurde der (begriffliche) Rahmen erst einmal ausgemacht, ist man auf etwaige Ereignisse besser eingerichtet. Dies bezeugt, dass Risiken zunächst strategisch verstanden und kontextsensibel strukturiert werden müssen, bevor sie quantifiziert und organisatorisch beherrscht werden können. Abkehren sollte man sich von Standardverfahren und daher auch vom Standardrisikomanagement. Ein wertorientiertes Management ist das Ziel, denn ein guter Stratege führt sich stets die Konsequenzen seiner Entscheidung vor Augen.

Dies zeigt, dass der von der Spieltheorie verfolgte Ansatz stark von den bereits vorgestellten Methoden der Risikoberechnung abweicht. Allerdings ist ein strategisches, die Entscheidungen Dritter beachtendes Denken im heutigen Risikomanagement wichtiger denn je. Der Mensch gilt als Schlüsselgröße, die in naher Zukunft eine entscheidende, wenn nicht die entscheidende Rolle einnehmen wird. Durch die Miteinbeziehung des aktiven Verhaltens der Akteure, können Risiken, aber auch Chancen deutlich besser abgeschätzt werden. Auch wenn strategisches Denken, das mit unseren eigenen Fähigkeiten beginnt, bedeuten kann zu wissen, wann man nicht spielen sollte.

3.6 Zusammenfassung

Das dritte Kapitel aus Teil II hat Ihnen einen Überblick über die wichtigsten Instrumente zur Quantifizierung und Beurteilung von Risiken gegeben. Bei der Messung von Risiken wurden ausgewählte Risikomaße wie der Value at Risk bzw. Methoden wie die Sensitivitätsanalyse, Abweichungsanalyse und Simulationsverfahren vorgestellt. Zudem haben Sie Ansätze zur Ermittlung der Gesamtrisikolage des Unternehmens und als ergänzendes Verfahren die Spieltheorie kennen gelernt.

Bei der Auswahl und Anwendung der vorgestellten Risikomaße und Verfahren in der Praxis ist stets den unternehmensspezifischen Gegebenheiten Beachtung zu schenken. So ist der Einsatz eines bestimmten Instrumentes beispielsweise in Abhängigkeit von der Unternehmensgröße, den Geschäftsfeldern, den Risiko- und Informationspräferenzen aber auch den Charakteristika der relevanten Risiken zu sehen. Eine Kombination mehrerer Verfahren ist in der Regel sinnvoll. Prinzipiell sollte zudem ein integrativer Ansatz verfolgt werden, d. h. sowohl auf qualitative als auch auf quantitative Bewertungsmethoden zurückgegriffen werden.

Teil III
Risikovorsorge und -abwälzung mit Derivaten

Derivate sind Finanzprodukte, die als Alternative zu einer klassischen Versicherung eine Absicherung gegen Risiken darstellen können, da sie diese auf Dritte bzw. Vertragspartner abwälzen. Optionen, Swaps und Futures sind hier drei Grundformen von Termingeschäften, die vertragliche Absicherungen gegen Risiken in der Zukunft darstellen. Die Funktionsweise und Arten dieser Instrumente sowie das mit diesen durchgeführte Hedging werden in diesem Teil vorgestellt. Beispiele sollen die Funktionsweise jeweils veranschaulichen.

1
Risikoabwälzung mit Derivaten

1.1 Grundlagen des Termingeschäfts und Derivat-Typen

Unter einem Termingeschäft versteht man den an Terminbörsen oder außerbörslich abgewickelten Kauf bzw. Verkauf von bestimmten Wirtschaftsgütern, z. B. von Wertpapieren, Devisen, Finanzinstrumenten oder Waren, bei dem die gegenseitige Vertragserfüllung nicht sofort, sondern zu einem späteren, im Voraus festgelegten Zeitpunkt und zu einem festgelegten Preis erfolgt.

Schon im Mittelalter gab es so etwas Ähnliches wie die ersten Termingeschäfte. Sie entstanden durch Zusicherung zukünftiger Warenlieferungen zu einem vorher festgelegten Preis. Der Grundstein für das heutige Termingeschäft wurde aber erst durch die Gründung der Chicago Board Options Exchange (CBOE) im Jahre 1973 gelegt. Die Schaffung der Deutschen Terminbörse (DTB) im Jahr 1990 war ein weiterer Schritt auf dem Weg zu einer hinreichenden Standardisierung und Strukturierung des Termingeschäftes in Deutschland, da Termingeschäfte seitdem gesetzlich geregelt werden. Durch den Zusammenschluss der DTB und der schweizerischen Terminbörse SOFFEX zur EUREX am 4. September 1998, wurde ein Terminmarkt geschaffen, der international eine führende Rolle neben den bekannten amerikanischen Terminbörsen einnimmt.

Das Derivategeschäft ist Teil des Termingeschäfts. Derivative Finanzinstrumente sind auf die Zukunft gerichtet und benötigen mindestens zwei Vertragspartner. Beim Vertragsabschluss sind keine nennenswerten Anschaffungspreise zu entrichten. Beim Fälligkeitstag werden in der Regel lediglich Ausgleichszahlungen zwischen den Vertragsparteien anstatt einer Lieferung der Finanzprodukte getätigt. Das Besondere an Derivaten ist, dass sich deren Preise nach den Kursschwankungen oder den Preiserwartungen anderer, ihnen zugrunde liegender Finanzinstrumente richten. Diese originären Instrumente sind beispielsweise Aktien, Anleihen, Devisen und Zinsen; ihre Werte werden im Zusammenhang mit den an sie gekoppelten Derivaten als Basiswerte bezeichnet. Derivate sind so konstru-

Risikomanagement. Ottmar Schneck
Copyright © 2010 WILEY-VCH Verlag GmbH & Co. KGaA
ISBN 978-3-527-50543-2

iert, dass sie die Schwankungen der Preise dieser Anlageobjekte überproportional nachvollziehen.

Die von der Bank für internationalen Zahlungsausgleich (BIZ) veröffentlichen Zahlen zeigen in Abbildung 46, dass in den letzten Jahren der Handel mit außerbörslichen Derivaten (over-the-counter) gegenüber dem börslichen Derivatehandel stark angestiegen ist und die Schere sich dabei weiter öffnet. Mittlerweile macht der OTC-Handel das Fünffache des börslichen Handels aus. Gerade im letzten Jahr konnte das OTC-Geschäft um 40 Prozent zulegen, während die börslich gehandelten Derivate lediglich einen Zuwachs von 15 Prozent verzeichneten.

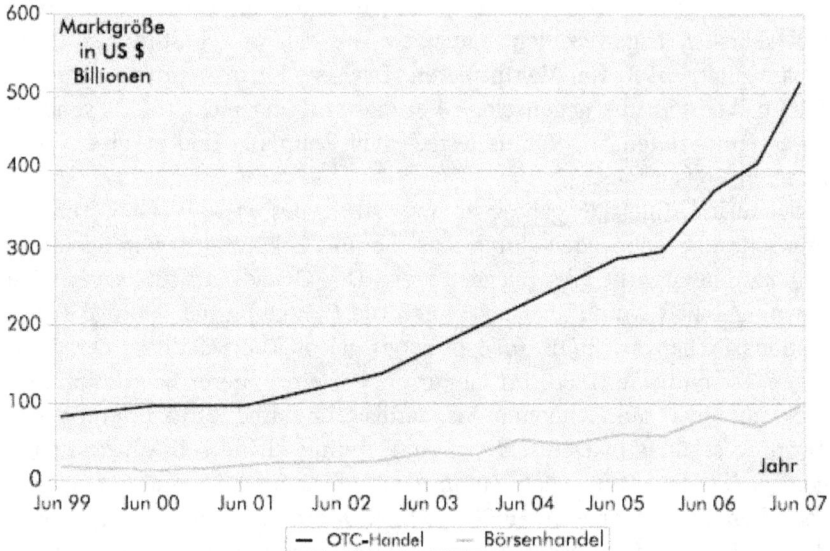

Abb. 46: Volumina börslich und außerbörslich gehandelter Derivate

Als Einteilungsmöglichkeit derivativer Instrumente bietet sich eine Systematisierung von Derivaten nach der Art ihres Basisobjektes an. Dem Derivatehandel zugrunde liegende Handelsobjekte werden als Basiswert bzw. Underlying bezeichnet. Diese lassen sich, wie Abbildung 47 zeigt, im Wesentlichen in zwei Gruppen einteilen: Finanzinstrumente und Handelswaren.

Zu den *Handelswaren* gehören Agrarprodukte, Metall und Rohöl, während *Finanzinstrumente* Wertpapiere, Zinssätze, aber auch Devisen und Indizes umfassen. Ebenfalls lassen sich Finanzinstrumente in andienbare und nicht andienbare Instrumente unterscheiden. Werden diese zum Fälligkeitstermin nicht faktisch geliefert, spricht man von *nicht andienbar*.

Dazu gehören Zinssätze und Indizes. Dagegen repräsentieren Wertpapiere *andienbare* Finanzinstrumente. Ist eine Andienung nicht möglich, erfolgt ein Barausgleich (cash settlement). Derivate, die sich nicht in eine der beiden Gruppen eingliedern lassen fasst man als sonstige Derivate zusammen. Darunter fallen z. B. Katastrophen-, Wetter-, aber auch Kreditderivate.

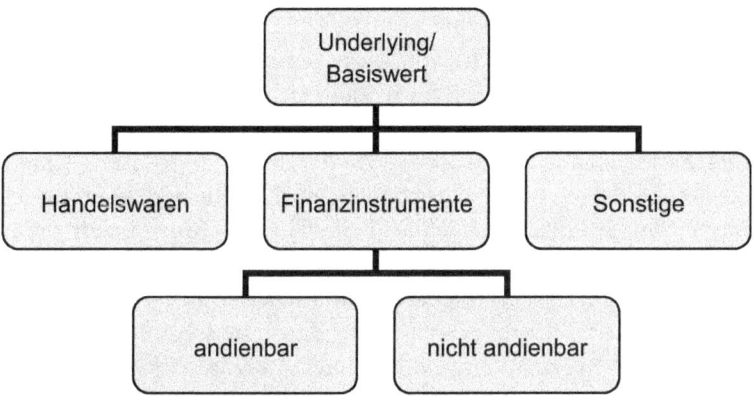

Abb. 47: Einteilung nach gehandelten Objekten

Des Weiteren können Derivate hinsichtlich der vertraglichen Ausgestaltung der Erfüllungspflicht unterschieden werden. Wenn Termingeschäfte für alle Vertragsparteien verbindlich sind, so handelt es sich um unbedingte Termingeschäfte. Feste verbindliche Vereinbarungen können konkrete Liefer- und Abnahmeverpflichtungen sein. Zu dieser Gruppe gehören Futures und Swaps. Liegt jedoch für mindestens einen Vertragspartner die Option zur Erfüllung des Termingeschäftes vor, so spricht man von bedingten Termingeschäften, wozu vor allem die Optionen gehören.

Ein weiteres Unterscheidungsmerkmal von Derivaten ist ihr *Handelsplatz*. Derivate können sowohl über die Börse als auch außerbörslich gehandelt werden. Im letzteren Fall spricht man dann von OTC-Geschäften (over-the-counter). Diese zeichnen sich vor allem durch ihre freien Gestaltungsmöglichkeiten der Derivateverträge aus. Jedoch ist es essenziell, dass sich die Vertragspartner bei der Erfüllung des Derivategeschäfts aufeinander verlassen können. Daher weisen die Derivatepartner bei OTC-Geschäften in der Regel eine erstklassige Bonität auf. Zu den OTC-Derivaten gehören u. a. außerbörslich gehandelte Optionen und Optionsscheine sowie Forwards und Swaps.

Im Gegensatz zu OTC-Geschäften stehen börslich gehandelte Derivate unter einer staatlichen Aufsicht. Sie sind standardisierte Derivate, die an den Terminbörsen gehandelt werden. Ein weiterer Unterschied zwischen

OTC- und börslich gehandelten Derivaten besteht in der Anonymität der Vertragspartner. Die Käufer und Verkäufer treten nicht direkt in Kontakt, sondern eine Clearingstelle wird als Vermittler zwischengeschaltet. Für die Vertragspartner ergibt sich dadurch der Vorteil, dass sie die Bonität des Counterparts nicht prüfen müssen und dass die Geschäftserfüllung gewährleistet wird. Beispiele für börslich gehandelte Derivate stellen vor allem Optionen dar.

Die wesentlichen Einsatzmotive von Derivaten lassen sich in drei Gruppen untergliedern. Derivate werden im Rahmen von Spekulations-, Arbitrage- und Hedginggeschäften eingesetzt. Bei *Spekulationsgeschäften*, auch Tradinggeschäfte genannt, versucht ein Trader zukünftig erwartete Unterschiede zwischen den Kassa- und Terminkursen für sich positiv auszunutzen. Erwartet der Spekulant steigende (bzw. fallende) Kurse, kauft (bzw. verkauft) er am Terminmarkt das Handelsobjekt, um es zu einem späteren Zeitpunkt am Kassamarkt wieder teurer verkaufen (bzw. billiger kaufen) zu können. Die Differenz zwischen den Kassa- und Terminmarktpreisen entspricht dem Spekulationsgewinn. Unter *Arbitragegeschäften* versteht man das Ausnutzen von zeitlichen und räumlichen Preisdifferenzen zwischen Kassa- und Terminmärkten für gleiche Handelsobjekte. Im Gegensatz zum Trader handelt ein Arbitrageur unter vollständiger Sicherheit. Da es uns um Risikomanagement geht, wird auf diese beiden Motive nicht weiter eingegangen. Der wichtigste Grund für den Einsatz von Derivaten ist das Absichern von Risiken, das sogenannte Hedging. Dieses wird im Folgenden jeweils in Bezug auf Optionen, Swaps und Futures beschrieben.

Bei *Hedginggeschäften* werden Gegenpositionen zu bestehenden Kassapositionen gekauft, um das Preisänderungsrisiko der Kassaposition ganz auszugleichen bzw. zu reduzieren. Wird das Preisrisiko vollständig durch das Termingeschäft eliminiert, so handelt es sich um einen *perfekten Hedge*. Beim Hedging wird zwischen *Bestands-Hedge* und antizipativem *Hedge* unterschieden. Beim ersteren ist man bereits eine Risikoposition eingegangen und versucht diese Kassaposition abzusichern. Beim *antizipativen Hedge* wird erst in der Zukunft eine Position aufgebaut, die bereits im Vorfeld abgesichert werden soll. Zudem ist es auch möglich, zwischen Mikro-, Makro- und Portfolio-Hedging zu unterscheiden. Wird einer Schuld- oder Forderungsposition ein Terminkontrakt gegenübergestellt und der Basiswert der Terminposition entspricht der Schuld- oder Forderungsposition, handelt es sich um einen *Mikro-Hedge*. Beim *Makro-Hedge* wird ebenfalls der Terminkontrakt einer Schuld- oder Forderungsposition gegenübergestellt, jedoch entspricht diese nicht dem Basisobjekt der Terminposition. Dabei korrelieren die Preisbewegungen zwischen dem Basisobjekt und der abzusichernden Position sehr stark. Werden ähnliche oder identische Geschäfte (Positionen) zur gemeinsamen Steuerung in einem Portfolio vereint, so spricht man vom Portfolio-Hedge.

1.2 Optionen

Bei Optionsgeschäften handelt es sich um einen Vertrag zwischen einem Optionskäufer und einem sogenannten Stillhalter. Der Optionskäufer erwirbt dabei vom Stillhalter das Recht, aber nicht die Pflicht, ein vertraglich definiertes, zukünftiges Vertragsverhältnis einzugehen bzw. einen Barausgleich vom Stillhalter zu verlangen. Wird bei Ausübung einer Option der Basiswert geliefert, spricht man von einem »physical settlement«, während man unter einem »cash settlement« den Barausgleich versteht. Bei einer Option wird in der Regel bei Abschluss des Optionsvertrages eine Optionsprämie von Seiten des Optionskäufers an den Verkäufer für die Bewilligung des Optionsrechtes fällig. Generell unterscheidet man zwischen *Kaufoptionen* (Call-Optionen) und *Verkaufsoptionen* (Put-Optionen). Bei ersteren hat der Käufer das Recht, eine Position zu einem vorher festgelegten Preis zu kaufen, ist aber nicht dazu verpflichtet. Bei der Verkaufsoption wird analog das Recht erworben, ein Handelsobjekt zu einem festgeschriebenen Preis zu verkaufen. Der Stillhalter hingegen verpflichtet sich zum Verkauf bzw. Kauf der vereinbarten Position bei Optionsausübung durch den Optionskäufer.

Weiterhin lassen sich Optionen nach der Art des Basiswerts bzw. Underlyings unterscheiden. Wie zuvor schon beschrieben, können zugrunde liegende Underlyings sowohl Finanzinstrumente als auch Handelswaren darstellen. Auch die Laufzeit ist ein wesentlicher Bestandteil einer Option. Dem Optionskäufer wird nur eine begrenzte, von vornherein genau definierte Zeit zur Verfügung gestellt, um die Option auszuüben. Anderenfalls verfällt die Option am Ende der Laufzeit. Ein weiteres Merkmal einer Option ist die Art der Ausübung. Dabei wird zwischen *europäischen Optionen*, die erst am Verfallstag ausgeübt werden und *amerikanischen Optionen*, die während der gesamten Laufzeit ausgeübt werden können, unterschieden. Ebenfalls ist der Basispreis (Ausübungspreis) ein essenzieller Bestandteil einer Option. Dieser gibt an, zu welcher Höhe der Basiswert gekauft werden kann, wenn es sich um eine Call-Option handelt bzw. verkauft werden kann, wenn es sich um Put-Optionen handelt. Auch das Options- und Bezugsverhältnis sind Merkmale einer Option. Mit dem Optionsverhältnis wird ausgedrückt, wie viele Optionen notwendig sind, um eine Einheit des Basiswerts kaufen bzw. verkaufen zu können. Das Bezugsverhältnis drückt dagegen aus, welcher Anteil einer Einheit vom Underlying mit einer einzigen Option gekauft werden kann. Mit dem Optionspreis, auch Optionsprämie genannt, wird das Wahlrecht des Optionskäufers an den Verkäufer bezahlt.

1.2.1 Funktionsweise von Optionen

Wie bereits beschrieben, lassen sich Optionen in zwei grundlegende Arten einteilen: *Kaufoptionen* (Call) und *Verkaufsoptionen* (Put). Da bei jedem Optionsgeschäft immer zwei Parteien, d. h. einerseits der Optionskäufer und andererseits der Stillhalter, involviert sind, lassen sich demzufolge vier Grundpositionen bei Optionsgeschäften ableiten: der Kauf einer Kaufoption (Long Call) und der Verkauf einer Kaufoption (Short Call) sowie der Kauf einer Verkaufsoption (Long Put) und der Verkauf einer Verkaufsoption (Short Put).

Bei einem *Long Call* handelt es sich also um den Kauf einer Kaufoption. Durch Zahlung einer Optionsprämie bzw. eines Optionspreises erwirbt der Käufer das Recht, einen Basiswert zu einem vorher festgelegten Preis und Zeitpunkt zu kaufen. Der Erwerber geht dabei von einer positiven Marktentwicklung aus und setzt somit auf steigende Kurse. Die dabei entstandenen Gewinnmöglichkeiten sind unbegrenzt, wohingegen das Verlustpotenzial auf die gezahlte Prämie begrenzt ist. Die Ausgangssituation sei der Erwerb eines Calls zu 5 Euro für den Kauf einer Aktie zu 100 Euro.

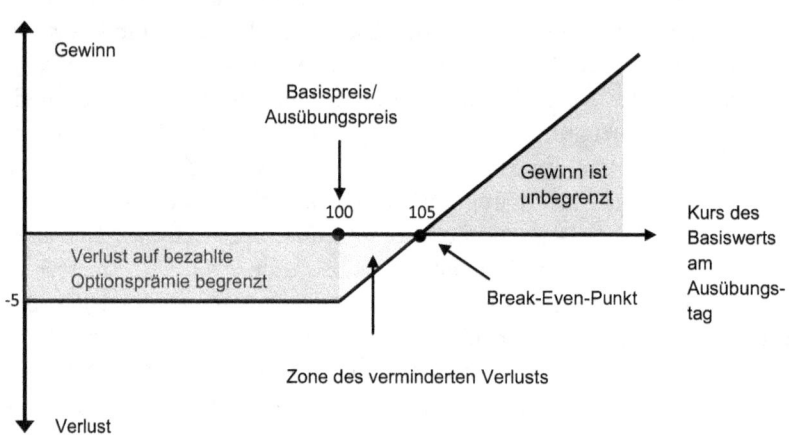

Abb. 48: Gewinn-/Verlustprofil einer Long-Call-Option

Im Allgemeinen spricht man von *Long Position,* wenn es sich um den Kauf eines Kontraktes oder Basiswertes handelt; dieser ist mit der Erwartung steigender Kurse (Long) verbunden. Analog versteht man unter *Short Position* den Verkauf eines Kontraktes oder Basiswerts. Dieser beruht auf der Erwartung fallender Preise (Short).

Abbildung 48 stellt das Gewinn- und Verlustpotenzial eines Long Calls dar. Dabei ist zu erkennen, dass der Käufer eines Long Calls erst einen Gewinn realisiert, wenn die gezahlte Prämie von 5 Euro im Kurs des Basiswerts enthalten ist (Break-Even-Punkt). Liegt jedoch der Kurs des Basiswerts unterhalb des Ausübungspreises am Ausführungstag, wird der Optionsbesitzer nicht von seinem Recht zum Kauf des Basiswerts Gebrauch machen, da er ihn günstiger über den Kassamarkt erwerben kann. Liegt der Kurs zwischen dem Ausübungspreis und Break-Even-Punkt, so spricht man vom verminderten Verlust. Die Long-Call-Strategie wird vorwiegend für spekulative Geschäfte getätigt, aber auch für alternative Anwendungen wie z. B. für die Fixierung eines Einstiegskurses.

Der Verkauf einer Kaufoption wird als *Short Call* bezeichnet. Durch den Erhalt einer Optionsprämie wird der Verkäufer dazu verpflichtet, einen Basiswert zu einem vorher festgelegten Termin und Preis zu liefern. Der Verkäufer rechnet mit einem stagnierenden bis schwächeren Marktumfeld und geht dabei von einem stabilen bis leicht sinkenden Kursniveau aus. Der größtmögliche Gewinn ist auf die vom Optionskäufer gezahlte Prämie beschränkt. Die Ausgangssituation sei der Verkauf eines Calls zu 5 Euro, die verlangt, dem Verkäufer die Aktie zu 100 Euro zu liefern.

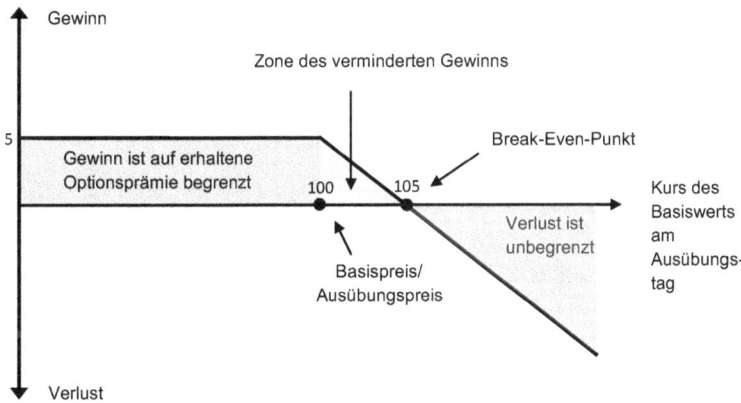

Abb. 49: Gewinn-/Verlustprofil einer Short-Call-Option

Wie aus der Abbildung 49 deutlich wird, ist der Gewinn solange maximal, wie der Kurs des Basiswerts den Ausübungswert von 100 Euro nicht übersteigt. Übersteigt jedoch der Kurs des Basiswerts den Ausübungspreis, so wird der Gewinn vermindert. Wenn die Summe aus Basispreis (100 Euro) und erhaltener Optionsprämie (5 Euro) kleiner ist als der Kurs des Basiswerts zum Ausübungstag, wird für den Verkäufer des Calls ein Verlust verursacht, der unbegrenzt sein kann. Neben spekulativen Anwendungsmöglichkeiten wird der Short Call auch als Verkaufslimit verwendet. Übersteigt der Kurs des Basiswerts den vorher festgelegten Ausübungspreis, so ist mit einer Ausübung der Option zu rechnen. Der Stillhalter hat somit sein Verkaufslimit erreicht und erhält zudem noch eine Prämie.

Von einem *Long Put* spricht man, wenn eine Verkaufsoption gekauft wird, wodurch ein Basiswert durch Zahlung einer Optionsprämie zu einem festgelegten Termin und Preis veräußert werden kann. Dieses Instrument kommt vor allem zur Anwendung, wenn ein negatives Marktumfeld mit fallenden bis stark fallenden Kursen antizipiert wird. Die Ausgangssituation sei der Erwerb eines Puts zu 5 Euro zum Verkauf der Aktie zu 100 Euro.

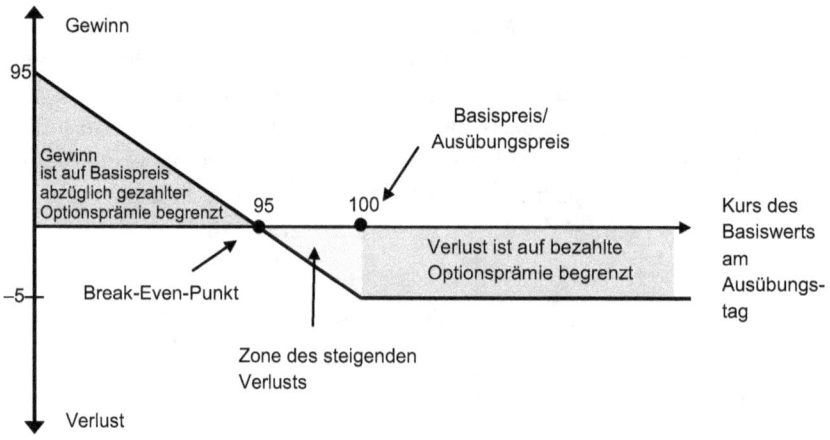

Abb. 50: Gewinn-/Verlustprofil einer Long-Put-Option

Die obige Darstellung zeigt, dass der Käufer eines Long Puts einen Gewinn erzielt, sobald der Kurs des Basiswerts den Ausübungspreis (100 Euro) abzüglich der bezahlten Optionsprämie (5 Euro) unterschreitet. Tritt dieses Ereignis ein, so übt der Käufer seine Option aus. Die Fläche zwischen dem Ausübungspreis und Break-Even-Punkt wird als Zone des steigenden Verlusts bezeichnet. Der Optionskäufer wird allerdings nicht von seinem Verkaufsrecht Gebrauch machen, wenn der Kurs des Basiswerts über dem Ausübungspreis liegt, da er über den Kassamarkt seinen Basiswert zu einem höheren Preis verkaufen kann. Der Verlust, den er dabei realisiert, ist auf die gezahlte Optionsprämie beschränkt.

Aus absicherungstechnischen Gründen werden meistens Long Puts gehandelt. Somit können z. B. bestehende Gewinne durch Fixierung des Verkaufspreises gesichert und somit gegen Kursverluste geschützt werden.

Der Verkauf einer Verkaufsoption wird als *Short Put* bezeichnet. Der Besitzer eines Short Puts verpflichtet sich, einen Basiswert zu einem festgelegten Preis und vorher vereinbartem Zeitpunkt zu erwerben. Dabei rechnet der Verkäufer eines Short Puts mit einem stabilen bis leicht positiven Marktumfeld und somit mit gleichbleibenden bis leicht steigenden Kursen. Das Gewinnpotenzial ist auf die Optionsprämie begrenzt, das Verlustpotenzial ist begrenzt auf den vereinbarten Basispreis abzüglich der erhaltenen Prämie, da der Basiswert theoretisch bis Null fallen kann. Die Ausgangssituation sei der Verkauf eines Puts zu 5 Euro verpflichtend zum Kauf der Aktie zu 100 Euro.

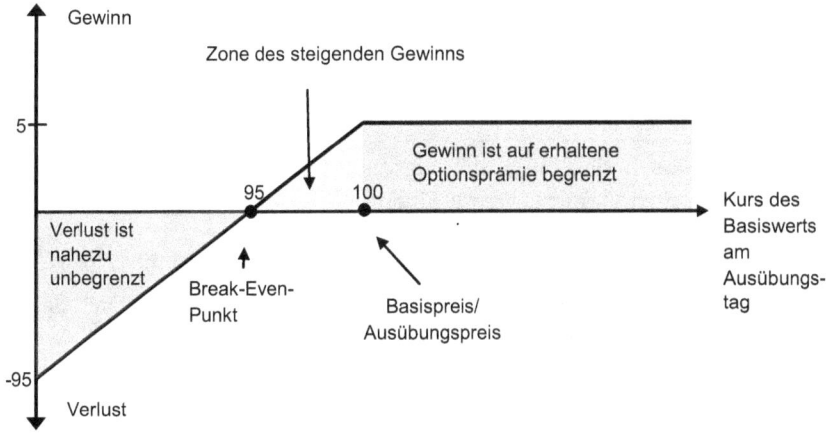

Abb. 51: Gewinn-/Verlustprofil einer Short-Put-Option

Wie Abbildung 51 veranschaulicht, wird ein Gewinn erzielt, solange der Kurs des Basiswerts nicht den Ausübungspreis (100 Euro) abzüglich der erhaltenen Optionsprämie (5 Euro) unterschreitet. Zwischen dem Break-Even-Punkt und dem Ausübungspreis steigen die Erträge des Stillhalters bis maximal zur erhaltenen Prämie an. Größtenteils finden Short-Put-Optionen zum Zwecke der Renditesteigerung Anwendung. Die Rendite einer bestehenden Position lässt sich zusätzlich bei entsprechender Marktlage durch die eingenommene Put-Prämien erhöhen.

Die beschriebenen vier Grundpositionen mit ihren Rechten und Pflichten, Gewinn- und Verlustpotenzialen sind in der folgenden Tabelle zusammengefasst.

	Long Call	Long Put	Short Call	Short Put
Rechte	Recht, Basiswert zu kaufen	Recht, Basiswert zu verkaufen	Erhalt der Prämie	Erhalt der Prämie
Pflichten	Prämienzahlung	Prämienzahlung	Bei Ausübung der Option Lieferung der Basiswerte zum Optionspreis	Bei Ausübung der Option Abnahme der Basiswerte zum Optionspreis
Kurserwartung des Basiswerts	Steigend	Fallend	Neutral bis leicht fallend	Neutral bis leicht steigend
Gewinn entsteht, wenn	M > (B + P)	M < (B - P)	M < (B + P)	M > (B - P)
Max. Gewinn	unbegrenzt	nahezu unbegrenzt	Prämie	Prämie
Verlust entsteht, wenn	M < (B + P)	M > (B - P)	M > (B + P)	M < (B - P)
Max. Verlust	Prämie	Prämie	unbegrenzt	nahezu unbegrenzt

Legende: M = Marktpreis; B = Basispreis; P = Optionsprämie

Abb. 52: Zusammenfassung der verschiedenen Grundpositionen

1.2.2 Optionsarten

Optionen lassen sich durch die zugrunde liegenden Underlyings unterscheiden. Folglich kann man eine Einteilung in Aktien- und Index-, Zins- und Währungsoptionen erstellen.

Gerade durch die Schaffung der EUREX haben Aktien- und Indexoptionen an Bedeutung gewonnen. Als *Indexoptionen* können je nach Basisobjekten u. a. TecDAX-Optionen, MDAX-Optionen oder auch DAX-Optionen gehandelt werden, bei deren Fälligkeit ein Barausgleich stattfindet. Im Gegensatz zu den Indexoptionen, die als europäische Optionen konzipiert sind, werden *Aktienoptionen* der EUREX als amerikanische Optionen gehandelt, womit deren Ausübung bis zum Verfallstag gewährleistet ist. Ebenfalls unterscheiden sie sich durch ihre Abrechnungsart, da eine physische Lieferung des Basiswerts vereinbart ist.

Zinsoptionen unterscheidet man je nachdem, ob sie börslich oder außerbörslich gehandelt werden. Zu den börslich gehandelten Zinsoptionen gehören Optionen auf Geldmarkt- und Kapitalmarkt-Futures, die somit doppelt derivative Zinsinstrumente darstellen. Außerbörsliche Zinsoptionen wie z. B. Caps, Floors und Collars – auch als Zinsbegrenzungsverträge bekannt – dienen zur Absicherung vor starken Schwankungen in den Zinssätzen. *Caps* sichern einen variablen Zinssatz nach oben (Zinsobergrenze) gegen steigende Geldmarktsätze ab. Wird die vereinbarte Zinsobergrenze überschritten, erfolgt ein Ausgleich des Differenzbetrages bezogen auf einen vorher festgelegten Nominalbetrag vom Verkäufer an den Käufer. *Floors* hingegen sind das Gegenstück zu Caps und sichern Zinssätze nach unten ab (Zinsuntergrenze). Auch hier kommt es zum Ausgleich des Differenzbetrages bei Unterschreiten der Zinsuntergrenze. *Collars* wiederum vereinen die Vorteile von Caps und Floors, in dem sie einen variablen Zinssatz sowohl nach unten als auch nach oben absichern.

Währungs- bzw. Devisenoptionen werden OTC oder wenn sie in Form von Optionsscheinen verbrieft sind, auch an Börsen gehandelt. Währungsoptionen dienen zur Absicherung ungünstiger Kursentwicklungen indem man Höchst- bzw. Mindestkurse festlegt. Somit wird die Gefahr einer unvorteilhaften Währungsentwicklung an den Optionsverkäufer abgewälzt, während man gleichzeitig von vorteilhaften Preisen profitieren kann.

Für die Preisbildung einer Option gibt es verschiedene Bestimmungsgrößen. Zu den direkten Determinanten gehören der Ausübungspreis und der Kurs des Handelsobjektes, die den inneren Wert einer Option bilden, sowie die Volatilität, der Zinssatz, die Restlaufzeit und gegebenenfalls Dividendenzahlungen. Jedoch können auch indirekte Faktoren wie z. B. Transaktionskosten eine Rolle spielen. Die Differenz zwischen dem Ausübungskurs (Basispreis) und dem aktuellen Kassakurs wird als innerer Wert bezeichnet. Grundsätzlich lassen sich dabei folgende Fälle unterscheiden:

	Call-Optionen	Put-Optionen
Basispreis < Kurs des Basiswerts	in-the-money (im Geld) innerer Wert > 0	out-of-the-money (aus dem Geld) innerer Wert = 0
Basispreis > Kurs des Basiswerts	out-of-the-money (aus dem Geld) innerer Wert = 0	in-the-money (im Geld) innerer Wert > 0
Basispreis = Kurs des Basiswerts	at-the-money (am Geld) innerer Wert = 0	at-the-money (am Geld) innerer Wert = 0

Abb. 53: Der innere Wert von Call- und Put-Optionen

Die Restlaufzeit ist eine entscheidende Determinante bei der Optionspreisbildung. Durch den Zeitwert, der durch die Restlaufzeit bestimmt wird, wird dem Käufer die Chance gegeben, dass sich seine Erwartungen in Bezug auf die Entwicklung des Basiswerts während der Restlaufzeit erfüllen. Je größer die Restlaufzeit ist, desto größer ist auch der Zeitwert sowohl für Call- als auch Put-Optionen. Am Verfallstag besitzt eine Option nur noch einen inneren Wert, da der Zeitwert den Wert null annimmt.

Unter *Volatilität* versteht man die Schwankungsintensität im Preis des zugrunde liegenden Basiswerts. Bei steigender Volatilität des Basiswerts steigt auch der Preis für Call- und Put-Optionen, ihre Auswirkung auf den Optionspreis ist also synchron.

Eine Änderung des risikolosen Zinssatzes löst unterschiedliche Reaktionen bei der Preisänderung von Call- und Put-Optionen aus. Steigende Zinsen stellen für eine Call-Option einen Wertzuwachs und für Put-Optionen einen Wertverlust dar. Die Auswirkung einer Zinsniveauänderung auf den Optionspreis ist also asynchron.

Durch Auszahlung einer Dividende kommt es bei der Aktie am Ausschüttungstag zum sogenannten Dividendenabschlag, was den Aktienkurs negativ beeinflusst. Folglich fällt der Wert der Kaufoption bei gleichzeitigem Wertgewinn der Verkaufsoption. Die Dividendenzahlung hat also eine negative Auswirkung auf den Preis der Call-Option.

Um die Optionspreisänderungen im Bezug auf die direkten Optionspreisdeterminanten genauer spezifizieren zu können, werden Sensitivitätskennzahlen verwendet. Das Optionsdelta δ (Kursempfindlichkeit) gibt die Änderung des Optionspreises aufgrund einer relativen oder absoluten Preisänderung des Basiswerts an. Das Gamma γ (Delta-Empfindlichkeit) gibt die relative Veränderung des Delta-Wertes bei einer Änderung des Kurses des Basiswerts an. Das Theta θ (Zeitwertverlust) beschreibt die Änderung des Optionspreises infolge einer Verkürzung der Restlaufzeit bei ansonsten gleichbleibenden Variablen. Somit kann es als Maß für den Zeitverfall einer Option angesehen werden. Das Vega σ (Volatilitätsempfindlichkeit) gibt die Sensitivität des Optionspreises in Bezug auf die Volatilität des Basiswerts wieder. Das Rho ρ (Zinssatzempfindlichkeit) beschreibt die Veränderung des Optionspreises in Abhängigkeit des risikolosen Zinssatzes.

1.2.3 Hedging mit Optionen

Wie bereits erwähnt, ist die Absicherung bzw. das Hedging von Risiken eines der häufigsten Motive für den Derivatehandel. Durch den Aufbau einer Gegenposition zu einer bestehenden oder zukünftigen Position versucht man das Preisänderungsrisiko im Basiswert abzusichern. Es lassen sich allgemein statische von dynamischen Hedging-Strategien unterscheiden. Von einem *fixen bzw. statischen Hedge* spricht man, wenn eine Gegenposition zu einer bestehenden Kassaposition einmalig aufgebaut wird und über einen längeren Zeitraum bestehen bleibt. Als Beispiele für statische Hedging-Strategien sollen die sogenannte Proctective-Put-Strategie und Covered-Call-Writing-Strategie im Folgenden genauer erläutert werden. Bei den dynamischen Hedging-Strategien wird durch ein Portfolio mehrerer Optionspositionen während der gesamten Laufzeit versucht, Kursverluste zu vermeiden. Dieses Portfolio ist als risikoneutrale Gesamtposition gedacht und wird laufend an die Marktentwicklungen angepasst. Beispiele für dynamische Hedging-Strategien sind das Delta- und das Gamma-Hedging.

Bei der *Protective-Put-Strategie*, die auch als Eins-zu-Eins-Hedge bekannt ist, wird eine Long-Position (Kauf eines Basiswerts) durch den Kauf einer Verkaufsoption abgesichert. Somit wird ein Kursverlust in der Kassaposition durch den Wertgewinn in der Verkaufsoption abgefedert. Steigt jedoch der Kurs des Basiswerts, wird die Option wertlos verfallen und die gezahlte Optionsprämie muss vom Wertzuwachs in der Kassaposition abgezogen werden. Der Gewinn des Investors wird folglich geschmälert. Die Funktionsweise soll durch das folgende Beispiel veranschaulicht werden.

Beispiel:
Das Pharmaunternehmen A hat sich an einem Unternehmen B beteiligt, indem es Aktien von B zu einem Kurs von 100 € kaufte. Dieses Kursniveau soll durch die Protective-Put-Strategie gesichert und dementsprechend Put-Optionen mit einem Ausübungskurs von 100 € zu einem Optionspreis von 5,20 € gekauft werden. Das Gewinn- und Verlustprofil dieser Protective-Put-Strategie stellt sich folgendermaßen dar:

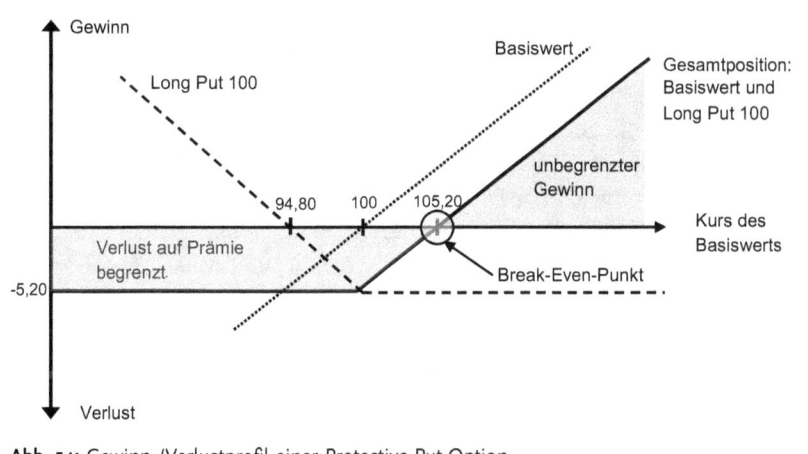

Abb. 54: Gewinn-/Verlustprofil einer Protective-Put-Option

Die möglichen Kursbewegungen der Aktie und die daraus resultierende Gewinne und Verluste werden in der folgenden Tabelle zusammengefasst:

Aktienkurs bei Fälligkeit	GuV Put (In. Wert – gezahlte Prämie)	GuV Aktie	GuV Put 100 + Aktie
130 €	- 5,20 €	30,00 €	24,80 €
120 €	- 5,20 €	20,00 €	14,80 €
110 €	- 5,20 €	10,00 €	4,80 €
100 €	- 5,20 €	0,00 €	-5,20 €
95 €	- 0,20 €	- 5,00 €	-5,20 €
90 €	4,80 €	-10,00 €	-5,20 €
80 €	14,80 €	-20,00 €	-5,20 €

Abb. 55: Gewinn- und Verlustszenarien für die Protective-Put-Optionsstrategie

Wie aus der vorherigen Abbildung erkennbar ist, verhält sich die Gesamtposition aus Long Put und Aktie wie ein Long Call. Dabei ist bei fallenden Kursen unter die 100-€-Marke der Verlust auf die gezahlte Optionsprämie begrenzt, die als Versicherungskosten angesehen werden können. Ab einem Kursniveau von 105,20 € wird der Break-Even-Punkt erreicht und das Gewinnpotenzial ist unbegrenzt.

Eine weitere Strategie des statischen Hedgings, die sogenannte *Covered-Call-Writing-Strategie*. Sie wird bei neutralem bis leicht positivem Marktumfeld angewandt. Bei dieser Eins-zu-Eins-Hedge-Call-Strategie wird eine Kaufoption zu einem bestehenden Investment in einem Basiswert verkauft und folglich von der Position eines gedeckten Stillhalters ausgegangen. Diese Methode wird hauptsächlich bei der Erwartung einer Seitwärtsbewegung der Märkte oder bei leicht steigenden oder fallenden Kursen angewandt. Der Stillhalter kann bei einem stabilen Marktumfeld einen zusätzlichen Portfoliogewinn durch die erhaltene Optionsprämie erzielen bzw. sein Verlustpotenzial bei sinkenden Kursen vermindern. Bei steigenden Kursen besteht jedoch die Gefahr, dass der Stillhalter bei Ausübung der verkauften Kaufoption einen Differenzbetrag zwischen dem aktuellen Kassakurs des Basiswerts und dem Basispreis leisten muss. Somit kommt es zur Aufrechnung aus der Kurssteigerung beim Basisobjekt durch die gegenläufige Entwicklung der Optionsposition.

Das folgende Anwendungsbeispiel verdeutlicht die Funktionsweise einer Covered-Call-Writing-Strategie.

Beispiel:
Ein Investor hält eine Aktie mit einem gegenwärtigen Wert von 266 €. Er geht von einem stabilen bis leicht steigenden Marktumfeld aus. Um den Portfolioertrag zu steigern, entscheidet er sich für den Verkauf einer 280 €-Call-Option, für die er eine Prämie von 20 € kassiert. Dadurch ist er ebenfalls bis zu einem Kursrückgang auf 246 € abgesichert (266 € als aktueller Kurs − 20 € für die erhaltene Prämie). Durch die Gesamtposition kann der Investor bis zu einem Kurs von 300 € einen höheren Ertrag erzielen als mit der reinen Aktienposition. Denn der Halter der Kaufoption wird diese erst ausüben, wenn es für ihn lohnend erscheint, d. h. der Kassakurs die Summe aus Basispreis (280 €) und Optionspreis (20 €) überschreitet.

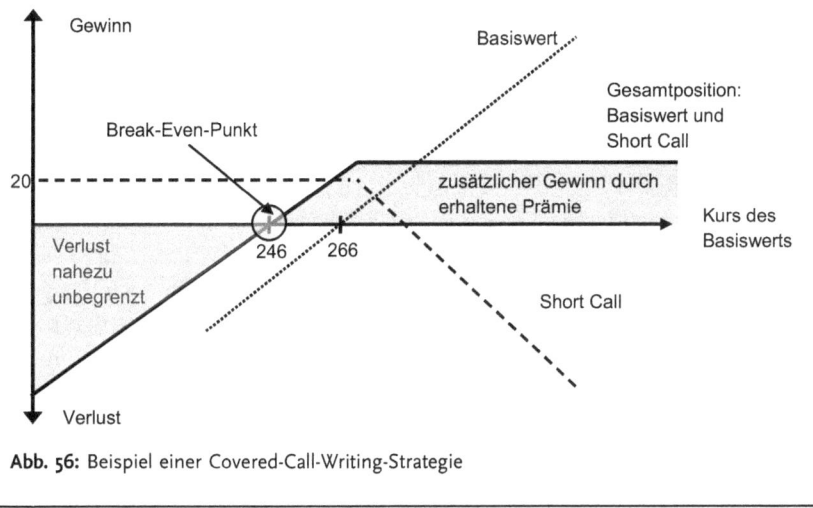

Abb. 56: Beispiel einer Covered-Call-Writing-Strategie

Das *Delta-Hedging* verfolgt das Ziel einer kongruenten (wertneutralen) Absicherung des Basiswertbestandes durch Optionen. Dabei sollen Verluste im Basiswert durch einen äquivalenten Kursgewinn der Optionsposition ausgeglichen werden. Mit dieser Strategie berücksichtigt man ständige δ-Wertänderungen aufgrund von variablen Kursentwicklungen im Basiswert. Um eine risikofreie Gesamtposition mit einem δ von null zu realisieren, ist es notwendig, kontinuierlich die Anzahl der Optionen anzupassen. Um die Anzahl der zu kaufenden oder zu verkaufenden Optionen ermitteln zu können, bedient man sich des Hedge-Ratios, das am Beispiel von Aktien folgendermaßen lautet:

$$\text{Hedge Ratio} = \frac{\text{Aktien im Portfolio}}{\text{Aktien im Kontrakt}} \cdot \frac{1}{\text{Delta-Wert}}$$

Da beim δ-Hedging ständig Anpassungen der zu haltenden Anzahl an Optionskontrakten aufgrund von Basiswertkursänderungen notwendig sind, werden zum Teil größere Aufwendungen für Transaktionskosten verursacht.

Das Ziel des *Gamma-Hedgings* ist der Aufbau einer γ-neutralen Position, die durch einen γ-Wert von null realisiert wird. Da das γ die Veränderung des δ-Wertes auf Änderungen des Basiswertkurses beschreibt, führt eine δ-γ-neutrale Strategie zu einer geringen Sensitivität des Portfolio-δ, sodass Umschichtungen seltener notwendig sind. Folglich kann der γ-Faktor als Maß für die Stabilität der Absicherungsposition verstanden werden.

Durch die *Kombination der vier Grundpositionen* lassen sich weitere Handelsstrategien für Optionen ableiten, mit denen man Gewinne absichern kann. Zu den bedeutendsten kombinierten Optionsstrategien gehören Spreads, Strangles und Straddles.

Bei *Options-Spreads* handelt es sich um den gleichzeitigen Kauf und Verkauf von Calls oder Puts, denen der gleiche Basiswert zugrunde liegt, die sich jedoch durch unterschiedliche Basispreise (Price Spread = Vertical Spread) oder unterschiedliche Verfallsdaten (Horizontal Spread = Time Spread = Calendar Spread) unterscheiden. Darüber hinaus existieren auch Diagonal Spreads, die sowohl in der Restlaufzeit als auch im Basispreis variieren. Die Funktionsweise von Spreads wird exemplarisch anhand eines Bull Call Vertical Spreads vorgestellt. Bei einem Bull Call Vertical Spread handelt es sich um den Kauf eines Calls mit einem geringeren Basispreis bei gleichzeitigem Verkauf eines Calls mit einem höheren Basispreis. Der daraus resultierende maximale Gewinn errechnet sich aus der Differenz der beiden Ausübungspreise, minimiert um die Differenz der Optionsprämien, während sich der maximale Verlust aus den Nettoprämienkosten ergibt.

Das folgende Beispiel soll die Funktionsweise eines Bull Call Vertical Spread veranschaulichen.

Beispiel:
Derzeit notiert die Aktie des Unternehmens Müller bei 112 €. Der Investor geht von steigenden Kursen aus und erwirbt einen Call mit einem Basispreis von 110 € zu 10 € und verkauft einen Call mit einen Basispreis von 120 €, wofür er 3 € erhält. Somit betragen die Nettokosten 7 €. Der Investor kann einen maximalen Gewinn erzielen aus der

Differenz der beiden Basispreise abzüglich der Nettokosten für die Optionen. Damit beläuft er sich auf 3 € (120 €–110 €–7 €). Bei einem Kurs von 117 € wird der Break-Even-Punkt erreicht, da an diesem Punkt die Nettoprämienkosten durch den Ausübungsgewinn ausgeglichen werden. Der maximale Verlustfall tritt ein, wenn der Kurs des Basiswerts unter den niedrigeren Basiswert von € 110 fällt. Dann verfallen beide Optionen wertlos, und der Investor erleidet einen Verlust in Höhe der Nettoprämienkosten von 7 €.

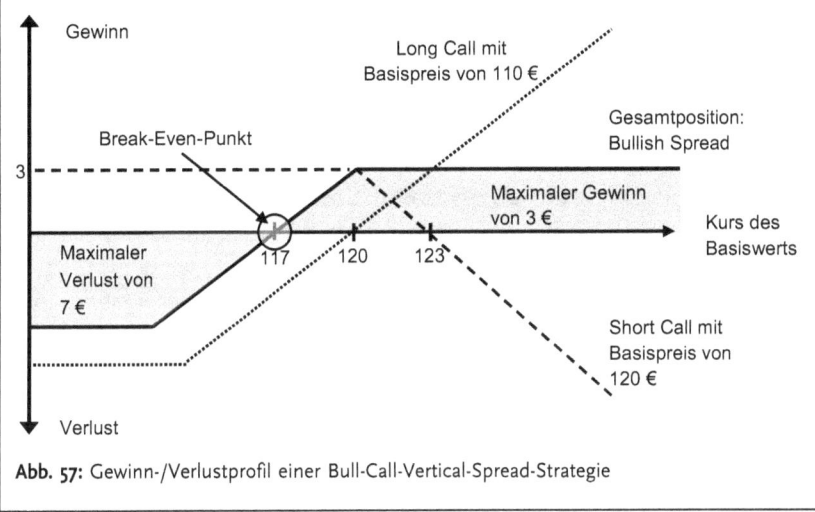

Abb. 57: Gewinn-/Verlustprofil einer Bull-Call-Vertical-Spread-Strategie

Bearish Call Vertical Spreads sind ähnlich strukturiert. Sie bestehen aus einer Long-Call-Position mit einem hohen Basispreis und einer Short-Call-Position mit einem niedrigen Basispreis. Dabei spekuliert man auf sinkende Kurse im Basiswert.

Bei *Straddles* werden Kauf- und Verkaufsoptionen mit gleicher Laufzeit und gleichen Basispreisen kombiniert. Dabei kann man zwischen Long und Short Straddles unterscheiden, je nachdem, ob Optionen gekauft oder verkauft werden. Geht man von hohen zukünftigen Kursvolatilitäten aus, bedient man sich des Long Straddles, bei dem Calls und Puts mit gleichem Basispreis und gleicher Laufzeit gekauft werden. Dabei ist das Gewinnpotenzial fast unbegrenzt, während das Verlustpotenzial begrenzt wird. Bei Short Straddles werden im Gegensatz zu Long Straddles die Optionen verkauft, da man von einer sinkenden Volatilität bzw. vollkommener Kursstagnation ausgeht. Kommt es jedoch zu starken Volatilitäten im Basisobjekt, ist das Verlustpotenzial bei Short Straddles nahezu unbegrenzt während die Gewinnchancen auf die Summe der Optionsprämien begrenzt werden.

In Folgenden soll an einem Beispiel die Long-Straddle-Strategie aufgezeigt werden.

Beispiel:
Wird ein Unternehmen auf einer Pressekonferenz eine wichtige Neuigkeit verlauten lassen, die den Kurs in eine unbestimmte Richtung stark beeinflussen kann, bedient man sich zur Absicherung der Long-Straddle-Strategie. Der gegenwärtige Kurs der Aktie notiert bei 50 €. Man entscheidet sich, sowohl 500 Call- als auch 500 Put-Optionen mit einem Basispreis von 50 € mit einer Restlaufzeit von 3 Monaten zu kaufen, einem Bezugsverhältnis von 1:1 und einer Optionsprämie von jeweils 3 €. Damit die Strategie aufgeht, müssen am Verkaufstag die Call- oder Put-Optionen mehr als 3 000 €, die man investiert hat, wert sein. Da eine der beiden Optionen wertlos verfallen wird, muss folglich die andere bei 6 € notieren. Angenommen, die Optionen werden bis zum Ende der Laufzeit gehalten, dann besteht der Wert der Option nur noch aus ihrem inneren Wert, da der Zeitwert gleich null ist. Somit müsste der innere Wert auf 6 € steigen. Dies ist der Fall, wenn die Aktie mindestens bei 56 € steht oder unter 44 € fallen wird.

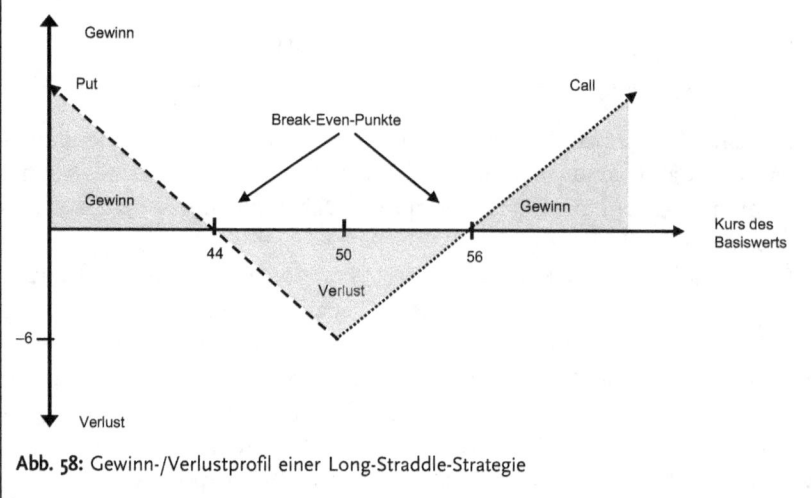

Abb. 58: Gewinn-/Verlustprofil einer Long-Straddle-Strategie

Strangles basieren auf dem Konzept der Straddles, jedoch unterscheiden sie sich von ihnen durch einen unterschiedlichen Basispreis. Strangles lassen sich ebenfalls in Long- (Kauf von Calls und Puts gleicher Anzahl mit identischer Restlaufzeit) und Short-Positionen (Verkauf von Calls und Puts) unterscheiden. Grundsätzlich werden sowohl Straddle- als auch Strangle-Positionen bei ähnlichen Handelsmotiven eingesetzt. Um den gleichen Gewinn realisieren zu können wie bei einem Straddle, muss der Kurs des Basiswerts sich stärker bewegen. Neben den Gewinnchancen ist auch das Verlustpotenzial bei einem Strangle geringer.

Das folgende Beispiel erläutert eine Long-Strangle-Strategie.

Beispiel:
Die Aktie des Technologieunternehmens TelCo notiert bei 298 €. Es werden ein Dezember-280 €-Put zu 7 € und ein Dezember-320 €-Call zu 10 € gekauft. Der maximale Verlust ist dabei durch die Summe der beiden gezahlten Optionsprämien in Höhe von 17 € bestimmt und tritt ein, wenn der Kassakurs sich nur in der Kursspanne der beiden Basispreise bewegt (280 € bis 320 €). Kommt es zu einer Aktienbewegung um 17 € in eine der beiden Richtungen, so werden die Prämienausgaben durch die Ausübungsgewinne ausgeglichen und somit der Break-Even-Punkt erreicht.

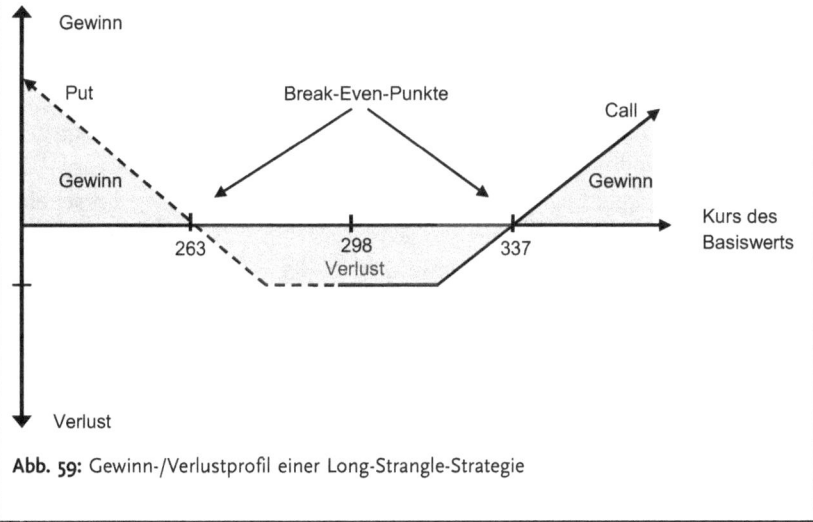

Abb. 59: Gewinn-/Verlustprofil einer Long-Strangle-Strategie

Zusammenfassend lässt sich sagen, dass das Hedging mit Optionen aufgrund ihrer Versicherungseigenschaft eine erweiterte Möglichkeit des Risikomanagements bietet. Mithilfe ausgewählter Optionen und Hedgingstrategien lassen sich Risiken auf Dritte abwälzen, die gezahlten Prämien können dabei als Versicherungskosten angesehen werden. Unternehmen steht eine große Anzahl an börslich gehandelten Aktien- und Indexoptionen zur Verfügung. Aktienoptionen werden u. a. zur Absicherung von börslich eingegangen Beteiligungen an anderen Unternehmen genutzt. Wie das aktuelle Beispiel der Porsche AG zeigt, wurden Aktienoptionen mit Barausgleich eingegangen, um sich einen günstigen Kurs für eine weitere Aufstockung des Anteils an der Volkswagen AG und im Hinblick auf das Übernahmeangebot für alle Volkswagen-Aktien zu sichern. Ebenfalls lassen sich Zins- und Währungsrisiken abwälzen, wobei dafür meist OTC-Geschäfte wie beispielsweise Zinsbegrenzungsverträge (Caps, Floors und Collars) eingegangen werden. Wie z. B. der Geschäftsbericht 2007 der Leoni AG zeigt, sichert sich das Unternehmen mit Zinscaps gegen steigende Zinsen ab. Ein entscheidender Vorteil von Optionsgeschäften besteht darin, dass bei bedingten Termingeschäften ein Unternehmen bei ungünstigen Kursen nicht dazu verpflichtet ist, das Termingeschäft auszuführen.

Bei der Risikoabsicherung mit Optionen ergeben sich jedoch auch Risiken und Anwendungsschwierigkeiten. Für Unternehmen kann es sich als problematisch erweisen, genau die entsprechenden Terminpositionen zu finden, um ein vorhandenes Risiko komplett abzuwälzen. Oft reicht die Absicherung nicht aus oder man geht zu viele Termingeschäfte ein, die wiederum ein neues Risiko bergen. Da börslich gehandelte Optionen nicht immer genau den Ansprüchen der Unternehmen entsprechen, suchen sie diese im OTC-Geschäft. Diese werden jedoch nur bedingt geregelt bzw. kontrolliert, deshalb gehen daraus neue Risiken hervor. Auch bei den Hedgingstrategien ergeben sich weitere Probleme. Entscheidet sich ein Unternehmen für die statische Absicherung, erfolgt nach einer anfänglichen Eins-zu-Eins-Absicherung keinerlei Anpassung während der Laufzeit. Durch Schwankungen im Basiswert könnte die gewählte Absicherung jedoch nicht mehr ausreichen. Beim dynamischen Hedging hingegen wird dieses Problem durch eine ständige Anpassung der Hedge-Ratio umgangen. Aufgrund somit erheblich höherer Transaktionskosten ist diese Strategie eher für Großunternehmen und -investoren geeignet. Ferner muss berücksichtigt werden, dass Optionen ihrer Natur nach sehr komplex sind und ein genaues Wissen der Funktionsweise der eingesetzten Hedginginstrumente erfordern. Zudem sollten Kontrollmechanismen implementiert werden, die sicherstellen, dass Optionen nicht zur Spekulation, sondern zur Risikoabsicherung genutzt werden. Solch eine interne Aufsicht kann den Umfang des Optionshandels z. B. durch Grenzwerte limitieren.

1.3 Swaps

Swaps sind unbedingte Termingeschäfte, bei denen zwei Vertragspartner ein zukünftiges Tauschgeschäft, hauptsächlich bezogen auf Zinssätze und Währungen, mit einem festen Austauschverhältnis vereinbaren. Ziel des Einsatzes von Swaps ist die Ausnutzung von Vorteilen auf den Finanz- und Gütermärkten. Zu den wesentlichen Vertragsbestandteilen eines Swaps gehört die Laufzeit, die bei einer Standardausstattung in der Regel zwischen einem und zehn Jahren beträgt. Ebenfalls werden in Swapverträgen der Nominalbetrag (Swap-Volumen), die vereinbarten Zahlungstermine und die Tauschgegenstände (Finanztitel, Zahlungsströme oder Güter) ausgewiesen. Swapgeschäfte werden grundsätzlich over-the-counter abgewickelt. Dabei ist die vertragliche Gestaltung den Tauschpartnern selbstüberlassen, wobei sich gewisse Standards herausgebildet haben.

1.3.1 Funktionsweise

Um die allgemeine Funktionsweise von Swaps zu erklären, soll von zwei ein Swapgeschäft abschließenden Unternehmen, der Müller AG und der Schmidt AG, ausgegangen werden. Diese beiden Unternehmen haben Verträge mit anderen Kunden oder Institutionen über unterschiedliche Basiswerte A und B abgeschlossen. Die Funktionsweise wird dabei in Abbildung 60 ersichtlich.

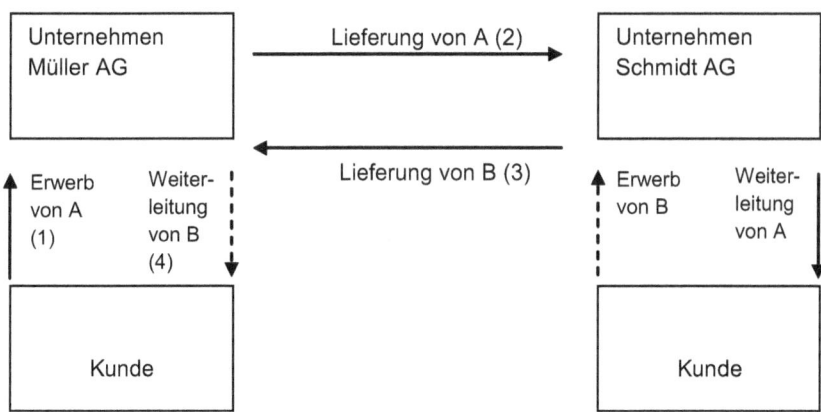

Abb. 60: Allgemeine Funktionsweise von Swaps

Aus der Abbildung erkennt man, dass das Unternehmen Müller in Zukunft den Basiswert A erhält (1). Dieser stellt jedoch ein Risiko behaftetes

Gut dar, da die Müller AG von sinkenden Preisen ausgeht. Deswegen schließt die Müller AG einen Vertrag mit der Schmidt AG über die Lieferung von A ab (2). Im Gegenzug erhält die Müller AG das Gut B zu einer festgelegten Menge und Qualität zum gleichen zukünftigen Zeitpunkt (3). Die Müller AG geht bei diesem Swapgeschäft von einem zukünftigen Vorteil aus, da sie mögliche Verluste in ihrem Vermögensgegenstand A durch eine potenzielle höhere Bewertung von B vermeidet (4). Die analoge Intention gilt für die Schmidt AG, die von einem Wertverlust von Gut B ausgeht und dieses gegen Gut A tauscht, um damit in der Zukunft einen höheren Erlös zu erzielen. Wie man daraus erkennen kann, basiert das Swapgeschäft auf der Grundlage des komparativen Kostenvorteils, bei dem die jeweiligen Vorteile der Vertragspartner miteinander getauscht werden.

1.3.2 Swap-Arten

Die einfachste Einteilung von Swaps beruht auf den ihnen zugrunde liegenden Basiswerten. Somit kann man zwischen Zinsswaps und Währungsswaps unterscheiden. Dabei beziehen sich Zinsswaps auf den Austausch von unterschiedlichen Zinszahlungen der gleichen Währung zwischen zwei Vertragspartnern. Es können feste gegen variable Zinsen (Fixed-to-Floating-Zinsswap) oder auch variable gegen variable (Floating-to-Floating-Zinsswap) getauscht werden. Bei Währungsswaps wird dagegen der Tausch von Kapitalbeträgen inklusive der damit verbundenen Zinszahlungen von einer Währung in eine andere vereinbart. Darüber hinaus existieren auch Equity- und Non-Financial-Swaps, die sich auf die Performance des Aktien- und Rentenmarktes bzw. auf Rohstoffe oder Kredite beziehen können.

Wird ein Swap abgeschlossen, bei dem sich Ansprüche und Verpflichtungen gleichwertig gegenüber stehen, weist dieser einen Wert von null auf. Bei vorangeschrittener Laufzeit und Zins- bzw. Wechselkursänderungen ergeben sich Auswirkungen auf die Zahlungsströme und den Marktwert des Swaps, der dann von null abweichen kann. Folglich hat sich der Wert positiv oder negativ entwickelt. Somit erhält einer der Vertragspartner günstigere Konditionen als die derzeitigen Marktkonditionen, während der andere ungünstigere Konditionen hinnehmen muss. Für die Bewertung von Zins- und Währungsswaps gibt es zwei Ansätze. Einerseits kann ein Swap als Differenz zwischen zwei Anleihen gesehen werden oder als Portfolio von Forward Rate Agreements. Auf die genaue Bewertung soll an dieser Stelle jedoch nicht eingegangen werden.

1.3.3 Hedging mit Swaps

Auch Swaps werden von Unternehmen im Rahmen eines aktiven Risikomanagements angewandt. Dabei steht vor allem die Absicherung gegen Risiken durch sich ändernde Wechselkurse oder Zinssätze im Vordergrund; im Folgenden wird daher auf die verschiedenen Möglichkeiten des Hedgings von Währungs- und Zinsrisiken eingegangen.

Bei Währungsswaps handelt es sich um den Tausch von Verbindlichkeiten unterschiedlicher Währung inklusive der damit verbundenen Zinszahlungen zwischen zwei Vertragspartnern. Dabei findet zu Beginn der Laufzeit ein Austausch der Kapitalbeträge statt, während diese am Ende in der Regel zum gleichen historischen Kurs wieder zurückgetauscht werden. Da bei Währungsswaps normalerweise auch Zinszahlungen in unterschiedlichen Währungen geleistet werden, sind sie auch als Zins-Währungs-Swaps (Cross Currency Swaps) bekannt.

Bei einem Fixed-to-Fixed-Währungsswap nehmen beide Vertragspartner Geld in verschiedenen Währungen auf, für das sie einen vorher fest vereinbarten Zinssatz zu zahlen haben (1). Diese werden am Anfang untereinander zu einem bestimmten Wechselkurs ausgetauscht (2). Während der Laufzeit des Swapgeschäfts fließen die jeweiligen Zinszahlungen, womit die Zinsverpflichtungen in den jeweiligen Ländern beglichen werden können (3). Am Ende werden die Kapitalbeträge zum vorher vereinbarten Wechselkurs zurückgetauscht (4). Diese Vorgehensweise wird in der nachfolgenden Abbildung 61 schematisch dargestellt.

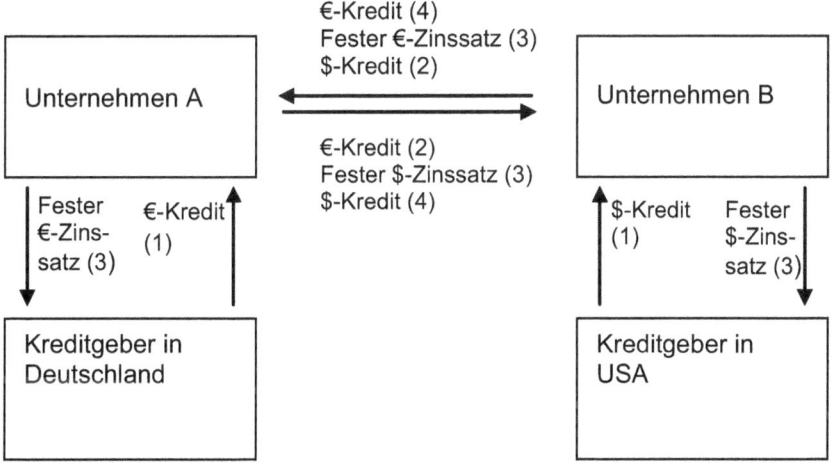

Abb. 61: Fixed-to-Fixed-Währungsswap

Anhand des folgenden Beispiels soll die Funktionsweise eines Fixed-to-Fixed-Währungsswaps dargestellt werden.

> **Beispiel:**
> Die Unternehmen Müller aus Deutschland und Smith aus den USA haben Kapitalbedarf an US-Dollar bzw. Euro. Beide Unternehmen können in ihren jeweiligen Ländern günstige Festzinskredite aufnehmen, sind aber an der Fremdwährung interessiert. Deshalb gehen sie einen sechsjährigen Währungsswap inklusive dessen Zinsverpflichtungen ein. Der Euro notiert dabei bei 1,45 €.
>
> | | Unternehmen Müller | Unternehmen Smith |
> | --- | --- | --- |
> | Verbindlichkeit | €-Kredit | US$-Kredit |
> | Kapitalbetrag | 60 Millionen € | 87 Millionen US$ |
> | Fixer Zinssatz | 11,75 % p.a. | 13 % p.a. |
> | Laufzeit | 6 Jahre | 6 Jahre |
> | 1. Anfangstransaktion | 60 Millionen € an Smith | 87 Millionen US$ an Müller |
> | 2. Jährliche Zinszahlungen | 11,31 Millionen US$ an Smith | 7,05 Millionen € an Müller |
> | 3. Rückabwicklung | 87 Millionen US$ an Smith | 60 Millionen € an Müller |
>
> **Abb. 62:** Beispiel für einen Fixed-to-Fixed-Währungsswap
>
> Bei der Anfangstransaktion überweist Unternehmen Müller 60 Millionen € an Smith und erhält im Gegenzug einen Ausgleich von 87 Millionen US$ (60 Mio. € × 1,45). In der zweiten Phase werden die jährlichen Zinszahlungen beglichen. Unternehmen Müller überweist einmal im Jahr 11,31 Millionen US$ (13 Prozent von 87 Mio.) an Unternehmen Smith, damit es die Zinszahlungen für seinen Kredit begleichen kann. Im Gegenzug zahlt Unternehmen Smith 7,05 Millionen € (11,75 Prozent von 60 Mio.) an Unternehmen Müller. Bei der Schlusstransaktion werden die ursprünglichen Kapitalbeträge zum vorher vereinbarten Wechselkurs von 1,45 $ zurückgetauscht.

Der *Fixed-to-Floating-Währungsswap* unterscheidet sich im Vergleich zum vorher beschriebenen Fixed-to-Fixed-Währungsswap nur darin, dass der eine Vertragspartner zu fixen Zinszahlungen verpflichtet ist, während der andere variable Zinszahlungen leisten muss. Zur besseren Übersicht werden in der folgenden Abbildung nur die Zinszahlungen dargestellt.

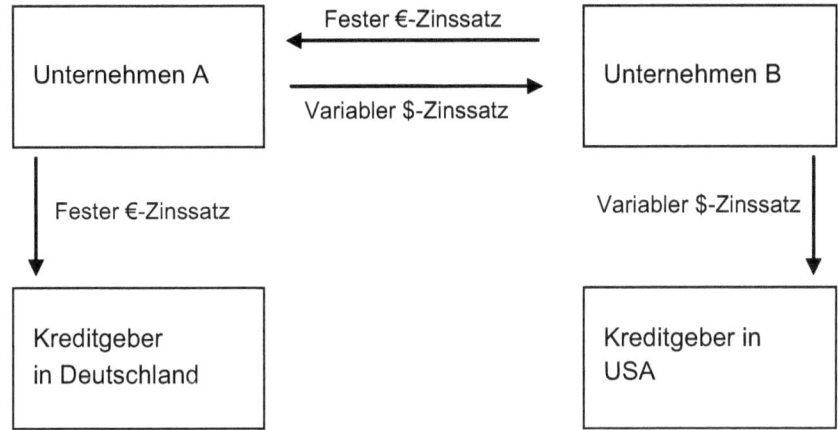

Abb. 63: Fixed-to-Floating-Währungsswap

Beim Floating-to-Floating-Währungsswap liegen den zu tauschenden Kapitalbeträgen jeweils variable Zinssätze zugrunde, wie Abbildung 64 zeigt.

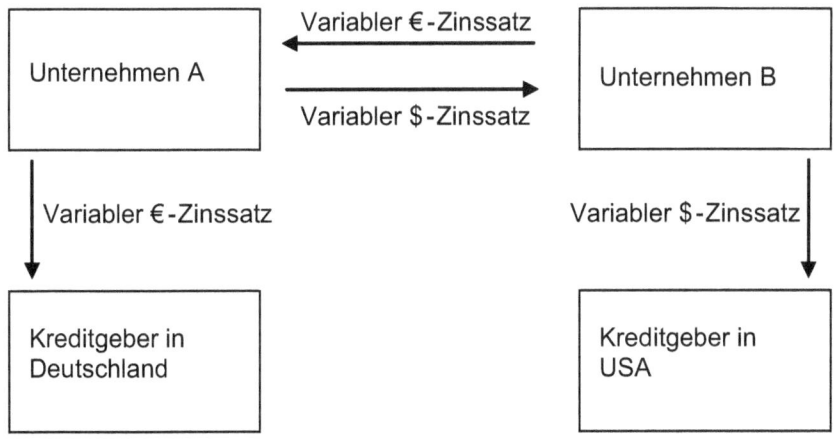

Abb. 64: Floating-to-Floating-Währungsswap

Um Zinsänderungsrisiken entgegen zu wirken, werden Zinsswaps mit dem zu sichernden Grundgeschäft kombiniert. Dabei können sowohl bestehende als auch zukünftige Positionen abgesichert werden, sie sind somit für Marktteilnehmer mit Anlage- als auch Finanzierungsbedarf geeignet. Bei Zinsswaps wird eine Vereinbarung zwischen zwei Vertragspartnern geschlossen, Zinszahlungen auf einen gewissen Kapitalbetrag für eine bestimmte Laufzeit in wiederkehrenden Abständen auszutauschen. Im Vergleich zu Währungsswaps gibt es zwei wesentliche Unterschiede. Sowohl die empfangenen als auch die zu leistenden Zinszahlungen fallen in der gleichen Währung an. Auch werden die Kapitalbeträge weder am Anfang noch am Ende der Laufzeit zwischen den Swappartnern ausgetauscht.

Zu den bekanntesten Zinsswaps gehören die Kuponswaps und die Basisswaps. Beim *Kuponswap*, auch Fixed-to-Floating-Zinsswap, sind die Zinszahlungen aus einem Finanztitel eines Vertragspartners über die gesamte Laufzeit fixiert, während die andere Partei variable Zinszahlungen aus einem Geldmarktgeschäft leisten muss, deren Höhe vom Geldmarktsatz (z. B. EURIBOR – European Interbank Offered Rate) abhängig ist. Die Vertragspartei, die den festen Zinssatz liefert und einen variablen erhält, wird als Payer bezeichnet, während der Empfänger des Festzinses und Lieferant eines variablen Zinssatzes als Receiver bekannt ist. Diese Art von Swaps eignet sich hervorragend, um sich bei der Aufnahme von variabel verzinstem Fremdkapital gegen das Risiko eines steigenden Zinssatzes zu schützen, indem die variablen Zinsverpflichtungen gegen eine Festzinszahlung getauscht werden. Jedoch ist auch möglich, eine fest verzinste Finanzposition in eine variabel Verzinste zu wandeln.

Die Funktionsweise eines Kuponswaps soll durch das folgende Beispiel näher erläutert werden.

Beispiel:
Unternehmen A, das bonitätsmäßig besser eingestuft ist als Unternehmen B, sucht eine variable Verzinsung z. B. in Form eines variablen Krediters, während Unternehmen B an einer festverzinslichen Anleihe interessiert ist. Dabei gilt folgende Ausgangsposition:

	Unternehmen A	Unternehmen B	Zinsdifferenz
Festzins	8 %	9,5 %	1,5 %
Variabler Zins	EURIBOR+0,5 %	**EURIBOR+1 %**	0,5 % (Kostenvorteil von B)

Abb. 65: Ausgangspositionen der Zinsbedingungen

Unternehmen A besitzt bei beiden Finanzierungsformen einen absoluten Vorteil gegenüber Unternehmen B. Der Zinsunterschied ist jedoch bei der variablen Verschuldung geringer. Der daraus resultierende Vorteil von Unternehmen B kann durch ein Swapgeschäft zum beidseitigen Vorteil genutzt werden. Das größtmögliche Einsparungspotenzial wird erzielt, wenn Unternehmen A eine festverzinsliche Anleihe ausgibt, während Unternehmen B einen variabel verzinslichen Kredit aufnimmt und beide Unternehmen sich auf einen fix-variablen Zinsswap einigen. Unternehmen A begleicht für die komplette Laufzeit die EURIBOR-Zahlung für Unternehmen B und dafür vergütet Unternehmen B dann Unternehmen A die 8 Prozent Festverzinsung. Diese Konstellation wird in der folgenden Abbildung verdeutlicht.

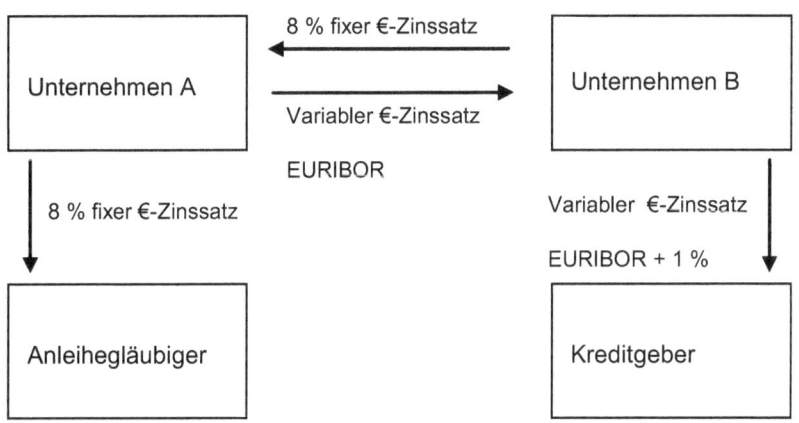

Abb. 66: Fixed-to-Floating-Zinsswap (Kuponswap)

Die aus den Tauschgeschäften resultierenden Zahlungsströme werden in der folgenden Tabelle zusammengefasst.

	Unternehmen A	Unternehmen B
Ausgangssituation	- 8 %	- (EURIBOR+1 %)
Ausgleichszahlung	+ 8 % - EURIBOR	- 8 % + EURIBOR
Zinsbelastung nach Swap	- EURIBOR	- 9,0 %
Alternativkonditionen	- (EURIBOR+0,5 %)	- 9,5 %
Vorteil	+0,5 %	+0,5 %

Abb. 67: Resultierende Zahlungsströme

Aus der Tabelle wird ersichtlich, dass beide Unternehmen durch den Einsatz des Swaps profitieren, in dem ein Zinsvorteil von 0,5 Prozent entsteht, weil beide Vertragspartner sich das Einsparungspotenzial aufgeteilt haben.

Werden jedoch ausschließlich variable Zinszahlungsströme zwischen den beiden Vertragspartner ausgetauscht, so handelt es sich um einen *Basisswap* bzw. *Floating-to-Floating-Zinsswap*. Diese variablen Zinssätze beziehen sich auf bestimmte Referenzzinssätze, zu denen u. a. der EU-

RIBOR und LIBOR (London Interbank Offered Rate) gehören. Die möglichen Zinszahlungsströme werden in Abbildung 68 dargestellt.

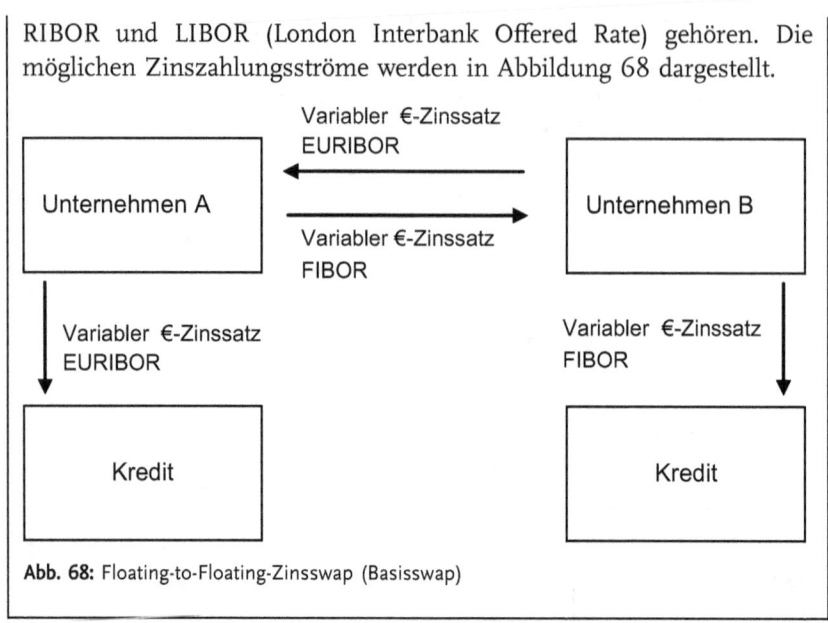

Abb. 68: Floating-to-Floating-Zinsswap (Basisswap)

Im Hinblick auf Swaps lässt sich zusammenfassend also feststellen, dass sie als Absicherung gegen Risiken eingesetzt werden, die aus Negativveränderungen in Zinssätzen und Wechselkursen resultieren können. Diese Risiken sollen durch sie so weit wie möglich reduziert oder im besten Fall sogar ganz vermieden werden. Dabei fallen beim Einsatz von Swaps keine wesentlichen Kosten an, wie dies bei Optionen in Form der zu zahlenden Optionsprämie der Fall ist.

Mögliche Chancen ergeben sich für Unternehmen bei Kreditgeschäften. Mithilfe von z. B. Zinsswaps lässt sich ein Festzinskredit in einen variabel verzinslichen Kredit umwandeln. Dies macht vor allem dann Sinn, wenn von fallenden Zinsen auszugehen ist. Unter Einsatz eines Receiverswaps erhält das Unternehmen Festsatzzinsen, während es variable Zinsen bezahlen muss. Der umgekehrte Fall ist dabei auch möglich. So ist der Spezialkabelhersteller Leoni einen Zinsswap eingegangen, um variable Zinsen in festverzinsliche Finanzverbindlichkeiten zu wandeln. Dieses Beispiel aus dem Kreditgeschäft dient der Ausnutzung sich bietender Vorteile. Manche Unternehmen haben Vorteile bei der Aufnahme von festverzinslichen Krediten, während andere einen Vorteil auf Märkten für variabel verzinsliche Wertpapiere erzielen können. Das Unternehmen wird somit ein Kreditgeschäft abschließen, mit dem es einen strategischen Vorteil erzielt. Dies kann auch dazu führen, dass es einen festverzinslichen Kredit aufnimmt, obwohl es an einem variabel verzinslichen Kredit interessiert war. Jedoch kann durch Swapgeschäfte ein Tausch vorgenommen werden.

Auch bei Kapital- und Geldanlagen spielen Zinsswaps eine entscheidende Rolle. Durch Asset Swaps kann ein Marktteilnehmer feste bzw. variable Zinserträge aus einer Kapitalanlage in variable bzw. feste Zinszahlungen umwandeln. Hält ein Unternehmen eine festverzinsliche Anleihe, die es über einen variablen Zins (z. B. 6-Monats-EURIBOR) refinanziert, unterliegt das Unternehmen dem Risiko steigender Zinsen. Wie im oben genannten Beispiel kann auch hier das Unternehmen einen Swap erwerben, bei dem es Festsatzzinsen zahlt und variable Zinsen erhält, die für die Refinanzierung der Anleihe genutzt werden. Ebenfalls können Unternehmen länderspezifische Konditionen mit Swaps ausnutzen. Unternehmen haben in ihrem Heimatmarkt in Bezug auf die Konditionen oft Vorteile bei der Kapitalbeschaffung gegenüber ausländischen Kapitalmärkten. Anleihegläubiger im Inland können die Bonität eines Unternehmens besser beurteilen als ausländische Investoren. In immer enger verflochtenen globalen Finanzmärkten nimmt solch eine Informationsasymmetrie weiter ab, lässt sich jedoch aufgrund von Informationskosten nicht vollständig beseitigen. Dennoch ist auch der umgekehrte Fall immer öfter zu beobachten: Dass eine Anleihe in einer fremden Währung besteht, obwohl der Finanzbedarf in der heimischen Währung vorhanden ist. Dies kann damit begründet werden, dass ein möglicher Angebotsüberschuss am fremden Kapitalmarkt zu günstigen Finanzierungskonditionen führt. Durch einen entsprechenden Währungsswap können fremde Geldmittel wieder zurückgetauscht und Schwankungen auf den Devisenmärkten abgesichert werden.

Neben den zuvor angeführten Vorteilen ergeben sich bei Swapgeschäften einige Risiken, die für Unternehmen von Bedeutung sein können. So kann es zum Beispiel zu einem sogenannten Adressausfallrisiko kommen, das auch als Vorleistungsrisiko bekannt ist. Dabei werden von einem Swappartner die vorher vereinbarten Zahlungen nicht mehr erbracht. Im Gegensatz zu Krediten führt dies allerdings nicht zum kompletten Kapitalverlust, da bei Zinsswaps keine Kapitalbeträge ausgetauscht werden und bei Währungsswaps die vorher ausgetauschten Kapitalbeträge einbehalten werden können. Das Risiko besteht eher darin, dass die Partei, die selber schon die Zinszahlungen geleistet hat, keine vom Partner erhält. Deswegen ist es wichtig, die Bonität des Swappartners im Vorfeld zu prüfen und gegebenenfalls zusätzliche Bürgschaften oder andere Sicherheiten zu fordern.

Ein Risiko, das eng mit dem Adressausfallrisiko verbunden ist, ist das Marktrisiko. Negative Veränderungen im Markt können einen direkten Einfluss auf den Swapwert oder das ganze Swapportfolio haben. Den größten Einfluss auf das Marktrisiko hat bei Zinsswaps die Änderung des Zinssatzes. Normalerweise wird durch Gegengeschäfte versucht, das Marktrisiko zu minimieren. Bei Swapportfolios ist dies aufgrund der ständigen Verschiebung des Risikos durch tägliche Swapgeschäfte aber nicht ohne weiteres möglich. Deshalb wird bei einem Portfolio von Swaps das Marktrisiko auf Basis des gesamten Portfolios gesteuert. Auch die Veränderung von Wechselkursen impliziert ein zusätzliches Risiko, welches sich jedoch mit entsprechenden Hedgegeschäften gut absichern lässt.

Ein weiteres Risiko kann sich aus einem Neuabschluss eines Swapgeschäftes zu ungünstigeren Konditionen ergeben, welches ein Wiederbeschaffungsrisiko darstellt. Der Swappartner, der einen positiven Marktwert erzielt hat, ist diesem Risiko ausgesetzt. Für Swappartner mit negativen Marktwerten existiert kein Wiederbeschaffungsrisiko, weil ein möglicher Verlust von Verpflichtungen kein Risiko hervorruft.

Darüber hinaus unterliegen Swapgeschäfte auch den Volatilitätsrisiken und dem Risiko der Marktliquidität, welches gerade für Währungsswaps ganz entscheidend ist. Diese weisen in der Regel geringere Volumina als Zinsswaps auf, sind durch Unterlegung mit Eigenmitteln teurer und somit nur zu bestimmten Vorhaben einsetzbar, z. B. bei einer Wertpapieremission.

1.4 Futures

Nachdem Optionen und Swaps bereits erläutert wurden, wird in diesem Unterkapitel eine weitere Art derivativer Finanzinstrumente vorgestellt, die Futures. Futures stellen ein unbedingtes Terminkontraktgeschäft dar, bei dem zwei Vertragsparteien einen verbindlichen Vertrag eingehen. In einem Futures-Vertrag wird festgeschrieben, einen bestimmten Basiswert zu einer bestimmten Menge, zu einem vorher festgelegten Preis und bestimmten Zeitpunkt zu verkaufen und zu liefern bzw. zu kaufen und abzunehmen. Kommt es nicht zu einer Lieferung des Basiswerts, ist auch ein Wertausgleich möglich (cash settlement). Futures werden an Terminbörsen wie z. B. der EUREX, der Chicago Mercantile Exchange (CME) oder der Chicago Board of Trade (CBOT) gehandelt, wobei dort nicht alle verschiedenen Futures-Arten gekauft bzw. verkauft werden. An der EUREX werden ausschließlich Financial Futures gehandelt. Möchte man jedoch mit Waren-Futures Handel betreiben, muss man auf andere Terminbörsen wie z. B. die CBOT ausweichen.

1.4.1 Funktionsweise

Eine Futures-Position wird eröffnet, wenn man entweder long geht (öffnender Kauf) oder short geht (öffnender Verkauf). Bei einer Long-Position, die eine vertragliche Verpflichtung zum terminlichen Kauf darstellt, werden steigende Kurse des Basiswerts für die Zukunft erwartet. Tritt dieser Fall ein, erzielt der Futures-Käufer einen Gewinn, da er schon vorher bei Vertragsabschluss den Preis festgeschrieben hatte und bei Ausübung des Futures einen höheren Wert mit dem Basiswert erzielt. Bei einer Short-Position jedoch, die eine vertragliche Verpflichtung auf den Termin zum Verkauf darstellt, werden fallende Kurse erwartet und der Verkäufer muss somit das Risiko steigender Kurse tragen. In der nachfolgenden Abbildung werden die Gewinn- und Verlustpotenziale für Long- und Short-Positionen von Futures dargestellt. Futures verhalten sich in der Regel im Bezug auf die Kursbewegung genauso wie ihre zugrunde liegenden Basiswerte.

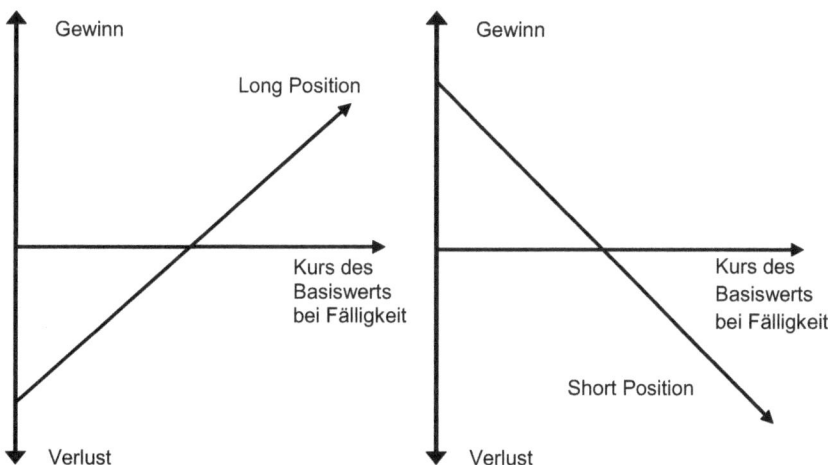

Abb. 69: Gewinn-/Verlustprofile von Long- und Short-Futures-Positionen

Beim Abschluss eines Futures-Geschäfts wird der Kontrakt mit null bewertet. Der Käufer (Long Position) profitiert von steigenden Kursen im gleichen Maße wie der Verkäufer bei steigenden Kursen verliert. Somit kann man sagen, dass der Gewinn einer Vertragspartei dem Verlust der anderen entspricht, wenn Transaktionskosten außer Acht gelassen werden. Folglich ist es ein Nullsummenspiel. Die Gewinn- als auch Verlustmöglichkeiten sind beim Future-Handel unbegrenzt.

Ergänzend dazu ist zu erwähnen, dass beim Abschluss eines Futures-Kontraktes eine Vorschusszahlung (Initial Margin) als eine Art Sicherheitsleistung erfolgt. Dies ist notwendig, da bei einem zukünftigen Geschäft mit vorher vereinbarten Preisen gewisse Risiken bestehen. Einer der Vertragspartner könnte z. B. vom Geschäft zurücktreten wollen oder es fehlen ihm sogar die nötigen Mittel zur Erfüllung des Kontraktes. Die Initial Margin wird beim Abschluss auf das Margin-Konto eines Maklers gezahlt. Sie hängt von der Bonität des Kunden ab und beträgt in der Regel zwischen 0,5 Prozent und 10 Prozent des Kontraktwertes. Das Margin-Konto wird tagtäglich abgerechnet und weist für den Anleger einen Gewinn oder Verlust aus. Diese täglichen Preisveränderungen werden dem Kunden als Variation Margin entweder gutgeschrieben oder abgebucht. Dieses Konto darf jedoch niemals einen Fehlbetrag aufweisen. Um dies zu gewährleisten, wird ein Mindestsaldo (Maintenance Margin) festgelegt, der normalerweise etwas unter dem Initial Margin liegt und nicht unterschritten werden darf. Ist dies jedoch der Fall, muss eine Nachschusszahlung erfolgen, bis das Level des Initial Margin wieder erreicht ist. Erfolgt jedoch keine Nachschusszahlung des Anlegers, wird der Makler die Position durch Verkauf des Kontraktes schließen.

Zur Funktionsweise von Futures ist anzumerken, dass in der Realität nur in drei Prozent der Kontrakte eine physische Lieferung erfolgt, d. h. dass vor dem Fälligkeitstermin schon ein so genanntes Deckungsgeschäft stattfindet, um die Futures-Position glattzustellen.

1.4.2 Future-Arten

Generell lassen sich Futures in Bezug auf ihre Basiswerte in zwei große Gruppen untergliedern: Waren-Futures und Finanz-Futures. *Waren-Futures* lassen sich für land- und forstwirtschaftliche Produkte (u. a. Fleischwaren, Getreide), Brenn- und Treibstoffe sowie für Edelmetalle und Nicht-Edelmetalle handeln. Zu den *Finanz-Futures* gehören Futures für Devisen, Zinstitel wie z. B. Staatsanleihen oder Geldmarktinstrumente und Aktien sowie Indizes.

Bei *Devisen-Futures* handelt es sich um eine vertragliche Vereinbarung zu einem festgelegten, zukünftigen Zeitpunkt einen festgeschriebenen Betrag einer fremden Währung zu einem bei Vertragsabschluss fixierten Wechselkurs zu kaufen (Long Futures) bzw. zu verkaufen (Short Futures).

Zins-Future ist ein Überbegriff für eine große Anzahl von Zins-Terminkontrakten. Diese unterscheiden sich hauptsächlich im Underlying, da sie für Geldmarktpapiere, aber auch für fiktive festverzinsliche Anleihen (Kapitalmarktprodukte) gehandelt werden. Ein weiteres Unterscheidungsmerkmal ist die Laufzeit, die zwischen einem Monat für einen 1-Monats-EONIA-Future und 35 Jahren für langfristige Schuldverschreibungen des Bundes betragen kann.

Zudem lassen sich Futures auch für einzelne Aktien oder sogar für ganze Aktienindizes wie z. B. den DAX oder TecDAX handeln. Wie bei allen Finanz-Futures erfolgt bei Fälligkeit keine Lieferung des Basiswerts, sondern es kommt zu einem Barausgleich. Der Future-Kurs unterliegt der freien Preisbildung aus Angebot und Nachfrage an den Terminbörsen. Wenn die Kauf- und Verkaufsaufträge von zwei Marktteilnehmern zusammengeführt werden, entsteht ein neuer Future-Kurs. Das Zusammenführen erfolgt über die Clearingstelle. Dass sie dabei als Vertragspartner eintritt, hat für den Marktteilnehmer den großen Vorteil, dass er sich keine Sorgen um mögliche Ausfallrisiken machen muss, da hinter ihr immer Banken und andere Geldinstitute stehen, die große Sicherheiten bieten. Der Future-Kurs orientiert sich an der Kursentwicklung des zugrunde liegenden Basiswerts, d. h. steigt der Kurs des Basiswerts, steigt ebenfalls der Future-Preis. In der Realität kommt es jedoch nie zu einer 1:1-Bewegung zwischen dem Kassakurs des Basiswerts und dem Future-Kurs. Folglich besteht eine Differenz zwischen beiden Kursen, die als Basis bezeichnet wird. Diese ist u. a. durch die Bestandshaltekosten (cost of carry) zu erklären. Die Bestandshaltekosten sind Opportunitätskosten, die sich durch Zinsausfall bei möglichen Finanzanlagen oder Kosten für Lagerung des Verkaufsobjektes, dessen Versicherung oder Pflege ergeben. Jedoch gibt es noch eine weitere Komponente, die im Zusammenhang mit der Basis berücksichtigt werden muss: der Convenience Yield. Dieser Begriff beschreibt den Vorteil, der sich aus dem Besitz eines gewissen Gutes ergeben kann. Steigt der Bedarf an diesem Gut rasch an, kann der Nachteil, der sich durch die Bestandshaltekosten ergibt, durch den Convenience Yield überkompensiert werden. Somit setzt sich der Preis eines Futures-Kontraktes wie folgt zusammen:

Futurepreis = Kassakurs des Basiswerts + $\underbrace{\text{cost of carry} - \text{convenience yield}}_{\text{Basis}}$

Der Kassa- und Future-Kurs gleichen sich mit abnehmender Restlaufzeit immer weiter an, bis die Basis zum Lieferzeitpunkt in der Regel null beträgt, d. h. beide Kurse übereinstimmen.

1.4.3 Hedging mit Futures

Neben den Optionen und Swaps lassen sich auch Futures für die Absicherung von diversen Unternehmensrisiken einsetzen. Auf eine sehr wirksame und dennoch kostengünstige Weise erlauben sie Unternehmen, sich gegen Preisrisiken aus zukünftigen oder bereits vorhandenen Geschäften abzusichern. Wenn sich ein Unternehmen zur Risikoabsicherung durch den Futures-Markt entscheidet, verfolgt es das Ziel, eine Gegenposition zu einer bestehenden Position einzunehmen, um das Risiko so weit wie möglich auszugleichen. Wie bei den anderen derivativen Formen gibt es auch bei Futures zwei wesentliche Grundpositionen: Short Hedge und Long Hedge.

Bei einem *Short Hedge* handelt es sich um einen Sicherungsverkauf, bei dem eine Kaufposition am Kassamarkt gehalten wird (Long Position) und gleichzeitig eine Verkaufsposition am Terminmarkt erworben wird (Short Position). Diese Methode wird insbesondere in zwei Fällen angewandt. Einerseits kann der Absicherer bereits den Vermögensgegenstand besitzen und will sich gegen Preisrückgänge bis zum Veräußerungstermin schützen (Bestandsversicherungs-Hedge). Andererseits wird die Verkaufsabsicherung auch angewandt, um zu einem zukünftigen Zeitpunkt einen jetzt noch nicht im Besitz befindlichen Vermögensgegenstand (Fremdwährungseinheiten, Waren etc.) zu verkaufen. In beiden Fällen wird das Preisrisiko der bestehenden Kaufposition durch den Verkauf von Futures gesichert.

Der *Long Hedge* bildet dabei das Gegenstück zum Short Hedge. Er repräsentiert eine Kaufabsicherung, um sich gegen steigende Preise zu schützen. Dies kann von großem Nutzen sein, wenn man in der Zukunft den Kauf von bestimmten Waren oder Fremdwährungseinheiten plant und zum heutigen Zeitpunkt den Kaufpreis fixieren möchte. Ebenfalls kann eine bestehende Verbindlichkeit durch Long Hedging gegen einen Preisanstieg geschützt werden.

Die Basis, die Differenz aus dem Kassakurs des abzusichernden Vermögensgegenstands und dem Future-Preis des verwendeten Kontrakts kann in bestimmten Situationen einem großen Risiko unterliegen (Basisrisiko). Weicht der Future-Kurs von seinem rechnerisch fairen Wert ab, kann es dazu kommen, dass den Marktteilnehmern große Vermögensverluste zugefügt werden. Das Basisrisiko spielt eine entscheidende Bedeutung, wenn die Restlaufzeiten des Futures-Kontraktes und des Grundgeschäftes weit auseinander liegen. Dies ist der Fall, wenn die Position schon vor dem Ende des Grundgeschäfts ausläuft. Ebenfalls mit dem Basisrisiko verbunden sind die nicht immer in ihrer Richtung und im Betrag synchron verlaufenden Kursbewegungen von Futures und Basiswert. Folglich führt dies zu einer veränderten Basis, die eine schwankende und zufallsabhängige Größe einnimmt und somit eine vollständige Absicherung des Preisrisikos nicht erlaubt. Das Basisrisiko hat damit einen großen Einfluss auf das Hedgegeschäft, da es eine Unsicherheit in der Hedge-Position verursacht. Somit besteht stets ein gewisses Restrisiko. Veränderungen in der Basis haben dabei unterschiedliche Auswirkungen bei einem Sicherungskauf (long hedge) und einem Sicherungsverkauf (short hedge). Ein Sicherungsverkäufer profitiert von einer positiven Basis, die sich weiter verstärkt bzw. von einer negativen Basis, die sich danach abschwächt. Das Entgegengesetzte gilt für den Sicherungskäufer, der von einer positiven Basis profitiert, die sich danach verringert bzw. von einer negativen Basis, die sich anschließend verstärkt. Das folgende Beispiel zeigt den Zusammenhang zwischen Basisrisiko und Hedging-Strategie auf.

Beispiel:
Ein Produzent wird zu einem späteren Zeitpunkt seine Ware an einen Kunden liefern und will sich gegen einen drohenden Preisrückgang seiner Waren schützen. Aus diesem Grund nimmt er die Short-Position ein. Im März beträgt der Spotkurs für seine Ware 400 € je Einheit und der Kurs des zu verwendenden Futures steht bei 430 €. Folglich liegt eine negative Basis von −30 vor. Die Kurse der Ware als auch das Future sind bis zum Glattstellungszeitpunkt auf 370 € bzw. 390 € gesunken. Die Basis hat jetzt somit nur noch einen Wert von −20. Anstatt die Ware zu 400 € zu verkaufen, kann er sie jetzt nur für 370 € veräußern. Allerdings macht er einen Gewinn durch die glattgestellte Future-Position von 40 € (430 €–390 €), denn die Verkaufsposition hat an Wert gewonnen, da der Future-Kurs gesunken ist. Insgesamt wurde der Verlust aus dem Basisgeschäft von 30 € je Einheit durch den Gewinn von 40 € im Termingeschäft überkompensiert. Somit hat der Unternehmer nicht nur den Preis abgesichert, sondern realisiert noch einen zusätzlichen Gewinn von 10 € (40 €–30 €) aufgrund der vorteilhaften Veränderung der Basis.

Des Öfteren ist es schwierig, für ein zu sicherndes Grundgeschäft ein entsprechendes Future-Produkt zu finden, das den gleichen Basiswert aufweist. Deshalb ist der Absicherer gezwungen, einen sogenannten Cross Hedge einzugehen. Er sucht dabei ein Future, dessen Basiswert Ähnlichkeiten mit dem Basiswert des Grundgeschäftes aufweist und man somit von einer ähnlichen Preisbewegung ausgehen kann. Zum Beispiel wäre ein Heizöl-Future eine Substitutionsmöglichkeit für ein Kerosin-Future, da deren historische Kursverläufe sehr ähnlich verlaufen.

Bei flexiblen Wechselkursen können Währungen besonders starken Schwankungen unterliegen. Deshalb haben insbesondere multinationale Unternehmen ein großes Interesse, sich gegen Risiken aus Fremdwährungstransaktionen abzusichern. Dabei stellen *Devisen-Futures* eine kostengünstige und einfache Form der Absicherung dar. Am folgenden Beispiel soll die Funktionsweise einer Short-Hedge-Strategie für Devisen-Futures verdeutlicht werden.

Beispiel:

Ein amerikanischer Exporteur verkauft Güter nach Deutschland, die in Euro fakturiert werden. Der Forderungsbetrag hat eine Höhe von 1 Million € und kann innerhalb von 30 Tagen gezahlt werden. Der Exporteur möchte sich gegen eine mögliche Abwertung des Euros schützen. Deswegen entscheidet sich das Unternehmen, ein Euro FX Future an der Chicago Mercantile Exchange (CME) zu erwerben, um den aktuellen Kurs zu sichern. Durch diesen Short Hedge wird somit die offene Währungsposition geschlossen. Insgesamt werden dabei acht Futures benötigt, da ein Euro FX Future-Kontrakt standardmäßig 125 000 € abdeckt. Beim Eingehen des Hedgegeschäftes notiert der Euro-Kassakurs bei 1,45 US$, der dafür entsprechende Euro FX Future bei 1,4450 US$. Im darauf folgenden Monat wird die Hedge-Position aufgelöst, da der Zahlungseingang erfolgte. Der Euro steht nun bei 1,4250 US$ und der Kurs des Euro FX Future liegt bei 1,4195 US$. Das dabei erzielte Nettoergebnis sieht folgendermaßen aus:

	Kassakurs (K) (long)	Future (F) (short)	Basis (B)
t0	1,4500	1,4450	+ 0,0050
t1	1,4250	1,4195	+ 0,0055
Gewinn/Verlust (+ / −)	− 0,0250	+ 0,0255	+ 0,0005

Abb. 70: Beispiel für ein Devisen-Future-Geschäft

Zum Zeitpunkt des Zahlungseinganges ist der Euro tatsächlich gefallen und kann nur noch zu 1,4250 US$ getauscht werden. Allerdings stehen dem die Gewinne aus dem Devisen-Future-Geschäft gegenüber, die sogar die Verluste aus dem Kassageschäft um 500 US$ überkompensieren (0,0005 US$/1 € × 125 000 € × 8 Kontrakte = 500 US$).

Futures finden ebenfalls Anwendung, um bereits bestehende oder auch zukünftige Positionen einzelner Aktien oder eines ganzen Portfolios abzusichern. Dies kann bei Unternehmensbeteiligungen sehr sinnvoll sein. Beim Hedging mit *Index-Futures* ist in den seltensten Fällen das abzusichernde Aktienportfolio mit einem Index-Futures identisch. Deshalb muss ein höheres Basisrisiko in Kauf genommen werden. Bei der Wahl des entsprechenden Futures wird eines gewählt, das eine hohe Kurskorrelation zum Portfolio aufweist. Hat man ein entsprechendes Future identifiziert, wird die genaue Anzahl der benötigten Kontrakte ermittelt. Dabei spielt der β-Faktor einer Aktie, der die Kursempfindlichkeit der Aktie im Vergleich zum Gesamtmarkt ausdrückt, eine ganz entscheidende Rolle. Dieser β-Faktor geht direkt in die Formel der zu (ver)kaufenden Kontrakte ein.

$$\text{Kontraktanzahl} = \frac{\text{Wert des Aktienportfolios}}{\text{Indexstand} \cdot \text{Kontraktwert}} \cdot \text{β-Faktor}$$

Am nachfolgenden Beispiel soll die Anwendungsmöglichkeit dieser Formel näher erläutert werden.

Beispiel:
Ein Unternehmen mit einem Portfolio im Wert von € 2 Millionen möchte es gegen Kursrückgänge absichern und entschließt sich für ein Future, der einen Index mit einem Stand von 1 000 Punkten und einen Kontraktwert von 25 € pro Punkt zugrunde legt. Der β-Faktor für das gesamte Portfolio wurde mit 0,7 bewertet, woraus sich damit folgende Formel ergibt:

$$\text{Kontraktanzahl} = \frac{2\,000\,000\,€}{1\,000 \cdot 25} \cdot 0{,}7 = 56$$

Mit 56 Futures kann das Unternehmen dabei seine Short-Hedge-Strategie umsetzen. Im Folgenden seien zwei unterschiedliche Szenarien angenommen. In einem Fall steht der Index bei Fälligkeit bei 650 Punkten und im anderen Fall bei 1 150 Punkten. Daraus abgeleitet ergeben sich folgende Veränderungen der Marktwerte für das Portfolio:

Szenario 1: $2\,000\,000\,€ \cdot \dfrac{650 - 1\,000}{1\,000} \cdot 0{,}7 = 490\,000\,€$

Szenario 2: $2\,000\,000\,€ \cdot \dfrac{1\,150 - 1\,000}{1\,000} \cdot 0{,}7 = 210\,000\,€$

Demzufolge weist das Aktienportfolio einen neuen Wert von 1 510 000 € (Szenario 1) bzw. 2 210 000 € (Szenario 2) auf. Somit wurde ein Verlust (Szenario 1) bzw. ein Gewinn (Szenario 2) in der Kassaposition erzielt, dem ein Verlust bzw. Gewinn aus der Terminmarktposition entgegenwirkt. Unter der Voraussetzung, dass der Future-Kurs bei 1 100 € steht, sehen die aus dem Future-Geschäft generierten Zahlungsflüsse folgendermaßen aus:

$(1\,100 - 650) \cdot 25\,€ \cdot 56 = 630\,000\,€$
$(1\,100 - 1\,150) \cdot 25\,€ \cdot 56 = -70\,000\,€$

Folglich konnte in beiden Szenarien im Gesamtergebnis ein Gewinn von 140 000 € erzielt werden (630 000 €–490 000 € bzw. 210 000 €–70 000 €).

Das Zinsänderungsrisiko spielt bei einer Reihe möglicher Transaktionen eine entscheidende Rolle und kann durch Futures-Kontrakte abgesichert werden. Für Unternehmen können *Zins-Futures* ein wichtiges Hilfsmittel sein, wenn sie in der Zukunft festverzinsliche Wertpapiere (z. B. Anleihen) ausgeben und sich schon im Voraus gegen steigende Zinsen absichern möchten (short hedge). Ebenfalls können bereits im Besitz befindliche festverzinsliche Wertpapiere gegen steigende Marktzinsen gesichert werden, da diese fallende Kurse verursachen würden. Das folgende Beispiel verdeutlicht dabei die Funktionsweise von Zins-Futures.

Beispiel:
Ein Unternehmen erwirbt neue Produktionsmaschinen im Wert von 1 000 000 €. Der Kaufpreis wird erst in 7 Wochen fällig, weshalb es die liquiden Mittel vorübergehend in eine Bundesanleihe investiert. Gleichzeitig soll die für 97 % erworbene Anleihe gegen einen Zinsanstieg abgesichert werden, der sich negativ auf den Anleihepreis auswirkt. Deshalb werden im Wert von 1 000 000 € Futures-Kontrakte zu 96,90 % gekauft. Innerhalb der 7 Wochen wurde der Zinssatz um 50 Basispunkte erhöht, womit der Anleihepreis und Future-Preis auf 96,50 % bzw. 96,45 % gesunken sind. Zum Glattstellungstermin wird aufgrund der Short-Position im Futures-Markt ein Gewinn von 4 500 € erzielt (96,90 % – 96,45 % bei 1 Mio. € Nominalbetrag). Diesem Gewinn steht

ein Verlust von 5 000 € (97 % − 96,50 % bei 1 Mio. € Nominalbetrag) aus dem Kassageschäft gegenüber. Somit wurden bis auf 500 € (5 000 €−4 500 €) die Verluste aus dem Anleihegeschäft durch das Futures-Geschäft kompensiert.

Waren-Futures sind für viele Unternehmen von großem Interesse, weil man sich damit gegen das Preisänderungsrisiko wichtiger Güter schützen kann. Gerade im Bereich von Brenn- und Treibstoffen sowie Metallen können sich Unternehmen einen günstigen Einstandskurs für wichtige, in der Produktion benötigte Rohstoffe sichern. Allerdings werden Waren-Futures nicht an der EUREX gehandelt und müssten z. B. über den New York Mercantile Exchange oder den London Metal Exchange gekauft bzw. verkauft werden. Ein kleines Beispiel erläutert die Wirkungsweise von Waren-Futures.

Beispiel:
Ein Kupfer verarbeitendes Unternehmen benötigt zum 15. August 50 000 Pfund Kupfer, das bei 140 US-Cent pro Pfund notiert. Der August-Future wird mit einem Kurs von 120 US-Cent gehandelt. Das Unternehmen entscheidet sich für eine Long-Hedge-Strategie, da es von steigenden Preisen ausgeht. Zum benötigten Zeitpunkt am 15. August ist der Kupferpreis auf 105 US-Cent gefallen und das Unternehmen muss folglich 52 500 $ für das Kupfer aufbringen (50 000 × 1,05 $). Da die Laufzeit des Futures auch im August endet, sei ein gleicher Future-Kurs von 1,05 $ vorausgesetzt. Aus dem Futures-Geschäft ergibt sich daraus ein Verlust von 7 500 $ (50 000 × (1,05 $−1,20 $)). Folglich belaufen sich die Gesamtkosten auf 60 000 $. In diesem Fall konnte das Unternehmen durch die fallenden Kupferpreiskurse von 140 US-Cent auf 105 US-Cent profitieren, wodurch die Anschaffungskosten gesunken sind, allerdings wirkte dem der Verlust aus dem Futures-Geschäft entgegen.

Zusammenfassend lässt sich sagen, dass Futures ein sehr effektives Instrument für Unternehmen darstellen, sich gegen die im Markt herrschenden Risiken wie z. B. Zinsrisiko oder Währungsrisiko, aber auch gegen spezielle Warenrisiken abzusichern. Je nachdem, ob es sich um einen Sicherungskauf- oder Sicherungsverkauf handelt, können entweder Kauf- bzw. Verkaufspreise vor dem eigentlichen Liefertermin fixiert werden.

Dies ermöglicht es einem Unternehmen, sich z. B. gegen einen unerwarteten Anstieg bei Rohstoffpreisen zu schützen. Jedoch ist es nicht erforderlich, beim Eingehen eines Grundgeschäftes ein entsprechendes Futures-Geschäft abzuschließen. Ein Hedger kann das aktuelle Preisgefüge erst intensiv analysieren und dann ein Kontraktgeschäft eingehen, wenn er dafür einen optimalen Zeitpunkt identifiziert hat. Ein weiterer Vorteil der Futures besteht in ihrem flexiblen Einsatz. Im Gegensatz zu einer kompletten Risikoabsicherung ist auch ein geringer Einsatz je nach Sicherheitsstreben möglich. Gerade für kleinere und mittelständische Betriebe mit Auslandsgeschäften sind Futures von großer Bedeutung, weil Devisen-Futures im Gegensatz zu Swaps auch für kleinere Volumina gehandelt werden und dafür nur ein geringer Kapitaleinsatz notwendig ist. Weiterhin stellt der Futures-Markt einen sehr liquiden Markt dar. Deshalb können auch größere Transaktionen schnell und kostengünstig durchgeführt werden. Darüber hinaus bleibt durch das Zwischenschalten einer Clearingstelle die Anonymität der Marktteilnehmer gewahrt, wodurch mögliche Unternehmensstrategien in Hinblick auf das Bewältigen von Preisrisiken nicht an die Öffentlichkeit gelangen. Ferner haben Unternehmen die Gewissheit, dass abgeschlossene Futures-Geschäfte erfüllt werden, da die Clearingstelle komplett das Bonitätsrisiko des anderen Marktteilnehmers trägt.

Jedoch sind mit dem Futures-Handel auch Risiken von großem Ausmaß verbunden. Eine bedeutende Position nimmt vor allem der große Hebel bei Futures-Ggeschäften ein. Dies ist darin begründet, dass beim Handel von Futures nur ein kleiner Wert bei einem Broker als Sicherheitsleistung (initial margin) hinterlegt werden muss. Das folgende Beispiel soll die Hebelwirkung verdeutlichen.

> **Beispiel:**
> Als Basiswert wird der DAX angenommen. Bei einem DAX-Future verursacht eine Änderung von einem Punkt eine Wertänderung von 25 €. Das bedeutet, dass ein DAX-Future bei 8 000 Punkten einen Wert von 200 000 € aufweist (25 € × 8 000). Als Sicherheit müssen beim Handel eines Futures bei einem amerikanischen Broker lediglich 9 000 € hinterlegt werden. Diese entsprechen gerade mal einer DAX-Veränderung von 360 Punkten, die schon innerhalb von ein oder zwei Handelstagen möglich wäre. Fällt der DAX an einem Handelstag um 200 Punkte, wären vom Margin-Konto bereits 5 000 € vernichtet (25 € × 200).

Daher ist es wichtig, beim Handel mit Futures einen Verlustbegrenzungsstopp zu setzen. Sollte dieser zur Anwendung kommen, wird kein zusätzliches Geld nachgeschossen, wenn der komplette Sicherheitspuffer (initial margin) aufgebraucht ist und der Broker wird in diesem Fall die Position verkaufen. Geschieht dies jedoch nicht, droht aufgrund von fehlenden oder nicht greifenden Schutzmechanismen sogar ein theoretisch unbegrenzter Verlust.

Wie zuvor beschrieben werden Futures zur Absicherung von Risiken verwendet. Im besten Fall können günstige Einstiegs- oder auch Verkaufskurse gesichert werden. Der Unternehmensgewinn wird im Gegensatz zur Nicht-Absicherung folglich steigen. Tritt jedoch wider Erwarten eine entgegengesetzte Preisentwicklung ein, schmälert dies sogar den Unternehmensgewinn. Solch ein Fall kann zu erheblichen Erklärungsschwierigkeiten eines Unternehmens gegenüber seinen Aktionären führen, was am folgenden Beispiel verdeutlicht wird.

> **Beispiel:**
> Ein Öl förderndes Unternehmen geht mittelfristig von einem Rückgang des Ölpreises aus und will sich die heute hohen Preise am Markt sichern. Folglich entscheidet es sich für eine Short-Hedge-Strategie. Allerdings steigen die Ölpreise entgegen den ursprünglichen Erwartungen und man erzielt beim Verkauf des Öls einen höheren Gewinn. Jedoch wird dieser Gewinn durch die Futuresposition entscheidend verringert und kann sogar im Extremfall zu einem Verlust führen. Den Anlegern gegenüber wird es schwer zu erklären sein, dass trotz steigender Ölpreise der Gewinn kleiner ausfiel oder sogar ein Verlust generiert wurde. Von daher hätte das Unternehmen ohne Absicherung einen größeren Gewinn erzielen können. Deshalb ist es wichtig, die Ziele einer Absicherungsstrategie den Aktionären auf deutliche Weise zu erklären. Schließlich dient sie nicht der Gewinnerzielung bzw. -maximierung sondern vielmehr der Reduzierung des Risikos.

Weitere Schwierigkeiten könnten auftreten, überhaupt ein passendes Future für ein Sicherungsgeschäft zu finden, der im Basiswert und beim Fälligkeitstermin mit der Kassaposition übereinstimmt. In diesem Fall besteht die Möglichkeit, eine Cross-Hedge-Strategie zu verfolgen oder auf OTC-gehandelte Forwardkontrakte einzugehen, deren Vertragsbestandteile zwischen den beiden Vertragsparteien frei gewählt werden können.

1.5 Bewertung des Derivateinsatzes

Nicht nur gesamtwirtschaftlich, sondern auch für einzelne Wirtschaftssubjekte haben Derivate eine große Bedeutung. Durch den Einsatz von Derivaten lassen sich Risiken auf andere Marktteilnehmer abwälzen. Eine besonders wichtige Rolle nehmen dabei Preisrisiken ein, die sich wiederum in einzelne Risiken (Zins-, Währungsrisiken etc.) aufgliedern lassen. Dies ermöglicht Unternehmen eine individuelle Übernahme oder auch Abgabe dieser Risiken. Unternehmen haben die Möglichkeit, auf die diversen Arten von Derivaten zurückzugreifen und ihre jeweiligen Vorteile zu nutzen. Wie das Beispiel der Leoni AG zeigt, werden in der Praxis sowohl Zinsswaps als auch Zinscaps verwendet, um sich gegen steigende Zinsen abzusichern. Ein weiterer entscheidender Vorteil von Derivaten besteht in dem geringen Kapitalaufwand für die Risikoübertragung bei gleichzeitig geringen Transaktionskosten. Somit können auch kleinere Unternehmen mit begrenzten finanziellen Möglichkeiten am Handel mit Derivaten teilnehmen.

Derivate können außerdem sehr flexibel eingesetzt werden. Weder ist es notwendig, beim Eingehen eines Grundgeschäftes sofort ein entsprechendes Termingeschäft abzuschließen, noch müssen sich Unternehmen über die volle Risikoposition absichern. Hedger können somit den Markt und die Preisentwicklungen genauestens analysieren, bevor sie sich gegen eventuelle Preisrisiken teilweise oder voll absichern. Zudem besteht bei Optionen der wesentliche Vorteil darin, dass es sich um bedingte Termingeschäfte handelt, d. h. dass eine Ausübung des erworbenen Rechts bei einem unerwarteten Kursverlauf nicht zwingend notwendig ist. Lediglich die gezahlte Optionsprämie wird fällig, die als Versicherungsprämie angesehen werden kann. Ein weiterer Vorteil von derivativen Finanzinstrumenten ist die Möglichkeit einer schnellen Durchführung auch größerer Transaktionen, da eine große Liquidität auf den Terminmärkten herrscht. Neben der Risikoabwälzung lassen sich auch je nach gewählter Strategie zusätzliche Gewinne erzielen, z. B. bei erfolgreichen Optionsgeschäften.

Grundsätzlich lassen sich für eingegangene Hedging-Positionen vier verschiedene Risikoklassen zuordnen: *Marktrisiken* sind die Hauptrisiken beim Einsatz von Derivaten; diese bestehen in der Gefahr einer für den Hedger negativen Preisentwicklung. *Erfüllungsrisiken* treten auf, wenn die Gegenpartei Leistungen nicht erbringen will oder kann. *Systemische Risiken* verursachen eine Bewegung des Gesamtmarktes. *Abwicklungsrisiken* schließlich treten in Erscheinung, sobald es beim Abwicklungsprozess von Derivatgeschäften zu zeitlichen Problemen kommt. Verluste durch Derivatgeschäfte entstehen für Unternehmen jedoch nicht nur auf Grund unerwarteter Marktentwicklungen, sondern auch wegen des unzureichenden Verständnisses von Derivaten. Somit können Unternehmen gezwungen werden, Positionen zu schließen, auch wenn dies zu ungünstigen Preisen geschieht. Die Schieflage eines Unternehmens kann sich aufgrund fehlgeschlagenen Derivatehandels sogar auf andere Marktteilnehmer auswirken, wenn sie stark miteinander verflochten sind. Es sollte zudem klar sein, dass das Hedging von Unternehmensrisiken mithilfe von Derivaten nur erfolgreich sein kann, wenn dabei die geeignete Strategie mit den richtigen Derivaten umgesetzt wird. Im umgekehrten Fall können sich aus der beabsichtigten Risikovermeidung noch größere Risiken ergeben und Verluste entstehen. Prominente Beispiele zeigen, dass sich Unternehmen in der Vergangenheit schon des Öfteren beim Einsatz von Derivaten verspekuliert haben.

> **Beispiel:**
> So musste eine Metallgesellschaft Anfang der 1990er-Jahre die Erfahrung machen, dass die Verlängerung einer Hedging-Position zu einem Liquiditätsengpass führte. Es wurden dabei 5- bis 10-jährige Futures-Kontrakte über die Lieferung von Benzin und Heizöl an Kunden verkauft. Diese Kontrakte lagen dabei 6 bis 8 Cent über den Marktpreisen. Um ein eventuelles Verlustrisiko einzudämmen, wurden kurzfristige Long-Positionen aufgebaut, die mehrfach verlängert wurden. Da der Ölpreis fiel, ergaben sich aus den Kaufabsichtserklärungen der Futures Nachschussforderungen, was wiederum zu enormen Liquiditätsproblemen bei der Metallgesellschaft führte. Diese Liquiditätsabflüsse sollten durch Zuflüsse aus den langfristigen Kundenvereinbarungen ausgeglichen werden, die zu Festpreisen geschlossen wurden. Jedoch entschied sich das Management, die Hedging-Position zu schließen, um möglichen weiteren Abflüssen entgegenzuwirken. Die Festpreiskontrakte mit den Kunden wurden ebenfalls aufgelöst. Insgesamt kam es bei diesem fehlgeschlagenen Hedging zu einem Verlust von 1,33 Milliarden $. Das amerikanische Unternehmen Procter & Gamble verlor 1994 ca. 90 Millionen $ aufgrund des Handels mit exotischen Zinsderivaten. Durch den nicht genehmigten Handel mit Währungs-Futures hat eine japanische Tochter von Shell einen Verlust von 1 Milliarde $ für das Mutterunternehmen verursacht.

Im Allgemeinen ist der Handel mit Derivaten zumeist sehr erfolgreich und die Negativbeispiele stellen, betrachtet zum Gesamtvolumen des Derivatehandels, eher eine Seltenheit dar. Kommt es jedoch zu Verlusten, können diese so gravierend sein, dass ganze Unternehmen oder Banken in eine Schieflage und sogar in die Insolvenz geraten. In diesem Zusammenhang sahen sich der Basler Ausschuss für Bankenaufsicht, das Technical Commitee der International Organization of Securities Commissions und nationale Aufsichtsbehörden veranlasst, Richtlinien für ein Risikomanagement von Derivategeschäften zu erlassen. Dadurch soll sichergestellt werden, dass Aufsichtsgremien und die Geschäftsleitung von Unternehmen und Banken ihren Aufsichtspflichten nachkommen. Besonders der Implementierung von internen Kontrollmechanismen kommt dabei eine große Bedeutung zu. Hiermit soll sichergestellt werden, dass Derivate zum Zwecke der Risikoabsicherung und nicht für Spekulationsgeschäfte eingesetzt werden. Ferner sollten Risikogrenzen definiert und deren Einhaltung überprüft werden.

Wie bereits erwähnt, hängt der erfolgreiche Einsatz von Derivaten vom Verständnis der durchzuführenden Transaktionen ab. Unternehmen gaben nach großen Derivateverlusten an, dass sie nur aufgrund der Überzeugungskraft von Investmentbanken eine Handelsstrategie wählten, ohne diese in ihrer Funktionsweise vollständig verstanden zu haben. Dies ist gewiss nicht der richtige Weg. In der Praxis ist zwar eine Bewertung der Derivategeschäfte durch Investmentbanken durchaus möglich und auch sinnvoll, Unternehmen müssen sich jedoch an erster Stelle selbst genauestens mit ihren Risiken und den ausgewählten derivativen Finanzinstrumenten vertraut machen.

Darüber hinaus ist es wichtig, eine klare Begrenzung des maximal zu tragenden Risikos zu definieren, indem beispielsweise die Größe der Derivatposition vorgegeben wird. Ferner müssen Kontrollprozesse implementiert werden, die die Einhaltung der vom Vorstand vorgegebenen Maximalgrenzen durch regelmäßige Berichte überprüfen. Somit können Gewinne und Verluste aus veränderten Marktsituationen wiedergegeben und böse Überraschungen vermieden werden. In den letzten 20 Jahren ergaben sich in Unternehmen Tendenzen, aus der Finanzabteilung ein Profit Center zu etablieren. Somit wurde das zur Risikoabsicherung betriebene Hedging mehr und mehr zur Gewinnmaximierung genutzt. Die Möglichkeiten für einen Finanzmanager, am Markt einen Gewinn zu realisieren sind aber relativ gering, weil er beim Anlegen überschüssiger Geldbeträge auf einen effizienten Markt trifft, wogegen sich zusätzlich noch die Risiken erheblich erhöhen. Auch bei einem der letzten Geschäftsergebnisse der

Porsche AG trugen hauptsächlich Hedgegeschäfte durch Optionen zum gesteigerten Nettogewinn von ca. 200 Prozent bei. Durch die getätigten Kurssicherungsgeschäfte für den Kauf von Volkswagen-Aktien verdiente Porsche mehrere hundert Millionen Euro, während die reinen Umsatzerlöse um lediglich 3 Prozent stiegen. Auch wenn diese Geschäfte hinsichtlich des Pflichtangebots an Volkswagen-Aktionäre ausschließlich der Risikominimierung dienten, dürfen die Risiken aus diesen Geschäften nicht außer Acht gelassen werden. Unternehmen müssen an ihren vorgegebenen Risikolimits festhalten. Sollten Vorstände der Versuchung unterliegen diese aufzuweichen, würden aus der Absicherung von Unternehmensrisiken Spekulation mit eventuell katastrophalen Folgen werden.

1.6 Zusammenfassung

In diesem Kapitel wurde gezeigt werden, wie durch den Einsatz von Derivaten Marktrisiken abgewälzt werden können. Sie haben dabei die Charakteristika, Arten und Hedgingmöglichkeiten von Optionen, Swaps und Futures kennengelernt. Faktisch handelt es sich bei allen derivativen Instrumenten um Wetten von zwei oder mehr Parteien über künftige Ereignisse. So hat bei einer Option ein Vertragspartner die Möglichkeit, aber nicht die Pflicht, ein Geschäft zu tätigen, das seinen Schaden bei Risikoeintritt ausgleicht. Bei einem Swap handelt es sich um ein Tauschgeschäft und bei einem Future um einen Kontrakt über die Erfüllung eines Geschäftes in der Zukunft, wobei hier im Gegensatz zur Option eben keine Wahlmöglichkeit besteht. Neben den Chancen des Derivateinsatzes wurden aber auch die bestehenden Risiken erwähnt und darauf hingewiesen, dass eine genaue Kenntnis des jeweiligen Instruments unumgänglich ist.

Teil IV
Fallbeispiel: Einführung eines Risikomanagements bei der Aliseo GmbH Wolfach

Um das Thema Risikomanagement soweit abzuschließen und die behandelten Aspekte in Bezug zur Praxis zu setzen, soll hier ein Fallbeispiel zur Einführung eines Risikomanagements in einem KMU ausführlich dargestellt werden.

Es handelt sich dabei um einen realen Fall eines existierenden Unternehmens aus dem Schwarzwald, das die Notwendigkeit eines Risikomanagements erkannt hat und dessen Konzeption und Einführung wir im Folgenden begleiten.

1
Firmenportrait

Die Aliseo GmbH in Wolfach wurde im Jahre 1985 von Herrn Claus-Michael Hellfritz gegründet. In der Gründungsphase lebte das eigentümergeführte Unternehmen aus dem Schwarzwald lediglich vom Vertrieb eines Produktes, dem Schlauchhaartrockner. Heute besitzt Aliseo als einer der führenden Lieferanten von hochwertigen Hotelbad-Accessoires ein Sortiment von ca. 500 Artikeln und bietet neben Haartrocknern auch Kosmetikspiegel, Badezimmer- und Gästezimmeraccessoires an. Innovative und technisch ausgefeilte Produkte sollen dabei ein umfassendes Sortiment für die verschiedenen Hotelkategorien bilden und Angebote für jeden Bedarf und jeden Anspruch in unterschiedlicher Ausführung und Preisklasse berücksichtigen. Aliseo entwickelt seit seiner Gründung die Produkte selbst, lässt diese jedoch von Dritten fertigen und konzentriert sich auf deren Vertrieb und Vermarktung. Im Jahr 2007 verzeichnete Aliseo bei einer Beschäftigtenanzahl von ca. 30 Mitarbeitern einen Umsatz von ca. 10 Millionen Euro.

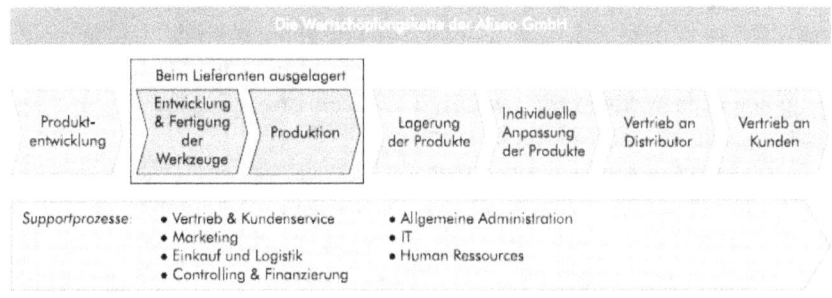

Abb. 71: Die Wertschöpfungskette der Aliseo GmbH

Das Unternehmen spannt in seiner Wertschöpfungskette (vgl. Abbildung 71) ein globales Netz aus Lieferanten und Kunden: Produkte werden in Asien und Europa gefertigt, bei Aliseo zwischengelagert und direkt oder indirekt über Distributoren an die Endkunden vertrieben. Durch das Outsourcing der Produktfertigung kann sich das Unternehmen auf die

Risikomanagement. Ottmar Schneck
Copyright © 2010 WILEY-VCH Verlag Gmbh & Co. KGaA
ISBN 978-3-527-50543-2

Entwicklung der Produkte sowie auf Vertrieb und Vermarktung konzentrieren. So beliefert Aliseo heute Kunden in mehr als 100 Ländern. Neben allen großen internationalen Hotelketten gehören auch individuelle, familiengeführte Häuser zu den Endkunden Aliseos.

In den vergangen sieben Jahren konnte das Unternehmen seinen Umsatz durchschnittlich im hohen einstelligen Prozentbereich steigern. Der Einbruch der Tourismusindustrie zwischen 2001 und 2004, der den Auswirkungen der Geschehnisse am 11. September 2001 in den USA und der SARS-Epidemie 2002/2003 in Asien zuzuschreiben ist, führte auch bei Aliseo zu einer Reduzierung des Umsatzes. Nach 2003 konnte sich die Firma allerdings schnell wieder erholen und realisiert seit 2004 ein dynamisches Umsatzwachstum im mittleren zweistelligen Prozentbereich pro Jahr. Im Jahr 2007 realisierte das Unternehmen rund 75 Prozent seines Umsatzes im europäischen Raum, jedoch gewinnen die Märkte in Asien und im Mittleren Osten zunehmend an Bedeutung.

Der Markt für Hotelbedarfsartikel ist ein vertikaler Nischenmarkt und als solcher sehr transparent. Insbesondere über das Internet lassen sich Preise und Lieferbedingungen miteinander vergleichen, sodass Aliseo mit globalen Wettbewerbern, wie z. B. europäischen Qualitätsproduzenten oder Billiganbietern aus Asien, um Kunden konkurriert. Ein markantes Differenzierungsmerkmal ist, dass Aliseo in mehreren Segmenten tätig ist und im Gegensatz zu seinen Wettbewerbern, die sich nur auf einzelne Produktbereiche konzentrieren, seinen Kunden ein umfassendes und vollständiges Angebotsspektrum bieten kann.

Das Unternehmen profitiert heute von dem sehr guten Image der Marke Aliseo im Zielsegment, resultierend aus der hohen Produktqualität, der Innovationsstärke und der langjährigen Erfahrung. Der Markteintritt ist für potenzielle Wettbewerber wegen der hohen Investitionskosten und des relativ geringen Marktvolumens schwierig.

Hervorgerufen durch die positive Geschäftsentwicklung haben sich sowohl die Finanzlage als auch die Vermögenslage sehr gut entwickelt. Dies zeigt sich im Anstieg der kurzfristigen Liquidität und einer Erhöhung der Eigenkapitalquote. Aufgrund einer Bilanzsumme von mehr als 4,015 Millionen Euro und Umsatzerlösen von mehr als 8,03 Millionen Euro im Jahr 2007 wird die Aliseo GmbH in naher Zukunft als mittelgroße Kapitalgesellschaft im Sinne des § 267 Abs. 2 HGB betrachtet werden.

In Bezug auf die Unternehmensleitung ist eine Änderung für die nahe Zukunft geplant. Der amtierende Geschäftsführer wird seine Position an seine beiden Kinder übertragen und dann als Mitglied des Beirats nur noch in beratender Funktion zur Verfügung stehen. In diesem Beirat befinden sich außerdem mehrere externe Experten, wie beispielsweise ein Ratingexperte und ein Steuerexperte. Ende 2007 hielt die Gründerfamilie 100 Prozent der Anteile an Aliseo. Auch langfristig soll das Unternehmen mit einem Mindestanteil von 75 Prozent in Händen der Familie bleiben. Aliseo unterscheidet sich überdies von vielen anderen Mittelständlern durch seine vielseitigen Projekte und die Bestrebung, weiterzudenken und strategische Überlegungen in die Unternehmensführung mit einzubeziehen. Daher existieren zahlreiche Projekte außerhalb des operativen Geschäftes, mit denen die Strategie des Unternehmens ständig an ein sich änderndes Umfeld angepasst werden soll. Schon 2003 wurde das System der Balanced Scorecard eingeführt, um strategische Ziele zu definieren und ihre Realisierung anhand von Key Performance Indicators (KPIs) zu steuern. Darüber hinaus pflegt die Firma enge Kontakte zu verschiedenen Hochschulen, um mittels gemeinsamer Projekte das Unternehmen auf dem neusten Stand zu halten. Beispielsweise konnten dadurch das Reklamationsmanagement und die Kundenzufriedenheit verbessert werden.

Auch auf die Konsequenzen, die sich infolge von Basel II für die Kreditvergabe an Unternehmen ergeben, reagierte Aliseo und lässt bereits seit 2002 regelmäßig externe Ratings der eigenen Firma durchführen. Dadurch kann das eigene Unternehmen besser verstanden, Stärken gefördert und Schwächen verringert sowie die interne und externe Transparenz gegenüber Banken verbessert werden.

Die Ziele der Aliseo GmbH können als eher konservativ bewertet werden. So möchte das Unternehmen den Wachstumstrend fortführen und den Umsatz, bei gleichzeitiger Verbesserung der Bruttomarge, weiter steigern. Dies soll durch systematische Marktdurchdringung erfolgen, also der Ausschöpfung von Marktpotenzialen, z. B. durch verbesserte Qualität und Lieferservice und durch einen einheitlichen Marktauftritt.

2
Gründe für die Einführung des Risikomanagements

Trotz der äußerst positiven Geschäftsentwicklung ist sich das Management von Aliseo bewusst, dass das Ziel, kontinuierlich qualitativ zu wachsen, Risiken birgt. Als vergleichsweise ressourcenarmes Unternehmen agiert Aliseo global auf nahezu allen wichtigen Märkten für Hotelbedarf. Auch die Umsatzrückgänge infolge des 11. Septembers und SARS verdeutlichten der Firma ihre Exposition gegenüber externen Risiken, die durch die Entwicklung der Weltwirtschaft hervorgerufen werden.

Natürlich wurden auch vor Beginn der Einführung eines Risikomanagements Risiken in strategischen Entscheidungen des Unternehmens bedacht. Allerdings wurden Risiken zumeist ohne die notwendige Systematik betrachtet, z. B. durch »Bauchentscheidungen« der Entscheidungsträger. Dadurch bestand die Gefahr einer lückenhaften Risikoidentifikation bzw. einer Fehleinschätzung erkannter Risiken, die zu einer nicht adäquaten Risikosteuerung und zu suboptimalen strategischen Entscheidungen führen konnte. Eine fehlende Dokumentation der Risiken erschwerte zudem die Kommunikation innerhalb des Managements und gefährdete so die Angemessenheit der zu treffenden Entscheidungen. Darüber ist sich Aliseo bewusst. Der Geschäftsführer ist der Meinung, dass Wachstum immer mit Risiken verbunden ist. Deshalb dürfen Risiken nicht aus dem Blick verloren werden und das Unternehmen müsse auf Chancen und Risiken, die sich durch das Wachstum ergeben, proaktiv und angemessen reagieren.

Ein weiterer Grund ergibt sich aus den Konsequenzen von Basel II. Die Einführung eines systematischen Risikomanagements würde die im Unternehmen regelmäßig durchgeführten Ratings positiv beeinflussen. Durch ein verbessertes Rating kann Aliseo bessere Konditionen bei der Kreditvergabe durch Banken erwirken und damit seine Kapitalbeschaffungskosten, z. B. bei der Aufnahme von weiterem Fremdkapital, senken. Nicht zuletzt ergibt sich zukünftig eine gesetzliche Notwendigkeit für die Einführung eines Risikomanagements. Bei einer Fortsetzung des derzeitigen Wachstums wird Aliseo schon bald als mittelgroße Kapitalgesellschaft

Risikomanagement. Ottmar Schneck
Copyright © 2010 WILEY-VCH Verlag GmbH & Co. KGaA
ISBN 978-3-527-50543-2

im Sinne des § 267 Abs. 2 gelten und somit verpflichtet sein, einen Lagebericht im Rahmen des Jahresabschlusses zu erstellen und darin über Chancen und Risiken Bericht zu erstatten. Zudem unterliegt dieser Jahresabschluss der Wirtschaftsprüfung, in der auch die Funktionsweise des Risikomanagements betrachtet und dokumentiert wird.

Insgesamt ergeben sich also mehrere Gründe für die Einführung eines Risikomanagements in der Aliseo GmbH. Die Risiken und Chancen eines wachsenden Unternehmens sollen aktiv wahrgenommen werden. Das interne Steuerungs- und Controlling- Instrumentarium zur Unterstützung einer angemessenen Entscheidungsfindung soll verbessert und ausgebaut werden. Die Schaffung interner Transparenz in Bezug auf Risiken und Chancen, die gegebenenfalls nach außen belegt und kommuniziert werden kann, hat zusätzlich Priorität. Optimierung des Kosten- Nutzen-Verhältnisses von Risikosteuerungsmaßnahmen durch eine ganzheitliche Betrachtung von Chancen und Risiken ist ebenso notwendig wie die Verbesserung des Ratings und damit verbunden die Erzielung besserer Konditionen bei der Beschaffung von Fremdkapital, hervorgerufen durch Basel II. Schließlich sollen die gesetzlichen Anforderungen an mittelgroße Kapitalgesellschaften, insbesondere in Bezug auf die Ausgestaltung und Prüfung des Jahresabschlusses, vollständig erfüllt sein. Die genannten Gründe machen die Einführung eines Risikomanagementsystems bei Aliseo notwendig. Die genauen Anforderungen an dieses System werden im Folgenden beschrieben.

Nach der Entscheidung zur Konzeption eines systematischen Risikomanagements werden die Anforderungen an die Art und den Umfang des Risikomanagementsystems der Aliseo GmbH durch unternehmensexterne und -interne Aspekte definiert.

Externe Anforderungen entstehen vor allem aus gesetzlichen Verpflichtungen, wie z. B. dem Bilanzrechtsreformgesetz (BilReG) und dem Gesetz zur Kontrolle und Transparenz im Unternehmensbereich (KonTraG). Jedoch wird vom Gesetzgeber nur die Einführung eines Risikomanagements vorgeschrieben – als Voraussetzung für einen Bericht über Risiken und Chancen im Rahmen der Lageberichterstattung. Im Gegensatz dazu wird die Gestaltung des Systems den Unternehmen fast vollständig selbst überlassen. Das Gesetz fordert lediglich eine systematische Erfassung und Dokumentation der Risiken und Chancen im Unternehmen. Dazu müssen Risiken analysiert, bewertet und in ihrer Konsequenz dargestellt werden. Auch über die Pflicht zur Prüfung des Risikomanagements durch den Wirtschaftsprüfer lassen sich keine genauen Anforderungen für das zu konzipierende System ableiten.

2
Gründe für die Einführung des Risikomanagements

Trotz der äußerst positiven Geschäftsentwicklung ist sich das Management von Aliseo bewusst, dass das Ziel, kontinuierlich qualitativ zu wachsen, Risiken birgt. Als vergleichsweise ressourcenarmes Unternehmen agiert Aliseo global auf nahezu allen wichtigen Märkten für Hotelbedarf. Auch die Umsatzrückgänge infolge des 11. Septembers und SARS verdeutlichten der Firma ihre Exposition gegenüber externen Risiken, die durch die Entwicklung der Weltwirtschaft hervorgerufen werden.

Natürlich wurden auch vor Beginn der Einführung eines Risikomanagements Risiken in strategischen Entscheidungen des Unternehmens bedacht. Allerdings wurden Risiken zumeist ohne die notwendige Systematik betrachtet, z. B. durch »Bauchentscheidungen« der Entscheidungsträger. Dadurch bestand die Gefahr einer lückenhaften Risikoidentifikation bzw. einer Fehleinschätzung erkannter Risiken, die zu einer nicht adäquaten Risikosteuerung und zu suboptimalen strategischen Entscheidungen führen konnte. Eine fehlende Dokumentation der Risiken erschwerte zudem die Kommunikation innerhalb des Managements und gefährdete so die Angemessenheit der zu treffenden Entscheidungen. Darüber ist sich Aliseo bewusst. Der Geschäftsführer ist der Meinung, dass Wachstum immer mit Risiken verbunden ist. Deshalb dürfen Risiken nicht aus dem Blick verloren werden und das Unternehmen müsse auf Chancen und Risiken, die sich durch das Wachstum ergeben, proaktiv und angemessen reagieren.

Ein weiterer Grund ergibt sich aus den Konsequenzen von Basel II. Die Einführung eines systematischen Risikomanagements würde die im Unternehmen regelmäßig durchgeführten Ratings positiv beeinflussen. Durch ein verbessertes Rating kann Aliseo bessere Konditionen bei der Kreditvergabe durch Banken erwirken und damit seine Kapitalbeschaffungskosten, z. B. bei der Aufnahme von weiterem Fremdkapital, senken. Nicht zuletzt ergibt sich zukünftig eine gesetzliche Notwendigkeit für die Einführung eines Risikomanagements. Bei einer Fortsetzung des derzeitigen Wachstums wird Aliseo schon bald als mittelgroße Kapitalgesellschaft

Risikomanagement. Ottmar Schneck
Copyright © 2010 WILEY-VCH Verlag GmbH & Co. KGaA
ISBN 978-3-527-50543-2

im Sinne des § 267 Abs. 2 gelten und somit verpflichtet sein, einen Lagebericht im Rahmen des Jahresabschlusses zu erstellen und darin über Chancen und Risiken Bericht zu erstatten. Zudem unterliegt dieser Jahresabschluss der Wirtschaftsprüfung, in der auch die Funktionsweise des Risikomanagements betrachtet und dokumentiert wird.

Insgesamt ergeben sich also mehrere Gründe für die Einführung eines Risikomanagements in der Aliseo GmbH. Die Risiken und Chancen eines wachsenden Unternehmens sollen aktiv wahrgenommen werden. Das interne Steuerungs- und Controlling- Instrumentarium zur Unterstützung einer angemessenen Entscheidungsfindung soll verbessert und ausgebaut werden. Die Schaffung interner Transparenz in Bezug auf Risiken und Chancen, die gegebenenfalls nach außen belegt und kommuniziert werden kann, hat zusätzlich Priorität. Optimierung des Kosten- Nutzen-Verhältnisses von Risikosteuerungsmaßnahmen durch eine ganzheitliche Betrachtung von Chancen und Risiken ist ebenso notwendig wie die Verbesserung des Ratings und damit verbunden die Erzielung besserer Konditionen bei der Beschaffung von Fremdkapital, hervorgerufen durch Basel II. Schließlich sollen die gesetzlichen Anforderungen an mittelgroße Kapitalgesellschaften, insbesondere in Bezug auf die Ausgestaltung und Prüfung des Jahresabschlusses, vollständig erfüllt sein. Die genannten Gründe machen die Einführung eines Risikomanagementsystems bei Aliseo notwendig. Die genauen Anforderungen an dieses System werden im Folgenden beschrieben.

Nach der Entscheidung zur Konzeption eines systematischen Risikomanagements werden die Anforderungen an die Art und den Umfang des Risikomanagementsystems der Aliseo GmbH durch unternehmensexterne und -interne Aspekte definiert.

Externe Anforderungen entstehen vor allem aus gesetzlichen Verpflichtungen, wie z. B. dem Bilanzrechtsreformgesetz (BilReG) und dem Gesetz zur Kontrolle und Transparenz im Unternehmensbereich (KonTraG). Jedoch wird vom Gesetzgeber nur die Einführung eines Risikomanagements vorgeschrieben – als Voraussetzung für einen Bericht über Risiken und Chancen im Rahmen der Lageberichterstattung. Im Gegensatz dazu wird die Gestaltung des Systems den Unternehmen fast vollständig selbst überlassen. Das Gesetz fordert lediglich eine systematische Erfassung und Dokumentation der Risiken und Chancen im Unternehmen. Dazu müssen Risiken analysiert, bewertet und in ihrer Konsequenz dargestellt werden. Auch über die Pflicht zur Prüfung des Risikomanagements durch den Wirtschaftsprüfer lassen sich keine genauen Anforderungen für das zu konzipierende System ableiten.

Im Gegensatz dazu sind *die internen Anforderungen* an das Risikomanagementsystem wesentlich konkreter. Sie beziehen sich auf die Organisation des Risikomanagements sowie die Gestaltung der einzelnen Prozessschritte zur Gewährleistung der Effektivität und Effizienz des Systems.

Wie aus dem Portrait der Aliseo GmbH entnommen werden kann, stehen innerhalb der Firma finanzielle und personelle Ressourcen nur begrenzt für das Risikomanagement zur Verfügung. Die Einführung einer separaten Risikomanagementabteilung mit speziell dafür verantwortlichen Mitarbeiten schließt sich somit aufgrund des hohen Ressourcenbedarfs aus. Stattdessen muss das Risikomanagement soweit wie möglich in die vorhandene Organisation integriert werden. Da Risiken unmittelbar in die unternehmerischen Entscheidungen einzubeziehen sind, muss die zeitnahe Kommunikation der strategisch relevanten Informationen an die Entscheidungsträger sichergestellt werden. Somit bedarf es eines flexiblen Risikoreportings, das den Entscheidungsträgern aktuelle, aussagekräftige sowie strategisch relevante und operativ verwertbare Informationen zur Verfügung stellt. Dabei ist der Unternehmensführung insbesondere die Erstellung einer Risikomatrix wichtig, in der die Risikolage Aliseos visuell darstellt wird und die verdeutlicht, in welchen Bereichen risikosteuernde Maßnahmen erforderlich sind.

Des Weiteren erfordern die begrenzten Ressourcen des Unternehmens ein optimales Aufwand-Nutzen-Verhältnis des Risikomanagements. Somit müssen diejenigen Instrumente gewählt werden, die mit geringem finanziellem und personellem Aufwand implementier- und anwendbar sind. Dabei sind die Risikomanagementmethoden bevorzugt zu verwenden, die evtl. bereits im Unternehmen an anderer Stelle angewendet werden oder mit geringem Aufwand implementiert werden können. Da Mitarbeiter Aliseos sich nicht hauptsächlich mit dem Risikomanagement beschäftigen, müssen die Methoden in ihrer Komplexität gering und einfach durchzuführen sein. Dennoch müssen sämtliche durchgeführten Methoden Ergebnisse liefern, die in adäquater Form Managemententscheidungen unterstützen und nachvollziehbar machen. Daher besteht eine weitere Anforderung in der Schaffung von Transparenz: Die Methoden müssen insbesondere die Ursachen und Interdependenzen der Einzelrisiken untersuchen und ihre Auswirkung auf das Ergebnis einzelner Unternehmensprozesse verlässlich analysieren.

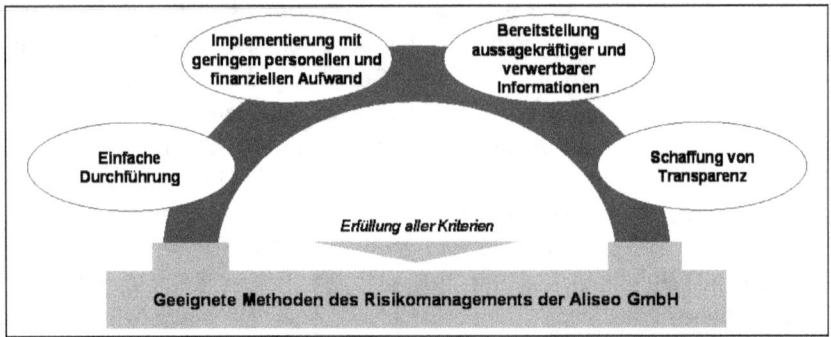

Abb. 72: Kriterien für die Auswahl geeigneter Methoden im Risikomanagement der Aliseo GmbH

Eine Methode ist für das Risikomanagement bei Aliseo ungeeignet, wenn einer der genannten Aspekte nicht erfüllt wird. Somit bilden diese Kriterien die Grundlage für die Bewertung und die Wahl der Risikomanagementinstrumente, die in der Aliseo GmbH zum Einsatz kommen sollen bzw. können. Diese müssen in ihrer Gesamtheit letztlich alle möglichen Risikofelder des Unternehmens abdecken. Dabei steht jedoch nicht die Identifikation sämtlicher Risiken und Chancen des Unternehmens im Vordergrund, sondern vielmehr die Identifikation und Bewertung der Risiken, die für den Unternehmenserfolg und -Fortbestand relevant sind, damit im Anschluss angemessene Maßnahmen zur Steuerung dieser Risiken getroffen werden können. Das Risikomanagement soll darüber hinaus durch Einsatz entsprechender Software (IT) unterstützt werden. Hierbei wurde aufgrund der knappen finanziellen Ressourcen bereits im Vorfeld entschieden, dies auf Basis von Microsoft Excel umzusetzen. Somit besteht in der Erstellung eines effizienten Tools, welches die einzelnen Prozessschritte dokumentiert und unterstützt, eine weitere Anforderung an das Risikomanagementsystem Aliseos.

Bevor die Elemente des Risikomanagementsystems bei der Aliseo GmbH im Detail beschrieben werden, soll im folgenden Kapitel zunächst der Prozess der Entwicklung dieses Systems und damit verbunden die Zusammenarbeit mit Aliseo innerhalb dieses Projekts dargestellt werden.

3
Der Prozess der Einführung

Ein individuell an die Gegebenheiten bei Aliseo angepasstes Risikomanagementsystem kann nur in Zusammenarbeit mit der Firma selbst entwickelt werden. Dazu wurde ein Projektteam gegründet, das aus drei Angestellten des Unternehmens und einem externen Berater bestand. Seitens Aliseo waren so insbesondere der Prokurist Jan Hellfritz, der leitende Angestellte für Logistik und Controlling sowie der scheidende Geschäftsführer und Unternehmensgründer Claus Michael Hellfritz in das Projekt involviert.

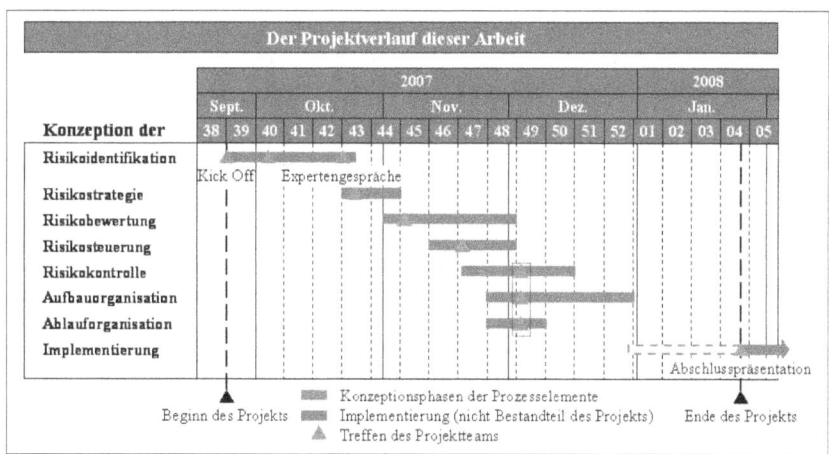

Abb. 73: Der Projektverlauf zur Konzeption eines individuellen Risikomanagementsystems bei Aliseo

Das Risikomanagementkonzept wurde im Zeitraum September 2007 bis Januar 2008 entwickelt. Der Projektverlauf ist in Abbildung 73 dargestellt. Dabei gab es insgesamt acht Treffen des Projektteams in Wolfach, die von den Teammitgliedern eigenständig vor- und nachbereitet wurden und an denen gegebenenfalls weitere Angestellte der Aliseo GmbH oder externe Experten teilnahmen. Innerhalb dieses Projektteams wurde jedes

Risikomanagement. Ottmar Schneck
Copyright © 2010 WILEY-VCH Verlag Gmbh & Co. KGaA
ISBN 978-3-527-50543-2

Element des Risikomanagementmoduls gemeinschaftlich diskutiert, womit die Qualität des Gesamtsystems gesteigert werden konnte.

Den offiziellen Start des Projekts im September begleitete ein Kick-Off-Meeting des Projektteams, in dem das Managementteam der Aliseo GmbH vom externen Berater in die Theorie des Risikomanagements eingeführt wurde und im Gegenzug dieser vom Management detailliert über die Aliseo GmbH (z. B. über Geschäftsprozesse, Umfeld, Geschäftsentwicklung, etc.) informiert wurde. Erst nach Schaffung dieser Verständnisgrundlagen auf beiden Seiten konnte mit der Entwicklung eines Risikomanagementkonzepts für das Unternehmen begonnen werden. Hier wurden zunächst die Ziele des Projekts einschließlich der Anforderungen für ein optimales Risikomanagementsystem definiert. Der sich daraus ergebende Projektablauf beinhaltete zunächst drei Workshops zur Risikoidentifikation: Zuerst eine Vorbetrachtung durch das Projektteam gefolgt von einer detaillierten Risikoidentifikation gemeinsam mit den Leitern sämtlicher Geschäftsbereiche der Aliseo GmbH und zuletzt eine Befragung externer Experten. Letztere zeichneten sich durch langjährige Erfahrung im Bank- und Versicherungswesen sowie detaillierte Kenntnisse im Risikomanagement aus. Dazu ergab die Betrachtung des Risikomanagements eines Discounterlieferanten als »Best Practice« einen weiteren Anhaltspunkt für ein optimales System in der Aliseo GmbH. Aus diesen Workshops und Betrachtungen resultierte auch der erste Erfolg des Projekts, da schon die Diskussion über das Thema Risikomanagement zu einer Sensibilisierung für Risiken und ihre Konsequenzen führte.

Erst nach der erfolgten Identifikation der Risiken wurde im Rahmen eines weiteren Workshops die Risikostrategie des Unternehmens definiert. Dies ist sinnvoll, da die Strategie besser mit Kenntnis des Risikoumfelds festgelegt werden kann. Dazu wurden risikopolitische Grundsätze definiert sowie Kriterien für die Risikobewertung und geeignete Bewertungsmethoden definiert. Die Bewertung der Risiken wurde durch das Projektteam sowie leitende Angestellte der Aliseo GmbH durchgeführt. Hieraus resultierte eine Risikomatrix, in der Risiken hinsichtlich ihrer Schadenshöhe und Eintrittswahrscheinlichkeit dargestellt werden. Daran anschließend wurden zunächst vorrangig für Risiken mit einem höheren Erwartungswert geeignete Steuerungsmaßnahmen erörtert und analysiert.

Im Hinblick auf die Risikokontrolle wurde in einem nächsten Schritt die Organisation des Risikomanagements besprochen und ein angemessener Aufbau und Ablauf des Systems im Projektteam diskutiert. Hierbei wurde ein Instrument zur Überwachung der Steuerungsmaßnahmen entwickelt sowie ein Frühwarnsystem für vorher bestimmte Risiken erstellt.

Dabei sollen Risiken anhand der Veränderung von Indikatoren frühzeitig erkannt werden, sodass rechtzeitig Maßnahmen zur Steuerung ergriffen werden können. Das Ende des Projekts bildete ein abschließendes Treffen des Projektteams mit leitenden Angestellten der Aliseo GmbH, in dem das entwickelte Risikomanagementsystem den Mitarbeitern detailliert vorgestellt wurde. Dabei sollte insbesondere die Akzeptanz des Systems bei den Mitarbeitern sowie deren Risikobewusstsein gefördert werden, um eine erfolgreiche Implementierung und Nutzung des Systems im Anschluss an seine Konzeption zu gewährleisten.

Das Risikomanagement der Aliseo GmbH besteht aus den Phasen des strategischen Risikomanagements sowie der systematischen Risikoidentifikation, -bewertung, -steuerung und -kontrolle (vgl. Abbildung 74). Dabei wird das Risikomanagement in seinen Phasen durch ein Softwaremodul unterstützt, das in Auszügen vorgestellt werden soll.

⑤ **Risikokontrolle**
- Sicherstellung der Wirksamkeit der Risikosteuerungsmaßnahmen entsprechend den definierten Risikozielen

④ **Risikosteuerung**
- Aktive und passive Maßnahmen zur Reduzierung der Gesamtrisikoposition
- Erzielung eines ausgewogenen Chancen-Risiko Verhältnis

① **Strategisches Risikomanagement**
- Festlegung der Risikopolitik
- Definition der Organisation des Risikomanagements

② **Risikoidentifikation**
- Systematische Identifikation der Einzelrisiken
- Möglichst vollständige Erfassung aller Risikoquellen, Schadensursachen und Störpotentialen

③ **Risikobewertung und -aggregation**
- Quantifizierung der erkannten Einzelrisiken hinsichtlich ihres Erwartungswertes
- Ermittlung der Gesamtrisikoposition des Unternehmens („Risk Exposure")

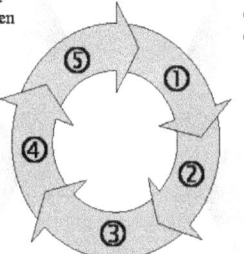

Abb. 74: Der Prozess des Risikomanagements bei Aliseo

Anzumerken ist, dass im weiteren Verlauf Chancenaspekte nur am Rande angesprochen und nicht explizit aufgegriffen werden, obwohl ein betriebswirtschaftliches Risikomanagement diese mit einbezieht. Es kann aber davon ausgegangen werden, dass die Ausführungen zu den Risiken häufig auch in Bezug auf Chancen gelten.

Die Risikostrategie der Aliseo GmbH leitet sich aus den Unternehmenszielen ab, die anhand einer Balanced Scorecard festgelegt wurden und bildet die Grundlage für das Risikomanagementsystem. Für ein wirksames System müssen deshalb die Eckpunkte der Risikopolitik, bestehend aus risikopolitischen Grundsätzen und der Definition des Risikosollzustands sowie die Organisation des Risikomanagements präzise festgelegt werden.

Als ein wesentlicher Erfolgsfaktor des Risikomanagements der Aliseo GmbH wurde zudem die Förderung einer Risikokultur wahrgenommen, also einem Wertegerüst, das alle Unternehmensmitglieder beeinflusst, Risiken wahrzunehmen, zu kommunizieren und Risiko bewusst zu handeln. Die dafür notwendige Offenheit in der internen Kommunikation soll durch die Geschäftsführung vorgelebt und mittels eines Risikoreportings weiter ausgebaut werden. Hier wurde bereits ein firmeninternes Intranet erschaffen, auf das Mitarbeiter zugreifen können und Informationen (z. B. Auftragseingänge, finanzielle Kennzahlen) abgerufen werden können. Damit auch Risiken offen kommuniziert werden können, soll diese Plattform um die Risikokomponente erweitert werden.

Als Grundlage zur Förderung der Risikokultur dienen risikopolitische Grundsätze, die den Sollzustand der Risikolage des Unternehmens beschreiben und nachhaltig im Unternehmen Beachtung finden sollen. Diese sind wie folgt formuliert: Sämtliche Aktivitäten der Aliseo GmbH, die der Erzielung eines wirtschaftlichen Erfolges dienen, sind mit Risiken verbunden. Dabei betreibt das Unternehmen systematisches Risikomanagement, um den Unternehmenswert nachhaltig zu erhöhen, sowie um die Unternehmensziele und damit den künftigen Erfolg zu sichern.

Das Unternehmen besitzt eine bedingt risikoaffine Grundeinstellung. Jedoch darf keine unternehmerische Aktivität eine Gefährdung des Fortbestands der Aliseo GmbH nach sich ziehen. Die Höhe des Risikos muss stets kleiner als das Ausmaß der Chancen (Rendite) sein, die damit einhergehen. Das gesamte Risikoumfeld ist kontinuierlich durch die Risikomanagementorganisation zu überwachen. Jeder Mitarbeiter der Aliseo GmbH hat sich nicht nur innerhalb seines Verantwortungsbereiches, sondern abteilungsübergreifend aktiv in das Risikomanagement einzubringen. Dies erfordert insbesondere einen bewussten, verantwortungsvollen Umgang mit bestehenden Risiken, kontinuierliche Überprüfung auf neue Risiken und eine sofortige unternehmensinterne Kommunikation im Falle einer Veränderung der Risikolage. Die Unternehmensführung unterstützt und initiiert aktiv einen reibungslosen Informationsfluss und Diskussionen über Risiken und Chancen der Aliseo GmbH.

Im Rahmen der Definition des Risikosollzustandes der Aliseo GmbH wurde festgelegt, welcher Risikoumfang eingegangen werden kann und ab wann Maßnahmen zur Risikosteuerung ergriffen werden müssen. Dafür wurden sowohl für die Eintrittswahrscheinlichkeit der Risiken als auch für die Schadenshöhe bei Risikoeintritt Kategorien definiert, die in ihrer Kombination die Basis für die Beschreibung des Risikosollzustandes bilden. Diese Risikoklassifizierung ist in Abbildung 75 abgebildet.

Eintrittswahrscheinlichkeit (EW)	
Very High	Eintritt innerhalb einer Woche zu erwarten
High	Eintritt innerhalb von einem Quartal zu erwarten
Medium	Eintritt innerhalb von einem Jahr zu erwarten
Low	Eintritt innerhalb von drei Jahren zu erwarten
Very Low	Unwahrscheinlich - Eintritt einmal innerhalb von 500 Jahren zu erwarten

Schadensausmaß	
Very High	> 300,000 EUR
High	150,000 EUR - 299,999 EUR
Medium	50,000 EUR - 149,999 EUR
Low	10,000 EUR - 49,999 EUR
Very Low	<10,000 EUR

Abb. 75: Die Klassifizierung der Risiken der Aliseo GmbH

Eintrittswahrscheinlichkeit und Schadensausmaß wurden dabei in eine 5er-Skala eingeteilt. Die Anzahl von fünf Klassen pro Dimension eignet sich besonders gut, da dadurch einerseits die Einordnung der Risiken in die Kategorien einfach und übersichtlich durchführbar ist, andererseits aber auch signifikante Unterschiede zwischen den Risiken gut darstellbar sind.

Die Eintrittswahrscheinlichkeit wird dabei mithilfe der Risikoexposition bestimmt, d. h. anhand der angenommenen Häufigkeit des Risikoeintritts innerhalb eines bestimmten Zeitraums. Diese Einschätzung wurde aufgrund der gesammelten Erfahrung der Unternehmensführung der Aliseo GmbH vorgenommen. Da festgestellt wurde, dass mehrere Risiken existieren, die mehrmals im Jahr eintreten können, wurden für die Kategorien »very high« bis »medium« kleine, unterjährige Zeitabstände definiert und für unwahrscheinliche Risiken ein sehr großer Abstand gewählt.

Die Schadenshöhe ergibt sich aus sämtlichen zusätzlichen Kosten, die für Aliseo im Falle eines Risikoeintritts entstehen würden. Kosten sind in diesem Sinne alle direkten, mit dem Schadenseintritt verbundenen Kosten zur Wiederherstellung des Zustands vor Risikoeintritt, aber auch indirekte Kosten, wie Umsatzeinbrüche oder Margenverluste. Die Berechnung der Kategorien für die Risikoklassifizierung erfolgte unter Berücksichtigung der Jahresüberschüsse Aliseos. Dabei wurde als Grenzwert für ein katastrophales Schadensausmaß das arithmetische Mittel der Jahresüberschüsse aus den letzten 5 Jahren definiert. Auch hier verläuft die Bandbreite der Kategorien nicht linear, sondern ist individuell an das Unternehmen angepasst. Der Grund für diese im Verhältnis zum Jahresüberschuss 2007 relativ niedrigen Werte liegt in der nur bedingten Risikofreude der Unternehmensleitung und der Volatilität des Geschäftes. Allerdings kann dieser Wert bei einer positiven Entwicklung des Geschäftes entsprechend nach oben angepasst werden.

Aus der Kombination dieser beiden Dimensionen ergibt sich der Risikoerwartungswert, der ausschlaggebend für die Definition der Risikoakzeptanzgrenzen der Aliseo GmbH ist. Hierfür wurden drei Schutzbereiche festgelegt (vgl. Abbildung 76), aus denen sich Maßnahmen für das Risikomanagement ableiten lassen. Der Einfluss der Schadenshöhe auf die Bandbreite dieser Schutzbereiche ist höher als der der Eintrittswahrscheinlichkeit, da die Schadenshöhe unmittelbaren Einfluss auf den Fortbestand des Unternehmens besitzt.

Schadensh. Eintrittsw.	VL	L	M	H	VH
VH	Low	Medium	High	High	High
H	Low	Medium	High	High	High
M	Low	Medium	Medium	High	High
L	Low	Low	Medium	Medium	High
VL	Low	Low	Low	Low	Medium

Abb. 76: Risikotoleranzbereiche der Aliseo GmbH

In den Schutzbereich »High« fallen alle Risiken, die von Aliseo nicht akzeptiert werden und für die Risikosteuerungsmaßnahmen (sofern möglich) eingeleitet und Unternehmensziele gegebenenfalls kurzfristig angepasst werden müssen. Die Zonen »Low« und »Medium« zeigen den Bereich der tolerierten Risiken. Dabei können für mittlere Risiken Maßnahmen eingeleitet werden, wobei fallspezifisch zu entscheiden ist, ob diese Anwendung sinnvoll ist. Kleine Risiken (»low«) werden mit nachrangiger Priorität behandelt. Für sie sind organisatorische Maßnahmen möglich, sie können aber auch ohne weiteres selbst getragen werden. Der Risikosollzustand der Aliseo GmbH ist folglich dann erreicht, wenn alle Risiken in den Bereich »Low« bis »Medium« eingeordnet werden können.

Als wichtige Informationsquelle für unternehmerische Entscheidungen ist das Risikomanagement der Aliseo GmbH in der Unternehmensführung angesiedelt und wird durch den Prokurist Jan Hellfritz hauptverantwortlich betreut. Daneben wurde für jedes Risikofeld ein verantwortlicher Mitarbeiter gewählt, der die Risiken für das ihm zugeordnete Feld überwacht und der Geschäftsleitung darüber regelmäßig Bericht erstattet. Die verantwortlichen Personen können dem Risikoraster in Abbildung 77 entnommen werden. Dies sind in der Regel diejenigen Personen, die die korrespondierenden Geschäftsbereiche ohnehin verantworten und die maßgeblichen Faktoren steuern. Innerhalb der jeweiligen Risikofelder können jedoch auch einzelne Risiken durch andere Personen überwacht werden, die dem Feldverantwortlichen Bericht erstatten.

Die Risikostrategie der Aliseo GmbH darf insgesamt nicht als ein starres Gebilde angesehen werden – sie muss kontinuierlich überprüft und an sich ändernde Rahmenbedingungen angepasst werden. Die Festlegung der Risikostrategie bildet somit den Ausgangs- und Endpunkt des gesamten Risikomanagementprozesses. An sie schließt sich die Identifikation der Risiken an, die im folgenden Abschnitt beschrieben werden soll.

Als Lieferant der grundlegenden Informationen für die nachfolgenden Prozessschritte ist die Risikoidentifikation ausschlaggebend für die Qualität und Effektivität des gesamten Risikomanagements. Da nur identifizierte Risiken auch tatsächlich aktiv gemanagt werden können, wurde der Identifikation der Risiken besondere Aufmerksamkeit gewidmet.

Um Risiken möglichst vollständig, frühzeitig und wirtschaftlich effizient zu erfassen, ist eine systematische Vorgehensweise unbedingt notwendig. Dazu wurde zuerst eine Kategorisierung aller relevanten Risikofelder der Aliseo GmbH durchgeführt. Diese orientierte sich an einer in der Literatur häufig verwendeten Darstellung bestehend aus den Risikokategorien der operativen, finanziellen und externen Risiken, sowie Risiken aus Management und Organisation. Die darin enthaltenen Risikofelder wurden unter Berücksichtigung der Wertschöpfungskette des Unternehmens (vgl. Abbildung 71) und den sich daraus ergebenden Geschäftsbereichen angepasst. Abbildung 77 zeigt das so entstandene Risikoraster der Aliseo GmbH, inklusive der für die einzelnen Risikofelder verantwortlichen Mitarbeiter, die durch Buchstabenkürzel bezeichnet sind.

Operationelle Risiken		Finanz-wirtschaftliche Risiken		Risiken aus Management & Organisation		Externe Risiken	
Beschaffung	JL	Kapitalbeschaffung	JH	Management	JH	Markt & Kundenrisiken	NH
Leistungserstellung / Produkte	JH	Kapitalanlagen	JH	Organisationsstruktur	JH	Politik & Gesetzgebung	TR
Logistik	JL	Forderungen	JH	Personal	JH	Natürliche Umwelt	JH
Absatz	JH	Liquidität	JH	F&E	JL		
Marketing	TR	Währung	JH	IT	JL		
		Zinsen	JH	Recht	JH		

Legende: Risikokategorie | Risikofeld | Hauptverantwortlicher Mitarbeiter

Abb. 77: Das Risikoraster und Risikoverantwortlichkeiten der Aliseo GmbH

Dieses von der Geschäftsleitung vorgegebene Raster gewährleistet eine einheitliche Identifikation der Risiken im gesamten Unternehmen und verhindert die gleichzeitige Erfassung von Risiken an mehreren Stellen und den damit einhergehenden Verlust an Effizienz. Darüber hinaus ermöglicht es einen strukturierten Ablauf der Risikoidentifikation entlang dieses Rasters, bzw. entlang der einzelnen Unternehmensbereiche.

Die Aufgabe der Risikoidentifikation liegt somit bei den Verantwortlichen der Risikofelder, da wahrscheinlich diese Personen auch am besten wissen, welche Risiken in ihrem Bereich vorkommen. Diese können bei der Wahrnehmung ihrer Aufgaben auf eine große Auswahl an Instrumenten zurückgreifen, die in der Theorie beschrieben werden. Allerdings entspricht nur eine kleine Anzahl an Methoden den Anforderungen der Aliseo GmbH. Welche Instrumente besonders für die Risikoidentifikation geeignet sind und daher auch angewendet werden können, soll im folgenden Abschnitt beschrieben werden.

Für eine Verwendung der in der Theorie beschriebenen Instrumente in der Risikoidentifikation bei Aliseo müssen alle Anforderungen des Unternehmens in möglichst hohem Maße erfüllt sein. Somit müssen die Instrumente unter möglichst geringem Ressourceneinsatz verwertbare Informationen über die Risikolage Aliseos liefern, damit ein effizientes und effektives Risikomanagement betrieben werden kann. Abbildung 78 stellt die Eignung der in der Theorie beschriebenen Methoden gemäß den Anforderungen Aliseos dar. Da nicht mit allen Methoden die verschiedenen Risikofelder gleichermaßen betrachtet werden können, wird in der Abbildung auch beschrieben, mit welchen Methoden welche Risiken abgedeckt werden können. Dabei stellte sich bei der Durchführung der Risikoidentifikation in der Aliseo GmbH insbesondere die Kombination mehrerer Methoden als vorteilhaft dar.

Methode	Anforderungen an das RM				Eignung für den Einsatz im RM Aliseos	Abdeckung von Risikofeldern
	Einfache Durchführung	Implementierung mit geringem Aufwand	Bereitstellung verwertbarer Informationen	Schaffung von Transparenz		
Checkliste	●	●	◐	◑	◐	Grundsätzlich für alle geeignet
SWOT Analyse	◐	◐	◯	◑	◑	Insbesondere strategische Risiken
Mitarbeiterinterviews	●	●	●	●	●	Insbesondere interne Risiken
Experteninterviews	◐	◑	●	●	◐	Insbesondere externe Risiken
Brainstorming	●	◐	●	◐	●	Grundsätzlich für alle geeignet
Brainwriting	◐	◐	●	◐	◐	Grundsätzlich für alle geeignet
Ausfalleffektanalyse	◑	◑	◐	●	◐	Z.B. IT Risiken
Fehlerbaumanalyse	◑	◑	◐	●	◐	Z.B. Absatz-, Finanzrisken
Betriebliches Vorschlagswesen	◐	◑	●	●	◐	Grundsätzlich für alle geeignet

○ Anforderung nicht erfüllt ● Anforderung in vollem Umfang erfüllt ○ ungeeignet ● Sehr gut geeignet

Abb. 78: Vergleich der Eignung ausgewählter Risikoidentifikationsmethoden zum Einsatz im Risikomanagement der Aliseo GmbH

Bei der Anwendung der Methoden ist zu beachten, dass die Risikoidentifikation »brutto« durchgeführt wird, d. h. ohne Berücksichtigung von bereits bestehenden Steuerungsmaßnahmen. Dadurch kann einerseits ein mögliches Übersehen von neuen Risiken verhindert und andererseits eine spätere Überprüfung des Kosten- Wirkungs-Verhältnis der Risikosteuerungsmaßnahmen ermöglicht werden.

Um einen ersten Eindruck über das Risikoumfeld Aliseos zu erhalten, wurde ein Brainstorming mit dem Prokurist Jan Hellfritz durchgeführt. Hier wurden Bereiche identifiziert, in denen die Firma vermehrt Risiken ausgesetzt ist. Damit konnte auch die Erstellung des Risikorasters innerhalb des strategischen Risikomanagements unterstützt werden. Allerdings kann auch in einem kleinen Unternehmen wie der Aliseo GmbH die Geschäftsleitung nicht mehr sämtliche Bereiche überblicken. Somit eignet sich dieser Top-down-Ansatz nur als Ausgangspunkt der Risikoidentifikation, da eine ganzheitliche Erfassung des Risikoumfeldes und damit der Erhalt aussagekräftiger und verwertbarer Informationen über die Risikolage nur eingeschränkt gewährleistet werden kann.

Als weiteres Instrument fand die Befragung von Mitarbeitern in Kombination mit Risikochecklisten Anwendung. Hier wurden entlang der Wertschöpfungskette Mitarbeiter befragt, die für bestimmte Haupt- und Nebenprozesse verantwortlich sind. Um dem Interview eine Struktur zu geben, die das Übersehen bestimmter Bereiche verhindert, wurde das Gespräch auf Basis einer Risikocheckliste durchgeführt. Durch die Befragung von Personen, die eng mit den Prozessen vertraut sind, können Risikoursachen und auch Chancen ermittelt werden, wobei durch die Checkliste eine ganzheitliche Erfassung aller Betriebsbereiche gewährleistet wird. Der Nachteil des hohen Aggregationsgrades der Checklisten kann durch die aus dem Interview erhaltenen Informationen ausgeglichen werden. Nachteilig ist der hohe Zeitaufwand, da ein derartiges Interview mit vielen einzelnen Mitarbeitern durchgeführt werden muss. Durch die Verwendung der Wertschöpfungskette als Auswahlkriterium für die zu interviewenden Mitarbeiter wird ausgeschlossen, dass einerseits bestimmte Geschäftsbereiche nicht betrachtet werden und andererseits zu viele Personen interviewt werden und damit die Effizienz des Gesamtvorgangs verringert würde. Grundsätzlich ist diese Vorgehensweise für alle Risikogruppen geeignet, wobei die unternehmensinternen Risiken (operationelle, finanzielle und Corporate-Governance-Risiken) im Vordergrund stehen.

Zur Identifikation externer Risiken ist auch die Befragung externer Experten möglich. So wurden Berater aus Banken und Versicherungen mit fundierter Expertise im Risikomanagement, strukturiert hinsichtlich ihrer Einschätzung der Risiken im Geschäft der Aliseo GmbH, interviewt. Ein solches Vorgehen erscheint sinnvoll, da Banken und Versicherungen selbst Risikomanagement betreiben und große Mengen an Ressourcen verwenden, um bestimmte Branchen, Märkte und Länder kontinuierlich zu überwachen und Risiken zu identifizieren. Viele dieser Informationen werden auch an Unternehmen kommuniziert und können von diesen in unternehmerischen Entscheidungen berücksichtigt werden. Allerdings wird ein derartiges Interview von den Beratern auch gerne zur Kundenakquise genutzt. Zudem werden meist nur oberflächliche Erkenntnisse über das Risikoumfeld erarbeitet, da externe Berater mit dem Geschäft und der Situation der Aliseo GmbH wenig vertraut sind. Ein betriebsinternes Vorgehen mit gut verständlichen und koordinierten Prozessen und Instrumenten ist daher wirksamer als eine Risikoidentifikation durch externe Berater.

Eine Möglichkeit, die mit Erfolg in der Aliseo GmbH angewendet wurde, besteht in der Anwendung des Brainstormings innerhalb eines Risikoworkshops mit den Abteilungsleitern des Unternehmens. In einer Gruppe mit fünf bis zehn Mitarbeitern können auf diese Weise viele Ideen generiert werden. Die interdisziplinäre Zusammensetzung ermöglicht dabei die Betrachtung der Risiken aus unterschiedlichen Unternehmens-Blickwinkeln. Die aufkommende Diskussion ermöglicht Erkenntnisse über Risikoursachen, Interdependenzen und auch Chancen, die mit den Risiken verbunden sind. Neben der angesprochenen Heterogenität der Workshop-Teilnehmer liegt ein weiterer Erfolgsfaktor in der Person des Moderators, der die Diskussion lenkt und somit für die Ergebnisqualität mit verantwortlich ist.

Darüber hinaus können auch Fehlerbaum- oder Ausfalleffektanalysen der einzelnen Prozesse durchgeführt werden, um analytisch eine vollständige Erfassung der Risiken zu garantieren. Allerdings erfordern beide Instrumente einen höheren Aufwand an personellen und letztendlich auch finanziellen Ressourcen und sind momentan nur bedingt für Aliseo geeignet. Sie sollten aber bei weiterem Unternehmenswachstum und der damit einhergehenden Erhöhung der Prozesskomplexität in Zukunft in Betracht gezogen werden.

Das betriebliche Vorschlagswesen soll Mitarbeitern die Möglichkeit geben, sich freiwillig und zu jeder Zeit zu entdeckten Risiken zu äußern. Dabei können Risiken aller Risikofelder sowie ihre Ursachen und Chancen, die mit den Risiken verbunden sind, identifiziert werden. Über das Intranet der Aliseo GmbH oder im direkten Gespräch mit der Geschäftsleitung können so Risiken kommuniziert werden. Der direkte Kontakt zur Geschäftsleitung wird bei weiterem Wachstum und Zunahme der Mitarbeiterzahl schwieriger möglich sein, sodass der Zugang aller Mitarbeiter zum Intranet oder zu adäquaten Kommunikationsmitteln gewährleistet sein muss. Diese Methode kann insbesondere für den nun beginnenden kontinuierlichen Verlauf des Risikomanagements bei Aliseo eine wichtige Rolle spielen, da so ständig neue Informationen über Risiken gewonnen werden können. Darüber hinaus kann dabei sowohl die Akzeptanz des Risikomanagements bei den Mitarbeitern als auch die Bindung der Mitarbeiter an das Unternehmen gefördert werden.

Insgesamt eignen sich überwiegend Kollektions- und Kreativitätsmethoden für die Risikoidentifikation, da sie leichter durchführbar sind und weniger Ressourcen erfordern als analytische Suchmethoden. Da aber gewährleistet werden kann, dass zumindest alle bestandsgefährdenden Risiken mithilfe der genannten Methoden identifiziert werden können, entsprechen die Methoden den Voraussetzungen und Anforderung Aliseos und gewährleisten eine effiziente und effektive Durchführung der Risikoidentifikation.

Als Ergebnis der Risikoidentifikation entsteht ein Risikoinventar, das sämtliche identifizierten Risiken beinhaltet und detailliert beschreibt. Dabei müssen die vielen Einzelrisiken thematisch den im Risikoraster vorgegebenen Risikofeldern und -kategorien zugeordnet werden. Darüber hinaus ist jedem Risiko eine verantwortliche Person zuzuordnen, die das Risiko überwacht und auch im weiteren Verlauf des Risikomanagementprozesses bewertet und Steuerungsmaßnahmen koordiniert. Ein Ausschnitt aus dem Risikoinventar der Aliseo GmbH ist in Abbildung 79 dargestellt.

Da sich das Unternehmens- und somit auch das Risikoumfeld Aliseos im Verlauf der Zeit ändert, stellt das Risikoinventar nur eine Momentaufnahme, ähnlich einer Unternehmensbilanz, dar und muss wie alle operativen Prozesse im Risikomanagement kontinuierlich angepasst werden.

Risiko-kategorie	Risikofeld	Risikobezeichnung	Risiko-nr.	Beschreibung des Risikos	Verant-wortlicher
Externe Risiken	Markt & Kundenrisiken	Eintritt neuer Wettbewerber (niedrigpreisige Segmente)	1	Eintritt neuer Wettbewerber bei niedrigpreisigen Segmenten (niedrigpreisige Haartrockner, Schubladenhaartrocknern, niedrigpreisige Spiegel). Dies kann zu Margenverlusten in den umkämpften Märkten führen	TR
Finanzwirtschaftliche Risiken	Forderungen	Forderungsausfallrisiko	2	Forderungen werden von Kunden nicht oder nicht rechtzeitig bedient	JH
Leistungswirtschaftliche Risiken	Beschaffung	Transportpreisrisiko	3	Erhöhung der Transportpreise um 10%: Speditionen erhöhen Preise, bzw. verschlechtern Konditionen zu Lasten Aliseos	JL
	Logistik	Ware nicht im Lager vorhanden	4	Eine Bestellung kann nicht bedient werden, da entsprechende Ware nicht auf Lager ist	JL
...	...	...	...	...	...

Abb. 79: Ausschnitt des Risikoinventars der Aliseo GmbH

Als systematische Auflistung und Beschreibung aller identifizierten Risiken bildet das Risikoinventar die Grundlage für die anschließende Bewertung der Risiken. Diese soll im folgenden Abschnitt beschrieben werden.

Für die Bewertung der Risiken hinsichtlich ihrer Eintrittswahrscheinlichkeit und Schadenshöhe ist ein einheitlicher Bewertungsmaßstab zu wählen, um sie in ihrer Wirkung vergleichbar zu machen. Dafür müssen Risiken hinsichtlich ihrer Ursachen und Wirkungen analysiert werden. In der anschließenden Bewertung sind Risiken weitestgehend zu quantifizieren, um effektive und effiziente Risikosteuerungsmaßnahmen zu ermöglichen. Diese Bewertung muss unter objektiven Maßstäben erfolgen, Chancenaspekte mit einbeziehen und Interdependenzen zwischen den Risiken berücksichtigen, da sich Risiken gegenseitig verstärken und abschwächen können.

Insbesondere bei der Durchführung der Risikobewertung werden die Unterschiede zwischen einem kleinen, ressourcenschwachen Mittelständler und einem großen Unternehmen, das eigene Abteilungen beschäftigt, die sich ausschließlich mit Risikomanagement beschäftigen, deutlich. Viele der in der Literatur beschriebenen Methoden, die v. a. in Banken und Versicherungskonzernen angewandt werden, beruhen auf komplizierten mathematischen Formeln und benötigen eine große Menge an Daten, mit denen die entsprechenden Modelle »gefüttert« werden müssen. Die Aliseo GmbH beschäftigt keine Risikomanager mit eigenen Risikoabteilungen, sondern betreibt Risikomanagement zusätzlich zu den im laufenden Geschäft anfallenden Tätigkeiten. Somit muss eine Risikobewertung möglichst aller Risiken durchgeführt werden, die aussagekräftige Ergebnisse liefert, aber in ihrem Aufwand vergleichsweise gering ist.

Eine objektive, quantitative Bewertung der Risiken erfordert den Rückgriff auf mathematisch-statistische Methoden. Die dafür zu verwendenden Methoden – Regressionsanalyse, der Value und Cash Flow at Risk sowie Simulationsmodelle – sind in ihrer Handhabung komplex und kompliziert. So erfordern sie vertiefte stochastisch-mathematische Kenntnisse der Anwender und eine Sammlung an in ausreichender Menge und Qualität vorliegender Daten. Letztere kann vom Datenpool der Aliseo GmbH nicht gedeckt werden. Für die Bewertung von z. B. politischen Risiken müssten die politischen Entwicklungen einzelner Länder fundiert analysiert werden, um genaue Schlussfolgerungen über die derzeitige Lage und zukünftige Entwicklung der Länder zu ziehen. Die Durchführung dieser Methoden sowie die Generierung und Sammlung der dafür nötigen Inputfaktoren bedarf personeller und in der Konsequenz auch finanzieller Ressourcen, die das Unternehmen Aliseo gegenwärtig nicht aufbringen kann.

Im Ergebnis sind diese Methoden zur Bewertung von Risiken ungeeignet für den Einsatz bei Aliseo, da sie nicht den Anforderungen des Unternehmens entsprechen, wie auch in Abbildung 78 bereits dargestellt wurde. Eine reine quantitative Bewertung der Risiken sollte daher bei der Aliseo GmbH nicht eingeführt werden.

Wie im vorherigen Abschnitt erläutert, ist es für die Risikobewertung in der Aliseo GmbH nicht zielführend, genaue, absolute Werte für die Eintrittswahrscheinlichkeit und Schadenshöhe der Risiken zu erhalten. Vielmehr ist es sinnvoll, verwertbare Informationen zu erhalten, auf denen eine Entscheidung zur Risikosteuerung getroffen werden kann. So sind das Ereignisbaumverfahren, die Ausfalleffektanalyse und auch die Fehlerbaumanalyse zur Risikobewertung bei Aliseo grundsätzlich geeignet (vgl. Abbildung 78) Mithilfe dieser Instrumente lassen sich Ursachen und Wirkungen der Risiken, sowie Interdependenzen zwischen einzelnen Risiken ermitteln. Ein Nachteil ist zwar die möglicherweise geringere Genauigkeit des Ergebnisses im Vergleich mit mathematisch-statistischen Methoden. Viel wichtiger ist jedoch, dass hier Tendenzen wiedergegeben werden, auf denen Entscheidungen zur Steuerung der bewerteten Risiken basieren können.

Die Anwendung dieser Methoden kann eigenständig von den entsprechenden Risikoverantwortlichen durchgeführt werden. Allerdings hat sich auch innerhalb der Risikobewertung die Anwendung der Methoden innerhalb eines Workshops, bestehend aus den leitenden Mitarbeitern der Aliseo GmbH, bewährt.

In einer Gruppe von fünf bis zehn Mitarbeitern lassen sich Analysen der Risiken besser durchführen und genauere Ergebnisse ermitteln, die gleichzeitig Indikatoren für die zu ergreifenden Risikosteuerungsmaßnahmen liefern. Anzumerken ist, dass nicht alle drei Methoden für die Bewertung aller Risiken gleichermaßen angewendet werden können. Die Ausfalleffektanalyse eignet sich eher für die Bewertung von IT-Risiken, das Ereignisbaumverfahren und die Fehlerbaumanalyse sind dagegen z. B. gut für Absatz-, Markt- und Finanzrisiken anwendbar.

Eine weitere Möglichkeit besteht in der Risikoquantifizierung durch subjektive Schätzungen. Nachteilig ist hierbei, dass die Ergebnisse einer solchen Schätzung durch subjektive Aspekte verzerrt werden können. Subjektive Aspekte treten beispielsweise auf, wenn ein Abteilungsleiter versucht, sich möglichst vorteilhaft darzustellen und Risiken in seinem Bereich zu niedrig bewertet. Ein weiteres Beispiel ist eine etwaige fehlende Rationalität beim Risikoschätzer, die zur Nicht- oder nicht vollständigen Erfassung von komplexen Situationen führt. Dieser Nachteil kann jedoch durch die Durchführung der Risikobewertung im Rahmen von Workshops mit mehreren Personen zumindest teilweise ausgeglichen werden.

Die angesprochenen Ungenauigkeiten in der Bewertung der Risiken, die etwa durch subjektive Schätzung oder durch das Fehlen von quantitativen Ergebnissen hervorgerufen werden, können durch die Anwendung einer semi-quantitativen Bewertung ausgeglichen werden. Hierbei werden für die Schadenshöhe und die Eintrittswahrscheinlichkeit der Risiken Klassen ermittelt, die mit quantitativen Werten hinterlegt sind. Diese Klassen besitzen eine im strategischen Risikomanagement festgelegte Bandbreite, in die die Risiken so einfacher und besser eingeordnet werden können. Die Festlegung der Bandbreite dieser Klassen bei Aliseo wurde bereits beschrieben (vgl. Abbildung 75). Der sich aus der Kombination von

Schadenshöhe und Eintrittswahrscheinlichkeit ergebende Risikoerwartungswert besteht ebenso aus Kategorien. Diese drei Kategorien wurden als »Schutzzonen« (»low«, »medium«, »high«) ebenfalls in der Risikostrategie definiert (vgl. Abbildung 76). So können durch Anwendung dieser Bewertung gehaltvolle Informationen über die Risikolage des Unternehmens gewonnen werden und fundierte Entscheidungen zur Risikosteuerung getroffen werden. Da sich aus der semi-quantitativen Bewertung das beste Aufwand-Nutzen-Verhältnis ableiten lässt, wurde es der Risikobewertung in der Aliseo GmbH zugrunde gelegt. Ein Beispiel für die Bewertung der Risiken bei Aliseo kann Abbildung 80 entnommen werden.

Risikokategorie	Risikofeld	Risikobezeichnung	Brutto			Priorität
			Eintrittsw.	Schadenshöhe	Erwartungswert	
Externe Risiken	Markt & Kundenrisiken	Eintritt neuer Wettbewerber (niedrigpreisige Segmente)	M	H	H	ja
Finanzwirtschaftliche Risiken	Forderungen	Forderungsausfallrisiko	VH	L	M	ja
Leistungswirtschaftliche Risiken	Beschaffung	Transportpreisrisiko	M	VL	L	
	Logistik	Ware nicht im Lager vorhanden	VH	L	M	ja
...	...	...	...	...	...	...

Abb. 80: Die Risikobewertung im Risikoinventar der Aliseo GmbH (Auszug)
Erklärung der Bewertungsklassen: VL = »very low«,
L = »low«, M = »medium«, H = »high«, VH = »very high«.
Für den Erwartungswert gelten L = »Schutzbereich low«,
M = »Schutzbereich medium« und H = »Schutzbereich high«
(vgl. Abbildung 76)

Ein weiterer Aspekt dieses Bewertungsmodells ist die Priorisierung der Risiken im Anschluss an die Bewertung. Hier werden Risiken in Abhängigkeit von ihrem Erwartungswert durch das Management ausgewählt, für die innerhalb der Risikosteuerung primär Steuerungsmaßnahmen erarbeitet werden sollen. Dies schließt nicht aus, dass nicht priorisierte Risiken nicht gesteuert werden, jedoch werden weniger Ressourcen für ihre Steuerung verwendet. In der Regel sind demnach alle Risiken des Schutzbereiches »High« (dunkelgraue Zone) priorisiert, da sie im vom Unternehmen festgelegten Bereich für nicht akzeptable Risiken liegen. Aber auch Risiken aus den beiden anderen Schutzbereichen können aus strategischen

Gründen priorisiert werden. Dies ist notwendig, um in effektiver und effizienter Weise Risikosteuerungsmaßnahmen zu entwickeln.

Als Ergebnis der Risikobewertung werden alle identifizierten und bewerteten Risiken in einer Risk Map abgebildet. Dabei werden in einer zweidimensionalen Matrix auf der Ordinate die Kategorien der Eintrittswahrscheinlichkeit und auf der Abszisse die Kategorien der Schadenshöhe abgebildet. Durch Einordnung aller Risiken in das Portfolio kann die Gesamtrisikoexposition anschaulich dargestellt werden. Damit besitzt die Risk Map eine wichtige Funktion für die interne und externe Kommunikation Aliseos über die Risikolage des Unternehmens. Ein Beispiel ist in Abbildung 81 dargestellt.

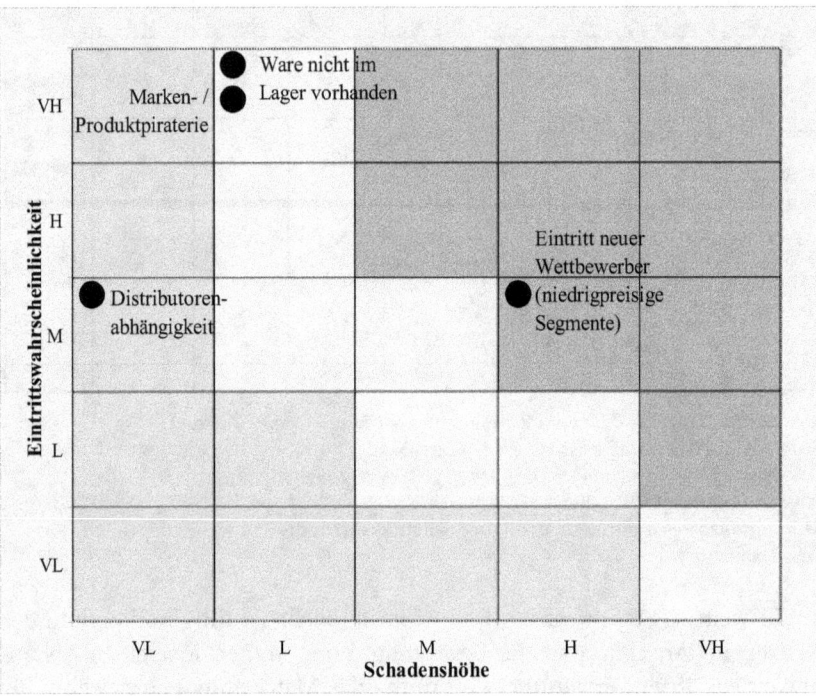

Abb. 81: Beispielhafte Abbildung einer Risk Map der Aliseo GmbH
Erklärung der Bewertungsklassen: VL = »very low«, L = »low«, M = »medium«, H = »high«, VH = »very high«.
Die Farbe der einzelnen Quadranten ergibt aus den in der Risikostrategie definierten Schutzbereichen: hellgrau = »Schutzbereich low«, gepunktet = »Schutzbereich medium« und dunkelgrau = »Schutzbereich high«

Anzumerken ist, dass diese Risk Map nicht einem Portfolio, bestehend aus zwei stetig steigenden Werteachsen, entspricht. So sind die beiden Achsen lediglich als Kategorienachsen zu verstehen, die nur sprunghaft (von einer Kategorie zur nächsten) zunehmen. Risiken, die die gleiche Kombination aus Schadenshöhe und Eintrittswahrscheinlichkeit besitzen, werden in ein- und demselben Quadranten abgebildet, aber der Anschaulichkeit wegen untereinander, bzw. nebeneinander dargestellt, obwohl ihr Wert der gleiche ist. So haben auch im Beispiel in Abbildung 81 die Risiken »Ware nicht im Lager vorhanden« und »Marken- und Produktpiraterie« den gleichen Wert, sind aber in ihrem Quadranten untereinander dargestellt.

Durch die hohe Anzahl an identifizierten Einzelrisiken wird in der Aliseo GmbH eine Risk Map für jede der vier Risikokategorien sowie eine zur Darstellung der priorisierten Einzelrisiken erstellt. Diese sind im Risikoinventar enthalten.

Wie bereits in den Ausführungen zur Methodenauswahl erläutert, sind in der Aliseo GmbH weder die notwendige Datenbasis noch die notwendigen Ressourcen zur Anwendung mathematisch-statistischer Methoden zur Risikobewertung vorhanden. Komplexe und aufwendige Verfahren, wie z. B. der Value at Risk, mit dem insbesondere das aggregierte Gesamtrisiko des Unternehmens (unter Beachtung von Interdependenzen zwischen den Risiken) kalkuliert werden kann, sind für den Einsatz bei Aliseo eher ungeeignet. Obwohl somit das aggregierte Gesamtrisiko des Unternehmens unter Beachtung von Effektivität und Effizienz nicht genau bestimmt werden kann, sind zumindest Tendenzaussagen zur Gesamtrisikolage Aliseos möglich. So können Risiken, die unter Anwendung der für Aliseo geeigneten Methoden bewertet wurden, ebenfalls mithilfe einer Risk Map zusammengefasst werden. Als Aggregationsebene eignen sich hierzu die einzelnen Risikofelder. Die sich so ergebende Visualisierung bedeutet eine Indikation, in welchem Risikofeld das Unternehmen größeren oder kleineren Risiken ausgesetzt ist. Insgesamt erhält man durch die semi-quantitative Bewertung der Risiken mit relativ geringem Aufwand einen umfassenden Überblick über die Risikoexposition der Aliseo GmbH. Durch die Verwendung von Risk Maps können diejenigen Risiken schnell und einfach erkannt werden, für die es besonders wichtig ist, Steuerungsmaßnahmen zu ergreifen. Im folgenden Abschnitt sollen nun derartige Risikosteuerungsmaßnahmen an ausgewählten Beispielen beschrieben werden.

Die verschiedenen Risiken, die bereits identifiziert und bewertet wurden, erfordern die Konzeption individueller Risikosteuerungsmaßnahmen.

Generell können für die Steuerung von Risiken in der Aliseo GmbH alle in der Theorie beschrieben Möglichkeiten der Risikosteuerung angewandt werden. Die Konzeption einer Risikosteuerungsmaßnahme erfordert eine detaillierte Beschreibung der Maßnahme selbst und der Kosten, die für die Durchführung aufgewendet werden müssen. Dabei ist bereits im Vorfeld festzulegen, inwiefern Eintrittswahrscheinlichkeit und/oder Schadenshöhe des Risikos mit der Steuerungsmaßnahme beeinflusst werden sollen. Dieses Ziel muss dem definierten Sollzustand der Risikolage Aliseos entsprechen. Dazu können pro Risiko auch mehrere Maßnahmen geplant werden. Werden diese von unterschiedlichen Personen durchgeführt ist eine Abstimmung untereinander unbedingt erforderlich. Zudem ist für die eigentliche Durchführung und Kontrolle der jeweiligen Maßnahme eine verantwortliche Person festzulegen. Dies ist in der Regel der bereits während der Identifikation bestimmte Risikoverantwortliche.

Aliseo bietet seinen Kunden an, Standardprodukte, die vom Hersteller geliefert werden, individuell anzupassen. Dies ist z. B. die Anpassung des Stromkabels des Schlauchhaartrockners an die vom Kunden benötigte Länge. Im Falle einer Nichtabnahme der bestellten Menge seitens des Kunden können diese Produkte nicht oder nur schwer an Dritte weiterverkauft werden. Somit trägt Aliseo das Abnahmerisiko, das mit einer hohen Eintrittswahrscheinlichkeit (H) und einem geringen Schadensausmaß (L) bewertet wird.

Damit ergibt sich für dieses Risiko ein mittlerer Erwartungswert, der nicht zwingend die Einleitung von Steuerungsmaßnahmen erfordert. Allerdings hat sich die Geschäftsleitung aus strategischen Gründen dazu entschlossen, das Risiko künftig zu vermeiden. Dazu fordert Aliseo zukünftig bei Sonderanfertigungen eine Zahlung des Kunden im Voraus. Der damit einhergehende Chancenverlust, der im Rückgang potenzieller Kundschaft zu sehen ist, wird aufgrund der Marktposition Aliseos als sehr gering angesehen. Das Ziel dieser Maßnahme ist folglich eine Vermeidung des Risikoeintritts (Eintrittswahrscheinlichkeit nun = VL). Darüber hinaus wurde der leitende Angestellte im Vertrieb als Verantwortlicher festgelegt, der die Maßnahme innerhalb der nächsten 6 Monate und im Rahmen eines abgeschätzten Budgets durchführen soll.

In den Bereichen Vertrieb, Marketing und IT bündelt sich das Knowhow der Firma auf einzelne Wissensträger. Fallen diese Personen aus, gibt es keinen Ersatz und das Wissen geht verloren. Als Ursachen des Ausfallrisikos wurden niedrige Mitarbeitermotivation und gesundheitliche Gründe identifiziert. Dabei wurde die Eintrittswahrscheinlichkeit eines solchen Personalausfalls als niedrig (L) bewertet, die Schadenshöhe liegt im oberen mittleren Bereich (M). Zur Minderung dieses Risikos sind mehrere Maßnahmen angedacht. Zur Erhöhung der Mitarbeitermotivation soll das Gehalt der betroffenen Mitarbeiter auf ein angemessenes Niveau angehoben werden. Darüber hinaus werden vermehrte Investitionen in Seminare und Schulungen getätigt. Durch beide Maßnahmen soll das Risiko in seiner Eintrittswahrscheinlichkeit auf VL gemindert werden. Darüber hinaus kann dieses Risiko mit zwei weiteren Steuerungsmaßnahmen in seinem Schadensausmaß verringert werden. Zum einen soll ein unternehmensinterner Wissenstransfer durch eine detaillierte Dokumentation der von den Schlüsselpersonen ausgeführten Arbeitsprozesse erreicht werden. Zum anderen können durch die Einstellung neuer Mitarbeiter in diesen Bereichen die Schlüsselpersonen bei Ausfall ersetzt werden. Ziel dieser Risikodiversifikation ist es, die Schadenshöhe eines etwaigen Ausfalls von Schlüsselpersonen auf ein niedriges Niveau (L) zu senken.

Ein möglicher Brand der Lager und Verwaltungsgebäude Aliseos wurde mit sehr geringer Eintrittswahrscheinlichkeit (VL), aber einem katastrophalen Schadensausmaß (VH) bewertet. Als Konsequenz wurde eine Versicherung für den Fall des Risikoeintritts abgeschlossen, womit der Schaden für Aliseo auf ein sehr geringes Ausmaß (VL) reduziert würde, da die volle Schadenshöhe eines möglichen Brandes auf die Versicherung übertragen wurde. Im Einzelfall müssen hier sicherlich die genauen Versicherungsbedingungen analysiert werden, um Einschränkungen in der Übertragung des Risikos auf den Versicherer sichtbar zu machen (z. B. bei Fahrlässigkeit). Um die Einfachheit des Beispiels zu gewährleisten, soll dies hier vernachlässigt werden.

Ein möglicher Kriegsausbruch im Mittleren Osten – gemeint sind hier insbesondere die Vereinigten Arabischen Emirate, Saudi-Arabien, die Türkei, Ägypten, Bahrain und Kuwait – könnte zu einem Zusammenbruch dieser Absatzmärkte führen und damit deutliche Umsatzeinbußen für Aliseo bedeuten. Die Eintrittswahrscheinlichkeit und auch die Schadenshöhe dieses Risikos werden jeweils der mittleren Kategorie zugeordnet (M). Aliseo kann dieses Risiko natürlich nicht aktiv beeinflussen. Eine mögliche Vermeidung dieses Risikos würde im Rückzug von diesem Markt liegen und so erhebliche Absatzchancen vernichten. Auch ist ein Risikotransfer auf externe Risikoträger nicht durchführbar. Daher muss das Unternehmen dieses Risiko bewusst eingehen, um die Umsatz- und Wachstumschancen auf diesem Markt weiter zu realisieren. Ein möglicher Schadenseintritt muss so aus dem laufenden Cashflow finanziert werden.

Insgesamt stellen die beschriebenen Beispiele der Risikosteuerung die verschiedenen Möglichkeiten der Gestaltung des Prozesses dar, der bei der Aliseo GmbH durchgeführt wird. Damit diese Maßnahmen auch zur Erreichung der Risikomanagementziele führen, ist die Risikokontrolle notwendig. Dieses soll im folgenden Abschnitt beschrieben werden.

Um sicherzustellen, dass die konzipierten Steuerungsmaßnahmen auch zur Erreichung der Risikoziele Aliseos führen, ist die Risikokontrolle notwendig. Hierbei muss die Umsetzung aller konzipierten Risikosteuerungsmaßnahmen kontrolliert und darüber hinaus muss diese auf ihre Wirksamkeit und Angemessenheit hin überprüft werden. Dazu findet ein Soll-Ist-Vergleich der tatsächlichen Risikosituation mit dem in der Risikostrategie definierten Sollzustand der Risikolage statt. Dafür werden regelmäßig die Schadenshöhe und Eintrittswahrscheinlichkeit der Risiken netto, d. h. unter Berücksichtigung der getroffenen Steuerungsmaßnahmen, bewertet und mit den Zielen dieser Maßnahmen verglichen. Resultieren aus diesem Vergleich Abweichungen, müssen diese hinsichtlich ihrer Ursachen untersucht und effizient, beispielsweise durch den Einsatz weiterer Risikosteuerungsmaßnahmen, ausgeglichen werden. Darüber hinaus kann dies auch eine Anpassung der Risikostrategie oder des gesamten Risikomanagementprozesses erfordern.

Die Kontrolle der Implementierung der Risikosteuerungsmaßnahmen vergleicht den Status der Umsetzung mit dem Datum, an dem die Maßnahme umgesetzt werden sollte. Eine nicht rechtzeitig umgesetzte Maßnahme muss durch die Risikoverantwortlichen begründet werden. Schließlich ist eine fristgerechte Umsetzung der Risikosteuerungsmaßnahmen unbedingt notwendig, damit die Effektivität des gesamten Risikomanagements gewährleistet werden kann. Dabei unterstützt und dokumentiert die Risikomanagementsoftware einerseits die Kontrolle der Umsetzung der Maßnahmen als auch die Überprüfung ihrer Wirksamkeit.

Für ein funktionierendes Risikomanagement muss der hier beschriebene Risikomanagementprozess in eine unternehmensspezifische Aufbau- und Ablauforganisation eingegliedert werden. Dies soll im folgenden Kapitel beschrieben werden.

4
Organisation des Risikomanagements

Die Aufbau- und Ablauforganisation des Risikomanagements bei Aliseo ist so zu wählen, dass ein effektives und effizientes Risikomanagement durchgeführt werden kann. Zusätzlich wurde mit der Konzeption eines Frühwarnsystems für Aliseo eine Ergänzung der bereits beschriebenen Risikophasen vorgenommen, die den Ablauf des Risikomanagements unterstützen und optimieren soll.

Das Risikomanagement Aliseos ist integrativ in die bestehende Unternehmensorganisation eingegliedert. Dabei wird, wie in den vorangegangenen Abschnitten erläutert, das Tätigkeitsfeld der jeweiligen Entscheidungsträger und Manager um die Aufgaben des Risikomanagements ergänzt.

Eine separate Ansiedlung des Risikomanagements, z. B. als eigenständige Abteilung, ist für Aliseo aufgrund seiner geringen personellen und finanziellen Ressourcen unter Effizienzgesichtspunkten ungeeignet. Daher ist die Integration des Risikomanagements in die bestehende Organisation wesentlich kostengünstiger als eine eigenständige Instanz zur Überwachung der Risiken. Der Nachteil eines möglichen Objektivitätsverlusts, d. h. der Gefahr, Risiken zu übersehen, zu unterschätzen oder zu ignorieren, kann durch Kommunikation der Risikoverantwortlichen untereinander ausgeglichen werden. Gerade die angesprochenen Gruppendiskussionen für die Risikoidentifikation und -Bewertung ermöglichen diese notwendige Kommunikation, die durch das dokumentierte Risikoinventar zusätzlich unterstützt wird.

Abbildung 82 stellt die Integration des Risikomanagements in die Organisationsstruktur bei Aliseo dar. Dabei obliegt die Hauptverantwortung und Kontrolle über das Risikomanagementsystem der Geschäftsführung, die ihrerseits Teilverantwortungen und Aufgaben im Risikomanagement an leitende Mitarbeiter Aliseos delegiert. In der Konsequenz ist somit eine Mischform aus zentralem und dezentralem Risikomanagement vorhanden.

Risikomanagement. Ottmar Schneck
Copyright © 2010 WILEY-VCH Verlag GmbH & Co. KGaA
ISBN 978-3-527-50543-2

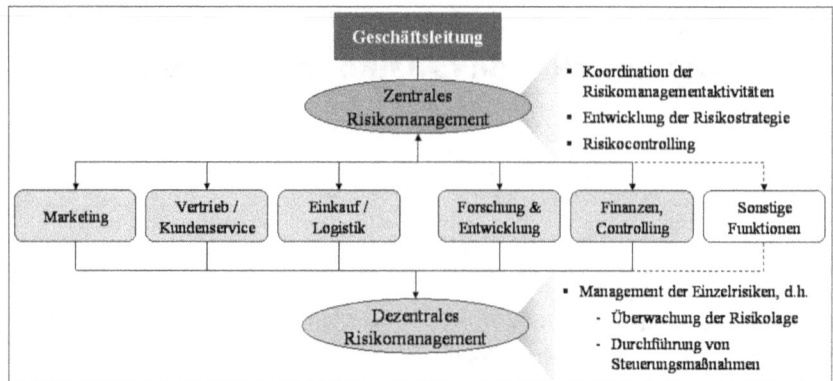

Abb. 82: Aufbauorganisation des Risikomanagements in der Aliseo GmbH

Die Verteilung der Verantwortung für bereichsinterne Risiken auf die operativen Einheiten erfolgt gemäß den Geschäftsbereichen, die von den entsprechenden Mitarbeitern geleitet werden. Sind Risiken bereichsübergreifend, entscheidet die Geschäftsleitung über die Zuordnung der Verantwortlichkeit.

Die operativen Einheiten sind somit für das Management von Einzelrisiken verantwortlich und berichten darüber an die Geschäftsleitung. Diese koordiniert die dezentralen Aktivitäten, damit die von ihr vorher festgelegten Risikoziele erreicht werden können. Die Einbeziehung vieler Mitarbeiter in das Risikomanagement fördert zudem die Akzeptanz des Systems und das Risikobewusstsein der Mitarbeiter.

Darüber hinaus verantwortet die Geschäftsleitung das Risikocontrolling. Nur so kann sichergestellt werden, dass die Bewertung der tatsächlichen Risikosituation nicht durch subjektive Aspekte der für die einzelnen Risiken verantwortlichen Manager verzerrt wird. Solche subjektiven Aspekte ergeben sich z. B. wenn ein Risikoverantwortlicher den Effekt seiner durchgeführten Risikosteuerungsmaßnahmen höher bewertet als er tatsächlich ist, da er seine Arbeit optimal darstellen möchte. Des Weiteren wird mit dieser Organisation sichergestellt, dass die tatsächliche Risikosituation stets der Geschäftsführung bekannt ist und diese so strategische und operative Entscheidungen unter Berücksichtigung von Risiken und Chancen treffen kann. Hierbei ist allerdings anzumerken, dass auch die Geschäftsleitung subjektiven Aspekten unterliegen kann. Um eine Fehleinschätzung der tatsächlichen Risikolage durch die Geschäftsleitung weitestgehend zu vermeiden ist die Einführung eines Überwachungsorgans notwendig.

Nachdem alle Phasen des Risikomanagementprozesses und auch dessen Aufbauorganisation definiert worden sind, besteht ein weiterer wichtiger Aspekt in der Organisation des Ablaufs der einzelnen Risikomanagementphasen innerhalb eines Geschäftsjahres. Auch hier müssen die Effektivität und Effizienz des Risikomanagementsystems gewährleistet sein.

Im Rahmen der Definition der Aufbauorganisation wurden Risikoverantwortliche festgelegt, die die ihnen zugeordneten Risiken kontinuierlich überwachen. Dies bedeutet, dass Risiken mit einem hohen Erwartungswert mindestens einmal pro Monat hinsichtlich ihrer Schadenshöhe und Eintrittswahrscheinlichkeit neu bewertet werden müssen. Für Risiken mit einem mittleren, bzw. niedrigen Erwartungswert genügen Zeitabstände von einem, drei bzw. sechs Monaten. Die Ergebnisse sind zu dokumentieren und Änderungen der Risikolage sofort der Geschäftsleitung zu berichten.

Damit noch unbekannte Risiken identifiziert und bewertet werden können, ist neben dem Risikovorschlagswesen mit dem kontinuierlich neue Risiken identifiziert werden können, mindestens zweimal im Jahr eine ganzheitliche Risikoidentifikation (»Risikoinventur«) vorzunehmen, die mittels der zuvor vorgestellten Methoden durchgeführt wird und an der alle Abteilungsleiter und die Geschäftsführung beteiligt sein sollten. Es versteht sich von selbst, dass sämtliche hier identifizierten Risiken neu bewertet werden müssen. Die Risikostrategie ist ebenfalls zweimal pro Jahr durch die Geschäftsleitung auf ihre Angemessenheit und Wirksamkeit zu überprüfen und gegebenenfalls anzupassen.

Sowohl an die oben dargestellte »Risikoinventur« als auch an die im kontinuierlichen Prozess stattfindende Risikoidentifikation und -bewertung schließt sich die Risikosteuerung an. Dabei müssen Steuerungsmaßnahmen für neu identifizierte Risiken konzipiert werden, die kontinuierlich durch die Geschäftsleitung im Rahmen der Risikokontrolle hinsichtlich ihrer Wirksamkeit zu überprüfen und gegebenenfalls anzupassen sind.

Ein weiterer Aspekt des Risikomanagement der Aliseo GmbH ist die Entwicklung eines Frühwarnsystems, mit dem insbesondere die Veränderung der Risiken, die im Verlauf des Risikomanagements priorisiert wurden, frühzeitig erkannt werden sollen. Für den Aufbau dieses Frühwarnsystems werden für die entsprechenden Risiken Indikatoren festgelegt, die eindeutig und frühzeitig eine Veränderung der ausgewählten Risiken andeuten. Darüber hinaus muss die stete Verfügbarkeit, Messbarkeit und Wirtschaftlichkeit dieser Indikatoren gewährleistet sein. Für den Umfang des Systems und die Auswahl der Indikatoren gilt auch hier die mehrfach erwähnte Anforderung von Effizienz und Effektivität.

Für die Indikatoren werden dann Sollwerte und Toleranzbereiche definiert, innerhalb derer sich die Risikowirkung auf Aliseo nicht verändert, bzw. eine minimale Veränderung akzeptiert wird. Des Weiteren werden verantwortliche Beobachter für diese Indikatoren festgelegt. Letztere sind in der Regel auch die für das Risiko verantwortlichen Mitarbeiter Aliseos. Diese Beobachter messen die Indikatoren in vorher festgelegten Zeitabständen. Liegt der gemessene Wert dabei außerhalb des Toleranzbereiches, hat sich das entsprechende Risiko in seiner Wirkung verändert und muss neu bewertet werden. In seiner Konsequenz erfordert dies zunächst die Kommunikation im Unternehmen und danach eine Überprüfung sowie gegebenenfalls eine Anpassung der Risikosteuerungsmaßnahmen. Ein Beispiel dieses Frühwarnsystems ist in Abbildung 83 dargestellt.

Risiko-bezeichnung	Indikator Beschreibung	Sollwert	Toleranz-minimum	Toleranz-maximum	Messungs-häufigkeit	Messmedium	Verant-wortlicher
Liquiditäts-risiko	Liquidität 2. Grades (Cash + Forderungen) / kurzfristige Verbindlichkeiten	2,8	2	-	wöchentlich	Kennzahlen Finanzlage	JH
Währungs-risiko €/$	€/$ Kursentwicklung (€ Kurs in $)	$1,4	$1,2	$1,6	monatlich	Währungschart (z.B. Comdirect), Kommentare	JH

Abb. 83: Die Festlegung von Parametern des Frühwarnsystems der Aliseo GmbH (Ausschnitt)

Somit ergänzt das Frühwarnsystem den Ablauf des Risikomanagements und ermöglicht eine kontinuierliche Erfassung der Risikolage Aliseos.

Um die Qualität und Eignung des Risikomanagements zu gewährleisten, ist es notwendig, eine vom Risikomanagementprozess weitgehend unabhängige Person oder Instanz mit der Überwachung dieses Prozesses zu beauftragen. Dabei können die in der Literatur häufig vorgeschlagenen Instanzen wie Wirtschaftsprüfer oder Interne Revision bei Aliseo nicht eingesetzt werden, da einem Wirtschaftsprüfer die notwendige Nähe zum Unternehmen fehlen kann und die Gründung einer Internen Revision zu kostspielig ist.

Der Beirat der Aliseo GmbH, dem externe Experten sowie ab 2009 der scheidende Geschäftsführer Claus Michael Hellfritz angehören werden, eignet sich hingegen als Instanz zur Überwachung des Risikomanagements. Dieser hat sowohl die notwendige Expertise als auch die Nähe zum Unternehmen und kann somit beurteilen, ob Risiken vollständig identifiziert, richtig bewertet und angemessen gesteuert werden.

Weitere Aufgaben des Beirats in diesem Kontext sind die Überprüfung der Funktionalität der Risikokontrolle sowie des organisatorischen Aufbaus des Risikomanagements im Unternehmen. Dabei besteht für den Beirat auch die Notwendigkeit, die Ergebnisse der Überwachung des Risikomanagements in Form eines Berichts zu dokumentieren. Darüber hinaus sollte er begleitende, prozessunabhängige Prüfungen des Risikomanagements vornehmen, damit dieses System kontinuierlich weiterentwickelt und verbessert werden kann.

Das hier vorliegende Risikomanagementkonzept konnte aufgrund der sehr guten Zusammenarbeit mit dem Management der Aliseo GmbH in nur knapp vier Monaten erstellt werden. Jedes Gespräch und jeder Workshop wurde von beiden Seiten mit Ernsthaftigkeit professionell vor- und nachbereitet, sodass sich schnell greifbare Ergebnisse formulieren ließen. Sowohl der Aufbau als auch der Ablauf des Systems sind individuell an die Anforderungen des Unternehmens angepasst. Das Ergebnis des Risikomanagements kann nun in Form eines Risikoreports intern und extern kommuniziert werden.

Nachdem in den vorangegangenen Kapiteln die theoretischen Grundlagen und das für Aliseo entwickelte Risikomanagementkonzept detailliert beschrieben wurden, muss nun betrachtet werden, was das eingeführte Risikomanagement für die Aliseo AG leistet. Das hier konzipierte Risikomanagement ist mit Sicherheit nicht vergleichbar mit den Systemen, die in vielen großen Banken oder Versicherungen implementiert sind. Dies ist auch nicht der Anspruch Aliseos gewesen. Dieses Risikomanagementsystem ist bewusst einfach konzipiert, da ein mittelständisches Unternehmen wie Aliseo nicht über die hohen personellen und finanziellen Ressourcen verfügt, die es benötigen würde, um z. B. eine eigene Risikomanagementabteilung zu betreiben. Daher wurde eine schlanke Risikomanagementorganisation in die bestehende Organisationsstruktur integriert und die Aufgaben der einzelnen Manager um die Risikokomponente erweitert. Insbesondere der Risikomanagementprozess wurde aus einfachen, aufwandsarmen Methoden aufgebaut. Gerade für die Risikoidentifikation und -bewertung gibt es in der Theorie eine große Vielfalt an Instrumenten, von denen der Großteil aufgrund seiner mathematisch-stochastischen Komplexität Ressourcen erfordert, die Aliseo nicht besitzt. Somit kann das Risikomanagement Aliseos keine exakten, quantifizierten Aussagen über das Risikoumfeld des Unternehmens treffen. Allerdings ist es in einem kleinen Unternehmen wie Aliseo nicht entscheidend, einen exakten monetären Wert der Risikolage wiederzugeben. Viel wichtiger ist die Einführung einer Systematik des Risikomanagements, aus der hervorgeht, in welchem Bereich welche Risiken und Chancen enthalten sind und somit proaktive Entscheidungen unter diesen Gesichtspunkten ermöglicht werden.

Durch das konzipierte System werden Risiken und Chancen für sämtliche Unternehmensbereiche Aliseos kontinuierlich aktiv wahrgenommen. Auf Basis der semi-quantitativen Bewertung der Risiken können fundierte Entscheidungen für einen adäquaten Umgang mit den Risiken getroffen werden, die einer vorher definierten Risikostrategie entsprechen. Hierdurch zeigt sich ein wichtiger Erfolgsfaktor dieses Konzepts in der Erhöhung der Qualität unternehmerischer Entscheidungen bei Aliseo.

Die Dokumentation der Risiken mittels des Risikoinventars, inklusive der visuellen Darstellung der Risiken mittels Riskmaps, erleichtert die interne und auch externe Kommunikation der Risikolage des Unternehmens. Zudem involviert dieses Risikomanagementsystem viele Mitarbeiter – entweder durch die aktive Übertragung von Verantwortung im Risikomanagementprozess oder durch ihre Einbindung in das Risikovorschlagswesen. Damit wurde durch die Entwicklung einer Risikokultur bei Aliseo ein weiterer Erfolgsfaktor geschaffen.

Vor dem Hintergrund von Basel II besteht für Aliseo, wie auch für andere KMU, die Möglichkeit, mit der Einführung eines systematischen Risikomanagements ein besseres Rating und damit günstigeres Fremdkapital zu erhalten. Darüber hinaus ist das Unternehmen bereits jetzt für die Anforderungen des Gesetzgebers in Bezug auf ein Risikomanagement vorbereitet, sollte es in den kommenden Jahren als mittelgroße Kapitalgesellschaft im Sinne des § 267 Abs. 2 HGB betrachtet werden.

Die Frage, ob das vorliegende Risikomanagementmodell auch auf andere KMU übertragbar ist, kann an dieser Stelle nur sehr allgemein beantwortet werden und hängt im Wesentlichen von der Art und Größe des Unternehmens sowie der Branche, der bearbeiteten Märkte und der Ziele des Managements ab. Dieses Modell eignet sich nicht für Großunternehmen, welche über die notwendigen Ressourcen verfügen und mittels einer separaten Risikomanagementabteilung mit eigenen Risikomanagern kontinuierlich das Risikoumfeld des Unternehmens überwachen wollen. Solche Unternehmen benötigen ein detailliertes Risikoinventar, detaillierte Szenarien pro Risiko und eine quantitative Risikobewertung unter Anwendung mathematisch-stochastischer Verfahren. Dies ist jedoch nicht im Risikomanagementkonzept von Aliseo enthalten.

Aufgrund seines geringen Bedarfs an personellen und finanziellen Ressourcen ist das Modell Aliseos v. a. für solche Unternehmen geeignet, die sich ein umfassendes Bild ihrer Unternehmensrisiken verschaffen und diesen mit Maßnahmen begegnen wollen. So lässt sich der Risikomanagementprozess in seiner Methodik und in seinem grundsätzlichen Aufbau durchaus auf andere Unternehmen mit einer ähnlichen Größe, bzw. einer ähnlichen Risikomanagementintention übertragen.

Zusammenfassung

Das vorgestellte Fallbeispiel der Einführung eines Risikomanagementsystems bei der Fa. Aliseo GmbH in Wolfach zeigte, wie auf Basis einer Risikostrategie der Prozess der Implementierung eines Risikomanagementsystems geplant werden und die Bewertung und Steuerung von Risiken in einem KMU erfolgen kann.

Insgesamt besteht das »Aliseische Konzept« aus einem verhältnismäßig aufwandarmen, effizienten Risikomanagement, das jedoch effektiv unternehmerische Entscheidungen unter Risikogesichtspunkten ermöglicht und dazu beiträgt, den Fortbestand des Unternehmens zu sichern.

Anhang

Abkürzungsverzeichnis

Abb.	Abbildung	IAS	International Accounting Standards
ABS	Asset Backed Securities		
Abs.	Absatz	IASB	International Accounting Standards Board
AG	Aktiengesellschaft		
AktG	Aktiengesetz	IFRS	International Financial Reporting Standards
BaFin	Bundesanstalt für Finanzdienstleistungsaufsicht		
		InsO	Insolvenzordnung
BDL	Bundesverband Deutscher Leasinggesellschaften	IR	Interne Revision
		KfW	Kreditanstalt für Wiederaufbau
BGB	Bürgerliches Gesetzbuch	KG	Kommanditgesellschaft
BilReG	Bilanzrechtsreformgesetz	KMU	Kleine und mittlere Unternehmen
BIZ	Bank für internationalen Zahlungsausgleich		
bzw.	beziehungsweise	KonTraG	Gesetz zur Kontrolle und Transparenz im Unternehmensbereich
CAPM	Capital Asset Pricing Model		
CEO	Chief Executive Officer	KWG	Kreditwesengesetz
CFO	Chief Financial Officer	MaH	Mindestanforderungen an das Handelsgeschäft
CG	Corporate Governance		
cp	ceteris paribus	MaIR	Mindestanforderungen an die Interne Revision
d. h.	das heißt		
DFV	Deutscher Franchise Verband	MaK	Mindestanforderungen an das Kreditgeschäft
DRS	Deutscher Rechnungslegungsstandard		
		MaRisk	Mindestanforderungen an das Risikomanagement
DRSC	Deutsches Rechnungslegungs Standards Committee		
		Mio.	Millionen
DSR	Deutscher Standardisierungsrat	o. g.	oben genannte
e.V.	Eingetragener Verein	PCAOB	Public Company Accounting Oversight Board
EDV	Elektronische Datenverarbeitung		
EFF	European Franchise Federation	PublG	Publizitätsgesetz
EU	Europäische Union	RM	Risikomanagement
EURIBOR	Euro Interbank Offered Rate	SEC	Securities and Exchange Commission
evtl.	eventuell		
FASB	Financial Accounting Standards Board	SolvV	Solvabilitätsverordnung
		SOX	Sarbanes-Oxley-Act
GenG	Genossenschaftsgesetz	SPC	Special Purpose Company
GmbH	Gesellschaft mit beschränkter Haftung	SPV	Special Purpose Vehicle
		TransPuG	Transparenz- und Publizitätsgesetz
GuV	Gewinn- und Verlustrechnung		
HGB	Handelsgesetzbuch	u. a.	unter anderem

Risikomanagement. Ottmar Schneck
Copyright © 2010 WILEY-VCH Verlag Gmbh & Co. KGaA
ISBN 978-3-527-50543-2

u. v. a.	und viele andere	VaR	Value at Risk
US-GAAP	United States Generally Accepted Accounting Principles	vgl.	vergleiche
		WACC	Weighted Average Cost of Capital
UStG	Umsatzsteuergesetz		
usw.	und so weiter	z. B.	zum Beispiel
VAG	Gesetz über die Beaufsichtigung der Versicherungsunternehmen		

Glossar

Ablauforganisation – Räumliche und zeitliche Organisation von Arbeitsprozessen.

Asset Backed Securities (ABS) – Verbriefte Anteile an einem Forderungspool, die durch die wertpapiermäßige Verbriefung handelbar werden und somit zum Teil das Factoring oder andere Zwischenfinanzierungsformen ersetzen können.

Aufbauorganisation – Hierarchische Ordnung von organisatorischen Aktionseinheiten.

Balanced Scorecard – Ansatz zur Visualisierung verschiedener, meist gleichrangiger, aber untereinander heterogener Ziele, um mehrere Dimensionen des Unternehmenserfolgs abzubilden und als Steuerungsinstrument einzusetzen. Inhaltlich sind die Bereiche Finanzwirtschaft, Kundenergebnis und Geschäftsbeziehung, Erfolgswirtschaft, interne Wertkette, Innovation und Know-how betroffen, die in den vier Feldern Kundenperspektive, interner Management-Prozess, Innovations- und Lernfähigkeit sowie Shareholderperspektive dargestellt werden.

Bankenaufsicht – Im Kreditwesensgesetz (KWG) geregelte Kontrolle und Beeinflussen von Kreditinstituten durch die Bundesanstalt für Finanzaufsicht (BaFin) und die deutsche Bundesbank mit dem Ziel, Missstände in der Kreditwirtschaft zu vermeiden und somit die Gesamtwirtschaft zu schützen.

Basel II – Vom Baseler Ausschuss für Bankenaufsicht aufgestellte Bankrichtlinien, die vor allem eine Hinterlegung der Risikopositionen mit Eigenkapital entsprechend des externen Ratings der Kreditnehmer oder internen Rating-Ansätzen vorsehen.

Baseler Ausschuss – 1974 von den Ländern der Zehnergruppe (G10) gegründeter Ausschuss von Zentralbanken und Bankenaufsichtsinstanzen der Mitgliedsstaaten, der alle drei Monate bei der Bank für internationalen Zahlungsausgleich (BIZ) zusammentritt und der internationale bankaufsichtliche Standards in Form von Empfehlungen festlegt.

Basispreis – Vertraglich festgesetzter Preis, zu dem der Inhaber einer Option über Devisen oder Wertpapiere sein Optionsrecht ausüben kann.

Basiswert – Das der Bewertung eines Derivats bei Options- oder Termingeschäften zugrunde liegende Marktinstrument. Typische Basiswerte sind z.B. Aktien, Indizes, Devisen oder Rohstoffe.

Benchmarking – Kontinuierliche Vergleichsanalyse von Produkten, Prozessen oder Methoden des eigenen Unternehmens mit denen des besten Konkurrenten, die eine Verbesserung der eigenen Leistung zum Ziel hat.

Bilanzanalyse – Verfahren der Untersuchung und Auswertung des Jahresabschlusses und anderer veröffentlichter Daten eines Unternehmens, mit dessen Hilfe Erkenntnisse über seine gegenwärtige und zukünftige Ertrags-, Vermögens- und Finanzlage gewonnen werden sollen.

Call Option – Kaufoption, bei der der Käufer das Recht erwirbt, einen Basiswert (Devisen, Aktien, Indizes) oder einen Terminkontrakt (Future) innerhalb einer bestimmten Optionsfrist oder zu einem bestimmten Options-Fälligkeitszeitpunkt zum vereinbarten Optionspreis zu erwerben.

Capital Asset Pricing Model – Berechnungsmodell zur Bestimmung des Verzinsungsanspruchs der Aktionäre bei börsennotierten Unternehmen. Ausgangspunkt ist die Überlegung, dass ein Aktionär für die Übernahme von Risiko entschädigt werden möchte, d.h. er wird in Aktien nur dann investieren, wenn deren Rendite höher ist im Vergleich zu einer Investition in eine risikolose Anlage. Dieser Renditezuschlag wird als sogenannte Risikoprämie bezeichnet. Die Höhe der Risikoprämie bestimmt sich zum einen aus der durchschnittlichen Risikoprämie des Marktes und zum anderen aus dem spezifischen Risiko einer bestimmten Aktienanlage.

Cashflow – Absolute Kennzahl, insbesondere zur Beurteilung der Finanzlage, aber auch der Ertragslage einer Unternehmung. Wörtlich übersetzt stellt der Cashflow den Zahlungsstrom einer Periode dar, der sich aus der Differenz der Einzahlungen (Cash inflow) und Auszahlungen (Cash outflow) ergibt.

Debitor – Bezeichnung für einen Schuldner eines Kredits durch einen Gläubiger (Kreditor).

Derivat – Aus einem anderen Finanzinstrument abgeleitete, börslich gehandelte Rechte an Waren, Wertpapieren oder Devisen, z. B. Optionen, Swaps, Futures.

Devisen – Buchgeld in fremden Währungseinheiten in Form eines Guthabens, Schecks oder Wechsels.

Duration – Kennzahl, die durchschnittliche, gewichtete Fälligkeiten eines künftigen Zahlungsstroms misst, den ein Investor aus seiner Kapitalanlage erwartet. Sie wird auch als durchschnittliche Bindungsdauer einer Kapitalanlage definiert. So kann die Preiselastizität der Anleihekurse in Reaktion auf geringe Zinssatzänderungen erkannt werden. In der Regel steigt der Kurs einer Anleihe, wenn deren Zins fällt.

Eigenkapitalquote – Kennzahl, die den Anteil des Eigenkapitals eines Unternehmens an seinem Gesamtkapital angibt.

EURIBOR – Geldmarkt-Referenzzinssatz, zu dem Banken Tagesgeld verleihen.

IFRS – Rechnungslegungsvorschriften, die vom International Accounting Standards Board (IASB) vor allem mit dem Ziel einer weltweiten Harmonisierung der Rechnungslegung erlassen werden.

Insolvenz – Unvermögen eines Schuldners, seine fälligen Zahlungspflichten aufgrund von Zahlungs-unfähigkeit, drohender Zahlungsunfähigkeit oder Überschuldung zu erfüllen.

Kapitaladäquanzrichtlinie – Gesetz zur Umsetzung der neu gefassten EG-Richtlinie über die angemessene Eigenkapitalausstattung von Wertpapierdienstleistungen erbringenden Unternehmen und Kreditinstituten in deutsches Recht.

Korrelationsanalyse – Verfahren der Datenanalyse, bei dem die Stärke des Zusammenhangs zwischen zwei Variablen (bivariate) bzw. zwischen einer abhängigen und mehreren unabhängigen (multivariate) ermittelt wird. Die Größe des Korrelationskoeffizienten zeigt hierbei die Stärke des Zusammenhanges, das Vorzeichen die Richtung des Zusammenhanges an. Je stärker sich die im zweidimensionalen Raum abgebildeten Daten einer Geraden annähern, desto größer ist der Wert des Korrelationskoeffizienten ($-1 \leq r \leq +1$).

Kreditwesensgesetz (KWG) – Rechtlicher Rahmen für den besonders vertrauensanfälligen Wirtschaftssektor der Kreditinstitute.

Länderrisiko – Bei Exportgeschäften bestehendes Risiko des vollständigen oder teilweisen Ausfalls der durch einen ausländischen Anbieter zu erbringenden Leistungen aufgrund der wirtschaftlichen oder politischen Verhältnisse seines Landes.

Lieferantenkredit – Kurzfristiger Kredit, den ein Lieferant seinem Kunden in Form eines Zahlungsziels einräumt.

Long Position – Durch den Erwerb eines Kontraktes oder Basiswertes entstandene Käufer-Position.

Portfolio – Gesamtbestand an Vermögenswerten und dessen Zusammensetzung.

Portfolioanalyse – Portfolio-Ansatz von Markowitz. Allgemein eine Planungsmethode zur Zusammenstellung von Vermögenswerten, die nach bestimmten Kriterien (z.B. Erwartungswert und Standardabweichung der Kapitalrendite) bewertet, eine optimale Verzinsung des investierten Kapitals erbringen sollte.

Principal-Agent-Theorie – Theorie, die sich mit der optimalen institutionalisierten Beziehung zwischen einem Prinzipal (z.B. Aktionär) und einem Agenten (z.B. Vorstand einer Aktiengesellschaft), d.h. der bestehenden Informationsasymmetrie und den Interessenkonflikten beschäftigt und Möglichkeiten zu deren Lösung vorschlägt.

Put Option – Verkaufsoption, bei der der Käufer das Recht erwirbt, einen Basiswert (Devisen, Aktien, Indices) oder einen Terminkontrakt (Future) innerhalb einer bestimmten Optionsfrist oder zu einem bestimmten Optionsfälligkeitszeitpunkt zum vereinbarten Optionspreis zu verkaufen.

Rating – Beurteilung der Bonität von Wertpapieren oder Schuldnern durch Rating-Agenturen.

Rendite – In Prozent ausgedrückte Kennzahl zur Beurteilung der Rentabilität einer Anlage.

Rentabilität – Verhältnis des Erfolgs zum Kapitaleinsatz; z.B. Eigenkapital-, Gesamtkapital-, Umsatzrentabilität.

Risiko – Gefahr des Eintritts eines unvorteilhaften Zukunftszustandes, bei der im Gegensatz zur Ungewissheit die Eintrittswahrscheinlichkeit bekannt ist.

Short Position – Durch den Verkauf eines Kontraktes oder Basiswertes entstandene Verkäufer-Position.

Spieltheorie – Erweiterung der Entscheidungstheorie, bei der lediglich eigene Handlungsmöglichkeiten im Hinblick auf deren Zielwirkung gegenübergestellt werden. Demgegenüber bezieht die Spieltheorie das Verhalten eines oder mehrerer Gegenspieler mit ein. Relevant ist die Spieltheorie z.B. beim Preiskalkül, wenn mit preispolitischen Reaktionen eines Konkurrenten zu rechnen und eine »optimale Preisstrategie« auszuwählen ist.

Szenario-Technik – Planungstechnik, bei der mögliche bzw. denkbare Entwicklungen der Zukunft vorhergesagt werden sollen. Im Gegensatz zu einer Prognose, bei der wahrscheinliche Entwicklungen möglichst objektiv (Trends) vorhergesagt werden, handelt es sich hier um eine Projektion von Prämissen in die Zukunft, die graphisch z.B. als Trichter darstellbar ist. Innerhalb eines Szenarios können selbstverständlich Prognosen (Trends) Platz finden. Ein Schnitt durch diesen Trichter kann alle denkbaren Zustände der Zukunft zu diesem Zeitpunkt darstellen. Deshalb wird die Szenariotechnik zunehmend nicht nur im ökologischen und militärwissenschaftlichen Bereich, sondern auch bei der Projektion von Umweltzuständen für Unternehmen eingesetzt.

Swap – Vertraglich vereinbarter Austausch von Rechten und Pflichten aus Zins- oder Währungspositionen zwischen den Vertragsparteien.

Termingeschäft – An Terminbörsen oder außerbörslich abgewickelter Kauf oder Verkauf von bestimmten Wirtschaftsgütern, bei dem die gegenseitige Vertragserfüllung nicht sofort, sondern zu einem späteren, im Voraus festgelegten Zeitpunkt und zu einem festgelegten Preis erfolgt.

US-GAAP – US-amerikanische Rechnungslegungsgrundsätze, die teilweise auch als die GoB (Grundsätze ordnungsmäßiger Buchführung) in den USA bezeichnet werden.

Value at Risk – Maximal zu erwartender Verlust aus dem Ausfall von Aktiva sowie aus der Veränderung von Zinsen, Währungen und Kursen, der unter üblichen Marktbedingungen innerhalb einer bestimmten Periode mit einer bestimmten Wahrscheinlichkeit eintreten kann.

Volatilität – Statistische Maßzahl für die durchschnittliche Abweichung vom Mittelwert.

Literatur und weiterführende Quellen

Bücher

Adam, D.: Investitionscontrolling, 3. Auflage, München 2000.

Albrecht, P., Maurer, R.: Investment- und Risikomanagement, 2. Auflage, Stuttgart 2005.

Ansoff, H. I., McDonnell, E. J.: Implanting Strategic Management, Hertfordshire 1990.

Bamberg, G., Baur, F., Krapp, M.: Statistik, 14. Auflage, München 2008.

BDO Deutsche Warentreuhand AG: Auswirkungen des Gesetzes zur Kontrolle und Transparenz im Unternehmensbereich (KonTraG) und des Kapitalaufnahmeerleichterungsgesetzes (KapAEG), 1998.

Bea, F. X., Haas, J.: Strategisches Management, 4. Auflage, Stuttgart 2005.

Beike, R., Barchow, A.: Risk-Management mit Finanzderivaten, München 2002.

Berekoven, L., Eckert, W., Ellenrieder, P.: Marktforschung. Methodische Grundlagen und praktische Anwendungen, 11. Auflage, Wiesbaden 2006

Bertuch-Samuels, A., Störmann, W.: Derivative Finanzinstrumente: Nutzen und Risiken, Stuttgart 1995.

Bieta, V., Kirchhoff, J., Milde, H., Siebe, W.: Risikomanagement und Spieltheorie – Wie Global Player mit Risiken umgehen müssen, 1. Auflage, Bonn 2002.

Bieta, V., Kirchhoff, J., Milde, H., Siebe, W.: Szenarienplanung im Risikomanagement – Mit der Spieltheorie die Risiken der Zukunft erfolgreich steuern, 1. Auflage, Weinheim 2004.

Borner, D.: Der praktische Risk Management-Prozess für KMU, Zürich/Chur 2007.

Bosch, H.: Entscheidung und Unschärfe: eine entscheidungstheoretische Analyse der Fuzzy-Set-Theorie, Bergisch Gladbach/Köln 1993.

Bramsemann, R.: Handbuch Controlling. Methoden und Techniken, 3. Auflage, München/Wien 1993.

Braun, T.: Hedging mit fixen Termingeschäften und Optionen, Heidelberg 1990.

Breuer, W.: Investition II. Entscheidungen bei Risiko, Wiesbaden 2001.

Brühwiler, B.: Risikomanagement als Führungsaufgabe. Unter Berücksichtigung der neuesten Internationalen Standardisierung, 2. Auflage, Bern/Stuttgart/Wien 2007.

Burger, A. & Buchhart, A.: Risiko-Controlling, München/Wien 2002.

Campenhausen, C. v.: Risikomanagement – was der Manager wissen muss, Zürich 2006.

Copeland, T., Antikarov, V.: Realoptionen. Das Handbuch für Finanz-Praktiker, Weinheim 2002.

Cramer, E., Kamps, U.: Grundlagen der Wahrscheinlichkeitsrechnung und Statistik: ein Skript für Studierende der Informatik, der Ingenieur- und Wirtschaftswissenschaften, 2. Auflage, Berlin/Heidelberg 2008.

Diederichs, M.: Risikomanagement und Risikocontrolling. Risikocontrolling – ein integrierter Bestandteil einer modernen Risikomanagement-Konzeption, München 2004.

Dinkelbach, W.: Sensitivitätsanalysen und parametrische Programmierung, Berlin/Heidelberg/New York 1969

Dixit, A. K., Nalebuff, B. J.: Spieltheorie für Einsteiger – Strategisches Know-how für Gewinner, Stuttgart 1997.

Dowd, K.: Beyond Value at Risk. The new science of risk management, Chichester 1998.

Ehrmann, H.: Kompakt Training Risikomanagement, Rating-Basel II, Ludwigshafen/Kiehl 2005.

Eller, R., Deutsch, H.-P.: Derivate und Interne Modelle, Stuttgart 1998.

Eller, R., Gruber, W., Reif, M. (Hg.): Handbuch des Risikomanagements. Analyse, Quantifizierung und Steuerung von Markt-, Kredit- und operationellen Risiken, 2. Auflage, Stuttgart 2002.

Eller, R. (Hg.): Handbuch Derivativer Instrumente, 3. Auflage, Stuttgart 2005.

Fasse, F.-W.: Risk-Management im strategischen internationalen Marketing, Hamburg 1995.

Fiege, S.: Risikomanagement- und Überwachungssystem nach KonTraG – Prozess, Instrumente, Träger, 1. Auflage, Wiesbaden 2006.

Finke, A., Schlake, O., Siebe, A.: Erfolg durch Szenario-Management. Prinzip und Werkzeuge der strategischen Vorausschau, Frankfurt/Main 2001.

Finke, R.: Grundlagen des Risikomanagements: Quantitative Risikomanagement – Methoden für Einsteiger und Praktiker. Weinheim 2005.

Franke, G., Hax, H.: Finanzwirtschaft des Unternehmens und Kapitalmarkt, 6. Auflage, Berlin/Heidelberg/New York 2009.

Fürer, G.: Risk Management im internationalen Bankgeschäft, Bern/Stuttgart 1990

Gausemaier, J., Fink, A., Schlake, O.: Szenario-Management – Planen und Führen mit Szenarien, 3. Auflage, München/Wien 1996.

Geschka, H., Hammer, R.: »Die Szenario Technik in der strategischen Unternehmensplanung«, in: Hahn, D., Taylor, B: Strategische Unternehmensplanung – strategische Unternehmensführung, 7. Auflage, Heidelberg 1997, S. 464–489.

Gleißner, W., Meier, G. (Hg.): Wertorientiertes Risiko-Management für Industrie und Handel, Wiesbaden 2001.

Gleißner, W., Romeike, F.: Risikomanagement. Umsetzung, Werkzeuge, Risikobewertung, Freiburg/Berlin/München/Zürich 2005.

Götze, U. Henselmann, K. Mikus, B. (Hg.): Risikomanagement, Heidelberg 2001.

Götze, U.: Investitionsrechnung. Modelle und Analysen zur Beurteilung von Investitionsvorhaben, 6. Auflage. Berlin/Heidelberg 2008

Götze, U.: Szenario Technik in der strategischen Unternehmensplanung, 2. Auflage, Wiesbaden 1991.

Gründl, H., Perlet, H. (Hg.): Solvency II & Risikomanagement – Umbruch in der Versicherungsgesellschaft, Wiesbaden 2005.

Hahn, D., Hungenberg, H.: PuK. Planung und Kontrolle, Planungs- und Kontrollsysteme, Planungs- und Kontrollrechnung. Wertorientierte Controllingkonzepte, 6. Auflage, Wiesbaden 2001.

Hammer, R. M.: Strategische Planung und Frühaufklärung, 3. Auflage. München 1998.

Hausch, K. T.: Corporate Governance im deutschen Mittelstand. Wiesbaden 2004.

Hausmann, W., Diener, K., Käsler, J.: Derivate, Arbitrage und Portfolio-Selection, Braunschweig 2002.

Holler, M. J., Illing, G.: Einführung in die Spieltheorie, 7. Auflage, Berlin/Heidelberg/New York 2009.

Holler, M. J., Klose-Ullmann, B.: Spieltheorie für Manager – Handbuch für Strategen, 2. Auflage, München 2007.

Hölscher, R., Elfgen, R. (Hg.): Herausforderung Risikomanagement: Identifikation, Bewertung und Steuerung industrieller Risiken, Wiesbaden 2002.

Holzbaur, U. D.: Management, Ludwigshafen 2001.

Horváth, P. & Partner (Hg.): Balanced Scorecard umsetzen. 3. Auflage. Stuttgart 2004.

Horváth, P. (Hg.): Strategische Steuerung: erfolgreiche Konzepte und Tools in der Controllingpraxis. Stuttgart 2000.

Hull, J. C.: Optionen, Futures und andere Derivate, 7. Auflage, München 2009.
Ibers, T., Hey, A.: Risikomanagement, Rinteln 2005.
Johanning, L.: Value-at-Risk zur Marktrisikosteuerung und Eigenkapitalallokation (Risikomanagement und Finanzcontrolling; Bd. 1), Bad Soden/Ts. 1998.
Jorion, P.: Value at Risk: The Benchmark for Controlling Market Risk, New York, NY 2007.
Jossé, G.: Balanced Scorecard. Ziele und Strategien messbar umsetzen, München 2005.
Kaack, J.: Einführung von Risikomanagement in mittelständischen Unternehmen – Teil 1, Erftstadt 2006.
Kaninke, M.: Analyse strategischer Risiken, Frankfurt am Main 2004.
Kaplan, R. S., Norton, D. P.: Balanced Scorecard. Strategien erfolgreich umsetzen, Stuttgart 1997.
Keitsch, D.: Risikomanagement, 2. Auflage, Stuttgart 2004.
Keitsch, D.: Risikomanagement – Finanzrisiken, Betriebsrisiken, Interne Revision, KonTraG, Frühwarn- und Überwachungssysteme, Corporate Governance, Stuttgart 2007.
Knight, F.: Risk, Uncertainty and Profit, New York 2009.
Knobloch, A., Kratz, N.: Neuere Finanzprodukte, München 2003.
Kolb, R., Overdahl, J.: Futures, Options and Swaps, Malden (USA) 2007.
Kreikebaum, H.: Strategische Unternehmensplanung, 6. Auflage, Ludwigshafen/Rhein 1997.
Kremers, M.: Risikoübernahme in Industrieunternehmen, Sternefels 2003.
Kruschwitz, L.: Investitionsrechnung, 11. Auflage, München 2007.
Krystek, U., Müller-Stewens, G.: Frühaufklärung für Unternehmen: Identifikation und Handhabung zukünftiger Chancen und Bedrohungen, Stuttgart 1993.
Krystek, U.: »Bedeutung der Früherkennung für Unternehmensplanung und Kontrolle«, in: Neugestaltung der Unternehmensplanung – Innovative Konzepte und erfolgreiche Praxislösungen, Stuttgart 2003, S. 121–148.
Lammers, F.: Management operationeller Risiken in Banken, Wiesbaden 2005.
Lorenz, B., Reif, M.: Grundlagen der Bewertung von Zinsinstrumenten, Anleihen und Derivaten, Düsseldorf 2006.
Luhman, N.: Soziologie des Risikos, Berlin 2003.
Martin, T. A., Bär, T.: Gründzüge des Risikomanagements nach KonTraG: das Risikomanagementsystem zur Krisenfrüherkennung nach § 91 Abs. 2 AktG, München/Wien 2002.
Merbecks, A., Stegemann, U. & Frommeyer, J.: Intelligentes Risikomanagement. Das Unvorhersehbare meistern, Frankfurt/Wien 2004.
Meyer, C.: Value at Risk für Kreditinstitute, Wiesbaden 1999.
Müller, F.: Kreditderivate und Risikomanagement, Frankfurt am Main 2000.
Neubeck, G.: Prüfung von Risikomanagementsystemen, Düsseldorf 2003.
Nieschlag, R., Dichtl, E., Hörschgen, H.: Marketing, 19. Auflage, Berlin 2002.
Oehler, A., Unser, M.: Finanzwirtschaftliches Risikomanagement, Berlin/Heidelberg 2002.
Prokop, J.: Die Bewertung zukünftiger Unternehmenserfolge: Konzepte – Möglichkeiten – Grenzen, Wiesbaden 2003.
PWC Deutsche Revision: Corporate Treasury in Deutschland, Frankfurt am Main 2003.
Reibnitz, U. v.: Instrumente für die unternehmerische und persönliche Erfolgsplanung, 2. Auflage, Wiesbaden 1992.
Reichling, P., Bietke, D., Henne, A.: Praxishandbuch Risikomanagement und Rating, 2. Auflage, Wiesbaden 2007.
Reichmann, T.: Controlling mit Kennzahlen und Managementberichten. Grundlagen einer systemgestützten Controlling-Konzeption, 6. Auflage, München 2001.
Retzlaff, M.: Aufbau eines betriebswirtschaftlichen Risikomanagements am Beispiel einer mittelständischen Aktiengesellschaft, Bremen 2007.
Romeike, F., Müller-Reichart, M.: Risikomanagement in Versicherungsunternehmen

– Grundlagen, Methoden, Checklisten und Implementierung, Weinheim 2005.
Romeike, F.: Erfolgsfaktor Risiko-Management, Chance für Industrie und Handel, Wiesbaden 2003.
Rudolf, B., Schäfer, K.: Derivative Finanzmarktinstrumente, Berlin 2005.
Sander, M.: Marketing-Management. Märkte, Marktinformationen und Marktbearbeitung, 1. Auflage, Stuttgart 2004.
Schäfer, H.: Unternehmensinvestitionen. Grundzüge in Theorie und Management. 2. Auflage. Heidelberg 2005
Scharpf, P., Luz, G.: Risikomanagement, Bilanzierung und Aufsicht von Finanzderivaten, Stuttgart 2000.
Schierenbeck, H. (Hg.): Risk Controlling in der Praxis – Rechtliche Rahmenbedingungen und geschäftspolitische Konzeptionen in Banken, Versicherungen und Industrie, Stuttgart 2006.
Schmid, A., Schweizer, W. (Hg.): Stochastik, Stuttgart 1991.
Schmidt, M.: Derivative Finanzinstrumente, 3. Auflage, Stuttgart 2006.
Schmitz, T., Wehrheim, M.: Risikomanagement. Grundlagen – Theorie – Praxis, Stuttgart 2006.
Schneck, O.: Finanzierung. Eine praxisorientierte Einführung mit Fallbeispielen, 2. Auflage, München 2004.
Schneck, O.: Lexikon der Betriebswirtschaft, 7. Auflage, München 2007.
Schneck, O.: Rating, 2. Auflage, München 2008.
Scholz, C.: Strategisches Management, ein integrativer Ansatz, Berlin/New York 1987.
Schorcht, H.: Risikomanagement und Risikocontrolling junger Unternehmen in Wachstumsbranchen: Konzeption eines theoriegeleiteten Handlungsrahmens für die praxisinduzierte Unternehmenssteuerung, Berlin 2004.
Seidel, U.: Risikomanagement: Erkennen, Bewerten und Steuern von Risiken, München 2003.
Steiner, M., Bruns, C.: Wertpapier-Management, Stuttgart 2002.
Tauschitz, G.: Risiko Management in jungen Unternehmen, Klagenfurt 2005.
Trautmann, S.: Investitionen. Bewertung, Auswahl und Risikomanagement, Berlin/Heidelberg 2007.
Uhlir, H., Aussenegg, W.: Die Ermittlung der Faktorstruktur. Ein Multifaktor-APT-Modell für den österreichischen Aktienmarkt, Wiesbaden 1995.
Uszczapowski, I.: Optionen und Futures verstehen, München 2005.
Vuillaume, C., Obrist, T., Hirt, T.: Derivative Finanzinstrumente, Zürich 2005.
Weber, J. & Schäffer, U.: Balanced Scorecard und Controlling, 3. Auflage, Wiesbaden 2000.
Weber, J., Weißenberger, B. E., Liekweg, A.: Risk Tracking und Reporting – Unternehmerischen Chancen- und Risikomanagement nach dem KonTraG, Vallendar 1999.
Wechsler, W.: Delphi-Methode – Gestaltung und Potential für betriebliche Prognoseprozesse, München 1978.
Welge, M. K., Al-Laham, A.: Planung: Prozesse – Strategien – Maßnahmen, Wiesbaden 1992.
Wentzel, J. S.: Elemente der Spieltheorie, 3. Auflage, Zürich/Frankfurt/Main 1976.
Wiedemann, A.: Risikotriade: Zins-, Kredit- und operationelle Risiken, Frankfurt am Main 2008.
Wolf, K., Runzheimer, B.: Risikomanagement und KonTraG – Konzeption und Implementierung, 4. Auflage, Wiesbaden 2003.
Wolke, T.: Risikomanagement, München 2007.
Zahn, H.: Handlexikon zu Futures, Optionen und innovativen Finanzinstrumenten, Frankfurt 1991.
Ziegenbein, K.: Controlling, 8. Auflage, Ludwigshafen (Rhein) 2004.

Internetquellen

Bank for International Settlements http://www.bis.org
Bundesanstalt für Finanzdienstleistungsaufsicht http://www.bafin.de
Bundesministerium für Wirtschaft und Arbeit http://www.bmwi.de

Deutsche Bundesbank http://www.deutsche-bundesbank.de
KfB Mittelstandbank http://www.kfw-mittelstandsbank.de
Krisennavigator http://www.krisennavigator.de
Prof. Dr. Schneck Rating GmbH http://schneck-rating.de
RiskNet http://www.risknet.de
Statistisches Bundesamt http://www.destatis.de

Abbildungsverzeichnis

Abb. 1:	Überblick über die Umfeldfaktoren eines Unternehmens	16
Abb. 2:	Beantragte Insolvenzverfahren in Deutschland von 1992–2008	19
Abb. 3:	Entscheidungssituationen: Unsicherheit, Risiko und Ungewissheit	24
Abb. 4:	Das allgemeine Verhältnis von Risiko zu Rendite	26
Abb. 5:	Vergleich der Kursverläufe von Dow Jones und Nasdaq 1998–2002	27
Abb. 6:	Mögliche Maßnahmen der Risikosteuerung	29
Abb. 7:	3-Säulen-Modell nach der Basel II	46
Abb. 8:	3-Säulen-Modell von Solvency II	55
Abb. 9:	Überblick über Unternehmensrisikoarten	58
Abb. 10:	Typische Verlustverteilung eines Kreditportfolios	60
Abb. 11:	Vergleich eines zentral und eines dezentral organisierten Risikomanagements	82
Abb. 12:	Aufbau einer Mischform aus zentralem und dezentralem Risikomanagement	84
Abb. 13:	Beispiel einer Risk Map	91
Abb. 14:	Interne und externe Beobachtungsfelder	95
Abb. 15:	Beispiele für Frühwarnindikatoren in externen Beobachtungsbereichen	97
Abb. 16:	Absolute und relative Häufigkeit bei 30-maligem Ziehen einer Kugel (mit Zurücklegen)	103
Abb. 17:	Gegenüberstellung Histogramm (absolute Häufigkeit) und Stabdiagramm (relative Häufigkeit)	103
Abb. 18:	Beispiel: Häufigkeitsverteilung von Kugelwürfen	105
Abb. 19:	Mögliche Instrumente zur Risikoerkennung	118
Abb. 20:	Generation von Frühaufklärungssystemen	119
Abb. 21:	Auszug aus einer produktbezogenen Checkliste	123
Abb. 22:	Ablaufschema der Anwendung der Delphi-Methode	124
Abb. 23:	Denkmodell zur Darstellung von Szenarien	127
Abb. 24:	Vorgehensweise der Szenarien-Bildung in acht Schritten	127
Abb. 25:	Auszug aus einer Balanced Scorecard	131
Abb. 26:	Quantitatives Risiko-Portfolio	133
Abb. 27:	Risikokarte für marktbezogene Risiken	136
Abb. 28:	Quantifizierungsmethoden aus der Praxis	142
Abb. 29:	Value-at-Risk	144
Abb. 30:	Schätzfehler der Duration	155
Abb. 31:	Die 6 Risikopunkte	158
Abb. 32:	Risiko-Punkte-Tafel	159
Abb. 33:	Aggregierte Risiko-Punkte-Tafel	160
Abb. 34:	Kapitalwertverläufe in Abhängigkeit von Wertveränderungen einzelner Inputgrößen	163
Abb. 35:	Transformation der rechteckverteilten Zufallszahlen in zufällige Ausprägungen der Inputgrößen	169
Abb. 36:	Simulierte Wahrscheinlichkeitsdichte der Kapitalwerte	170
Abb. 37:	Mögliche Szenarien für das Gesamtrisiko	171
Abb. 38:	Eintrittswahrscheinlichkeiten der möglichen Ausprägungen von R	171
Abb. 39:	Zuweisung von Wahrscheinlichkeiten zu den Ereignissen R	172
Abb. 40:	Formalstruktur eines Entscheidungsbaumes	173

Risikomanagement. Ottmar Schneck
Copyright © 2010 WILEY-VCH Verlag Gmbh & Co. KGaA
ISBN 978-3-527-50543-2

Abb. 41:	Erwartungswerte des Kapitalwertes bei Kauf bzw. Miete der Anlage	175
Abb. 42:	Entscheidungsbaum zur Entscheidung zwischen Kauf und Miete	175
Abb. 43:	Variablen einer Realoption mit Korrelation des Wertes mit der Variablen	177
Abb. 44:	Rückflüsse und Kurse zu den Investitionszeitpunkten	179
Abb. 45:	Korrelationstabelle zur Ermittlung gegenseitiger Abhängigkeit	185
Abb. 46:	Volumina börslich und außerbörslich gehandelter Derivate	194
Abb. 47:	Einteilung nach gehandelten Objekten	195
Abb. 48:	Gewinn-/Verlustprofil einer Long-Call-Option	198
Abb. 49:	Gewinn-/Verlustprofil einer Short-Call-Option	199
Abb. 50:	Gewinn-/Verlustprofil einer Long-Put-Option	200
Abb. 51:	Gewinn-/Verlustprofil einer Short-Put-Option	201
Abb. 52:	Zusammenfassung der verschiedenen Grundpositionen	202
Abb. 53:	Der innere Wert von Call- und Put-Optionen	203
Abb. 54:	Gewinn-/Verlustprofil einer Protective-Put-Option	205
Abb. 55:	Gewinn- und Verlustszenarien für die Protective-Put-Optionsstrategie	206
Abb. 56:	Beispiel einer Covered-Call-Writing-Strategie	207
Abb. 57:	Gewinn-/Verlustprofil einer Bull-Call-Vertical-Spread-Strategie	209
Abb. 58:	Gewinn-/Verlustprofil einer Long-Straddle-Strategie	210
Abb. 59:	Gewinn-/Verlustprofil einer Long-Strangle-Strategie	211
Abb. 60:	Allgemeine Funktionsweise von Swaps	213
Abb. 61:	Fixed-to-Fixed-Währungsswap	215
Abb. 62:	Beispiel für einen Fixed-to-Fixed-Währungsswap	216
Abb. 63:	Fixed-to-Floating-Währungsswap	217
Abb. 64:	Floating-to-Floating-Währungsswap	217
Abb. 65:	Ausgangspositionen der Zinsbedingungen	218
Abb. 66:	Fixed-to-Floating-Zinsswap (Kuponswap)	219
Abb. 67:	Resultierende Zahlungsströme	219
Abb. 68:	Floating-to-Floating-Zinsswap (Basisswap)	220
Abb. 69:	Gewinn-/Verlustprofile von Long- und Short-Futures-Positionen	223
Abb. 70:	Beispiel für ein Devisen-Future-Geschäft	228
Abb. 71:	Die Wertschöpfungskette der Aliseo GmbH	241
Abb. 72:	Kriterien für die Auswahl geeigneter Methoden im Risikomanagement der Aliseo GmbH	248
Abb. 73:	Der Projektverlauf zur Konzeption eines individuellen Risikomanagementsystems bei Aliseo	249
Abb. 74:	Der Prozess des Risikomanagements bei Aliseo	251
Abb. 75:	Die Klassifizierung der Risiken der Aliseo GmbH	253
Abb. 76:	Risikotoleranzbereiche der Aliseo GmbH	254
Abb. 77:	Das Risikoraster und Risikoverantwortlichkeiten der Aliseo GmbH	256
Abb. 78:	Vergleich der Eignung ausgewählter Risikoidentifikationsmethoden zum Einsatz im Risikomanagement der Aliseo GmbH	257
Abb. 79:	Ausschnitt des Risikoinventars der Aliseo GmbH	260
Abb. 80:	Die Risikobewertung im Risikoinventar der Aliseo GmbH (Auszug)	263
Abb. 81:	Beispielhafte Abbildung einer Risk Map der Aliseo GmbH	264
Abb. 82:	Aufbauorganisation des Risikomanagements in der Aliseo GmbH	270
Abb. 83:	Die Festlegung von Parametern des Frühwarnsystems der Aliseo GmbH (Ausschnitt)	272

Stichwortverzeichnis

a

Abschlussprüfer 36 ff., 42, 44
Abweichungsanalyse 160 f., 164, 190
Adressenausfallrisiko 52
Amerikanische Option 176, 197, 202
Arbitrage 196
Asset Backed Securities (ABS) 87
Asset Swap 221
Aufsichtsrat 33 f., 36, 42, 87 f., 90
Ausfallrisiko 59 ff., 79, 266
Ausübungspreis 176 ff., 181, 197, 199 ff., 203, 208

b

BaFin 49, 52 f., 55
Balanced Scorecard 10, 129 ff., 142, 243
Bank für internationalen Zahlungsausgleich (BIZ) 194
Bankenaufsicht 46 ff., 236
Barausgleich 195, 197, 202, 212, 225
Basel I 45, 47
Basel II 20, 45 ff., 51 f., 54 f., 60, 243, 245 f., 274
Basisswap 214, 219 ff.
Basiswert 193, 196 ff., 211 ff., 222 ff., 227 f., 232 f.
Baums-Kommission 41
Bezugsverhältnis 197 f., 210
Binomialverteilung 110, 141
Blue Chips 26
Bonität 15, 26, 61, 93, 195 f., 221, 224

c

Call Option 176, 197 ff., 281
Cap 202 f., 212
Capital Asset Pricing Model (CAPM) 146 ff.
Capital Requirements Directive (CRD) 47 f.
Cashflow 85, 261
Cash Flow at Risk (CFaR) 85, 261
Cash Pooling 85
Cash Settlement 222
Checklisten 100, 117, 121 f., 160, 258
Chicago Board of Trade (CBOT) 222 f.
Chicago Board Options Exchange (CBOE) 193
Chicago Mercantile Exchange (CME) 222, 228
Clearingstelle 196, 225, 232
Codes of Best Practice 20
Collar 202 f., 212
Compliance 41
Convenience Yield 225
Corporate Governance 20, 40 ff.
Cost Center 87
Cost of Carry 225
Covered Call Writing 205 ff.
Cromme-Kommission 41
Cross Hedge 228

d

Delphi-Methode 121, 124 f., 131, 140, 142
Derivate 11, 87, 192 ff., 234 ff.
Deutsche Terminbörse (DTB) 193
Deutscher Corporate Governance Kodex (DCGK) 42 f.
Deutscher Standardisierungsrat (DSR) 38
Deutsches Rechnungslegungs Standards Committee (DRSC) 38, 41
Diagonal Spreads 208
Diffusionstheorie 120
diskrete Wahrscheinlichkeitsverteilung 109
Dividendenabschlag 204
Dokumentationspflicht 43, 49, 51
Dow Jones 27
Down-Risk-Maß 143
Dreiecksverteilung 113
Duration 153 ff.

e

Earnings at Risk (EaR) 85
Eigenkapitalhinterlegung 15, 52
Eigenkapitalquote 19, 31, 65 f., 242
Entscheidungsbaumanalyse 173, 175 f.
Erwartungswert 25, 28, 104, 109 ff., 116, 144 ff., 152, 168, 172, 174 f., 181, 250, 263, 266, 271
EUREX 193, 202, 222, 231
European Interbank Offered Rate (EURIBOR) 218, 220
Exponentialverteilung 113

f

Financial Accounting Standards Board (FASB) 44
Fixed-to-Fixed-Währungsswap 215 f.
Fixed-to-Floating-Währungsswap 216 f.
Fixed-to-Floating-Zinsswap siehe Kuponswap
Floating-to-Floating-Währungsswap 217
Floating-to-Floating-Zinsswap siehe Basisswap
Floor 202 f., 212
Forward Rate Agreements 214
Frühaufklärungssystem 118 f., 137
Früherkennung 20, 34, 118, 120
Frühwarnsystem 37, 95 f., 98, 117 ff., 250, 269, 271 f.
Full Valuation 170
Future 10 f., 192, 195 f., 222 ff., 231 ff., 235, 237

g

Gleichverteilung 109, 112

h

Häufigkeitsverteilung 102 ff., 170
Hedging 192, 196, 204, 206, 211 f., 215, 226, 229, 235 f.
Historische Simulation 166

i

IFRS 38
Inhouse Bank 85
Initial Margin 224
Insolvenz 18 f., 43, 45, 66 f., 69 f., 77, 236
Integrationskonzept 81
International Accounting Standards Board (IASB) 38
International Accounting Standards Committee Foundation (IASCF) 38
International Financial Reporting Interpretations Committee (IFRIC) 38
International Organization of Securities Commissions 236
Interne Revision 10, 34, 88, 98, 272

k

Kapitaladäquanzrichtlinie 47
Key Performance Indicators 243
Konfidenzniveau 144 f.
Korrelation 86, 107, 140, 147, 166, 168, 177, 183 ff.
Korrelationskoeffizient 10, 107 f., 184 ff.
Kovarianz 106 f., 147 f., 168 f., 184, 186
Kreditwesengesetz (KWG) 36 f., 48 ff.
Kuponswap 214, 218 ff.

l

Lagebericht 34 f., 37, 39, 73, 94, 246
Liquidität 48, 67 f., 86, 234, 242
Liquiditätsrisiko 58, 66 f., 79, 85
Log-Normalverteilung 113
London Interbank Offered Rate (LIBOR) 220
Long Call 198 f., 206
Long Hedge 226
Long Put 198, 200 f., 206

m

Maintenance Margin 224
Marktpreisrisiko 62
Marktrisiko 52, 147 f., 222
Markttransparenz 47, 52, 56
Maximum Possible Loss 143
Mindestanforderungen an das Betreiben von Handelsgeschäften (MaH) 49
Mindestanforderungen an das Kreditgeschäft (MaK) 49
Mindestanforderungen an das Risikomanagement (MaRisk) 48 ff.
Mindestanforderungen an die Ausgestaltung der Internen Revision (MaIR) 49
Mittelwert 25, 59, 104 ff., 109, 125, 153, 164
Monte-Carlo-Simulation 85, 144, 146, 166, 168, 172

n

NASDAQ 27, 43
New Economy 26
Normalverteilung 110, 112, 144 ff., 168

o
Offenlegungsvorschriften 52
Option 10 f., 176 ff., 180 ff., 192 f., 195 ff., 200, 202 ff., 207 ff., 219, 222, 226, 234, 237
Optionsprämie 197 ff., 205 f., 208 ff., 219, 234
Optionsverhältnis 197

p
Payer 218
Poissonverteilung 110, 168
Portfolioanalyse 118, 133, 283
Principal-Agent-Theorie 40
Probable Maximum Loss 143
Profit Center 87, 236
Public Company Accounting Oversight Board (PCAOB) 44

q
Quantil 109, 112

r
Rating 20 f., 45, 47, 52, 60 f., 93, 243, 245 f., 274
Realoption 176 ff.
Receiver 218
Rechnungslegungs Interpretations Committee (RIC) 38
Rendite 10, 26 ff., 145 ff., 201, 252
Risiko 10, 14, 17, 19, 21 ff., 29 ff., 46 f., 51 f., 54, 56, 58 f., 61 f., 65 f., 70, 73 f., 77 ff., 81, 84, 90 ff., 97, 113, 115 ff., 120, 134 f., 140 ff., 146 ff., 151 ff., 171 f., 184 f., 189, 212 f., 218, 221 ff., 226, 233, 236, 252, 260, 266 f., 272, 274
Risiko-Portfolio 132 ff., 264, 282
Risiko-Punkte-Tafel 157
Risiko-Rendite-Profil 28 f.
Risikoabteilung 81
Risikoantinomie 183 f.
Risikoaversion 28
Risikobewältigung 30, 139
Risikobewertung 139, 146, 157, 160 f., 166, 250, 261 ff., 274
Risikoerwartungswert 24 f., 254, 263
Risikoidentifikation 29, 85, 116 f., 129, 131 f., 164, 245, 250 f., 255 ff., 269, 271, 273
Risikoindifferenz 183 f.
Risikoinventar 90 f., 100, 117, 132, 134 f., 137, 260, 263, 274

Risikokomplementarität 184 f.
Risikokonkurrenz 184
Risikomanagementsystem 9, 11, 21, 33 ff., 37, 39, 42, 44 ff., 81, 88, 117, 246 ff., 250 f., 271, 273 ff.
Risikoneigung 28
Risikoreporting 90, 92, 94, 252
Risikosteuerung 20, 29, 50, 52, 73, 81, 137, 139, 149, 245, 252, 263, 266 f., 271
Risikotragfähigkeit 19, 30 f., 49 ff., 93, 134, 183
Risikovermeidung 30, 56
Risikoverminderung 30
Rückstellungen 54

s
Sarbanes-Oxley-Act (SOX) 43 f.
Schadenshäufigkeit 24 f.
Sensitivitätsanalyse 11, 140, 144, 161 ff., 190
Separationskonzept 81
Service Center 87
Short Call 198 ff.
Short Hedge 226, 228
Short Put 198, 201
Sitzungsfrequenz 36
SOFFEX 193
Solvabilitätsverordnung (SolvV) 48, 51 f.
Solvency II 54 ff.
Spieltheorie 11, 187 ff.
Spread 208 f.
Stakeholder 37, 40, 93
Standardabweichung 10, 105 f., 111, 125, 145, 168, 177
stetige Wahrscheinlichkeitsverteilung 111
Stillhalter 197 f., 200 f., 206
Straddle 208 ff.
Strangle 208, 210
Subprime-Krise 15, 31
Swap 10 f., 192, 195 f., 213 ff., 218 f., 221 f., 226, 232, 237
Szenario-Technik 121, 131, 162, 164, 166, 174 f.

t
Termingeschäft 193, 195 f., 212 f., 227, 234
Trader 196
Tradinggeschäfte 196
Treasury 10, 83, 85 ff., 98

u
Underlying 194, 197 f., 202, 225

Unsicherheit 23 f., 67 f., 77, 161 f., 172 f., 176, 189, 227

v

Value at Risk (VaR) 85, 143, 146
Varianz 10, 105 f., 109 ff., 125, 147 f., 185 f.
Variation Margin 224
Verschuldungsgrad 64, 152
Versicherungsaufsichtsgesetz (VAG) 53 f.
Verteilungsfunktion 109, 111 ff., 116, 168 f., 171 f.
Vertical Spread 208 ff.
Vier-Augen-Prinzip 50
Volatilität 27, 62, 65, 77, 105, 143 ff., 147 f., 203 f., 209, 254
Vorleistungsrisiko siehe Adressenausfallrisiko

w

Wahrscheinlichkeit 14, 25, 28 f., 59, 108 f., 111, 140 ff., 151, 169, 171 f., 174, 177
Wahrscheinlichkeitsdichtefunktion 111
Wahrscheinlichkeitsverteilungsfunktion 10, 109 ff., 140 ff., 168 ff.
Weighted Average Cost of Capital (WACC) 149 ff.
Wirtschaftsprüfer 33, 35 ff., 43 f., 88, 246, 272

z

Zins-Währungs-Swap 215
Zufall 172
Zufallsvariable 10, 101 f., 104 ff., 109 ff., 183 ff.

www.ingramcontent.com/pod-product-compliance
Lightning Source LLC
LaVergne TN
LVHW060137080526
838202LV00049B/4007